2024
年度版

項目別過去8年問題集

管理業務主任者

TAC管理業務
主任者講座 編

TAC出版
TAC PUBLISHING Group

はじめに

　本書は「管理業務主任者」の本試験・直近8年分（さらにデータ2年分＊を加え10年分）を分野別・テーマ別に編集した「過去問題集」です。「どのような順序で学習すれば最も効率が良く、最も効果が上がるか」を十分踏まえ、受験生の皆さんに「ぜひ合格してほしい」という思いを込めて制作しました。

　管理業務主任者における過去23回の本試験を見ると、当初は基本問題の出題が中心でしたが、近年は応用問題や個数問題など、幅広く、より練られた出題が増えています。本書をご利用いただくことは、単に「過去の出題パターン」を知るだけでなく、そこから導かれる、今後さらに狙われる論点に習熟することにつながります。

　したがって、本書での学習は、管理業務主任者試験合格のための「必須条件」といえるでしょう。合格をより確実なものとするために、繰り返しチャレンジしてください。

　1人でも多くの方が、最も少ないエネルギーで、最もスマートに「合格」の栄誉を勝ち取られることを、講座講師一同、強く祈念しています。

2024年2月　TAC管理業務主任者講座

＊ 読者様限定ダウンロードサービス。詳細は（6）頁をご覧下さい。

　本書は，2024年2月現在施行されている法令等（2024年4月1日まで施行が明らかなものを含む）に基づいて執筆されています。
法改正等については、『法律改正点レジュメ』をWeb登録で無料でご提供いたします（2024年9月上旬頃発送予定）。
【登録方法】お手元に本書をご用意の上，インターネットの「情報会員登録ページ」からご登録ください（**要・パスワード**）。

> TAC 情報会員　　　　　　　**検索**

【登録用パスワード】025-2024-0943-25
【登録期限】2024年11月1日まで

本書の特長

「特A」から解こう！わかりやすい重要度

すべての問題に「重要度」表示（高いほうから「特A」～「C」）を設けました。まずは最重要の「特A」から解いていくなど、学習の進捗度に応じてチャレンジしましょう。

出題された「年度・問題番号」です。法改正等による補正がされている問題には改アイコンが付されています。

問題のテーマ

その問題の「出題論点」を明示しています。自分が今、何の問題にチャレンジしているのかを意識することが、体系的な学習につながります。

間違えた問題には必ず「✓」マークを付けておきましょう。そして、試験直前は「✓」が多い箇所を重点的に復習しましょう。

学習に便利な「2分冊・セパレート形式」のつくりです。

民法

6 意思表示・代理

☐☐☐ ✐ CHECK!　　　　H28-問2改

重要度 特A

マンションの管理組合A（以下、本問において「A」という。）の管理者B（以下、本問において「B」という。）が、その職務に関し、C会社（以下、本問において「C」という。）との間で取引行為（以下、本問において「本件取引行為」という。）をする場合に関する次の記述のうち、民法の規定によれば、正しいのはどれか。

❶ Bの本件取引行為に係る意思表示に対応する意思を欠く錯誤に基づくものであって、その錯誤が法律行為の目的及び取引上の社会通念に照らして重要なものであった場合には、Aは、Cに対してその意思表示の無効を主張することができる。

❷ 第三者DがBに詐欺を行い、これによりBが本件取引行為に係る意思表示...の事実を知り、又は知ることができたときに限り、Aは...ができる。

...助開始の審判を受けていたときは、...行為の効力は生じない。

...をしていたとした場合、Cがそ...とにつき過失がなかったときで...

10

アイコンで"肢の性質"を説明

該当する肢の特徴をひとめでわかる「アイコン」で表示しました。

 よく狙われる論点。確実に正誤を判断できるようにしましょう！

 少しひねりのある選択肢です。注意しましょう。

 難易度の高い肢です。余力のあるときにじっくり考えて、本試験までには必ずマスターしましょう。

 宣誓者が補助開始の審判を受けても、その代理権は消滅しない。

❶ **誤り** 「無効を主張できる」➡「取り消すことができる」
意思表示に対応する意思を欠く錯誤に基づくものであって、その錯誤が法律行為の目的および取引上の社会通念に照らして重要なものであった場合は、原則として 取り消すことができる（民法95条１項）。本肢でいう管理組合Aに係る職務に関して 管理者Bは代理人となるが（区分所有法26条2項）、Bが相手方に対してした意思表示の効力が、意思の不存在・錯誤・詐欺・強迫またはある事情を知っていたこともしくは知らなかったことにつき過失があったことにより影響を受けると判断される場合、その事実の有無は 代理人を基準に決められる（民法101条１項）。したがって、本肢の場合、AはCに対し、意思表示の取消しができる。

❷ **正しい** 代理行為の瑕疵については、❶解説のとおり、代理人を基準に決められる。そして、第三者が詐欺を行った場合、相手方がその事実を知り、または知ることができたときに限り、その意思表示を取消しできる（96条2項）。したがって、第三者である管理組合Aが代理する管理者Bに詐欺を行った本肢では、相手方Cが詐欺の事実を知り、または知ることができたときに限り、AはBの意思表示を取消しできる。

❸ **誤り** 「代理権は消滅しているので、効力は生じない」
➡「代理権は消滅せず、効力は生ずる」
代理権は、①本人の死亡（委任による倫理の場合は、破産手続開始決定も）、②代理人の死亡・破産手続開始決定・後見開始の審判による場合に消滅する（111条、653条）。したがって、管理者Bが当該取引行為前に補助開始の審判を受けていたとしても、Bの代理権は消滅せず、取引行為の効力は生ずる。

❹ **誤り** 「効力は生じない」➡「効力は生ずる」
代理権の消滅は、善意の第三者に対抗できないが、当該第三者が過失によってその事実を知らなかったときは、対抗できる（「代理権消滅後の表見代理」112条1項）。しかし、本肢のCは、Bが管理者を解任され、代理権が消滅したことについて善意・無過失なので、本件取引行為の効力は生ずる。

【表見代理が成立する場合】

⑴代理権授与の表示による表見代理（109条１項）	本人が相手方に対し、他人に代理権を与えたかのような表示をしたが、実際には与えていなかった場合
⑵権限外の行為の表見代理（110条）	代理人が、与えられた代理権の範囲を越えて代理行為をした場合
⑶代理権消滅後の表見代理（112条１項）	代理人だった者が、代理権がなくなったにもかかわらず、代理行為を行った場合

※⑴や⑶の場合で、「表示された代理権の範囲を越えたとき」や「消滅前の代理権の範囲を越えたとき」でも、相手方に第三者がその行為についてその他人の代理権があると信ずべき正当な理由があれば、表見代理が成立する（109条2項、112条2項）。

正解 ❷

民法等

この問題の"キモ"を「ひとこと」で説明しています。正解のヒントが満載です！

必ずチェックしたい文言は赤字で表記しました。重要ポイントがひとめでわかります。

解説はまず結論から！

可能な限り各解説の冒頭には、結論を示しました。「その選択肢のどこが違っているから×」を端的に示しています。結論を踏まえたうえで解説を読めば、いっそう理解が深まります。

解説を補う周辺・関連知識をまとめています。

＊「平成26・27年度　本試験問題・解答解説」ダウンロードサービスについて

　本書ご利用の読者様限定で、本書未掲載の平成26・27年度分の本試験問題・解答解説をダウンロードサービスにてご提供いたします。

　以下の要領でアクセスし、ダウンロードの上ご利用ください。

❶ 「TAC出版」で検索、TAC出版Webページ「書籍販売サイトCyberBook Store(サイバーブックストア)」へアクセス。

❷ 「各種サービス」より「書籍連動ダウンロードサービス」を選択し、「マンション管理士/管理業務主任者」→『2024年度版 管理業務主任者 項目別過去8年問題集』と進み、パスワードを入力してください。

パスワード：241210950

※本書冒頭「はじめに」でご案内している「法律改正点レジュメ」のパスワードとは異なります。ご注意ください。

目　　次

【第 1 分 冊】

第1編　民　法　等

第2編　区分所有法等

第3編　管理委託契約書・標準管理規約・その他関連知識

【第 2 分 冊】

第 4 編　管理組合の会計・財務等

第5編　マンションの維持・保全等

第6編　マンション管理適正化法

【令和5年度】

【令和3年度】

問題番号	出題テーマ	本書掲載頁	問題番号	出題テーマ	本書掲載頁
問1	民法（意思表示）	10	問26	長期修繕計画作成ガイドライン	652
問2	民法（連帯債務）	62	問27	長期修繕計画作成ガイドライン	674
問3	民法（債権者代位権）	60	問28	標準管理規約（監事）	372
問4	民法（代理）	14	問29	標準管理規約（団地型）	434
問5	民法（消滅時効）	28	問30	標準管理規約（単棟型・複合用途型）	442
問6	標準管理委託契約書（総合）	316	問31	標準管理規約（理事会）	408
問7	標準管理委託契約書（規約の提供等）	304	問32	区分所有法（共用部分等）	114
問8	標準管理委託契約書（災害時の対応）	308	問33	区分所有法（共用部分の重大変更・規約の変更）	164
問9	管理費の滞納	518	問34	区分所有法（建替え決議後の売渡請求）	176
問10	管理費の滞納に対する法的手段	506	問35	区分所有法（管理組合法人）	136
問11	管理費の滞納	514	問36	標準管理規約（総会決議）	384
問12	標準管理規約（会計）	416	問37	区分所有法（規約共用部分）	112
問13	標準管理委託契約書（管理事務の報告等）	292	問38	区分所有法・標準管理規約・判例（理事会の決議）	414
問14	貸借対照表	450	問39	区分所有法（判例）	182
問15	管理組合の会計（仕訳）	462	問40	消費者契約法	266
問16	管理組合の会計（仕訳）	482	問41	民法・借地借家法	216
問17	マンションの防水	690	問42	各種の法令	610
問18	鉄筋コンクリート	718	問43	統計	806
問19	マンションの構造・部材	706	問44	賃貸住宅管理業法	228
問20	給水設備	612	問45	宅建業法（重要事項の説明）	254
問21	排水通気設備	624	問46	管理適正化法（契約書面交付）	768
問22	換気設備	546	問47	管理適正化法（重要事項説明等）	758
問23	建築基準法（用語の定義）	532	問48	管理適正化法（管理業務主任者等）	744
問24	消防法（防火管理者等）	588	問49	管理適正化法（財産の分別管理）	798
問25	長期修繕計画作成ガイドライン	654	問50	管理適正化法（管理業登録）	748

【令和2年度】

問題番号	出題テーマ	本書掲載頁	問題番号	出題テーマ	本書掲載頁
問1	民法（相続）	94	問26	長期修繕計画作成ガイドライン	646
問2	民法（請負契約）	90	問27	長期修繕計画作成ガイドライン	656
問3	民法（制限行為能力者）	2	問28	長期修繕計画作成ガイドライン	668
問4	民法・区分所有法・判例（不法行為）	70	問29	区分所有法（集会）	150
問5	民法（無権代理）	20	問30	区分・標準管理規約（総会の招集通知）	376
問6	民法（解除）	46	問31	標準管理規約（総会の決議要件）	394
問7	標準管理委託契約書（解除等）	320	問32	区分・標準管理規約（総会の出席者）	392
問8	標準管理委託契約書（再委託）	280	問33	区分・標準管理規約（管理組合法人・管理組合）	380
問9	標準管理委託契約書（維持修繕等）	278	問34	区分所有法（共用部分）	110
問10	管理費の滞納	488	問35	区分所有法（敷地）	122
問11	少額訴訟	494	問36	区分所有法（管理所有）	128
問12	標準管理規約（会計）	422	問37	区分所有法（区分所有者の責任）	130
問13	標準管理規約（役員）	374	問38	区分所有法（公正証書による原始規約）	168
問14	税務（消費税・法人税）	526	問39	民法（判例・不法行為）	78
問15	管理組合の会計（仕訳）	456	問40	不動産登記法	210
問16	管理組合の会計（仕訳）	478	問41	個人情報保護法	272
問17	建築基準法（用語の定義）	536	問42	住宅宿泊事業法	446
問18	建築基準法（建築確認）	540	問43	民法・借地借家法（借家権）	214
問19	建築物の換気	542	問44	各種の法令	608
問20	消防法（防火管理者）	586	問45	宅建業法（重要事項の説明）	242
問21	消防法（住宅用防災機器）	594	問46	管理適正化法（主任者・主任者証）	742
問22	アスベスト	550	問47	管理適正化法（管理業者の業務）	782
問23	給排水衛生設備	622	問48	管理適正化法（財産の分別管理）	796
問24	バリアフリー法	572	問49	管理適正化法（管理業の登録）	746
問25	品確法（目的）	230	問50	管理適正化法（重要事項説明等）	764

【平成30年度】

問題番号	出題テーマ	本書掲載頁	問題番号	出題テーマ	本書掲載頁
問1	民法（委任）	82	問26	マンションの劣化現象	680
問2	民法・判例（解約手付）	48	問27	マンションの耐震改修	696
問3	民法・判例（債務不履行）	44	問28	マンションの改修工事（防水）	688
問4	民法・判例（代理）	18	問29	区分所有法・標準管理規約（共用部分の工事）	398
問5	民法・判例（賃貸借）	104	問30	標準管理規約（議決権行使者）	388
問6	民法・判例（不法行為）	74	問31	標準管理規約（理事会）	404
問7	標準管理委託契約書	328	問32	標準管理規約（専用使用権）	400
問8	標準管理委託契約書（維持・修繕）	276	問33	区分所有法・標準管理規約（集会等）	390
問9	標準管理委託契約書	290	問34	民法・区分所有法（特定承継人の責任）	118
問10	管理費の滞納処理	512	問35	区分所有法・標準管理規約（暴力団の排除）	360
問11	管理費の滞納処理	502	問36	区分所有法（復旧決議）	174
問12	標準管理規約（理事長）	418	問37	標準管理規約（外部専門家の活用）	330
問13	標準管理規約（管理費等）	426	問38	標準管理規約（専有部分の範囲）	334
問14	管理組合の会計（仕訳）	472	問39	民法（消滅時効）	32
問15	管理組合の会計（仕訳）	486	問40	民法（契約不適合責任）	52
問16	管理組合の税務（消費税）	520	問41	消費者契約法	264
問17	建築基準法（日影規制）	556	問42	民法・借地借家法・判例（借家権）	212
問18	建築基準法（補強コンクリートブロック造の塀）	722	問43	個人情報保護法	268
問19	鉄筋コンクリート	716	問44	不動産登記法	208
問20	給排水衛生設備	620	問45	宅建業法（重要事項の説明）	252
問21	水道法（給水装置）	618	問46	管理適正化法（管理業務主任者）	738
問22	電気設備（住宅用分電盤）	634	問47	管理適正化法（用語の定義）	728
問23	消防用設備等	602	問48	管理適正化法（重要事項の説明）	752
問24	住生活基本法	574	問49	管理適正化法（財産の分別管理）	794
問25	バリアフリー法	570	問50	管理適正化法（管理事務の報告）	774

凡　例

　本書収録の問題部分の前文及び解説本文で用語・法令名等を「略称」で表記している
ものについて、正式な名称は次のとおりです。

* **マンション**
　　……マンション管理適正化法第2条第1号イのマンション

* **マンション管理適正化法**
　　……マンションの管理の適正化の推進に関する法律（平成12年法律第149号）

* **区分所有法**……建物の区分所有等に関する法律（昭和37年法律第69号）

* **管理組合**……区分所有法第3条に規定する区分所有者の団体

* **管理組合法人**……区分所有法第47条第1項に規定する法人

* **団地管理組合**……区分所有法第65条に規定する団地建物所有者の団体

* **マンション管理業者**……マンション管理適正化法第2条第8号に規定する者

* **管理業務主任者**……マンション管理適正化法第2条第9号に規定する者

* **管理者等**……マンション管理適正化法第2条第4号に規定する者

* **管理事務**……マンション管理適正化法第2条第6号に規定するもの

* **宅地建物取引業者**
　　……宅地建物取引業法（昭和27年法律第176号）第2条第3号に規定する者

* **被災マンション法**
　　……被災区分所有建物の再建等に関する特別措置法（平成7年法律第43号）

* **マンション建替え等円滑化法**
　　……マンションの建替え等の円滑化に関する法律（平成14年法律第78号）

* **品確法**……住宅の品質確保の促進等に関する法律（平成11年法律第81号）

* **マンション管理適正化基本方針**
　　……マンションの管理の適正化の推進を図るための基本的な方針（令和3年9月
　　28日国土交通省告示第1286号）

* **（マンション）標準管理規約**
　　……マンション標準管理規約（単棟型）及び同（単棟型）コメント（令和3年
　　6月22日国住マ第33号）

* **個人情報保護法**……個人情報の保護に関する法律（平成15年法律第57号）

* **（マンション）標準管理委託契約書**
　　……マンション標準管理委託契約書及び同コメント（平成30年3月9日国土動
　　指第97号）

* **耐震改修法**……建築物の耐震改修の促進に関する法律（平成7年法律第123号）

* **自動車保管場所確保法**
　　……自動車の保管場所の確保等に関する法律（昭和37年法律第145号）

* **バリアフリー法**
　　……高齢者、障害者等の移動等の円滑化の促進に関する法律（平成18年法律第91号）

* **省エネ法**……エネルギーの使用の合理化等に関する法律（昭和54年法律第49号）

MEMO

MEMO

【執筆・監修】

TAC管理業務主任者講座　主任講師

吉田 佳史

2024年度版　管理業務主任者　項目別過去8年問題集

（平成15年度版　2003年6月30日　初版発行）

2024年3月28日　初版　第1刷発行

編 著 者	TAC株式会社	
	（管理業務主任者講座）	
発 行 者	多 田 敏 男	
発 行 所	TAC株式会社　出版事業部	
	（TAC出版）	

〒101-8383
東京都千代田区神田三崎町3-2-18
電 話 03（5276）9492（営業）
FAX 03（5276）9674
https://shuppan.tac-school.co.jp/

印 刷	株式会社 ワ コ ー	
製 本	株式会社 常 川 製 本	

© TAC 2024　　Printed in Japan

ISBN 978-4-300-10950-2
N.D.C. 673

「TAC情報会員」登録用パスワード：025-2024-0943-25

2024年合格目標

管理業務主任者

独学道場

最良の独学合格ルートがここにある!

人気書籍を使用
独学道場の教材は書店でも人気と実績のある書籍を使用!
資格の学校TACの合格メソッドがギュッと詰まった書籍で学べる!

書籍に合わせた専用Web講義
実力派講師の独学専用のポイント解説講義で、
書籍での学習効果をさらに引き上げる!

お得!
「独学」だからこその価格設定!
直前期専用の教材や模試まで付いて、とてもリーズナブル!

TAC出版 + TAC管理業務主任者講座による独学者向けコース

小澤 良輔 講師の
管理業務主任者独学道場

私が担当します!

小澤 良輔 講師

大学で土地・都市計画行政に関する法令を専攻。その後、宅建士や行政書士等の各種資格試験の講師を始める。マンション管理士・管理業務主任者試験には資格創設時より携わり、第一線で講義や書籍執筆を行っている。

料 金(10%税込)

フルパック	26,400円
「テキスト」「問題集」なしパック	22,000円

※「テキスト」「問題集」なしパックは、すでに『2024年度版 管理業務主任者 基本テキスト』および『2024年度版 管理業務主任者 項目別過去8年問題集』をお持ちの方向けで、この2冊が含まれないパックです。

申込受付期間 2024年**2月16日**(金)〜2024年**10月20日**(日)

1 「管理業務主任者 基本テキスト」を読み 「管理業務主任者 項目別過去8年問題集」を解く

つぎに！

試験に必要な 知識を身につける

2 「速攻マスターWeb講義」と 「過去問攻略Web講義」を 視聴する

講義トータル 約**17**時間（予定）

短期学習を可能に！

独学専用 カリキュラム

POINT！

実力派講師のWeb講義で 合格ポイントを効率的に吸収

さらに！

4

TAC 管理業務主任者講座 「全国公開模試」 で総仕上げ

知識が 実戦力に！

学習効果を さらに引き上げる！

3 「ラストスパート 管理業務主任者 直前予想模試」 「法律改正点レジュメ」で直前対策！

独学では不足しがちな法律改正情報や最新試験対策もフォロー！

「独学で合格」のポイント 利用中のサポート

法律改正点レジュメ・質問カード

独学では、「正しく理解しているだろうか」「問題の解き方がわからない」、 「最新の法改正が手に入らない」といった不安がつきものです。 そこで独学道場では、「法律改正点レジュメ」と「質問カード」（5回分）をご 用意！学習を阻害する不安から解放され、安心して学習できます。

コンテンツPickup！

管理業務主任者講座「全国公開模試」

『全国公開模試』は、多数の受験生が 受験する全国規模の公開模擬試験 です。独学道場をお申込の方は、こ の全国公開模試を自宅受験または、 期日内に手続きを済ませれば、会場 受験も選択できます。詳細な個人成 績表はご自身が受験生の中でどの 位置にいるかも確認でき、ライバル の存在を意識できるので、モチベー ションが一気にアップします！

※会場受験は【定員制】となり、会場によっては満席となる場合がございます。あらかじめご了承ください。 ※状況により、会場受験を見合わせる場合がございます。

お申込み・最新内容の確認

💻 インターネットで

TAC出版書籍販売サイト 「サイバーブックストア」にて

TAC出版 [検索]

https://bookstore.tac-school.co.jp/

詳細は必ず、TAC出版書籍販売サイト「サイバーブックストア」でご確認ください。

❷ マンション管理士独学道場もご用意しています！

マンション管理士・管理業務主任者

2月・3月・4月・5月開講　初学者・再受験者対象

| マン管・管理業両試験対応 | W合格本科生S (全42回：講義ペース週1〜2回) | マン管試験対応 | マンション管理士本科生S (全36回：講義ペース週1〜2回) | 管理業試験対応 | 管理業務主任者本科生S (全35回：講義ペース週1〜2回) |

合格するには、「皆が正解できる基本的な問題をいかに得点するか」、つまり基礎をしっかり
おさえ、その基礎をどうやって本試験レベルの実力へと繋げるかが鍵となります。
各コースには「過去問攻略講義」をカリキュラムに組み込み、
基礎から応用までを完全マスターできるように工夫を凝らしています。
じっくりと徹底的に学習をし、本試験に立ち向かいましょう。

5月・6月・7月開講　初学者・再受験者対象

| マン管・管理業両試験対応 | W合格本科生 (全36回：講義ペース週1〜2回) | マン管試験対応 | マンション管理士本科生 (全33回：講義ペース週1〜2回) | 管理業試験対応 | 管理業務主任者本科生 (全32回：講義ペース週1〜2回) |

毎年多くの受験生から支持されるスタンダードコースです。
基本講義、基礎答練で本試験に必要な基本知識を徹底的にマスターしていきます。
また、過去20年間の本試験傾向にあわせた項目分類により、
個別的・横断的な知識を問う問題への対策も行っていきます。
基本を徹底的に学習して、本試験に立ち向かいましょう。

8月・9月開講　初学者・再受験者対象

管理業務主任者速修本科生
(全21回：講義ペース週1〜3回)

管理業務主任者試験の短期合格を目指すコースです。
講義では難問・奇問には深入りせず、基本論点の確実な定着に主眼をおいていきます。
週2回のペースで無理なく無駄のない受講が可能です。

9月・10月開講　初学者・再受験者・宅建士試験受験者対象

管理業務主任者速修本科生（宅建士受験生用）
(全14回：講義ペース週1〜3回)

宅建士試験後から約2ヵ月弱で管理業務主任者試験の合格を目指すコースです。
宅建士と管理業務主任者の試験科目は重複する部分が多くあります。
その宅建士試験のために学習した知識に加えて、
管理業務主任者試験特有の科目を短期間でマスターすることにより、
宅建士試験とのW合格を狙えます。

TACの学習メディア

Property manager & Consultant

🔑 教室講座 Web講義フォロー標準装備

- 学習のペースがつかみやすい、日程表に従った通学受講スタイル。
- 疑問点は直接講師へ即質問、即解決で学習時間の節約になる。
- Web講義フォローが標準装備されており、忙しい人にも安心の充実したフォロー制度がある。
- 受講生同士のネットワーク形成ができるだけでなく、受講生同士で切磋琢磨しながら、学習のモチベーションを持続できる。

📹 ビデオブース講座 Web講義フォロー標準装備

- 都合に合わせて好きな日程・好きな校舎で受講できる。
- 不明点のリプレイなど、教室講座にはない融通性がある。
- 講義録(板書)の活用でノートをとる手間が省け、講義に集中できる。
- 静かな専用の個別ブースで、ひとりで集中して学習できる。
- 全国公開模試は、ご登録地区の教室受験(水道橋校クラス登録の方は渋谷校)となります。

⌨ Web通信講座

Mac® でも! Windows® でも! スマートフォンでも!

- いつでも好きな時間に何度でも繰り返し受講できる。
- パソコンだけではなく、スマートフォンやタブレット、その他端末を利用して外出先でも受講できる。
- Windows®PCだけでなくMac®でも受講できる。
- 講義録をダウンロードできるので、ノートに写す手間が省け講義に集中できる。

💿 DVD通信講座 Web講義フォロー標準装備

- いつでも好きな時間に何度でも繰り返し受講することができる。
- ポータブルDVDプレーヤーがあれば外出先での映像学習も可能。
- 教材送付日程が決められているので独学ではつかみにくい学習のペースメーカーに最適。
- スリムでコンパクトなDVDなら、場所をとらずに収納できる。

●DVD通信講座は、DVD-Rメディア対応のDVDプレーヤーでのみ受講が可能です。パソコン、ゲーム機等での動作保証はしておりませんので予めご了承ください。

マンション管理士・管理業務主任者

2024年合格目標　初学者・再受験者対象　**2月3月4月5月開講**（W合格本科生S・2月開講のみ）

注目
「過去問攻略講義」で、過去問対策も万全！

マン管・管理業 両試験に対応 **W合格本科生S**

マン管試験 に対応 **マンション管理士本科生S**

管理業試験 に対応 **管理業務主任者本科生S**

ムリなく両試験の合格を目指せるコース　[学習期間] 6〜11ヶ月　[講義ペース] 週1〜2回

合格するには、「皆が正解できる基本的な問題をいかに得点するか」、つまり基礎をしっかりおさえ、その基礎をどうやって本試験レベルの実力へと繋げるかが鍵となります。

各コースには**「過去問攻略講義」**をカリキュラムに組み込み、基礎から応用までを完全マスターできるように工夫を凝らしています。じっくりと徹底的に学習をし、本試験に立ち向かいましょう。

▮ カリキュラム〈W合格本科生S（全42回）・マンション管理士本科生S（全36回）・管理業務主任者本科生S（全35回）〉

INPUT［講義］

基本講義　全22回　各回2.5時間

マンション管理士・管理業務主任者本試験合格に必要な基本知識を、じっくり学習していきます。試験傾向を毎年分析し、その最新情報を反映させたTACオリジナルテキストは、合格の必須アイテムです。

民法／区分所有法等	9回
規約／契約書／会計等	6回
維持・保全等／マンション管理適正化法等	7回

マン管過去問攻略講義	全3回（※1）各回2.5時間
管理業過去問攻略講義	全3回（※2）各回2.5時間

過去の問題を題材に本試験レベルに対応できる実力を身につけていきます。マンション管理士試験・管理業務主任者試験の過去問題を使って、テーマ別に解説を行っていきます。

総まとめ講義　全4回　各回2.5時間

本試験直前に行う最後の総整理講義です。各科目の重要論点をもう一度復習するとともに、横断的に知識を総整理していきます。

OUTPUT［答練］

基礎答練　全3回　70〜80分解説

基本事項を各科目別に本試験同様の四肢択一形式で問題演習を行います。早い時期から本試験の形式に慣れること、基本講義で学習した各科目の全体像がつかめているかをこの基礎答練でチェックします。

民法／区分所有法等	1回（70分答練）
規約／契約書／会計等	1回（60分答練）
維持・保全等	1回（60分答練）

マン管直前答練（※1）　全3回　各回2時間答練・50分解説

管理業直前答練（※2）　全2回　各回2時間答練・50分解説

マンション管理士・管理業務主任者の本試験問題を徹底的に分析。その出題傾向を反映させ、さらに今年出題が予想される論点などを盛り込んだ予想問題で問題演習を行います。

マンション管理士全国公開模試（※1）　全1回

管理業務主任者全国公開模試（※2）　全1回

マンション管理士本試験

管理業務主任者本試験

※5問免除科目であるマンション管理適正化法の基礎答練は、自宅学習用の配付のみとなります（解説講義はありません）。
（※1）W合格本科生S・マンション管理士本科生Sのカリキュラムに含まれます。
（※2）W合格本科生S・管理業務主任者本科生Sのカリキュラムに含まれます。

▶ 受講料一覧 _{（教材費・消費税10%込）} | 教材費は全て受講料に含まれています！別途書籍等を購入いただく必要はございません。

W合格本科生S

学習メディア	通常受講料	宅建割引制度	再受講割引制度	受験経験者割引制度
教室講座 ※				
ビデオブース講座 ※	¥143,000	¥110,000	¥ 96,800	¥110,000
Web通信講座				
DVD通信講座	¥154,000	¥121,000	¥107,800	¥121,000

※一般教育訓練給付制度は、2月開講クラスが対象となります。予めご了承ください。

マンション管理士本科生S

学習メディア	通常受講料	宅建割引制度	再受講割引制度	受験経験者割引制度
教室講座				
ビデオブース講座	¥132,000	¥ 99,000	¥ 86,900	¥ 99,000
Web通信講座				
DVD通信講座	¥143,000	¥110,000	¥97,900	¥110,000

管理業務主任者本科生S

学習メディア	通常受講料	宅建割引制度	再受講割引制度	受験経験者割引制度
教室講座				
ビデオブース講座	¥126,500	¥ 95,700	¥ 83,600	¥ 95,700
Web通信講座				
DVD通信講座	¥137,500	¥106,700	¥94,600	¥106,700

2022年マンション管理士／管理業務主任者 合格者の声

笹木 裕史 さん

W合格本科生S ／ マンション管理士 ／ 管理業務主任者 W合格

マンション管理士と管理業務主任者の試験範囲の多くが被っており、勉強するうえで、両者の試験を分けて考えたことはありませんでした。両方の過去問を解くことで、問題演習も充実するため、結果的に合格への近道になると思います。ですので、ぜひ、ダブル受験・合格を目指して頑張ってください！

近藤 勇真 さん

W合格本科生 ／ マンション管理士 ／ 管理業務主任者 W合格

私は運よくW合格することができましたが、両試験には片方の資格を持っているともう片方の受験の際に5問免除される制度があります。マンション管理士試験の受験者は、4割の方が管理業務主任者資格者という情報もあり、W合格を目指す方はそこで差がつかないように力を入れるべきかと思います。日々取れる学習時間を考えて、管理業務主任者に集中されるのも良いと思います。

お申込みにあたってのご注意

※0から始まる会員番号をお持ちでない方は、受講料のほかに別途入会金（¥10,000・10%税込）が必要です。会員番号につきましては、TAC各校またはカスタマーセンター（0120-509-117）までお問い合わせください。

※上記受講料は、教材費・消費税10%が含まれます。

※コースで使用する教材の中で、TAC出版より刊行されている書籍をすでにお持ちの方は、TAC出版刊行書籍を受講料に含まないコースもございます。

※各種割引制度の詳細はTACマンション管理士・管理業務主任者講座パンフレットをご参照ください。

マンション管理士・管理業務主任者

全国公開模試

マンション管理士 | 管理業務主任者

11/9(土)実施（予定） | **11/16**(土)実施（予定）

詳細は2024年8月刊行予定の「全国公開模試専用案内書」をご覧ください。

全国規模

本試験直前に実施される公開模試は全国18会場（予定）で実施。実質的な合格予備軍が結集し、本試験同様の緊張感と臨場感であなたの「真」の実力が試されます。

高精度の成績判定

TACの分析システムによる個人成績表に加えて正答率や全受験生の得点分布データを集計。「全国公開模試」の成績は、本試験での合否を高い精度で判定します。

本試験を擬似体験

合格のためには知識はもちろん、精神力と体力が重要となってきます。本試験と同一形式で実施される全国公開模試を受験することは、本試験環境を体験する大きなチャンスです。

オプションコース ポイント整理、最後の追い込みにピッタリ！

全4回（各回2.5時間講義）10月開講　**マンション管理士／管理業務主任者試験対策**

総まとめ講義

今まで必要な知識を身につけてきたはずなのに、問題を解いてもなかなか得点に結びつかない、そんな方に最適です。よく似た紛らわしい表現や知識の混同を体系的に整理し、ポイントをズバリ指摘していきます。まるで「ジグソーパズルがピッタリはまるような感覚」で頭をスッキリ整理します。使用教材の「総まとめレジュメ」は、本試験最後の知識確認の教材としても好評です。

日程等の詳細はTACマンション管理士・管理業務主任者講座パンフレットをご参照ください。

各2回　11月・12月開講（予定）　**マンション管理士／管理業務主任者試験対策**

ヤマかけ講義　問題演習 ＋ 解説講義

TAC講師陣が、2024年の本試験を完全予想する最終講義です。本年度の"ヤマ"をまとめた「ヤマかけレジュメ」を使用し、論点別の一問一答式で本試験予想問題を解きながら、重要部分の解説をしていきます。問題チェックと最終ポイント講義で合格への階段を登りつめます。

詳細は8月上旬刊行予定の全国公開模試リーフレット又はTACホームページをご覧ください。

- ●オプションコースのみをお申込みの場合に限り、入会金はいただいておりません。オプションコース以外のコースをお申込みの場合には、受講料の他に入会金が必要となる場合があります。予めご了承ください。
- ●オプションコースの受講料には、教材費及び消費税10%の金額が含まれています。
- ●各日程の詳細につきましては、TACマンション管理士・管理業務主任者講座パンフレット又はTACホームページをご覧ください。

無料公開イベント&個別相談会のご案内

参加無料

無料公開セミナーはテーマに沿って、TACマンション管理士・管理業務主任者講座の講師が担当いたします。

※無料公開セミナーのテーマは都合により変更となる場合がございます。予めご了承ください。
※TAC動画チャンネルでも各セミナーを配信いたします。視聴無料ですのでぜひご利用ください。

無料公開イベント出席者特典 ¥10,000入会金免除券プレゼント!!

無料公開イベント&講座説明会 参加者全員にプレゼント!!
◆マンション管理士・管理業務主任者講座案内一式
◆月刊TACNEWS 他

無料イベント日程

1～7は、マンション管理士・管理業務主任者を目指される方対象の無料公開セミナーです。
（セミナー40～50分+講座説明会20分）
★は、開講前無料講座説明会です。

個別受講相談も実施しております!!

	新宿校	池袋校	渋谷校	八重洲校
2024年 1月	19 (金) 19:00～ 1	—	27 (土) 10:00～ 1	24 (水) 19:00～ 1
2月	9 (金) 19:00～ 2	—	17 (土) 10:00～ 2	14 (水) 19:00～ 2
3月	5 (火) 19:00～ 3 31 (日) 10:30～ 4	—	2 (土) 10:00～ 3 16 (土) 10:00～ 4	27 (水) 19:00～ 3
4月	28 (日) 10:30～ 1	—	20 (土) 10:00～ 3	10 (水) 19:00～ 3
5月	12 (日) 10:30～ 4	—	18 (土) 10:00～ 4	—
6月	—	—	1 (土) 12:30～ ★	5 (水) 18:00～ ★
7月	—	—	—	—
8月	—	15 (木) 19:00～ 5	—	17 (土) 13:00～ 6 31 (土) 13:00～ ★
9月	8 (日) 10:30～ 5 16 (祝) 11:00～ 7	5 (木) 18:30～ ★	—	22 (日) 11:00～ 5 29 (日) 10:30～ 7

無料公開セミナー&講座説明会 テーマ一覧

マンション管理士・管理業務主任者を目指される方《セミナー40分～50分+講座説明会20分》
●初学者向け ●学習経験者向け

テーマ	内容
1 ● 早期学習でW合格を掴む！「マン管・管理業 W合格のすすめ！」	マンション管理士試験と管理業務主任者試験は試験範囲が似通っており、また試験日程も近いため、効率的に2つの資格を勉強できます。当セミナーではW合格にスポットを当てて、W受験のメリットや合格の秘訣についてお伝えいたします。
2 ● 2023年度の本試験を徹底解説！「マン管・管理業 本試験解答解説セミナー」	2023年マンション管理士試験・管理業務主任者試験を徹底分析し、合否の分かれ目・難易度・出題傾向など最新の情報をお伝えします。第1回本試験から培ってきたTACの合格ノウハウ・分析力を体感してください！
3 ● 合格の秘訣を伝授！「マン管・管理業 本試験合格に向けた正しい学習法」	マンション管理士試験・管理業務主任者試験で合格を掴み取るには、どのような学習方法が効果的なのでしょうか。誰もが悩むその疑問をTACの講師陣がズバリ解決！2024年度の両本試験合格のための正しい学習法をお伝えします。
4 ● 過去の本試験から出題傾向を知る！「マン管・管理業 2024年本試験の傾向と対策」	当セミナーでは、近年の本試験の出題傾向を丸裸にし、今年の試験に合格するための対策をお伝えいたします。これから合格を目指される方はもちろん、学習経験者にも必見のセミナーです。
5 ● 直前期の過ごし方が合否を左右する！「マン管・管理業 直前期の正しい過ごし方」	直前期から本試験までに取り組むべきことや押さえておきたいポイントなど、残された時間で最大の学習効果を得るために「今すべきこと」についてお伝えいたします。当セミナーでライバルに差をつけましょう！

管理業務主任者を目指される方《セミナー40分～50分+講座説明会20分》
●初学者向け ●学習経験者向け

テーマ	内容
6 ● 効率よく短期合格へ「管理業務主任者試験の分野別学習法」	分野ごとの特徴を押さえ、対策を立てることは短期合格を目指す上うえで重要です。当セミナーでは管理業務主任者試験の分野別学習法をお伝えします。
7 ● 宅建士試験の学習が活きる「宅建士×管理業 W合格のすすめ！」	宅建士試験と管理業務主任者試験は出題内容が重なる部分があり、宅建士の学習経験が非常に役立ちます。当セミナーでは宅建士学習経験者を対象に、管理業務主任者試験合格に向けた効果的な学習法をお伝えします。

書籍の正誤に関するご確認とお問合せについて

書籍の記載内容に誤りではないかと思われる箇所がございましたら、以下の手順にてご確認とお問合せをしてくださいますよう、お願い申し上げます。

なお、正誤のお問合せ以外の**書籍内容に関する解説および受験指導などは、一切行っておりません。**
そのようなお問合せにつきましては、お答えいたしかねますので、あらかじめご了承ください。

1 「Cyber Book Store」にて正誤表を確認する

TAC出版書籍販売サイト「Cyber Book Store」の
トップページ内「正誤表」コーナーにて、正誤表をご確認ください。

CYBER TAC出版書籍販売サイト
BOOK STORE

URL:https://bookstore.tac-school.co.jp/

2 1の正誤表がない、あるいは正誤表に該当箇所の記載がない
⇒ 下記①、②のどちらかの方法で文書にて問合せをする

★ご注意ください★

お電話でのお問合せは、お受けいたしません。
①、②のどちらの方法でも、お問合せの際には、「お名前」とともに、
「対象の書籍名(○級・第○回対策も含む)およびその版数(第○版・○○年度版など)」
「お問合せ該当箇所の頁数と行数」
「誤りと思われる記載」
「正しいとお考えになる記載とその根拠」
を明記してください。
なお、回答までに1週間前後を要する場合もございます。あらかじめご了承ください。

① ウェブページ「Cyber Book Store」内の「お問合せフォーム」より問合せをする

【お問合せフォームアドレス】

https://bookstore.tac-school.co.jp/inquiry/

② メールにより問合せをする

【メール宛先　TAC出版】

syuppan-h@tac-school.co.jp

※土日祝日はお問合せ対応をおこなっておりません。
※正誤のお問合せ対応は、該当書籍の改訂版刊行月末日までといたします。

乱丁・落丁による交換は、該当書籍の改訂版刊行月末日までといたします。なお、書籍の在庫状況等により、お受けできない場合もございます。
また、各種本試験の実施の延期、中止を理由とした本書の返品はお受けいたしません。返金もいたしかねますので、あらかじめご了承くださいますようお願い申し上げます。

(2022年7月現在)

【本書のご利用方法】

分解して利用される方へ

　色紙を押さえながら、セパレート式「2分冊」の各冊子を取り外してください。

　各冊子と色紙は、のりで接着されています。乱暴に扱いますと破損する恐れがありますので、丁寧にお取り外しいただきますようお願いいたします。

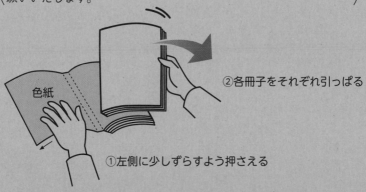

色紙

②各冊子をそれぞれ引っぱる

①左側に少しずらすよう押さえる

＊ 抜き取りの際の損傷についてのお取替えはご遠慮願います ＊

TAC出版

TAC PUBLISHING Group

第1分冊

法令等・
標準管理規約等

- ·民法等
- ·区分所有法等
- ·管理委託契約書
- ·標準管理規約
- ·その他関連知識

項目別過去8年問題集

管理業務主任者

TAC出版

TAC PUBLISHING Group

第**1**編

民 法 等

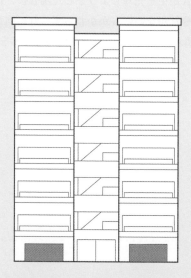

Aが所有するマンションの一住戸甲の売却に関する次の記述のうち、民法（明治29年法律第89号）の規定によれば、正しいものはどれか。

❶ 成年被後見人であるAが、甲を第三者に売却した場合に、Aが成年後見人Bの事前の同意を得ていたときは、Aは、甲の売買を取り消すことができない。

❷ 行為能力者であるAが、Cを代理人として甲を第三者に売却した場合に、代理行為の時にCが被保佐人であったときは、Aは、Cの制限行為能力を理由に、甲の売買を取り消すことができる。

❸ 被保佐人であるAが、保佐人Dの同意を得ることなく甲を売却した後に、相手方がAに対し、1箇月以上の期間を定めて、Dの追認を得るべき旨の催告をした場合において、Aがその期間内にその追認を得た旨の通知を発しないときは、Dがその行為を追認したものとみなされる。

❹ 被保佐人であるAが甲を売却しようとした場合に、保佐人であるEが、Aの利益を害するおそれがないにもかかわらずこれに同意をしないときは、家庭裁判所は、Aの請求により、Eの同意に代わる許可を与えることができる。

Point 被保佐人が保佐人の追認を得る旨催告されたが非通知➡ 取消しとみなす。

❶ 誤り 「取り消すことができない」➡ 「できる」

　成年被後見人の法律行為は、取り消すことができる（民法9条本文）。成年被後見人本人も、取消し可能である（120条1項）。そして、成年被後見人は同意の意味すら理解できない精神状態であるため、成年後見人には**同意権が与えられていない**。したがって、成年被後見人Aは、成年後見人Bの事前の同意を得ていた場合でも、甲の売買を取り消すことができる。

❷ 誤り 「取り消すことができる」➡ 「できない」

　制限行為能力者が代理人としてした行為は、**行為能力の制限によっては取り消すことができない**（102条本文）。したがって、Aは、Cの制限行為能力を理由に、甲の売買を取り消すことができない。なお、制限行為能力者が他の制限行為能力者の法定代理人としてした行為については、取り消すことはできる（ただし書）。

❸ 誤り 「追認したものとみなされる」➡ 「取り消したものとみなされる」

　制限行為能力者の相手方は、被保佐人に対して、1ヵ月以上の期間内にその保佐人の追認を得るべき旨の催告ができる。この場合、その被保佐人がその期間内にその**追認を得た旨の通知を発しない**ときは、その行為を「取り消した」ものとみなされる（20条4項）。したがって、Aが追認を得た旨の通知を発しないときは、Aの行為を取り消したものとみなされる。

❹ 正しい 保佐人の同意を得なければならない行為について、保佐人が被保佐人の利益を害するおそれがないにもかかわらず同意をしないときは、**家庭裁判所**は、被保佐人の請求により、保佐人の**同意に代わる許可**を与えることができる（13条3項）。

正解 **❹**

2 制限行為能力者②(被保佐人)

 CHECK!　　　H28-問1

被保佐人が所有するマンション（マンションの管理の適正化の推進に関する法律（以下、「マンション管理適正化法」という。）第2条第1号に規定するものをいう。以下同じ。）の一住戸甲（以下、本問において「甲」という。）の売却に関する次の記述のうち、民法の規定及び判例によれば、誤っているものの組合せはどれか。

ア　被保佐人が保佐人の同意を得ることなく甲を売却した場合、当該売買契約を取り消すことができる者は、被保佐人に限られている。

イ　保佐人の請求により、家庭裁判所が被保佐人のために甲の売却について当該保佐人に代理権を付与する旨の審判をするには、被保佐人の同意がなければならない。

ウ　被保佐人が、保佐人の同意を得ることなく甲を売却した場合、相手方が被保佐人に対し、1ヵ月以上の期間を定めて、保佐人の追認を得るべき旨の催告をしたときは、相手方がその期間内に追認を得た旨の通知を受けなくても、その行為を保佐人が追認したものとみなされる。

エ　被保佐人が甲を売却する際に、自らが行為能力者であることを信じさせるため、被保佐人であることを黙秘していたことが、他の言動などと相まって、相手方を誤信させ、又は誤信を強めたものと認められる場合には、被保佐人はその行為を取り消すことができない。

❶　ア・ウ

❷　ア・エ

❸　イ・ウ

❹　イ・エ

Point 「制限行為能力者」＋「代理人・承継人・同意できる者」➡ 取消権 がある！

ア **誤り** 「被保佐人に限られている」➡「被保佐人に限られていない」

　被保佐人がマンションを売却する等の重要な財産行為をする場合、その保佐人の同意を得なければならない（民法13条1項3号）。そして、保佐人の同意が必要であるにもかかわらず、その同意（またはこれに代わる許可）を得ないでした行為は、取り消すことができる（同4項）。この場合、制限行為能力者（他の制限行為能力者の法定代理人としてした行為にあっては、当該他の制限行為能力者を含む）に加えてその代理人・承継人・同意できる者（保佐人）も、取消しができる（120条1項）。したがって、本肢の「売買契約を取り消すことができる者」は、被保佐人本人に限られていない。

イ **正しい**　家庭裁判所は、制限行為能力者本人（被保佐人）・配偶者・四親等内の親族・後見人・後見監督人・補助人・補助監督人・検察官・保佐人・保佐監督人の請求によって、被保佐人のために、特定の法律行為について保佐人に「代理権を付与する旨」の審判ができる（876条の4第1項、11条本文）。そして、本人以外の者の請求により家庭裁判所がこの審判をする場合には、本人の同意が必要となる（876条の4第2項）。

ウ **誤り** 「追認したものとみなされる」➡「取り消したものとみなされる」

　被保佐人に対して、相手方は、1ヵ月以上の期間を定めて、その期間内にその保佐人の追認を得るべき旨の催告ができる。この場合、被保佐人がその期間内にその追認を得た旨の通知を発しないときは、その行為は「取り消した」ものとみなされる（20条4項）。

エ **正しい**　被保佐人が、自己が行為能力者であることを信じさせるため詐術を用いた場合は、その行為を取り消すことができない（21条）。
　また、単に被保佐人であることを黙秘しているだけでは詐術にあたらないが、黙秘していたことが、他の言動と相まって、相手方を誤信させ、または誤信を強めたものと認められる場合には、詐術にあたり、被保佐人はその行為を取り消すことができない（判例）。

　したがって、誤っているものの組合せはア・ウであり、正解は❶となる。

正解 ❶

制限行為能力者であるＡは、甲マンションの一住戸を所有し、同住戸に居住している。この場合に関する次の記述のうち、民法の規定によれば、最も不適切なものはどれか。

❶ Ａが成年被後見人である場合は、Ａの後見人がＡを代理して当該住戸の区分所有権を売却するためには、家庭裁判所の許可を得なければならない。

❷ Ａが成年被後見人である場合は、Ａは、あらかじめその後見人の同意を得ることにより、第三者との間で、当該住戸のリフォーム工事に係る契約を有効に締結することができる。

❸ Ａが被保佐人である場合は、家庭裁判所は、Ａの請求により、Ａのために当該住戸の区分所有権の売却についてＡの保佐人に代理権を付与する旨の審判をすることができる。

❹ Ａが被補助人である場合は、家庭裁判所が、Ａの補助人の請求により、Ａが当該住戸の区分所有権を売却することについてＡの補助人の同意を得なければならない旨の審判をするためには、Ａの同意が必要である。

Point 成年被後見人は成年後見人の同意を得ても自ら財産上の法律行為は不可。

❶ 適　切

　成年後見人は、成年被後見人に代わって、その居住の用に供する建物又はその敷地について、売却等の処分をするには、家庭裁判所の許可を得なければならない（民法859条の３）。したがって、Ａが居住する専有部分の売却には、家庭裁判所の許可を得なければならない。

❷ 最も不適切　「成年被後見人は成年後見人の同意を得ても、有効に契約を締結できない」

　成年被後見人は、日常生活に関する行為を除いて、自ら財産上の法律行為をすることができない（9条）。これは、成年被後見人が成年後見人の同意を得て法律行為をした場合もできない。

❸ 適　切

　家庭裁判所は、被保佐人である本人の請求によって、特定の法律行為について保佐人に代理権を付与する旨の審判をすることができる（876条の４第1項）。

❹ 適　切

　家庭裁判所は、被補助人本人、補助人等の請求により、被補助人が特定の法律行為をするにはその補助人の同意を得なければならない旨の審判をすることができる（17条1項）。被補助人が所有する住戸の区分所有権の売却は、この補助人の同意を得なければならない行為に該当する（13条1項3号）。そして、この審判の請求が本人以外の者によりなされた場合には、被補助人である本人の同意が必要となる（17条2項）。

正解 **❷**

　売主Aと買主Bが、マンションの一住戸甲（以下、本問において「甲」という。）の売買契約（以下、本問において「本件契約」という。）を締結した場合に関する次の記述のうち、民法の規定及び判例によれば、正しいものはどれか。

❶　本件契約が、AとBの通謀虚偽表示により締結された場合、Bが甲の所有者と称して、甲を、その事情を知らないCに譲渡したときであっても、AはCに対し、自己の所有権を主張することができる。

❷　本件契約が、Bの強迫により締結された場合、Bが、甲を、その事情を知らないDに譲渡したときは、Aは、Bに対する意思表示を取り消したことをDに対抗することができない。

❸　本件契約が、Bの詐欺により締結された場合、Aに、それを信じたことに重大な過失があったときでも、Aは、売却の意思表示を取り消すことができる。

❹　本件契約が、甲とは別の住戸を購入する意思を有していたBの錯誤により締結された場合、Bにその錯誤による本件契約の取消しを主張する意思がなくても、Aは、原則として本件契約の取消しを主張することができる。

Point 　　強迫による意思表示➡取消しOK、善意の第三者にも対抗可。

❶　**誤り**　「AはCに対して、自己の所有権を主張できる」➡「できない」

　相手方と通じてした虚偽の意思表示（通謀虚偽表示）は無効であるが、その無効は、善意の第三者に対抗できない（民法94条）。したがって、Aは、AB間の契約が通謀虚偽表示で無効であることを、善意のCに対抗できない。

❷　**誤り**　「AはDに対抗できない」➡「Aは取消し前にDに対抗できる」

　強迫による意思表示は取り消すことができる（96条1項）。そして、その取消しは、善意の第三者にも対抗できる（96条3項反対解釈）。したがって、強迫により売却の意思表示をしたAは、Bに対する意思表示の取消しを、取消し前に譲り受けたDに対抗できる。

❸　**正しい**　詐欺による意思表示は取り消すことができる（96条1項）。このことは、意思表示をした者に、詐欺行為を信じたことに重大な過失があったとしても同じである。なぜなら、詐欺による「被害者」だからである。

❹　**誤り**　「Aは原則として取消しを主張できる」➡「できない」

　意思表示は、①意思表示に対応する意思を欠く「表示の錯誤」、または②表意者が法律行為の基礎とした事情についてのその認識が真実に反する「動機の錯誤」に基づくものであって、その錯誤が法律行為の目的および取引上の社会通念に照らして重要なものであるときは、取消しできる（95条1項）。この②による意思表示の取消しは、その事情が法律行為の基礎とされていることが表示されていたときに限り、取消しできる（同2項）。そして、錯誤による取消しを主張できるのは当該表意者（B）であり、相手方（A）からは、取消しを主張できない。錯誤による意思表示を取消しの対象とするのは、勘違いによって意思表示をした表意者を保護するためのものである。

民
法
等

正解 ❸

9

　Aが、Bとの間で、自己の所有するマンションの一住戸甲をBに売却する旨の契約を締結した場合に関する次の記述のうち、民法の規定によれば、最も適切なものはどれか。

❶　Aが、所有権を移転する意思がないにもかかわらず、Bと売買契約を締結した場合に、Bがその真意を知り、又は知ることができたときは、Aは、Bに対して当該契約の無効を主張することができる。

❷　Aが、所有権を移転する意思がないにもかかわらず、Bと通謀して売買契約を締結し、所有権移転登記を済ませた後に、BがAに無断で、その事情を知らない第三者Cに甲を転売した場合に、Cにその事情を知らないことについて過失があるときは、Aは、Cに対して、虚偽表示による当該売買契約の無効を主張することができる。

❸　Aが、Bの詐欺を理由として当該売買契約を取り消した場合に、Aの取消し前に、Bが、その事情を知らず、かつその事情を知らないことについて過失のある第三者Dに甲を転売していたときは、Aは、Dに対して取消しの効果を主張することができない。

❹　Aが、Bの強迫を理由として当該売買契約を取り消した場合に、Aの取消し前に、Bが、その事情を知らず、かつその事情を知らないことについて過失のない第三者Eに甲を転売していたときは、Aは、Eに対して取消しの効果を主張することができない。

Point 善意かつ無過失である取消前の第三者に対抗可なのは強迫で、詐欺は対抗不可。

❶ 最も適切

　Aは、所有権を移転する意思がないにもかかわらず、Bと売買契約を締結しているので、Aの意思表示は心裡留保である。**心裡留保による意思表示は、原則として有効であるが**（民法93条1項本文）、**相手方がその意思表示が表意者の真意ではないことを知り、又は知ることができたときは、その意思表示は無効となる**（同ただし書）。したがって、BがAの真意を知り、又は知ることができたときは、Aは、Bに対して当該契約の無効を主張できる。

❷ 不適切　「無効を主張できる」➡「できない」

　AB間の売買契約は通謀虚偽表示によるものである。**通謀虚偽表示は、当事者間では無効であるが**（94条1項）、**その無効を善意の第三者に対抗できない**（同2項）。そして、第三者が善意であるときは、そのことに**過失があっても、無効を対抗できない**（判例）。したがって、AB間の事情等をCが過失によって知らなかったとしても、Aは、Cに対して、虚偽表示によるAB間の売買契約の無効を主張できない。

❸ 不適切　「取消しの効果を主張できない」➡「できる」

　詐欺による意思表示は、取り消すことができる（96条1項）。しかし、**その取消しは、善意かつ無過失である取消し前の第三者に対抗できない**（同3項）。本肢のDは、詐欺による取消し前の第三者であるが、Bの詐欺の事実を知らないことに過失があるので、Aは、Dに対して、取消しの効果を主張できる。

❹ 不適切　「取消しの効果を主張できない」➡「できる」

　強迫による意思表示は、取り消すことができる（96条1項）。そして、**その取消しは、善意かつ無過失である取消し前の第三者にも対抗できる**（同3項反対解釈）。本肢のEは、強迫による取消し前の第三者であるので、Bの強迫の事実を過失なく知らなかったとしても、Aは、Eに対して、取消しの効果を主張できる。

正解 ❶

マンションの管理組合A（以下、本問において「A」という。）の管理者B（以下、本問において「B」という。）が、その職務に関し、C会社（以下、本問において「C」という。）との間で取引行為（以下、本問において「本件取引行為」という。）をする場合に関する次の記述のうち、民法の規定によれば、正しいものはどれか。

❶ Bの本件取引行為に係る意思表示に対応する意思を欠く錯誤に基づくものであって、その錯誤が法律行為の目的及び取引上の社会通念に照らして重要なものであった場合には、Aは、Cに対してその意思表示の無効を主張することができる。

❷ 第三者DがBに詐欺を行い、これによりBが本件取引行為に係る意思表示をした場合、Cがその事実を知り、又は知ることができたときに限り、Aはその意思表示を取り消すことができる。

❸ Bが、本件取引行為をする前に、補助開始の審判を受けていたときは、Bの代理権は消滅しているので、本件取引行為の効力は生じない。

❹ Bが管理者を解任された後に本件取引行為をしていたとした場合、Cがその解任の事実を知らず、かつ知らなかったことにつき過失がなかったときでも、本件取引行為の効力は生じない。

Point 管理者が補助開始の審判を受けても、その代理権は消滅しない。

❶ 誤り 「無効を主張できる」➡「取り消すことができる」

　意思表示に対応する意思を欠く錯誤に基づくものであって、その錯誤が法律行為の目的および取引上の社会通念に照らして**重要なもの**であった場合は、原則として、取り消すことができる（民法95条1項）。本肢でいう管理組合Aに係る職務に関して、管理者Bは代理人となるが（区分所有法26条2項）、Bが相手方に対してした意思表示の効力が、**意思の不存在・錯誤・詐欺・強迫またはある事情を知っていたこともしくは知らなかったことにつき過失があったこと**により影響を受けると判断される場合、その**事実の有無は、代理人を基準**に決められる（民法101条1項）。したがって、本肢の場合、AはCに対し、意思表示の取消しができる。

❷ 正しい 代理行為の瑕疵については、❶解説のとおり、代理人を基準に決められる。そして、**第三者が詐欺を行った場合、相手方がその事実を知り、または知ることができたときに限り**、その意思表示を**取消しできる**（96条2項）。したがって、第三者Dが、管理組合Aを代理する管理者Bに詐欺を行った本肢では、相手方Cが詐欺の事実を知り、または知ることができたときに限り、AはBの意思表示を取消しできる。

頻出

❸ 誤り 「代理権は消滅しているので、効力は生じない」
➡「代理権は消滅せず、効力は生ずる」

　代理権は、①本人の死亡（委任による代理の場合は、破産手続開始決定も）、②代理人の死亡・破産手続開始決定・後見開始の審判による場合に消滅する（111条、653条）。したがって、管理者Bが当該取引行為前に補助開始の審判を受けていたとしても、Bの代理権は消滅せず、取引行為の効力は生ずる。

ひっかけ

❹ 誤り 「効力は生じない」➡「効力は生ずる」

　代理権の消滅は、善意の第三者に対抗できないが、当該第三者が**過失**によってその事実を知らなかったときは、対抗できる（「**代理権消滅後の表見代理**」112条1項）。しかし、本肢のCは、Bが管理者を解任され、代理権が消滅したことについて善意・無過失なので、本件取引行為の**効力は生ずる**。

【表見代理が成立する場合】

(1)代理権授与の表示による表見代理(109条1項)	本人が相手方に対し、他人に代理権を与えたかのような表示をしたが、実際には与えていなかった場合
(2)権限外の行為の表見代理（110条）	代理人が、与えられた代理権の範囲を越えて代理行為をした場合
(3)代理権消滅後の表見代理（112条1項）	代理人だった者が、代理権がなくなったにもかかわらず、代理行為を行った場合

※(1)や(3)の場合で、「表示された代理権の範囲を越えたとき」や「消滅前の代理権の範囲を越えたとき」でも、相手方に第三者がその行為についてその他人の代理権があると信ずべき正当な理由があれば、表見代理が成立する(109条2項、112条2項)。

正解 ❷

13

Aが、自己の所有するマンションの一住戸甲をBに売却する契約の締結について、Cに代理権を授与した場合に関する次の記述のうち、民法の規定によれば、最も不適切なものはどれか。

❶ Cが制限行為能力者であった場合に、Aは、Cの制限行為能力を理由に代理行為を取り消すことができない。

❷ Cが、売却代金を着服する目的で、当該代理権の範囲内において、当該契約を締結した場合に、Bが、Cの当該目的を知ることができたときは、Cの行為は代理権を有しない者がした行為とみなされる。

❸ Cの子Dは、CがAから預かった書類をA及びCに無断で持ち出し、Aの代理人と称して当該契約を締結したところ、これを知ったBが、Aに対して、追認をするかどうかを確答すべき旨の催告をした場合に、相当の期間内に確答がなかったときは、Aは追認をしたものとみなされる。

❹ Cは、Aの許諾を得たとき、又はやむを得ない事由があるときでなければ、復代理人を選任することができない。

Point 　任意代理人は、本人の許諾を得たかやむを得ない事由があるときでないと復代理人の選任不可。

民法等

❶ 適 切

　制限行為能力者が任意代理人としてした行為は、行為能力の制限によっては取消しできない（民法102条本文）。制限行為能力者が代理人として不利な契約を締結しても、その効果は本人に帰属するから、取り消すことができないとしても、制限行為能力者の保護に欠けることはない。また、本人としても自ら制限行為能力者を代理人に選任したのであるから、不利な契約の効果を受けるのもやむを得ない。したがって、Ｃが制限行為能力者であっても、Ａは、Ｃの制限行為能力を理由に代理行為を取消しできない。

❷ 適 切

　代理人Ｃは、売買代金を着服するという自己の利益を図る目的で、代理権の範囲内の行為をしている。**代理人が自己又は第三者の利益を図る目的で代理権の範囲内の行為をした場合、相手方がその目的を知り、又は知ることができたときは、その行為は、代理権を有しない者がした行為とみなされる**（107条）。したがって、Ｂが、Ｃの売買代金着服の目的を知ることができたときは、Ｃの行為は代理権を有しない者がした行為とみなされる。

❸ 最も不適切 「追認をしたものとみなされる」
　　　　　 ➡「追認を拒絶したものとみなされる」

　Ｃの子Ｄは、ＣがＡから預かった書類をＡ及びＣに無断で持ち出したのであるから、甲の売買契約について代理権を有していない。よって、ＤがＡの代理人としてＢと売買契約を締結しても無権代理の行為である。**無権代理行為が行われた場合、相手方は、本人に対し、相当の期間を定めて、その期間内に追認をするかどうかを確答すべき旨の催告ができる**。この場合、**本人がその期間内に確答をしないときは、追認を拒絶したものとみなされる**（114条）。したがって、Ｂの催告に対して、Ａが相当の期間内に確答をしなかったときは、Ａは「追認を拒絶」したものとみなされる。

❹ 適 切

　委任による代理人は、本人の許諾を得たとき、又はやむを得ない事由があるときでなければ、復代理人を選任できない（104条）。したがって、任意代理人であるＣは、Ａの許諾を得たとき、又はやむを得ない事由があるときでなければ、復代理人を選任できない。

正解 **❸**

　Aは、所有するマンションの一住戸甲（以下、本問において「甲」という。）をBに売却しようと考え、Cとの間で、甲の売却についてCを代理人とする委任契約を締結した。この場合に関する次の記述のうち、民法の規定及び判例によれば、誤っているものはどれか。

❶　AB間の売買契約の成立後に、甲についてAからBへの所有権移転登記手続を行う場合、Cは、AとBの双方を代理することができる。

❷　甲の売却について、Cが、Aの許諾を得てDを復代理人に選任した場合、Cは代理権を失わず、CとDの両者がAの代理人となる。

❸　AC間の委任契約が解除されCの代理権が消滅した後に、CがAの代理人と称してBに対して甲を売却した場合、売買契約締結の際にCに代理権がないことをBが知っていたときは、Cは、Bに対し無権代理人の責任を負わない。

❹　AC間の委任契約が解除されCの代理権が消滅した後に、CがAの代理人と称してBに対して甲を売却した場合、売買契約締結の際にCに代理権がないことをBが知っていたときは、Bは、Aに対し相当期間内に当該行為を追認するかどうかの催告をすることができない。

Point 双方代理でも、債務の履行と本人の許諾のある行為はOK。

❶ **正しい** 同一の法律行為について、当事者双方の代理人としてした行為は、無権代理行為とみなされる（双方代理の禁止）。ただし、債務の履行および本人があらかじめ許諾した行為については、**双方代理も許される**（民法108条1項）。ＡＢ間の売買契約に基づき、甲についてＡからＢへの所有権移転登記手続を行うことは、単なる「債務の履行」であるから（判例）、Ｃは、ＡとＢの双方を代理できる。

❷ **正しい** 委任による代理人は、本人の許諾を得たとき、またはやむを得ない事由があるときには、復代理人を選任できる（104条）。そして、代理人が復代理人を選任しても、**代理人の代理権は当然には消滅しない**（111条参照）。したがって、Ｃが、Ｄを復代理人に選任するにあたり、Ａの許諾を得ていれば、Ｃは代理権を失わず、ＣとＤの両者がＡの代理人となる。

❸ **正しい** 本肢において、Ｃが甲をＢに売却した行為は無権代理である。無権代理人Ｃは、自己の代理権を証明したとき、または本人の追認を得たときを除き、相手方の選択に従い、**相手方に対して履行または損害賠償の責任を負う**（「無権代理人の責任」117条1項）。ただし、①無権代理人が代理権を有しないことを相手方が知っていたとき、②無権代理人が代理権を有しないことを相手方が過失によって知らなかったとき（無権代理人が自己に代理権がないことを知っていたときは除く）、③無権代理人が行為能力の制限を受けていたときは、**無権代理人はこの責任を負わない**（同2項）。したがって、本肢のように、Ｃに代理権がないことをＢが知っていた場合は、Ｃは、Ｂに対して無権代理人の責任を負わない。

❹ **誤り** 「催告できない」➡「できる」
❸解説のとおり、Ｃが甲をＢに売却した行為は無権代理である。無権代理がされた場合、相手方は、本人に対し、相当の期間を定めて、その期間内に追認をするかどうかを確答すべき旨の**催告**ができ（114条前段）、そして、この**催告**は、無権代理について相手方が悪意でもできる。したがって、本肢のように、Ｂは、Ｃに代理権がないことを知っていた場合でも、Ａに対して、Ｃの行為を追認するかどうかの催告ができる。

正解 ❹

Aは、Bに対し、Aが所有するマンションの1住戸甲（以下、本問において「甲」という。）に抵当権を設定する旨の代理権を授与していた。この場合に関する次の記述のうち、民法の規定及び判例によれば、正しいものはどれか。

❶ Bが、Cとの間で、甲の売買契約を締結した場合において、Bの無権代理行為について表見代理が成立するときでも、Cは、Aに対して表見代理の成立を主張せず、Bに対して、無権代理人としての責任を追及することができる。

❷ AがBに代理権を授与した時に、Bが制限行為能力者であった場合は、Bが代理人としてした行為は、行為能力の制限によって取り消すことができる。

❸ Bは、Aが復代理人の選任について拒否し、かつ、やむを得ない事由がない場合でも、自己の責任で復代理人Dを選任することができる。

❹ Bがやむを得ない事由により復代理人Eを選任した場合、Eは、Bの名においてBを代理する。

Point 表見代理が成立➡それを主張せず無権代理人の責任を追及可！

❶ **正しい** BがAから授与されたのは、甲に抵当権を設定する「代理権」のみのため、Bが、Cとの間で甲の売買契約を締結したことは、無権代理行為となる。そして、Cが善意・無過失であるときは、Bの行為には表見代理が成立する（民法110条）。しかし、**表見代理が成立する場合でも、無権代理であることにかわりはないから、Cは、本人Aに対して表見代理の成立を主張せずに、無権代理人Bに対して無権代理人としての責任（117条1項）を追及できる**（判例）。

❷ **誤り** 「取り消すことができる」➡「できない」

　任意代理の場合の**制限行為能力者が代理人としてした行為は、行為能力の制限によっては取消しできない**（102条本文）。したがって、Bが制限行為能力者であった場合でも、Aは、取消しできない。なお、制限行為能力者が他の制限行為能力者の法定代理人としてした行為については、一定の要件の下に取消しできる（同ただし書）。

❸ **誤り** 「自己の責任で復代理人Dを選任できる」➡「できない」

　委任による代理人（任意代理人）は、本人の許諾を得たとき、またはやむを得ない事由があるときでなければ、復代理人を選任できない（104条）。したがって、本人Aが復代理人の選任について拒否し（＝許諾がない）、かつ、やむを得ない事由もない場合には、Bは、復代理人Dを選任できない。

❹ **誤り** 「Bの名においてBを代理する」➡「本人Aの名においてAを代理する」

　復代理人は、その権限内の行為について、本人を代表する（106条1項）。すなわち、**復代理人は、代理人の代理人ではなく、本人の代理人として行為をする**。したがって、Bがやむを得ない事由によって復代理人Eを選任した場合（❸解説参照）、Eは、本人Aの名においてAを代理する。

正解 ❶

10 代理④（無権代理）

CHECK! ☐☐☐ ✎

R 2-問5

重要度 **A**

Aがマンション管理業者Bの代理人と称して、マンション甲の管理組合Cとの間で管理委託契約（以下、本問において「本件契約」という。）を締結したが、Aは代理権を有していなかった場合に関する次の記述のうち、民法の規定によれば、誤っているものはどれか。

❶ CがBに対し、相当の期間を定めて、その期間内に本件契約を追認するかどうかを確答すべき旨の催告をしたが、当該期間内にBから確答を得られなかった場合には、Bは、追認をしたものとみなされる。

❷ Cは、本件契約の締結時に、Aが代理権を有していないことを知らなかったときは、Bが追認しない間は、本件契約を取り消すことができる。

❸ Bが本件契約の追認を拒絶した場合には、Cは、Aに対し、Cの選択に従い、損害賠償の請求又は契約の履行を請求することができる。

❹ Aが本件契約の締結時に制限行為能力者であった場合に、Aの代理行為が制限行為能力を理由に取り消されたときは、CはAに対し、無権代理人の責任を追及することができない。

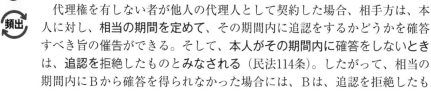

Point 本人が追認か否か催告を受けたが確答なし ⇒ 追認拒絶とみなす。

❶ **誤り**　「追認をしたものとみなされる」⇒「追認を拒絶したものとみなされる」

頻出　代理権を有しない者が他人の代理人として契約した場合、相手方は、本人に対し、**相当の期間を定めて**、その期間内に追認をするかどうかを確答すべき旨の催告ができる。そして、**本人がその期間内に確答をしないとき**は、**追認を拒絶したものとみなされる**（民法114条）。したがって、相当の期間内にBから確答を得られなかった場合には、Bは、追認を拒絶したものとみなされる。

❷ **正しい**　代理権を有しない者がした契約は、本人が**追認をしない間**は、相手方が取り消すことができる。ただし、契約の時において代理権を有しないことを相手方が知っていたときは、**取消しができない**（115条）。したがって、無権代理であることについて善意のCは、Bが追認をしない間は、取消権を行使できる。

❸ **正しい**　無権代理人は、自己の代理権を証明したとき、又は本人の追認を得たときを除き、相手方の**選択**に従い、相手方に対して**履行又は損害賠償の責任を負う**（117条）。したがって、Cは、自己の選択に従い、Aに対し、損害賠償の請求又は契約の履行を請求できる。

頻出

❹ **正しい**　❸解説のとおり、無権代理人は、相手方に対して、履行又は損害賠償の責任を負う。しかし、無権代理人が行為能力の制限を受けていたときは、**責任を負わない**（117条2項3号）。したがって、Cは、Aに対し、無権代理人の責任を追及できない。

正解 ❶

民法

11 代 理⑤（無権代理）

CHECK! □□□ ✎ R5-問3 **A**

　Aが、代理権を有しないにもかかわらず、Bの代理人と称して、Cとの間でB所有のマンションの一住戸の売買契約（以下、本問において「本件売買契約」という。）を締結した場合に関する次の記述のうち、民法の規定によれば、最も不適切なものはどれか。ただし、Aは制限行為能力者ではないものとする。

❶　Aの行為は無権代理行為であるが、Bが追認をすれば、本件売買契約は有効となる。

❷　本件売買契約が締結されたときに、CがAに代理権がないことを知っていた場合は、Cは、Bに対して、追認をするかどうかを確答すべき旨を催告することができない。

❸　CがBに対し、相当の期間を定めて、その期間内にAの無権代理行為を追認するかどうかを確答すべき旨を催告した場合において、Bがその期間内に確答をしないときは、Bは、追認を拒絶したものとみなされる。

❹　CがBに対し、相当の期間を定めて、その期間内にAの無権代理行為を追認するかどうかを確答すべき旨を催告した場合において、Bが追認を拒絶したときは、Aは、Cに対して、Cの選択に従い、本件売買契約の履行又は損害賠償の責任を負う。

22

Point 無権代理人は、行為の相手方の選択に従い履行か損害賠償責任を負う。

❶ 適 切

Aは、代理権がないにもかかわらず、Bの代理人と称して、Cとの間で売買契約を締結しているので、Aの行為は**無権代理行為**である（民法113条）。無権代理行為は、本人に対してその効力を生じないが、本人が望むのであれば、追認することにより、本人に効果が帰属し、有効となる。

❷ 最も不適切 「Cは、悪意であっても追認をするかどうかを確答すべき旨の催告ができる」

無権代理行為の相手方は、不安定な地位に置かれるので、早期に権利関係を確定させるため、本人に対して追認をするかどうかを確答すべき旨の催告をすることができる（114条）。この催告権は、相手方が無権代理であることを知っていた場合にも認められる。

❸ 適 切

無権代理の相手方は、本人に対して、相当の期間を定めて、その期間内に追認をするかどうかを確答すべき旨を催告できる。この催告をした場合、本人がその期間内に確答をしないときは、追認を拒絶したものとみなされ、本人へ効果が帰属しないことが確定する（114条）。

❹ 適 切

Bが追認を拒絶すると、Aの無権代理行為の効果はBに帰属しないことが確定する。この場合、Aは、**無権代理行為の相手方であるCの選択**に従い、Cに対して、履行又は損害賠償の責任を負う（117条1項）。

正解 **❷**

マンションの管理組合が区分所有者に対して有する管理費支払請求権の消滅時効の更新に関する次の記述のうち、民法の規定によれば、誤っているものはどれか。

❶ 支払督促は、所定の期間内に仮執行の宣言の申立てをしないことによりその効力を失うときは、時効は更新しない。

❷ 民事調停により、確定判決と同一の効力を有するものによって権利が確定したときでも、この事由が終了した時から1ヵ月を経過しなければ時効は更新しない。

❸ 管理費を滞納している区分所有者が、滞納の事実を認める承認書を管理組合の管理者あてに提出したときは、管理費支払請求権の時効は更新する。

❹ 管理組合の管理者が死亡し、後任の管理者が決まらなかったとしても、管理費支払請求権の時効は更新しない。

Point 死亡は時効の更新事由に含まれていない！

❶ **正しい** 支払督促により、時効の完成猶予は生じる（民法147条１項２号）。しかし、所定の期間内（申立てができる時から30日以内）に仮執行の宣言の申立てをしないことによりその効力を失うときは、**時効は更新しない**（147条２項、民事訴訟法392条）。

❷ **誤り** 「事由が終了した時から１ヵ月を経過しなければ時効は更新しない」
　　➡「事由が終了した時に時効は更新する」

　民事調停により、時効の完成猶予は生じる（民法147条１項３号）。そして、確定判決または確定判決と同一の効力を有するものによって権利が確定したときは、時効は、民事調停法による**民事調停**等の事由が終了した時から新たにその進行を始める（147条２項）。つまり、**時効は更新する**。

❸ **正しい** 管理費を滞納している区分所有者が、管理組合の管理者宛てに、滞納の事実を認める**承認書を提出**することは、時効の更新事由である承認にあたり（152条１項）、**時効は更新する**。

❹ **正しい** 本肢のように、管理組合の**管理者が死亡**し、後任の管理者が決まらなかった場合でも、**管理費支払請求権の時効は更新しない**（147条、148条、152条参照）。

正解 **❷**

13 時　効② (時効の更新・完成猶予)

 CHECK!　　　R元-問11改

　マンションの管理費の支払債務の時効の更新及び完成猶予に関する次のア～エの記述のうち、民法の規定によれば、正しいものはいくつあるか。

ア　管理費の滞納者が死亡した場合においては、時効は更新する。

イ　管理費の滞納者が破産手続開始の決定を受けた場合において、その破産手続に参加をし、これにより確定判決又は確定判決と同一の効力を有するものによって権利が確定しても、時効は更新しない。

ウ　管理費の滞納者に対して内容証明郵便による催告があったときは、催告後6ヵ月を経過するまでの間は、時効は完成猶予により完成しないが、この催告によって時効の完成が猶予されている間にされた再度の催告は、時効の完成猶予の効力を有しない。

エ　管理費の滞納者が、滞納している事実を認める旨の承認書を管理組合に提出した場合においては、その承認書が公正証書によるものでなくても、その時から時効が更新する。

❶　一つ

❷　二つ

❸　三つ

❹　四つ

Point 時効の更新事由と完成猶予事由は異なるので、整理しよう！

ア **誤り** 「時効は更新する」➡「更新しない」

　時効は、主に次の①〜⑥の事由によって更新する（民法147条2項・1項各号、148条1項、152条1項）。

　① 裁判上の請求

　② 支払督促

　③ 民事調停等

　④ 破産手続参加等

　⑤ 強制執行等

　⑥ 承認

　ただし、①〜④は「確定判決または確定判決と同一の効力を有するものによって権利が確定したとき」に、⑤は「その手続終了時」に時効が更新する（147条2項、148条2項）。

　債務者の死亡は時効の更新事由に含まれていない。

イ **誤り** 「時効は更新しない」➡「更新する」

　ア解説のとおり、債権者が破産手続の参加をすることにより、確定判決または確定判決と同一の効力を有するものによって権利が確定したときは、時効が更新する（147条2項・1項4号）。

ウ **正しい** 催告があったときは、その時から6ヵ月を経過するまでの間は、時効は完成しない（150条1項）。この催告によって時効の完成が猶予されている間にされた**再度の催告**は、時効の完成猶予の効力を有しない（同2項）。

エ **正しい** 更新事由の承認の方式については、特別の規定は存在しない。したがって、**承認書の提出**は、それが公正証書でなくても、債務の承認として時効が更新する（152条1項）。

　したがって、正しいものはウ・エの二つであり、正解は❷となる。

正解 ❷

民法

14 時 効③（消滅時効）

■ ■ ■　🖊 CHECK!　　　　　　R 3-問 5　　重要度 A

　マンションの管理組合Ａの管理費に関する次の記述のうち、民法の規定によれば、最も不適切なものはどれか。

❶　Ａが、管理費を滞納している区分所有者Ｂに対して、滞納管理費を請求する訴訟を提起し、勝訴した場合には、当該滞納管理費債権は、確定判決を得た時から10年間これを行使しないときは、時効によって消滅する。

❷　Ａが、管理費を滞納している区分所有者Ｃに対して、管理費の支払を催告した場合に、その時から6箇月を経過するまでに管理組合が再度催告をしたときには、再度の催告は時効の完成猶予の効力を有しない。

❸　管理費を滞納している区分所有者Ｄが、Ａに対して、管理費を滞納していることを書面により認めたときは、その時から時効の更新の効力が生じる。

❹　Ａの管理規約において、各区分所有者は、Ａに対する債務の消滅時効を主張することができない旨が定められていた場合には、区分所有者Ｅは、滞納した管理費の債務について、時効が完成したとしても、それによる債務の消滅を主張することができない。

Point 時効の利益は、あらかじめ放棄できない。

❶ 適 切

　債権について訴訟が提起された場合、その訴訟が終了するまでは、消滅時効の完成が猶予され（民法147条１項１号）、原告勝訴の**確定判決**があったときは、その債権の消滅時効は更新される（同２号）。そして、**確定判決によって確定した権利**については、10年より短い時効期間の定めがあるものであっても、その時効期間は、10年となる（169条１項）。したがって、Aが滞納管理費債権の請求訴訟で勝訴判決を得た場合、当該滞納管理費債権の消滅時効は更新されるが、確定判決を得た時から10年間これを行使しないときは、時効によって消滅する。

❷ 適 切

　催告があったときは、その時から６ヵ月を経過するまでの間は、**時効の完成は猶予**される（150条１項）。しかし、催告によって時効の完成が猶予されている間にされた**再度の催告は、時効の完成猶予の効力を有しない**（同２項）。したがって、Cの滞納管理費債務の消滅時効は、Aの催告によって６ヵ月間は時効の完成が猶予されるが、その猶予期間中にAが再度の催告をしても、時効の完成猶予の効力を有しない。

❸ 適 切

　管理費を滞納していることを認めることは、滞納管理費債権の承認にあたる。そして、債権の**承認**があったときは、その債権の**消滅時効は更新**される（152条１項）。したがって、Dが管理費を滞納していることを書面により認めたときは、その時から当該管理費債権の消滅時効の更新の効力が生じる。

❹ **最も不適切** 「債務の消滅を主張できない」➡「できる」

　時効の利益は、あらかじめ**放棄できない**（146条）。したがって、Aの管理規約に消滅時効を主張できない旨が定められていても、区分所有者Eは、滞納した管理費債務について時効が完成したときは、それによる債務の消滅を主張できる。

正解 **❹**

　消滅時効に関する次の記述のうち、民法の規定及び判例によれば、誤っているものはどれか。

❶　売主の詐欺によりマンションの一住戸の売買契約が締結された場合、買主の意思表示の取消権は、追認をすることができる時から5年間行使しないとき、また意思表示の時から20年を経過したときは消滅する。

❷　管理組合の組合員に対する管理費支払請求権は、債権者が権利を行使することができることを知った時から5年間行使しないときは消滅する。

❸　管理組合から請け負った工事に関する施工業者の報酬請求権は、債権者が権利を行使することができることを知った時から3年間行使しないときは消滅する。

❹　第三者の不法行為（人の生命又は身体を害するものを除く。）により管理組合に損害が生じた場合、管理組合の損害賠償請求権は、損害及び加害者を知った時から3年間行使しないとき、また不法行為の時から20年を経過したときは消滅する。

Point 請負業者の工事費用 ➡ 権利行使できることを知った時から5年間で時効消滅する。

❶ **正しい** 取消権は、追認できる時から5年間行使しないときは、時効によって消滅し、行為の時から20年を経過したときも、同様に消滅する（民法126条）。

❷ **正しい** 債権は、①債権者が権利を行使できることを知った時から5年間行使しないとき、②権利を行使できる時から10年間行使しないときは、時効によって消滅する（166条1項）。

頻出

❸ **誤り** 「3年間」➡「5年間」

工事の設計、施工または監理を業とする者の工事に関する債権は、①債権者が権利を行使できることを知った時から5年間行使しないとき、②権利を行使できる時から10年間行使しないときは、時効によって消滅する（166条1項）。

頻出

❹ **正しい** 不法行為（人の生命または身体を害するものを除く）による損害賠償の請求権は、被害者またはその法定代理人が損害および加害者を知った時から3年間行使しないときは、時効によって消滅し、不法行為の時から20年を経過したときも、同様に消滅する（724条）。

正解 ❸

16 時　効 ⑤ (消滅時効)

CHECK!　　　H30-問39改

重要度 A

　以下の文章は、民法第166条に定める債権等の消滅時効に関する条文の一部である。その文中の（　ア　）〜（　エ　）に入るべき語句の組合せとして、正しいものは次の❶〜❹のうちどれか。

「1．債権は、①債権者が権利を行使することができることを知った時から（　ア　）間行使しないとき、②権利を行使することができる時から（　イ　）間行使しないときには、時効によって消滅する。
　2．債権又は（　ウ　）以外の財産権は、権利を行使することができる時から（　エ　）間行使しないときは、時効によって消滅する。」

	（　ア　）	（　イ　）	（　ウ　）	（　エ　）
❶	10年	20年	賃借権	5年
❷	5年	10年	抵当権	20年
❸	10年	20年	所有権	5年
❹	5年	10年	所有権	20年

Point 権利を行使できる時から20年間行使せず時効によって消滅するのは、所有権以外の財産権である。

「1．債権は、①債権者が権利を行使することができることを知った時から（ア　5年）間行使しないとき、②権利を行使することができる時から（イ　10年）間行使しないときには、時効によって消滅する（民法166条1項）。

2．債権又は（ウ　所有権）以外の財産権は、権利を行使することができる時から（エ　20年）間行使しないときは、時効によって消滅する（同2項）。」

したがって、入るべき語句の組合せとして正しいものは、「ア　5年」、「イ　10年」、「ウ　所有権」、「エ　20年」であり、正解は❹となる。

正解 ❹

　時効に関する次の記述のうち、民法の規定によれば、最も不適切なものはどれか。

❶　消滅時効が完成し、時効が援用されて権利が消滅すると、その権利は最初からなかったものとされる。

❷　時効の利益は、時効完成後には放棄することができない。

❸　債権者が、債務者に対して金銭の支払を求めて訴えを提起した場合に、確定判決によって権利が確定したときは、時効が更新される。

❹　地上権や地役権についても、時効による権利の取得が認められる。

Point 時効完成により、その効果は時効期間の最初の時点にさかのぼって生じる。

❶ 適 切

時効は、時効期間中継続した事実状態をそのまま権利関係とする制度であるから、時効が完成すると、その効果は時効期間の**最初の時点**（起算日）にさかのぼって生じる（民法144条）。

❷ 最も不適切 「時効完成後に放棄できない」 ➡ 「できる」

時効完成前においては、債権者が債務者を強制し時効の利益を放棄させるおそれがあることから、時効の利益はあらかじめ放棄できない（146条）。しかし、時効完成後に、債務者が時効の利益を放棄することは自由である。

❸ 適 切

債権者が、債務者に対して金銭の支払を求めて訴えを提起することは、裁判上の請求にあたる（147条１項１号）。そして、裁判の確定判決によって権利が確定したときは、**時効が更新される**（同２項）。

❹ 適 切

所有権以外の財産権を自己のためにする意思をもって、平穏に、かつ、公然と行使する者は、20年（占有開始の時に善意無過失であるときは10年）を経過した後、その権利を取得することができる（163条）。この「**所有権以外の財産権**」には、**地上権**（265条）、**地役権**（280条）、**永小作権**（270条）が含まれる。

正 解 ❷

18 所有権と共有①

☐☐☐ ✎ CHECK!　　　　　H29-問1　　重要度 特 A

　A、B及びCは、マンション（マンション管理適正化法第2条第1号に規定するものをいう。以下同じ。）の一住戸を共有しており、その持分は、Aが$\frac{2}{3}$、BとCがそれぞれ$\frac{1}{6}$である。この場合に関する次の記述のうち、民法、区分所有法の規定及び判例によれば、誤っているものはどれか。

❶　Aは、BとCの同意を得なくても、当該住戸について、単独で抵当権を設定できる。

❷　Cが当該住戸を単独で占有している場合に、AとBは、Cの持分が少ないからといって、Cに対して明渡しを請求できるとは限らない。

❸　Bが、自らの専有部分の共有持分を放棄したときは、その共有持分は、共用部分及び敷地のBの共有持分とともに、AとCにそれぞれの持分に応じて帰属する。

❹　Cは、当該住戸を不法占拠する第三者に対し、単独で、その明渡しを請求することができる。

Point 　　共有者の1人が放棄した持分➡他の共有者の持分割合に応じて帰属。

❶ **誤り**　「単独で抵当権を設定できる」
　　　➡「BとCの同意を得なければ設定できない」
　共有のマンションに抵当権を設定することは、共有物の変更にあたる。そして、各共有者は、他の共有者全員の同意を得なければ、共有物に変更（その形状又は効用の著しい変更を伴わないものを除く）を加えることができない（民法251条1項）。したがって、Aは、B・C両方の同意を得なければ、当該住戸について、抵当権を設定できない。

❷ **正しい**　共有者の1人が、他の共有者との協議に基づかずに共有物（本問ではマンションの1住戸）を占有している場合でも、他の共有者は、当然にはその明渡しを請求できない（判例）。各共有者は、共有物の全部について、その持分に応じた使用ができるからである（249条1項）。

❸ **正しい**　共有者の1人が、その持分を放棄したときは、その持分は、他の共有者の持分割合に応じて、他の共有者に帰属し（255条）、共用部分の持分は、その有する専有部分の処分に従う（区分所有法15条1項）。また、各区分所有者は、原則として、その有する専有部分とその専有部分に係る敷地利用権とを分離して処分できない（22条1項）。したがって、Bが、自らの専有部分の共有持分を放棄したときは、その共有持分は、共用部分および敷地のBの共有持分とともに、AとCにそれぞれの持分割合に応じて帰属する。

❹ **正しい**　第三者が共有物（本問ではマンションの1住戸）を不法占拠する場合、各共有者は、保存行為として、単独でその明渡しを請求できる（民法252条5項、判例）。

正解 ❶

19　所有権と共有②

CHECK! □□□　✎

R 5-問29

重要度 **B**

甲マンションの住戸101号室をA、B、Cの3人が共有し、住戸102号室を所有者に無断でDが占有している場合に関する次の記述のうち、民法、区分所有法及び判例によれば、最も適切なものはどれか。

❶　A、B、Cは、共有する区分所有権について5年を超えない期間内は分割をしない旨の契約をしていた場合であっても、いつでも101号室の区分所有権の分割を請求することができる。

❷　101号室の区分所有権について、Aが分割を請求した場合、A、B、Cの協議が調わないときは、裁判上の現物分割はできずに競売による方法しか認められない。

❸　Dは、102号室の専有部分の区分所有権について時効によって取得した場合でも、共用部分の共有持分については、時効により取得することはできない。

❹　102号室について、Dは、所有の意思をもって、善意で、平穏に、かつ、公然と占有をするものと推定される。

Point 専有部分の区分所有権を時効取得 ➡ 専有部分に係る共用部分の共有持分も取得。

❶ 不適切 「共有物の不分割契約をしている場合は分割請求できない」

頻出 各共有者は、いつでも共有物の分割を請求できるが、5年を超えない期間内で共有物の分割をしない旨の契約ができる（民法256条1項）。したがって、この契約の期間内は分割の請求ができない。

❷ 不適切 「競売による方法しか認められない」➡「競売以外の方法もできる」

共有物の分割について共有者間に協議が調わないときには、共有物分割請求訴訟を提起できる（258条1項）。そして、共有物の分割について3つの方法（現物分割・代償分割・換価分割）のうち、具体的にどの方法によるかは裁判所が判断する。通常は、マンションの1室は現物分割が難しいので、競売による換価分割か代償分割のいずれかの方法によることになる。また、共有物を共有者のうちの1人の単独所有又は数人の共有とし、これらの者から他の共有者に対して持分の価格を賠償させる全面的価格賠償方式も認められる（判例）。したがって、101号室の区分所有権の分割について、競売による方法しか認められないわけではない。

❸ 不適切 「共用部分の共有持分も時効により取得する」

共用部分の共有者の持分は、その有する専有部分の処分に従うので（区分所有法15条1項）、専有部分の区分所有権を時効により取得した者は、当該専有部分に係る共用部分の共有持分も取得する。

❹ 最も適切

占有者は、所有の意思をもって、善意で、平穏に、かつ、公然と占有をするものと推定される（民法186条1項）。占有権は、自己のためにする意思をもって物を所持することによって認められるので（180条）、102号室を所有者に無断で占有しているDも占有者となる。

正解 ❹

20 所有権と共有③

甲マンションの一住戸乙（以下、本問において「乙」という。）を数人が共有する場合に関する次の記述のうち、民法及び区分所有法の規定によれば、正しいものはどれか。

❶ 各共有者は、5年を超えない期間内は乙の分割をしない旨の契約をしない限りは、いつでも乙の分割を請求することができる。

❷ 各共有者は、規約に別段の定めがある場合は、甲マンションの集会で、乙に対するそれぞれの持分に応じて議決権を行使することができる。

❸ 各共有者は、他の共有者全員の同意を得なければ、乙についての自己の持分を処分することができない。

❹ 共有者全員の合意により乙が売却された場合、各共有者は、別段の意思表示がない限り、その買主に対して売却代金全額を請求することができる。

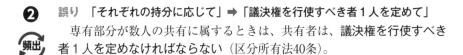

Point 自己の持分を処分するのは自由、他の共有者の同意は不要。

❶ **正しい** 各共有者は、いつでも共有物の分割を請求できる。ただし、5年を超えない期間を定めて分割しない旨の特約をすることができる（民法256条1項）。

頻出

❷ **誤り** 「それぞれの持分に応じて」➡「議決権を行使すべき者1人を定めて」

専有部分が数人の共有に属するときは、共有者は、議決権を行使すべき者1人を定めなければならない（区分所有法40条）。

頻出

❸ **誤り** 「他の共有者全員の同意を得なければ」➡「他の共有者の同意は不要」

所有者は、法令の制限内において、自由にその所有物の使用・収益・処分をする権利を有する（民法206条）。したがって、各共有者の持分の処分（譲渡等）は、各共有者が自由にでき、他の共有者の同意を要しない。

❹ **誤り** 「全額を請求」➡「原則、等しい割合で分割された金額を請求」

数人の債権者または債務者がある場合、別段の意思表示がないときは、各債権者または各債務者は、それぞれ等しい割合で権利を有し、または義務を負う（「分割債権・分割債務」427条）。

正解 ❶

　留置権に関する次の記述のうち、民法の規定及び判例によれば、正しいものはどれか。

❶　ＡＢ間で建物甲（以下、本問において「甲」という。）につき売買契約が締結されたが、買主Ｂが代金を支払わずに甲をＣに転売し、Ｃへの登記を済ませた場合においては、Ａは、Ｃからの甲の所有権に基づく引渡請求に対し、甲について留置権を主張することができる。

❷　ＡＢ間で甲につき売買契約が締結され、売主Ａが買主Ｂへの登記を済ませたが、代金の支払いがなされていなかった場合において、Ｂへの引渡し前に甲が火災により焼失したときは、Ａは、売買代金を確保するため、Ｂが取得する火災保険金請求権に対し、留置権に基づく物上代位をすることができる。

❸　Ａが、Ｂに甲を譲渡し、その後、Ｃにも甲を譲渡した場合において、ＣがＢより先に登記を備えたときは、Ｂは、Ａに対する履行不能に基づく塡補賠償請求権を保全するため、甲について留置権を主張することができる。

❹　ＡＢ間における甲の賃貸借契約が終了し、賃借人Ｂが賃貸人Ａに対して造作買取請求権を行使した場合においては、Ｂは、その造作代金債権を保全するため、甲について留置権を主張することができる。

留置権に物上代位性は認められない！

❶ **正しい**　A所有の物を買い受けたBが、売買代金を支払わないまま、この物をCに譲渡した場合、AはCからの物の引渡請求に対し、**未払代金請求権を被担保債権として留置権を主張できる**（民法295条1項、判例）。そして、留置権は、物権なので、留置権者が留置物を占有している限り、**第三者に対し対抗できる**。

❷ **誤り**　「**物上代位できる**」➡「**できない**」

　留置権は、物に関して生じた債権の弁済を受けるまで、その**物を留置**できる担保物権であるので（295条1項本文）、留置した物の**価値代替物には効力が及ばない**。したがって、留置権に**物上代位性は認められない**。

❸ **誤り**　「**留置権を主張できる**」➡「**できない**」

　不動産が二重譲渡され、第二の買主に所有権移転登記がされた場合、第一の買主は、第二の買主からの明渡請求に対して、**履行不能に基づく塡補賠償請求権**を保全するために、留置権を主張できない（295条1項、判例）。この塡補賠償請求権は、譲渡人の二重譲渡によって発生したものであり、**物に関して生じた債権とはいえない**からである。

❹ **誤り**　「**留置権を主張できる**」➡「**できない**」

　造作買取請求権（借地借家法33条参照）は、建物に付加した造作に関して生じた債権であって、**建物に関して生じた債権ではない**ので、建物に関する留置権は認められない（民法295条1項、判例）。

債務不履行責任に関する次の記述のうち、民法の規定及び判例によれば、誤っているものはどれか。

❶ 損害賠償額が予定されている場合において、債務不履行の事実があったときは、債権者は、原則として、損害の発生及び損害額を証明することなく、予定された賠償額を請求することができる。

❷ 金銭債務の不履行については、その損害賠償の額は、債務者が遅滞の責任を負った最初の時点における法定利率によって定めるのが原則であるが、約定利率が法定利率を超えるときは、約定利率による。

❸ 債務不履行により通常生ずべき損害が生じた場合、債務者が、当該債務不履行時までにその損害が生じることを予見すべきであった場合でなければ、債権者は、損害賠償を請求することができない。

❹ 金銭債務の債務者は、不可抗力により期日に金銭の支払をすることができなかったときであっても、その不履行によって生じた損害の賠償責任を免れない。

Point 損害の範囲➡「通常生ずべき損害」と「特別事情で生じた損害」。

❶ <u>正しい</u> 損害賠償額が予定されている場合、債権者は、債務不履行の事実さえ証明すれば、損害の発生および損害額の証明は不要で、予定された賠償額を請求できる（民法420条1項、判例）。

❷ <u>正しい</u> 金銭債務の不履行については、その損害賠償の額は、債務者が遅滞の責任を負った最初の時点における法定利率によって定める。ただし、約定利率が法定利率を超えるときは、約定利率による（419条1項）。

❸ <u>誤り</u> 「通常損害については、**債務者が予見すべきであった場合でなくても**、債権者は損害賠償を請求できる」

　債務不履行に対する損害賠償請求は、これによって通常生ずべきと考えられる損害（相当因果関係に立つ損害）の賠償を、その目的としている（416条1項）。また、特別の事情で生じた損害でも、当事者（債務者）がその事情を予見すべきであったときは、債権者は、その賠償を請求できる（同2項）。したがって、債務不履行により「**通常**」生ずべき損害が生じた場合は、**債務者**が、当該債務不履行時までにその損害が生じることを**予見すべきであったとはいえなかった場合でも**、**債権者**は、**損害賠償を請求できる**。

❹ <u>正しい</u> 金銭債務の不履行による**損害賠償**については、債務者は、**不可抗力をもって抗弁とすることができない**（419条3項）。したがって、本肢の金銭債務の債務者は、その不履行によって生じた損害を賠償しなければならない。

23 債務不履行②(契約解除)

CHECK! R2-問6

重要度 A

マンションの管理組合Aとマンション管理業者Bとの間の管理委託契約が、Aの責めに帰する事由がなく、Bの債務不履行を理由として解除された場合に関する次の記述のうち、民法の規定によれば、誤っているものはどれか。

❶ Aは、この解除の意思表示を撤回することができない。

❷ AB間の管理委託契約の解除により、Bが、Aに対して、受領した金銭を返還する義務を負う場合は、Bは受領した金額を返還すればよく、利息を付す必要はない。

❸ Bの債務の全部が履行不能である場合には、それについてBの責めに帰する事由がないときでも、Aは直ちに管理委託契約を解除することができる。

❹ Bの債務の履行不能が一部である場合であっても、残存する部分のみでは契約の目的を達することができないときは、Aは契約の全部を解除することができる。

Point 　解除により金銭を返還する場合➡受領時から利息を付さなければならない。

❶ **正しい**　契約解除の意思表示は、**撤回できない**（民法540条2項）。

❷ **誤り**　「利息を付す必要はない」➡「利息を付さなければならない」

　　当事者の一方がその解除権を行使した場合、金銭を返還するときは、その受領の時から利息を「**付さなければならない**」（545条2項）。

❸ **正しい**　債務の**全部**の履行が不能であるときは、債権者は、**催告することなく**、直ちに契約解除できる（542条1項1号）。そして、契約解除するには、**債務者の責めに帰すべき事由を必要としない**。なお、債務の不履行が債権者の責めに帰すべき事由によるものであるときは、契約解除できない（543条）。

❹ **正しい**　債務の**一部**の履行が不能である場合、**残存する部分のみでは契約をした目的を達することができない**ときは、債権者は、**直ちに契約の全部の解除ができる**（542条1項3号）。

正解 ❷

47

　ＡＢ間で、Ａの所有するマンション（マンション管理適正化法第2条第1号に規定するものをいう。以下同じ。）の1住戸甲（以下、本問において「甲」という。）をＢに売却する契約（以下、本問において「本件契約」という。）が締結され、ＡＢ間の協議により、ＢはＡに解約手付としての手付金を交付した。また、本件契約において、Ａは、契約締結の日から1ヵ月後に代金と引換えに甲を引き渡すことが約定されていた。この場合に関する次の記述のうち、民法の規定及び判例によれば、正しいものはどれか。

❶　Ｂが本件契約の履行に着手していない場合、Ａは、Ｂに対し、手付金の倍額を現実に提供しなくても、本件契約を解除する旨の通知を送達すれば、本件契約を解除することができる。

❷　Ａが本件契約の履行に着手していない場合、ＢがＡに対し、手付金を放棄し、本件契約を解除する旨の意思表示をしたときは、Ａは、Ｂに対して損害賠償を請求することができない。

❸　契約締結の日から1ヵ月後に、Ａが甲の引渡しの準備をしていなかった場合でも、Ｂが代金の支払の準備を整えていたときは、ＡとＢはいずれも、解約手付による解除権を行使することができない。

❹　ＢがＡの債務不履行により売買契約を解除した場合、Ｂは、Ａに対して手付金の返還を請求することができるが、損害賠償を請求することはできない。

Point 解約手付による「契約解除」と「損害賠償請求」の関係は要チェック！

❶ 誤り 「現実に提供しなくても、通知を送達すれば、契約を解除できる」
➡「現実の提供をしなければ、契約を解除できない」

解約手付が交付された場合、相手方が契約の履行に着手するまでは、買主はその手付を放棄し、売主はその倍額を現実に提供して、契約の解除ができる（民法557条1項）。

❷ 正しい Aが本件契約の履行に着手していない場合、Bは、手付を放棄して本件契約を解除できる（❶解説参照）。そして、解約手付による契約の解除をした場合、損害賠償の請求ができない（557条2項、545条4項）。

❸ 誤り 「AとBはいずれも、解約手付による解除権を行使できない」
➡「少なくともBは、解約手付による解除権を行使できる」

解約手付が交付された場合、相手方が契約の履行に着手するまでは、買主はその手付を放棄し、売主はその倍額を現実に提供して、契約の解除ができる（❶解説参照）。したがって、Aが契約の履行に着手していない（つまり、Aは甲の引渡しの準備をしていない）場合、Bは、手付の放棄による契約の解除ができる。

❹ 誤り 「損害賠償を請求できない」➡「できる」

Bは、Aに債務不履行がある場合、原則として本件契約を解除できる（541条、542条）。そして、債務不履行による契約の解除をした場合でも、損害が生じているのであれば、相手方に、その賠償の請求ができる（545条4項）。

正解 ❷

25 契約不適合責任①

CHECK!

H29-問41改

買主Aと売主Bが、マンションの一住戸の売買契約を締結した場合において、そのマンションの一住戸が種類又は品質に関して契約の内容に適合しない場合におけるBのその不適合を担保すべき責任に関する次の記述のうち、民法の規定によれば、誤っているものはどれか。なお、AとBは、ともに宅地建物取引業者ではない個人とする。

❶ Bが種類・品質に関して契約不適合のマンションをAに引き渡した場合に、Aは、その不適合を知った時から1年以内にその旨をBに通知しないときは、引渡しの時にその不適合を知らず、知らないことについて重大な過失がなかったBに対し、その不適合を理由として、代金の減額請求をすることができない。

❷ 「AはBに対して、当該履行の追完の請求はできるが、損害賠償請求はできない」旨の特約をすることはできない。

❸ 「BはAに対して、いかなる契約不適合についてもその責任を負わない」旨の特約があっても、Bが、売買契約締結時に契約不適合があることを知りながらAに告げなかった事実については、Bはその責任を免れることができない。

❹ 契約不適合の発生が、Aの責めに帰すべき事由によるものである場合には、Aによる契約不適合責任に基づく追完請求、代金減額請求及び契約の解除をすることができない。

❶ **正しい** 売主が種類・品質に関して契約不適合の目的物を買主に引き渡した場合、買主は、その不適合を知った時から1年以内にその旨を売主に通知しないときは、買主は、その不適合を理由として、**代金減額請求**等および契約の解除ができない。ただし、売主が**引渡しの時**にその不適合を知り（**悪意**）、または**重大な過失**によって知らなかったときは、この期間の制限はない（民法566条）。

❷ **誤り** 「特約はできない」 ➡ 「できる」

　契約不適合責任は、任意規定であるので、**当事者間で自由に特約を定め**ることができる。したがって、「AはBに対して、当該履行の追完の請求はできるが、損害賠償請求はできない」旨の特約も有効である。

❸ **正しい** 売主は、契約不適合責任を負わない旨の特約をしたときであっても、**知りながら告げなかった事実**および自ら第三者のために設定しまたは第三者に譲り渡した権利については、その**責任を免れることができない**（572条）。

❹ **正しい** 契約不適合（の発生）が、**買主の責めに帰すべき事由によるもの**である場合には、買主は契約不適合責任に基づく追完請求、代金減額請求および契約の解除をすることができない（562条2項、563条3項、564条・543条）。

正解 ❷

　買主Aが売主Bからマンションの1住戸を買ったところ、その専有部分が種類又は品質に関して契約の内容に不適合（以下、本問において「本件契約不適合」という。）があった場合に関する次の記述のうち、民法の規定によれば、正しいものはどれか。なお、AとBは、ともに宅地建物取引業者ではない個人とする。

❶　売買契約において、BがAに対して本件契約不適合責任を一切負わない旨の特約をした場合には、Bが本件契約不適合を知りながら、Aに告げなかったときであっても契約不適合責任を負わない。

❷　Bが本件契約不適合のマンションをAに引き渡した場合に、Aは、その不適合を知った時から1年以内にその旨をBに通知しないときは、引渡しの時にその不適合を知っていたBに対しても、その不適合を理由として、履行の追完請求をすることができない。

❸　売買契約において、AとBが契約不適合責任について何らの取り決めをしなかった場合でも、AはBに対して、契約不適合責任を追及することができる。

❹　AがBに対して、契約不適合について履行の追完請求をする場合において、「Bは、Aに不相当な負担を課するものでないときは、Aが請求した方法と異なる方法による履行の追完をすることができる」旨の特約は無効である。

Point 契約不適合責任➡「知っていて告げない」場合、免責不可。

❶ 誤り 「知りながら告げなかった契約不適合については契約不適合責任を負う」

　　売主は、契約不適合責任を負わない旨の特約をしたときであっても、知りながら告げなかった事実および自ら第三者のために設定しまたは第三者に譲り渡した権利については、その責任を免れることができない（民法572条）。

❷ 誤り 「行使ができない」➡「行使はできる」

　　売主が種類・品質に関して契約不適合の目的物を買主に引き渡した場合、買主は、その不適合を知った時から1年以内にその旨を売主に通知しないときは、買主は、その不適合を理由として、履行の追完請求等および契約の解除ができない。ただし、売主が引渡しの時にその不適合を知り（悪意）、または重大な過失によって知らなかったときは、この期間の制限はない（566条）。

❸ 正しい　契約不適合責任に関する特約を売買契約で定めることは、契約不適合責任を追及するために必要な要件として、民法上規定されていない（562条以下参照）。したがって、「売買契約において、AとBが契約不適合責任について何らの取り決めをしなかった場合に、AはBに対して、契約不適合責任を追及できる」といえる。

❹ 誤り 「無効である」➡「有効である」

　　引き渡された目的物に関して契約不適合があるときは、買主は、売主に対し、目的物の修補、代替物の引渡しまたは不足分の引渡しによる履行の追完請求ができる（562条1項本文）。ただし、売主は、買主に不相当な負担を課するものでないときは、買主が請求した方法と異なる方法による履行の追完ができる（同ただし書）。本肢の特約は民法の規定と同一であり、有効である。

正解 **❸**

甲土地を所有するAが、B銀行から融資を受けるに当たり、甲土地にBのために抵当権を設定した場合に関する次の記述のうち、民法の規定によれば、最も適切なものはどれか。ただし、甲土地には、Bの抵当権以外の担保権は設定されていないものとする。

❶ 抵当権設定当時、甲土地上にA所有の建物があった場合には、当該抵当権の効力は当該建物にも及ぶ。

❷ 抵当権設定当時、甲土地が更地であった場合、当該抵当権の実行手続により買い受けたCから甲土地の明渡しが求められたときには、Aは、その請求に応じなければならない。

❸ 抵当権の設定行為において別段の合意がない限り、被担保債権の利息は当該抵当権によって担保されない。

❹ Bの抵当権は、Aに対しては、被担保債権が存在していても、時効によって消滅する

Point 抵当権は、債務者・抵当権設定者に対し被担保債権と同時でないと時効消滅しない。

❶ **不適切** 「抵当権の効力は当該建物にも及ぶ」➡「及ばない」

　土地とその上の建物は別個の不動産であるから、それらが同一の所有者に属する場合でも、別々に抵当権の目的となる（民法370条本文）。したがって、Bのために甲土地に設定された抵当権の効力は、甲土地上のA所有の建物には及ばない。

❷ **最も適切**

　競売手続の開始前から抵当権の目的である建物を使用収益する賃借人には、その建物の競売における買受人の買受けの時から6ヵ月間は建物の明渡しが猶予される（395条1項）。しかし、本肢は、賃借権が設定されていない更地である甲土地に設定された抵当権の実行により買受人となったCからの甲土地の明渡請求であるから、この規定の適用はない。したがって、Aは、当然にCの請求に応じなければならない。

❸ **不適切** 「別段の合意がない限り、被担保債権の利息は抵当権によって担保されない」➡「最後の2年分については担保される」

　本肢では、「被担保債権の利息は」とあることから、BのAに対する融資金債権について利息の定めがあると認められ、抵当権の効力は被担保債権である融資金債権の利息についても及ぶ（87条2項参照）。そして、抵当権者は、利息その他の定期金を請求する権利を有するときは、その満期となった最後の2年分については抵当権を行使できるが（375条1項）、本問ではBの抵当権以外の担保権は設定されていないので、被担保債権の利息全額が当該抵当権によって担保される。

❹ **不適切** 「被担保債権が存在していても、時効によって消滅する」
　　　➡「消滅しない」

　抵当権は、債務者及び抵当権設定者に対しては、その担保する債権と同時でなければ、時効によって消滅しない（396条）。抵当権は、債権を担保する目的で存在する権利であるから、債権から離れて、単独で消滅時効にかからないとされている。したがって、Bの抵当権は、Aに対しては、被担保債権が存在していれば時効によって消滅することはない。

正解 ❷

甲マンションの住戸301号室を所有するＡが、債権者Ｂのために301号室の区分所有権にＢの抵当権を設定及び登記した場合に関する次の記述のうち、民法、区分所有法、民事執行法及び判例によれば、最も適切なものはどれか。なお、301号室の区分所有権には、Ｂの抵当権以外に担保権は設定されていないものとする。

❶ 管理組合が、Ａの滞納管理費について、Ａの301号室の区分所有権に対し先取特権を行使するためには、先取特権の登記が必要である。

❷ Ｂの抵当権の効力は、301号室の専有部分と共に、当該マンションの共用部分等のＡの共有持分にも及ぶが、抵当権設定契約で別段の設定をした場合には、その効力は及ばない。

❸ Ａが、301号室をＣに賃貸している場合に、Ａが、管理組合及びＢに対する債務について不履行を生じさせたときは、管理組合が先取特権に基づきＡのＣに対する賃料債権を差し押さえたとしても、Ｂが物上代位に基づき当該賃料債権を差し押さえた場合には、管理組合は、Ｂに優先することはできない。

❹ Ｂの抵当権の効力は、管理組合が滞納管理費の回収のために先取特権を行使する場合と同様に、Ａによって301号室に備え付けられた動産に及ぶが、ＡＢ間に別段の合意がない限り、抵当権設定時に存在した動産に限られる。

Point 管理組合が有する先取特権 ➡ 優先権の順位・効力は共益費用の先取特権。

❶ **不適切** 「先取特権の登記が必要である」 ➡ 「登記は不要」

ひっかけ ⚠️

　管理組合はAに対する滞納管理費債権について先取特権を有する（区分所有法7条1項）。この先取特権は、債務者の区分所有権及び建物に備え付けた動産を客体とするので不動産の先取特権としての側面があるが、その効力を保存するために登記は要求されていない。

❷ **不適切** 「別段の設定をした場合には、その効力は及ばない」 ➡ 「及ぶ」

　共有者の共用部分の持分は、その有する専有部分の処分に従う（15条1項）。この規定は強行規定であるから、区分所有者がその専有部分に抵当権を設定した場合には、常にその区分所有者が有する共用部分の共有持分にも抵当権の効力が及ぶ。したがって、当事者が抵当権設定契約において別段の設定をしても、その設定契約は無効となる。

❸ **最も適切**

　管理組合が有する**先取特権**は、**優先権の順位及び効力については、共益費用の先取特権とみなされる**（7条2項）。そして、共益費用の先取特権は、不動産について登記をしなくても、特別担保を有しない債権者には対抗できるが、**登記をした第三者に対しては、対抗できない**（民法336条）。Bの抵当権は登記されているので、Bが物上代位に基づき当該賃料債権を差し押さえた場合には、管理組合は、Bに優先できない（民事執行法87条1項4号）。

❹ **不適切** 「抵当権設定時に存在した動産に限られる」 ➡ 「限られない」

　抵当権の効力は、抵当地の上に存する建物を除き、その目的である不動産に付加して一体となっている物（付加一体物）に及ぶ（民法370条、判例）。不動産に従として付合した動産である付合物（242条）は、独立性を失い、不動産の構成部分となってその不動産の所有権に吸収されるので、付合の時期を問わず付加一体物に含まれる。したがって、抵当権設定後に301号室に備え付けられた動産に対しても抵当権の効力が及ぶ。また、抵当権設定後に抵当不動産に附属させた従物にも抵当権の効力が及ぶと解されている。

正解 **❸**

滞納管理費が一部弁済された場合の充当順序を判断する要素である次のア～オについて、民法の規定によれば、優先順位の高い順に並べたものとして、最も適切なものはどれか。

ア　規約の定めによる充当順序

イ　管理組合が滞納組合員に対する意思表示により指定した充当順序（滞納組合員から直ちに異議を意思表示しなかった場合）

ウ　滞納組合員が管理組合に対する意思表示により指定した充当順序

エ　滞納組合員の利益の多い順序

オ　弁済期の先後

充当順序

	第一順位	第二順位	第三順位	第四順位	第五順位
❶	ア	ウ	イ	エ	オ
❷	イ	オ	ア	ウ	エ
❸	ウ	イ	エ	ア	オ
❹	オ	ウ	ア	イ	エ

Point 弁済者と受領者との間で弁済充当順序の合意がある➡第1順位となる。

　区分所有者が管理組合に対する管理費を滞納している場合、全滞納額の一部の弁済は、「債務者が同一の債権者に対して同種の給付を目的とする数個の債務を負担する場合、**弁済として提供した給付が全ての債務を消滅させるのに足りないとき**」に該当し、民法の規定に基づいて弁済の充当がなされる。その充当の順序は次の通りである。

　①　弁済者と受領者との間に弁済の充当の順序に関する**合意があるとき**は、その**順序**（民法490条）

　②　**弁済者**が、給付の時に、弁済を充当すべき債務を、受領者に対する意思表示により**指定した場合**は、その**指定した順序**（488条1項・3項）

　③　**弁済者が指定をしないとき**は、**受領者**が、その受領の時に弁済をする者に対する意思表示により**指定した順序**（弁済者が、その充当に対して直ちに異議を述べなかった場合に限る）（同2項・3項）

　④　**①～③による指定がない場合**、債務の中に弁済期にあるものと弁済期にないものとがあるときは、**弁済期にあるもの**（同4項1号）

　⑤　**①～③による指定がない場合**、全ての債務が弁済期にあるとき、又は弁済期にないときは、**債務者のために弁済の利益が多いもの**（同4項2号）

　⑥　**債務者のために弁済の利益が相等しいとき**は、**弁済期が先に到来したもの又は先に到来すべきもの**（同4項3号）

　以上を前提に本問を検討する。

ア　滞納管理費の充当順序に関する**規約の定め**は、管理費を支払う区分所有者とそれを受領する管理組合との間の弁済の充当順序に関する**集会の決議に基づく合意**であるから（区分所有法31条1項）、①に該当し、**第1順位**となる。

イ　**弁済を受領する者**（管理組合）が、弁済をする者（滞納組合員）に対する意思表示により指定した充当順序であるから、③に該当し、**第3順位**となる。

ウ　**弁済をする者**（滞納組合員）が、弁済を受領する者（管理組合）に対する意思表示により指定した充当順序であるから、②に該当し、**第2順位**となる。

エ　滞納管理費における各債務は、すべてが弁済期にあるので、④の「弁済期にあるものと弁済期にないものとがあるとき」という④の条件に該当しないので、⑤に該当し、**第4順位**となる。

オ　弁済期の先後は、⑥に該当し、**第5順位**となる。

　したがって、**充当順序はア・ウ・イ・エ・オの順**であり、正解は**❶**となる。

マンションの管理組合法人Aは、区分所有者Bに対して有する200万円の管理費債権を保全するため、Bの債務者Cに対する500万円の金銭債権を代位行使した場合に関する記述のうち、民法の規定によれば、最も適切なものはどれか。

❶ Aの代位権の行使は、Bの代理人としてBの権利を行使するものであるから、Aが自己の権利として行使することは認められない。

❷ Aが代位権を行使をすることができる債権額は500万円であり、Bに対する債権額である200万円に制限されない。

❸ CがBに対して反対債権を有していたときでも、Cは、Aに対して、相殺の抗弁を主張することができない。

❹ Aは、Cに対して、A自身への直接の支払を求めることができる。

Point 被代位権利の目的が可分なら、代位権行使できる債権額は、自己の債権額に限られる。

① **不適切** 「Aの代位権の行使は、Aが自己の名でBの権利を行使するもの」

債権者は、自己の債権を保全するため必要があるときは、債務者に属する権利（「被代位権利」以下同じ）を行使できる（「債権者代位権」民法423条1項本文）。したがって、管理組合法人Aは、区分所有者Bに対して有する200万円の管理費債権を保全するため必要があるときは、Bの債務者Cに対する500万円の金銭債権を代位行使できる。そして、**債権者代位権の行使は、被代位権利の債務者（B）の代理人として行使するのではなく、債権者（A）が自己の名で権利行使するものである**。

② **不適切** 「Aが代位権を行使できる債権額は200万円に制限される」

債権者は、被代位権利を行使する場合、**被代位権利の目的が可分であるときは、自己の債権の額の限度においてのみ、被代位権利を行使できる**（423条の2）。したがって、Aが代位権を行使できる債権額は、自己の債権額である200万円に制限される。

③ **不適切** 「相殺の抗弁を主張することはできない」 ➡ 「できる」

債権者が被代位権利を行使したときは、相手方は、債務者に対して主張できる抗弁をもって、**「債権者に対抗できる」**（423条の4）。したがって、CがBに対して反対債権を有していたときは、Cは、Aに対して、相殺の抗弁を主張できる。

④ **最も適切**

債権者は、被代位権利を行使する場合、**被代位権利が金銭の支払い又は動産の引渡しを目的とするものであるときは、相手方に対し、その支払い又は引渡しを自己に対してすることを求めることができる**（423条の3前段）。したがって、Aは、Cに対して、A自身への直接の支払いを求めることができる。

正解 ④

A、B、Cが、マンションの一住戸甲を共同して購入するための資金として、Dから900万円を借り受け、Dとの間で、各自が連帯してその債務を負う旨の合意をした場合に関する次の記述のうち、民法の規定によれば、最も不適切なものはどれか。ただし、A、B、Cの間の負担部分は等しいものとし、元本900万円以外は考慮しないものとする。

❶ Aが、Dに対して600万円を弁済し、残債務の支払を免除された場合に、Bは、Dから300万円の支払の請求を受けたときは、これを拒むことができない。

❷ Bが、Dに対して、270万円を弁済した場合に、Bは、AとCのそれぞれに対して、90万円について求償することができる。

❸ Cが、Dに対して有する600万円の代金債権との相殺を援用しない場合に、Aは、Dから900万円の支払請求を受けたときは、CがDに対して当該債権を有することを理由に600万円についてDの支払請求を拒むことができる。

❹ Cが、Dに対して、700万円を弁済したが、Bに資力がない場合に、Bから償還を受けることができないことについてCに過失がないときは、Cは、Aに対して、350万円を求償することができる。

Point 他の連帯債務者に影響を及ぼすのは①弁済・代物弁済・供託等、②相殺、③更改、④混同等である。

民法等

❶ 適 切 Aが、Dに対して600万円の弁済をしたことにより、BのDに対する債務の額は300万円となっている（民法473条）。DはAに対して残債務の支払いを免除しているが、連帯債務者の1人に対してした債務の免除は、他の連帯債務者に対してその効力を生じない（441条本文）。したがって、Bは、Dから300万円の支払いの請求を受けたときは、これを拒むことができない。

❷ 適 切 連帯債務者の1人が弁済をし、その他自己の財産をもって共同の免責を得たときは、その連帯債務者は、その免責を得た額が自己の負担部分を超えるかどうかにかかわらず、他の連帯債務者に対し、その免責を得るために支出した財産の額のうち各自の負担部分に応じた額の求償権を有する（442条1項）。BがDに対して弁済した270万円は、Bの負担部分である300万円に満たないが、A・B・Cの負担部分は平等なので、Bは、AとCに対して270万円の$\frac{1}{3}$の額（90万円）を求償できる。

❸ 最も不適切 「600万円」➡「300万円」

連帯債務者の1人が債権者に対して債権を有する場合において、その連帯債務者が相殺を援用しない間は、その連帯債務者の負担部分の限度において、他の連帯債務者は、債権者に対して債務の履行を拒むことができる（439条2項）。したがって、CがDに対して有する600万円の代金債権との相殺を援用しない場合、Aは、Dから900万円の支払請求を受けたときは、Cの負担部分である300万円を限度に、Dの支払請求を拒むことができる。

❹ 適 切 CがDに対して700万円の弁済をした場合、Cは、AとBに対して、各自の負担部分に応じた額を求償できる（442条1項）。しかし、連帯債務者の中に償還をする資力のない者（B）があるときは、その償還ができない部分は、求償者及び他の資力のある者の間で、各自の負担部分に応じて分割して負担する（444条1項）。したがって、償還できないBの負担部分はAとCが平等に負担することになるので、Cは、Aに対して350万円（700万円×$\frac{1}{2}$＝350万円）を求償できる。

正解 ❸

63

32 連帯債務・保証債務

AとBが、連帯債務者としてCから5,000万円の融資を受け、甲マンションの一住戸を購入した場合に関する次の記述のうち、民法の規定によれば、誤っているものはどれか。

❶ Cが、Aに対し5,000万円の弁済を請求した場合に、Bは5,000万円の弁済の請求を受けたことにならない。

❷ Bが、Cに対し、自己の300万円の反対債権をもって相殺する旨の意思表示をしたときは、これにより、300万円の範囲でAとBはともに債務を免れる。

❸ Cに対するAとBの連帯債務につき、Dが保証人となる旨の保証契約は、CとDの口頭による合意で効力が生じる。

❹ Aが、Cに対し5,000万円を弁済したときは、Aは、Bに対し、その免責を得るために支出した財産の額（その財産の額が共同の免責を得た額を超える場合は、その免責を得た額）のうち各自の負担部分に応じた額の求償をすることができる。

Point 保証契約 ➡ 効力が生じるのは書面または電磁的記録でした場合のみ。

❶ **正しい** 連帯債務者の1人に対する**履行の請求**は、**他の連帯債務者**に対して効力を生じない（民法441条）。したがって、Cが、Aに対して5,000万円の弁済を請求した場合に、Bは5,000万円の弁済の請求を受けたことにならない。

❷ **正しい** 連帯債務者の1人が債権者に対して債権を有する場合、その**連帯債務者**が相殺を援用したときは、その効果は、他の連帯債務者も主張できる。つまり、債権は、**全ての連帯債務者の利益のために消滅する**（439条1項）。したがって、Bが、Cに対し、自己の300万円の反対債権をもって相殺する旨の意思表示をしたときは、300万円の範囲で、AとBはともに債務を免れる。

❸ **誤り** 「口頭による合意で効力が生じる」
➡「**書面または電磁的記録**によらなければ効力は生じない」

 保証契約は、書面または電磁的記録でしなければ、その効力は生じない（446条2項・3項）。したがって、Cに対するA・B間の連帯債務につき、Dが保証人となる旨の保証契約は、CとDとが、口頭での合意ではなく、書面または電磁的記録でしなければ、効力は生じない。

❹ **正しい** 連帯債務者の1人が弁済をし、その他自己の財産をもって共同の免責を得た場合、その**連帯債務者**は、他の連帯債務者に対し、その免責を得るために支出した財産の額（その財産の額が共同の免責を得た額を超える場合は、その免責を得た額）のうち**各自の負担部分に応じた額の求償権を有する**（442条1項）。したがって、Aが、Cに対し5,000万円を弁済したときは、Aは、Bに対し、本問では特に負担部分につき定めがないので、Bの負担部分（たとえば、各自の負担部分が等しい場合、2,500万円）について、求償することができる。

【連帯債務者・連帯保証人・保証人の主な特徴】

連帯債務者	・他の連帯債務者と共に弁済の義務を負う者
連帯保証人	・主たる債務者が弁済してない場合に、その主たる債務者と共に弁済の義務を負う者 ・主たる債務が消滅すれば、付従性により保証債務も消滅し、主たる債務者に生じた事由は、連帯保証人にも生じる。 ・債権者は、主たる債務者の弁済能力の有無にかかわらず、連帯保証人に弁済請求ができ、これに対し、連帯保証人は、催告・検索の抗弁権を有しない。
（普通）保証人	・主たる債務者が弁済不能となった場合、その主たる債務者に代わって弁済の義務を負う者 ・保証人は債権者に対し、催告・検索の抗弁権を有する。

正解 ❸

Aが、Bに対するCの債務を保証するためBとの間で保証契約を締結する場合に関する次の記述のうち、民法の規定及び判例によれば、正しいものはどれか。

❶ AがCの委託を受けて保証人となり、保証債務を弁済した場合において、BがC所有の不動産に抵当権の設定を受けていたときは、Aは、Bの同意を得なければ、Bに代位して当該抵当権を実行することができない。

❷ AがCの委託を受けずに保証人となったが、それがCの意思に反する場合において、AがCに代わり弁済をしたときは、Aは、弁済の当時にCが利益を受けた限度で求償することができる。

❸ BC間で特定物の売買を内容とする契約が締結され、売主Cの目的物引渡債務についてAが保証人となった場合において、Aは、Cの債務不履行により契約が解除されたときの代金返還債務については、特に保証する旨の意思表示のない限り、責任を負わない。

❹ AがCの委託を受けずに保証人となった場合において、Aは、Cに対し、事前の求償権を行使することはできない。

Point 🔍 保証人は、弁済により、債権者に代位してその抵当権を実行できる。

❶ 誤り 「実行できない」➡「できる」

債務者のために弁済をした者は、債権者に代位する（民法499条）。この場合、弁済をするについて正当な利益を有する者の弁済であるか否かにかかわらず、債権者の承諾は不要である。また、弁済をするについて正当な利益を有する者であれば、対抗要件（467条）の具備が不要となる（500条）。ここにいう正当な利益を有する者は、**債権者から執行されるべき地位にある者**が含まれ、保証人は正当な利益を有する者にあたる。そして、保証人は、弁済をすると債務者に対し求償権が発生するため、その求償権を確保するために、原債権者の有する債権をそのまま承継する（法定代位）。したがって、Aは、当然に、Bに代位してBの抵当権を実行できる。

❷ 誤り 「弁済の当時に」➡「現に（求償の当時に）」

主たる債務者の委託を受けず、さらに主たる債務者の意思に反して保証をした者は、主たる債務者が**現に（求償の当時に）**利益を受けている限度においてのみ求償権を有する（462条2項前段）。

❸ 誤り 「責任を負わない」➡「負う」

特定物の売買契約における売主のための保証人は、特に反対の意思表示のないかぎり、売主の債務不履行により契約が解除された場合における**原状回復義務**についても、保証の**責任を負う**（判例）。したがって、Aは、特に保証する旨の意思表示がなくても、Cの代金返還債務について責任を負う。

❹ 正しい 保証人は、主たる債務者の委託を受けて保証をした場合、①主たる債務者が破産手続開始の決定を受け、かつ、債権者がその破産財団の配当に加入しないとき、②債務が弁済期にあるとき（保証契約の後に債権者が主たる債務者に許与した期限は保証人に対抗できない）、③保証人が過失なく債権者に弁済をすべき旨の裁判の言渡しを受けたときは、主たる債務者に対して、あらかじめ**求償権を行使**できる（460条）。しかし、**委託を受けずに保証人となったAは、Cに対し、事前の求償権を行使できない**。

正解 ❹

67

甲マンション（以下、本問において「甲」という。）において生じた不法行為に関する次の記述のうち、民法、区分所有法の規定及び判例によれば、正しいものはどれか。

❶ 甲の管理組合法人の防災担当理事Aが、過失により防災訓練実施中に区分所有者Bにけがをさせた場合、甲の管理組合法人とともにAもBに対して損害賠償責任を負う。

❷ 甲の管理組合法人から設備点検を受託している設備会社Cの従業員が、過失により甲の施設を点検中に設備を損傷した場合、Cは、その従業員の選任及び監督について過失がなかったときでも、甲に生じた損害について損害賠償責任を負う。

❸ 甲の区分所有者Dが、過失により浴室から漏水させ、階下の区分所有者Eに損害を与えた場合、EがDに対して損害賠償請求をした時からDは遅滞の責任を負う。

❹ 甲の大規模修繕工事に際し、同工事を請け負った建設会社の従業員が、過失により建築資材を地上に落下させ、通行人が負傷した場合、甲の管理組合法人は、注文又は指図について過失がない場合でも、当該通行人に対して損害賠償責任を負う。

Point 不法行為による損害賠償債務➡損害の発生と同時に遅滞の責任を負う。

❶ **正しい** 管理組合法人の各理事は、原則として、管理組合法人を各自代表する（区分所有法49条4項）。そして、**管理組合法人は、理事がその職務を行うについて第三者に加えた損害を当該理事とともに賠償する責任を負う**（47条10項、一般社団法人及び一般財団法人に関する法律78条、民法709条）。したがって、本肢では、甲の管理組合法人とともに、防災担当理事Aも、Bに対して損害賠償責任を負う。

❷ **誤り** 「損害賠償責任を負う」➡「**負わない**」

　　過失により甲の設備を損傷した設備会社Cの従業員は、甲の管理組合法人に対して損害賠償責任（不法行為責任）を負う（709条）。ここでは、従業員の不法行為が、設備会社Cの事業の執行中に発生したものであるから、Cも使用者責任（715条1項本文）を負うかが問題となる。しかし、使用者は、**被用者（Cの従業員）の選任およびその事業の監督について相当の注意をしたときは、使用者責任を負わない**（同ただし書）。したがって、甲に生じた損害について責任を負うのは、不法行為をしたCの従業員本人である。

❸ **誤り** 「損害賠償請求をした時から」➡「**損害の発生の時から**」

　　過失によりEに損害を与えたDは、Eに対して損害賠償責任（不法行為責任）を負う（709条）。ただし、**不法行為による損害賠償債務については、債務者（加害者D）は、損害の発生と同時に遅滞の責任を負う**（判例）。

❹ **誤り** 「損害賠償責任を負う」➡「**負わない**」

　　注文者は、請負人がその仕事について第三者に加えた**損害賠償責任を負わない。ただし、その注文・指図について注文者に過失があったときは、賠償責任を負う**（716条）。したがって、大規模修繕工事の注文者である甲の管理組合法人は、注文・指図について過失がない場合、当該通行人に対して損害賠償責任を負わない。

正解 ❶

マンションにおいて不法行為が発生した場合に関する次の記述のうち、民法及び区分所有法の規定並びに判例によれば、正しいものはどれか。

❶ マンション甲の管理組合法人でない管理組合Aから甲の外壁の修繕工事を依頼された施工会社Bの従業員Cが、建物の周囲に足場を組んでいたところ、その部品が外れて落下し、通行人Dが負傷した場合には、Aが損害賠償責任を負う。

❷ マンション乙の外壁のタイルが落下し、通行人Eが負傷した場合には、管理組合法人FがEに対して負う損害賠償債務は、EがFに損害賠償を請求した時点で履行遅滞になる。

❸ マンション丙において、区分所有者Gが所有し、現に居住している専有部分に設置又は保存に瑕疵があり、それにより他人に損害が発生した場合には、当該瑕疵が丙の建築工事を請負った施工会社Hの過失によるものであっても、Gは損害賠償責任を免れない。

❹ マンション丁において、区分所有者Iの17歳の子Jが、丁の敷地内を自転車で走行中に不注意で他の区分所有者Kに衝突し、Kが負傷した場合には、KはIに対して損害賠償を請求することはできるが、Jに対しては、原則として損害賠償を請求できない。

Point 注文者は、原則、請負人の不法行為責任を負わない。

❶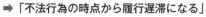

誤り 「Aが損害賠償責任を負う」 ➡ 「Aは損害賠償責任を負わない」

　注文者は、請負人がその仕事について第三者に加えた**損害賠償責任を負わない**。ただし、**注文又は指図**について、その**注文者に過失があったとき**は、損害を賠償する**責任を負う**（民法716条）。Dの負傷は、請負人である施工会社Bの従業員Cが組んだ足場の部品が外れて落下したことによるものであり、注文者であるAについては、特に注文又は指図について過失があったとの事情はない。したがって、Aは、損害賠償責任を負わない。

❷ 誤り 「損害賠償を請求した時点で履行遅滞になる」
　　　　➡ 「不法行為の時点から履行遅滞になる」

　不法行為に基づく損害賠償債務は、期限の定めのない債務である。期限の定めのない債務について、債務者は、履行の請求を受けた時から遅滞の責任を負うのが原則である（412条3項）。しかし、不法行為に基づく損害賠償債務については、不法行為の時点から遅滞に陥る（判例）。

❸ 正しい　土地の工作物の設置又は保存に瑕疵があることによって他人に損害を生じた場合において、占有者が損害の発生をするのに必要な注意をしたときは、所有者がその損害を賠償しなければならない（717条1項ただし書）。この責任は、**無過失責任**とされている。したがって、当該瑕疵が施工会社Hの過失によるものであり、Gが占有者として必要な注意を尽くしていたとしても、専有部分の所有者であるGは損害賠償責任を免れない。

❹ 誤り 「未成年者（17歳）Jに対しては、原則として損害賠償を請求できない」
　　　　➡ 「できる」

　未成年者は、他人に損害を加えた場合、自己の行為の責任を弁識するに足りる知能を備えていなかったときは、その行為について賠償の責任を負わない（712条）。この知能は、**12歳程度の知能**とされている。よって、Kは、17歳のJに対して、損害賠償を請求できる。また、不法行為をした未成年者が12歳程度以上の知能を有する場合には、**損害と監督上の過失との間に因果関係が認められれば**、監督者に対し、一般不法行為に基づく損害賠償責任を追及できる（709条、判例）。したがって、Kは、損害と監督上の過失との間に因果関係があれば、Iに対しても、損害賠償を請求できる。

正解 ❸

不法行為に関する次の記述のうち、民法の規定及び判例によれば、正しいものはどれか。

❶ 債権が悪意による不法行為によって生じたときは、被害者（その債務に係る債権を他から譲り受けた者を除く。）は、悪意の加害者の反対債権が金銭債権の場合であっても、相殺をもってその加害者に対抗することができない。

❷ 土地の工作物の設置又は保存に瑕疵があり、それによって他人に損害を生じた場合において、当該工作物の占有者及び所有者は、その損害の発生を防止するのに必要な注意をしたときは、その損害を賠償する責任を負わない。

❸ 被害者に対する加害行為とその加害行為の前から存在した当該被害者の疾患がともに原因となり損害が発生した場合において、加害者にその損害の全部を賠償させるのが公平を失するときは、裁判所は、その加害行為の前から存在した当該被害者の疾患を考慮して、損害賠償の額を定めることができる。

❹ 不法行為により被害者が死亡した場合において、当該被害者の父母は、非財産的損害については、加害者に対して、賠償請求をすることができない。

不法行為による債権を自働債権とする相殺 ➡ 禁止されていない！

❶ **誤り** 「対抗できない」 ➡ 「できる」

　次の債務の**債務者**（加害者）は、相殺をもって**債権者**（被害者）に対抗できない。ただし、その債権者がその債務に係る**債権を他人から譲り受け**たときは、除かれる（民法509条）。
① **悪意による不法行為**に基づく損害賠償の債務
② **人の生命または身体の侵害**による損害賠償の債務（①を除く）
　したがって、**被害者からの相殺は認められる**（判例）。

❷ **誤り** 「占有者および所有者は」 ➡ 「占有者は」

　土地の工作物の設置または保存に瑕疵があることによって他人に損害を生じたときは、その工作物の**占有者**は、被害者に対してその**損害を賠償する責任を負う**（717条1項本文）。ただし、占有者が損害の発生を防止するのに必要な注意をしたときは、**所有者**がその損害を賠償しなければならない（同ただし書）。したがって、「所有者は、その損害の発生を防止するのに必要な注意をしたときは、その損害を賠償する責任を負わない」ではない。

❸ **正しい**　被害者に対する加害行為と加害行為前から存在した被害者の疾患とがともに原因となって損害が発生した場合において、当該疾患の態様、程度などに照らし、加害者に損害の全部を賠償させるのが公平を失するときは、裁判所は、損害賠償の額を定めるに当たり、過失相殺の規定（722条2項）を**類推適用**して、**被害者の疾患を考慮できる**（判例）。

❹ **誤り** 「賠償請求できない」 ➡ 「できる」

　他人の生命を侵害した者は、被害者の父母、配偶者および子に対しては、その**財産権が侵害されなかった場合でも**、損害の賠償をしなければならない（711条）。

正解 ❸

不法行為に関する次の記述のうち、民法の規定及び判例によれば、正しいものはどれか。

❶ 不法行為の時点で胎児であった被害者は、出生後、加害者に対して財産的損害の賠償を請求することはできない。

❷ 不法行為による慰謝料請求権は、被害者がこれを行使する意思を表明し、又はこれを表明したと同視すべき状況にあったときはじめて相続の対象となる。

❸ 使用者が被用者の選任及びその事業の監督について相当の注意をしたこと、又は相当の注意をしても損害が生ずべきであったことを証明できなければ、被用者に故意又は過失がなくても、使用者は、被用者がその事業の執行につき第三者に加えた損害を賠償しなければならない。

❹ 土地の工作物の設置又は保存に瑕疵があることによって他人に損害を生じたときは、その工作物の占有者がその損害を賠償する責任を負うが、当該占有者が損害の発生を防止するのに必要な注意をしたときは、所有者がその損害を賠償しなければならない。

Point 不法行為時の工作物の責任➡占有者が1次責任者、所有者が最終責任者。

❶ 誤り 「胎児であった被害者…請求できない」 ➡ 「できる」

　胎児は、原則として権利能力を有しないが（民法3条1項）、不法行為による損害賠償の請求権については、既に生まれたものとみなされて、その権利が認められている（721条）。したがって、不法行為の時点で胎児であった被害者は、出生後、加害者に対して、財産的損害の賠償を請求できる。

❷ 誤り 「慰謝料請求権は、被害者が行使する意思を表明しなくても、相続の対象となる」

　不法行為による慰謝料請求権は、被害者が生前に当該権利を行使する意思を表明しなくても、当然に相続の対象となる（判例）。

❸ 誤り 「被用者に故意または過失がなくても…賠償しなければならない」
　　　　➡「被用者に故意または過失がなければ…賠償する必要はない」

　使用者責任（715条1項）の発生には、被用者に不法行為の要件が備わっていることが必要である。したがって、本肢のように、被用者に故意・過失がなければ、被用者にはそもそも不法行為は成立しないので（709条参照）、使用者は、損害賠償責任を負う必要はない。

❹ 正しい　土地の工作物の設置・保存に瑕疵があることによって他人に損害を生じたときは、その工作物の占有者は、被害者に対してその損害を賠償する責任を負う。ただし、占有者が損害の発生を防止するのに必要な注意をしたときは、所有者がその損害を賠償しなければならない（717条1項）。

正解　❹

　マンションにおける不法行為責任に関する次の記述のうち、民法の規定によれば、適切なものはいくつあるか。

ア　マンション管理業者は、自らが雇用する管理員が、その業務の執行について第三者に損害を加えたときは、当該管理員個人に不法行為が成立しなくても、使用者責任を負う場合がある。

イ　マンション管理業者は、自らが雇用する管理員が、その業務の執行について第三者に損害を加えた場合、使用者責任に基づいて当該第三者に対してその賠償をしたときでも、当該管理員に対して求償権を行使することは認められない。

ウ　マンションの専有部分にある浴室から水漏れが発生し、階下の区分所有者に損害が生じた場合、当該専有部分に居住する区分所有者は、その損害を賠償する責任を負うが、水漏れの原因が施工会社の責任によるときは、当該施工会社に対して求償権を行使することができる。

エ　マンションの共用部分の修繕工事を請け負った施工会社が、その工事について第三者に損害を加えた場合に、注文者である当該マンションの管理組合は、注文又は指図について過失がない限り、損害を賠償する責任を負わない。

❶　一つ

❷　二つ

❸　三つ

❹　四つ

Point **使用者が被害者に損害賠償をすれば、被用者に求償できる。**

民法等

ア **不適切** 「管理員個人に不法行為が成立しなければ、使用者責任は生じない」

使用者責任（民法715条1項）は、「被用者が使用者の事業活動を行うにつき他人に損害を加えた場合には、使用者も被用者と同じ内容の責任を負うべきものとしたもの」（判例）で、被用者の負う不法行為責任を使用者が肩代わりするものであるから、その成立には、被用者に不法行為が成立することが必要となる。

イ **不適切** 「求償権を行使することは認められない」➡「認められる」

使用者責任は、被用者の負う不法行為責任を使用者が肩代わりするものであるから、使用者が被害者にその損害を賠償した場合には、被用者に対して求償できる（715条3項）。ただし、使用者に対する求償は、信義則上（1条2項）、相当と認められる限度に制限される（判例）。

ウ **適切**

マンションの専有部分に居住する区分所有者は、その専有部分から生じた水漏れにより、階下の区分所有者に損害を生じさせた場合には、専有部分の所有者の責任として、その損害を賠償しなければならない（717条1項）。ただし、損害の原因について他にその責任を負う者があるときは、その者に対して求償権を行使できるので（同3項）、区分所有者は、水漏れ事故の原因が施工会社の責任によるときは、当該施工会社に対して求償権を行使できる。

エ **適切**

注文者は、請負人がその仕事について第三者に加えた損害を賠償する責任を負わないのが原則であるが、その注文又は指図について注文者に過失があったときは、この限りでない（716条）。したがって、本肢の管理組合は、注文又は指図について過失がない限り、損害を賠償する責任を負わない。

したがって、適切なものはウ・エの二つであり、正解は**❷**となる。

正解 ❷

77

39 不法行為⑥（判例）

CHECK! R 2-問39

　次の文章は、マンション等の建物に関する最高裁判所の判決の一部である。その文中の（　ア　）～（　エ　）に入る語句の組合せとして正しいものはどれか。なお、文中にある「居住者等」は、建物利用者、隣人、通行人等である。

　建物の建築に携わる設計者、施工者及び（　ア　）（以下、併せて「設計・施工者等」という。）は、建物の建築に当たり、契約関係にない居住者等に対する関係でも、当該建物に建物としての（　イ　）が欠けることがないように配慮すべき注意義務を負うと解するのが相当である。そして、設計・施工者等がこの義務を怠ったために建築された建物に建物としての（　イ　）を損なう瑕疵があり、それにより居住者等の（　ウ　）が侵害された場合には、設計・施工者等は、・・（中略）・・これによって生じた損害について（　エ　）による賠償責任を負うというべきである。

	（　ア　）	（　イ　）	（　ウ　）	（　エ　）
❶	工事監理者	契約適合性	生命又は身体	不法行為
❷	工事監理者	基本的な安全性	生命、身体又は財産	不法行為
❸	工事注文者	基本的な安全性	生命又は身体	債務不履行
❹	工事注文者	契約適合性	生命、身体又は財産	債務不履行

Point 居住者等は、契約関係にない設計・施工者等に、不法行為による損害賠償要求可。

問題文の空欄を補充し、完成した文章は、次のとおりである（判例）。

「建物の建築に携わる設計者、施工者及び（**ア　工事監理者**）（以下、併せて「設計・施工者等」という）は、建物の建築に当たり、契約関係にない**居住者等に対する関係でも、当該建物に建物としての（イ　基本的な安全性）が欠けることがないように配慮すべき注意義務を負う**と解するのが相当である。そして、設計・施工者等がこの義務を怠ったために建築された建物に建物としての（**イ　基本的な安全性**）を損なう瑕疵があり、それにより**居住者等の（ウ　生命、身体又は財産）が侵害された場合**には、設計・施工者等は、…（中略）…これによって生じた損害について（**エ　不法行為**）による**賠償責任を負う**というべきである。」

したがって、語句の組合せとして正しいものは、「**ア　工事監理者**」、「**イ　基本的な安全性**」、「**ウ　生命、身体又は財産**」、「**エ　不法行為**」であり、正解は**❷**となる。

正解　**❷**

　AとBが、Bを受任者とする委任契約を締結した場合に関する次の記述のうち、民法の規定及び判例によれば、正しいものはどれか。

❶　Bは、Aの承諾がなければ、受任者たる地位を第三者に譲渡することができない。

❷　Bが後見開始又は保佐開始の審判を受けた場合、AB間の委任契約は終了する。

❸　Bが、委任事務の処理に際して、自己の過失によらず損害を受けた場合であっても、Aの指図について過失がなければ、Bは、Aに対し損害賠償の請求をすることができない。

❹　Bが無償で受任した場合は、Bが委任事務の処理に際して善管注意義務に違反したときであっても、Bは、Aに対し債務不履行責任を負わない。

Point 受任者と第三者との間で契約上の地位を譲渡する旨の合意 ➡ 委任者の承諾必要。

❶ **正しい** 本肢のような契約上の地位の移転（譲渡）とは、契約当事者としての地位を合意によって移転することである。そして、契約の当事者の一方（本肢では受任者Ｂ）が第三者との間で契約上の地位を譲渡する旨の合意をした場合、その契約の相手方（本肢では委任者Ａ）がその譲渡を承諾したときは、契約上の地位はその**第三者に移転する**（民法539条の2）。したがって、本肢では、委託者Ａによる譲渡の承諾が必要となる。

❷ **誤り** 「保佐開始の審判を受けた場合委任契約は終了する」 ➡ 「終了しない」
　　委任契約は、次の場合に終了する（653条）。

> ① 委任者の死亡・破産手続開始の決定
> ② 受任者の死亡・破産手続開始の決定・後見開始の審判

　　したがって、ＡＢ間の委任契約は、Ｂが後見開始の審判を受けたときは終了するが、Ｂが保佐開始の審判を受けても終了しない。

❸ **誤り** 「Ａの指図に過失がなければ、ＢはＡに損害賠償請求できない」
　　　　　 ➡ 「Ａの指図に過失がなくても、ＢはＡに損害賠償請求できる」

　　受任者は、委任事務を処理するため自己に過失なく損害を受けた場合、委任者に対し、賠償請求ができる（650条3項）。この委任者の損害賠償義務は、委任者の無過失責任と解されているため、Ａの指図について過失がなくても、Ｂは、Ａに対して損害賠償請求ができる。

❹ **誤り** 「債務不履行責任を負わない」 ➡ 「負う」

　　受任者は、委任の本旨に従い、**善良な管理者の注意**をもって、**委任事務を処理する義務**（「善管注意義務」）を負う（644条）。このことは、委任契約の有償・無償を問わない。したがって、Ｂが無償で受任した場合でも、Ｂが委任事務の処理に際して善管注意義務に違反したときは、Ｂは、Ａに対し、債務不履行責任を負う。

正解 ❶

委任契約に関する次の記述のうち、民法の規定によれば、正しいものはどれか。

❶ 委任とは、当事者の一方が相手方のために法律行為をすることを約し、相手方がこれに対してその報酬を支払うことを約することによって、その効力を生ずる契約である。

❷ 受任者が、委任事務を処理するのに必要と認められる費用を支出したときは、委任者は、現に利益を受けている限度において受任者に対して費用の償還義務を負う。

❸ 委任契約が解除された場合に、解除の効力は将来に向かってのみ生じる。

❹ 受任者が、委任者に引き渡すべき金額を自己のために消費した場合でも、委任者に損害が生じていないときは、受任者は、利息を支払う義務を負わない。

Point 委任契約 ➡ 解除に遡及効はない！

❶ **誤り** 「報酬を支払うことは委任契約の要件ではない」

　委任は、当事者の一方が**法律行為をすること**を相手方に委託し、相手方がこれを**承諾する**ことによって、その効力を生ずる（民法643条）。つまり、報酬の支払いは、委任契約の**要件となっていない**。

❷ **誤り** 「現に利益を受けている限度」
　　　　　➡「費用および支出の日以後におけるその利息」

　受任者は、委任事務を処理するのに必要と認められる費用を支出したときは、委任者に対し、その**費用および支出の日以後におけるその利息**の償還を請求できる（650条１項）。つまり、委任者は、「現に利益を受けている限度」で償還義務を負うわけではない。

❸ **正しい** 委任の解除をした場合は、その解除は、将来に向かってのみその効力を生ずる（652条、620条前段）。

❹ **誤り** 「損害が生じていないときは…負わない」
　　　　　➡「損害が生じていないときでも…負う」

　受任者は、委任者に引き渡すべき金額またはその利益のために用いるべき金額を**自己のために消費**したときは、その消費した日以後の利息を支払わなければならない（647条前段）。したがって、受任者は、委任者に損害が生じていないときでも、利息の支払義務を負う。なお、この場合で、利息を支払ってもまだ足りない場合は、さらに損害賠償をしなければならないことに注意（同後段）。

正解 **❸**

委任契約に関する次の記述のうち、民法の規定によれば、最も適切なものはどれか。

❶ 受任者は、委任が終了した後に、遅滞なくその経過及び結果を報告すればよく、委任者の請求があっても委任事務の処理の状況を報告する義務はない。

❷ 受任者は、特約がなければ、委任者に対して報酬を請求することができない。

❸ 委任者は、受任者に不利な時期には、委任契約を解除することができない。

❹ 受任者が報酬を受けるべき場合、履行の中途で委任が終了したときには、受任者は、委任者に対し、既にした履行の割合に応じた報酬についても請求することはできない。

Point 受任者は、委任者の請求があれば、いつでも報告する義務を負う。

❶ 不適切 「委任者の請求があっても、報告する義務はない」

➡「委任者の請求があるときは、いつでも報告する義務がある」

受任者は、委任者の請求があれば、いつでも委任者に委任事務の処理の状況を報告する義務を負う。また、委任が終了した後は、遅滞なくその経過及び結果を報告しなければならない（民法645条）。

❷ 最も適切

委任は、原則として無償契約であり、受任者は、特約がなければ報酬を請求できない（648条1項）。

❸ 不適切 「不利な時期には…解除できない」➡「できる」

委任契約は、当事者間の信任関係を基礎とする契約であるから、事務の処理がどのような段階にあるかに関係なく、また、なんら特別の事由がなくても、各当事者は、委任契約を解除できる（651条1項）。したがって、委任者は、受任者に不利な時期であっても、委任契約を解除できる。この場合、やむを得ない事由があったときを除き、委任者は受任者に対して生じた損害を賠償しなければならない（同2項1号）。

❹ 不適切 「履行の中途で委任が終了したとき…報酬請求できない」

➡「履行の中途で委任が終了したときでも…報酬請求できる」

報酬の特約がある場合において、委任契約が解除された場合や（651条1項）、履行の途中で終了事由が生じたことにより（653条）、委任が履行の中途で終了したときは、受任者は、既にした履行の割合に応じて報酬を請求できる（648条3項2号）。

正解 ❷

　マンションの管理組合A（以下、本問において「A」という。）は、敷地に集会棟を新築する工事（以下、本問において「本件工事」という。）を行うため、建設会社B（以下、本問において「B」という。）との間で請負契約を締結した。この場合に関する次の記述のうち、民法及び区分所有法の規定によれば、正しいものはどれか。

❶　Bが本件工事を完成できない場合に、それが当事者双方の責めに帰することができない事由によるものであったときは、AはBに対して報酬の支払いを拒むことができない。

❷　Bが本件工事を完成したが、引き渡された集会棟に品質に関する契約不適合があり、そのためにAがその不適合を知った時から1年以内にその旨をBに通知したときは、Aは契約を解除することはできないが、Bに対し損害賠償を請求することができる。

❸　本件工事に伴い既存の共用部分に生じた損害について、区分所有者全員のためにAの管理者が原告となってBに訴訟を提起するには、その旨の規約の定めによるのではなく、集会の決議が必要である。

❹　Bが本件工事を完成しない間は、Aは、いつでも損害を賠償して契約を解除することができる。

Point 請負人の契約不適合責任 ➡ 土地の工作物に係る契約解除も可。

❶ 誤り 「報酬の支払いを拒むことができない」➡「拒むことができる」

　請負契約において、当事者双方の責めに帰すことができない事由で債務を履行できなくなったときは、債権者は、反対給付の履行を拒むことができる（民法536条1項）。つまり、本肢の管理組合Aは、建設会社Bに対して報酬の支払いを拒否できる。

❷ 誤り 「契約を解除できないが」➡「契約を解除でき、かつ」

　引き渡された仕事の目的物に種類または品質の契約不適合があった場合、原則として、注文者Aがその不適合の事実を知った時から1年以内にその旨を請負人Bに通知しないときは、Aは、その不適合を理由として、履行の追完の請求、報酬の減額の請求、損害賠償の請求および契約の解除ができないが（637条1項）、本肢では通知がなされているので、それぞれ要件を満たせば、損害賠償請求だけではなく、契約解除もできる。

❸ 誤り 「規約の定めによるのではなく、集会の決議が必要」
　　　　➡「規約の定めによることもできる」

　管理者は、規約または集会の決議により、その職務に関し、区分所有者のために、原告または被告となることができる（区分所有法26条4項）。

❹ 正しい　請負人が仕事を完成しない間は、注文者は、いつでも損害を賠償して契約の解除ができる（民法641条）。

正解 ❹

民法

44 請 負②

☐☐☐ ✎ CHECK! R4-問3 （A）

　マンションの管理組合Aが、施工会社Bとの間で締結したリフォーム工事の請負契約に関する次の記述のうち、民法の規定によれば、適切なものはいくつあるか。

ア　Aは、Bとの別段の合意がない限り、Bに対し、仕事に着手した時に報酬の全額を支払わなければならない。

イ　Aは、仕事が完成した後でも、Bに生じた損害を賠償して請負契約を解除することができる。

ウ　Bの行ったリフォーム工事に契約不適合がある場合、Aは、その不適合を知った時から1年以内にその旨をBに対して通知しなければ、履行の追完の請求をすることができない。

エ　請負契約が仕事の完成前に解除された場合であっても、Bが既にしたリフォーム工事によってAが利益を受けるときは、Bは、Aが受ける利益の割合に応じて報酬を請求することができる。

❶　一つ

❷　二つ

❸　三つ

❹　四つ

Point 請負報酬支払時期は、特約がないと仕事完成義務が先履行、支払は後払。

ア **不適切** 「仕事に着手した時に」➡「仕事の目的物の引渡しと同時に」

　　請負は、当事者の一方がある仕事を完成することを約し、相手方がその仕事の結果に対して報酬を支払うことを約する契約である（民法632条）。請負人の仕事完成義務と注文者の報酬の支払債務とは対価関係に立つが、報酬の支払時期については、特約がなければ、請負人の仕事完成義務が先履行となり、注文者の報酬の支払は後払とされている。そして、仕事の目的物の引渡義務と報酬の支払義務が同時履行の関係に立つ（633条）。

イ **不適切** 「仕事が完成した後でも…損害を賠償して解除できる」
　　　　　　➡「仕事完成後は解除できない」

　　請負契約成立後に、何らかの事情で注文者が請負人による仕事の完成を必要としなくなった場合にまで請負人の仕事を継続させることは、注文者にとっては無用であり、社会経済的にも不利益であることから、請負人が仕事を完成しない間は、注文者は、いつでも損害を賠償して契約の解除ができる（641条）。この解除ができるのは、請負人が「仕事を完成させない間」であるから、仕事完成後は、請負人に生じた損害を賠償しても請負契約を解除できない。

ウ **適切**

　　Bが行ったリフォーム工事に契約不適合がある場合、Aは、その不適合を知った時から1年以内にその旨をBに通知しないときは、その不適合を理由として、履行追完請求等ができない（559条、566条、637条1項）。

エ **適切**

　　請負が仕事完成前に解除された場合、請負人が既にした仕事の結果のうち可分な部分の給付によって注文者が利益を受けるときは、その部分について仕事が完成したものとみなされ、請負人は、注文者が受ける利益の割合に応じて報酬を請求できる（634条2号）。したがって、Bがしたリフォーム工事によってAが利益を受けるときは、Bは、Aが受ける利益の割合に応じて報酬を請求できる。

　　したがって、**適切なものはウ・エの二つ**であり、正解は**❷**となる。

正解 **❷**

マンションの区分所有者Aは、リフォーム会社Bとの間で、住戸内の浴室をリフォームする内容の請負契約（以下、本問において「本件契約」という。）を締結したが、この場合に関する次の記述のうち、民法の規定によれば、誤っているものはどれか。

❶ Bの施工ミスにより浴室から水漏れが生じていても、修補が可能な場合には、AはBに対して、直ちに代金減額請求をすることはできない。

❷ Bの工事完成前に、Aが破産手続開始の決定を受けたときは、B又は破産管財人は、本件契約の解除をすることができる。

❸ Bが本件契約内容に適合した工事を完成させた場合であっても、Aは、Bに生じる損害を賠償すれば、本件契約の解除をすることができる。

❹ Bの工事完成後に、完成品に本件契約内容との不適合があることをAが知った場合には、AはBに対し、その時から1年以内にその旨を通知しなければ、追完請求としての修補請求をすることはできない。

Point 注文者が破産 ➡ 仕事完成前、破産管財人も解除可。

❶ **正しい** 請負人が種類又は品質に関して契約の内容に適合しない（契約不適合の）目的物を注文者に引き渡した場合には、原則として、注文者は、相当の期間を定めて履行の追完の催告をし、その期間内に履行の追完がないときは、その不適合の程度に応じて代金（報酬）の減額請求ができる（「売買以外の有償契約への準用」民法559条、563条1項）。したがって、修補が可能な場合には、Aは、Bに対して、直ちに代金（報酬）減額請求はできない。

❷ **正しい** 注文者が**破産手続開始の決定**を受けたときは、請負人又は破産管財人は、契約の解除ができる（642条1項本文）。ただし、仕事を**完成**した後は、請負人による契約の**解除はできない**（同ただし書）。したがって、Bの工事完成前においては、B又は破産管財人は、本件契約の解除ができる。

❸ **誤り** 「解除できる」➡「できない」

 請負人が仕事を完成しない間は、注文者は、いつでも損害を賠償して契約の解除ができる（641条）。したがって、Bが工事を完成させた場合には、Aは、損害を賠償しても、本件契約を解除できない。

❹ **正しい** 請負人が種類又は品質に関して契約不適合の目的物を注文者に引き渡した場合には、注文者は、その不適合を**知った時**から**1年以内**にその旨を請負人に**通知**しないときは、その不適合を理由として、**履行追完請求**が**できない**（637条1項）。したがって、AはBに対し、不適合を知った時から1年以内にその旨を通知しなければ、追完請求としての修補請求ができない。

正解 ❸

46 債権総合（請負工事代金）

CHECK! R5-問4

重要度 A

　管理組合法人Aと施工会社Bとのマンションの外壁補修工事請負契約における工事代金に関する次の記述のうち、民法の規定によれば、最も適切なものはどれか。

❶ 　Bが、Aに対し契約で定めた工事代金より高い金額を請求したところ、Aがそれに気づかずに請求された金額を支払った場合には、Aは、Bに対し、過払い分の返還を請求することはできない。

❷ 　BのAに対する請負代金債権について、AB間においてその譲渡を禁止する旨の特約があった場合に、BがAの承諾を得ないで行った当該債権の第三者に対する譲渡は無効である。

❸ 　AのBに対する請負代金債務について、Aの理事が当該債務を保証する旨の契約をBとの間で締結する場合に、その契約は、口頭の合意によっても成立する。

❹ 　AのBに対する請負代金の支払期日の前日に、地震で管理事務室が損壊したため、Aが支払期日にその代金を支払うことができなかった場合でも、Aは、Bに対する債務不履行責任を免れない。

Point 　金銭債務不履行による損害賠償 ➡ 債務者は不可抗力で抗弁できない。

❶ **不適切** 「過払い分の返還を請求できない」➡「できる」

　　AがBに支払った工事代金の過払い分は、Bにとって、法律上の原因なく金銭という財産を取得したものであるといえ、そのことによりAには損失が生じている。この場合、AはBに対して、不当利得返還請求権に基づいて、過払い分の返還を請求できる（民法703条）。

❷ **不適切** 「譲渡を禁止する旨の特約に反してなされた債権の譲渡は有効」

　　BのAに対する請負代金債権について、AB間でその譲渡禁止特約ができるが、この特約に反してなされた債権の譲渡は、その効力を妨げられることはなく、有効である（466条2項）。ただし、債権の譲受人その他の第三者が譲渡制限特約について悪意・重過失である場合には、債務者は、譲渡制限特約を主張して履行を拒絶でき、かつ、譲渡人に対する弁済その他の債務消滅事由をもって譲受人等に対抗できる（同3項）。

❸ **不適切** 「口頭の合意によっても成立する」➡「書面でしなければ効力を生じない」

　　保証契約は、書面でしなければ、その効力を生じない（446条2項）。なお、保証契約がその内容を記録した電磁的記録によってされたときは、その保証契約は、書面によってなされたものとみなされる（同3項）。

❹ **最も適切**

　　金銭債務の不履行による損害賠償については、債務者は、不可抗力をもって抗弁とすることができない（419条3項）。したがって、地震で管理事務室が破損したため、支払期日に支払いができなかった場合でも、Aは、Bに対して代金支払債務の不履行責任を免れることはできず、損害賠償として遅延損害金を支払わなければならない。

正解 ❹

土地甲を所有するAが死亡した場合に、甲の相続に関する次の記述のうち、民法の規定によれば、正しいものはどれか。なお、Aには配偶者B、子C、直系尊属の父Dのみがいるものとする。

❶　AとCは同乗する飛行機の墜落事故で死亡したが、AとCのどちらが先に死亡したか明らかでない場合は、Dの相続分は$\frac{1}{2}$である。

❷　Aが死亡した後に、Cが交通事故で死亡した場合には、Bのみが甲を相続する。なお、Cには配偶者及び直系卑属はいないものとする。

❸　Aが死亡する前に、Cが交通事故で死亡していた場合には、Bの相続分は$\frac{1}{2}$である。

❹　BとCが法定相続分に従い甲を共同相続したが、その後、Cが甲の共有持分を放棄した場合には、その持分は国庫に帰属する。

Point 被相続人と同時死亡者 ➡ 相続人とならず、死亡時期が不明なら同時死亡推定。

民
法
等

❶ 誤り 「Dが $\frac{1}{2}$」 ➡ 「$\frac{1}{3}$」

　被相続人の死亡時に相続人となるべき者が生存していなければ、その者は相続人となれない（民法887条参照）。そして、被相続人と同時に死亡した者は**相続人とはならず**、どちらが先に死亡したか明らかでない場合は、**同時に死亡したものと推定**される（「同時死亡の推定」32条の2）。よって、本肢においては、AとCは同時に死亡したものと推定され、Cは相続人とならない。そうすると、相続人は、**配偶者Bと第2順位**である**直系尊属**の父Dである。この場合、相続分は、配偶者Bが $\frac{2}{3}$、父Dが $\frac{1}{3}$ である（900条2号）。

❷ 正しい　Aが死亡した時点においては、配偶者Bと子Cが相続人となるので、甲はBとCの共有となる（887条1項、890条、896条、898条）。その後、Cが死亡すると、Cには**配偶者及び直系卑属**はいないため、Cの**直系尊属**であるBのみがCの相続人となる。すると、甲に対するCの共有持分は、Bが相続する（889条1項）。以上より、本肢では、結果的に、Bのみが甲を相続する。

❸ 誤り 「Bの相続分は $\frac{1}{2}$」 ➡ 「$\frac{2}{3}$」

　Aが死亡する前に子Cが死亡していた場合、Cは相続人とならない。また、Cには子がいないので、代襲相続も生じない（887条2項）。すると、相続人は、**配偶者Bと第2順位**である**直系尊属**の父Dである。この場合、相続分は、配偶者Bが $\frac{2}{3}$、父Dが $\frac{1}{3}$ である（900条2号）。

❹ 誤り 「国庫に帰属する」 ➡ 「Bに帰属する」

　BとCが共同相続した場合、その相続財産は、BとCの共有に属する（898条）。そして、共有者の1人が、その**持分を放棄**したときは、その持分は、国庫ではなく、**他の共有者に帰属する**（255条）。したがって、Cの持分は、Bに帰属する。

正解 ❷

相続に関する次の記述のうち、民法の規定によれば、正しいものはどれか。

❶ 未成年者が法定代理人の同意を得ずに相続を放棄した場合において、当該未成年者及びその法定代理人は、制限行為能力を理由に、相続の放棄の意思表示を取り消すことができない。

❷ 相続人が数人あるときは、限定承認は、共同相続人の全員が共同してのみこれをすることができる。

❸ 相続の放棄は、相続の開始があった時から3ヵ月以内にしなければならない。

❹ 被相続人Aの子Bが相続の放棄をした場合において、Bの子CがAの直系卑属であるときは、CがBを代襲する。

❶ **誤り** 「取り消すことができない」➡「できる」

　相続の承認・放棄は、財産に関する行為にあたるので、未成年者は法定代理人の同意を得ずに放棄できない。したがって、未成年者が法定代理人の同意を得ずにした相続の承認・放棄については、取消しの対象となる（民法919条2項）。

❷ **正しい**　相続人が数人ある場合、限定承認は、共同相続人の全員が共同してのみ行うことができる（923条）。

❸ **誤り** 「相続の開始があった時」➡「相続の開始があったことを知った時」

　相続人は、自己のために相続の開始があったことを知った時から3ヵ月以内に、相続について、単純若しくは限定の承認または放棄をしなければならない（915条1項本文）。

❹ **誤り** 「代襲する」➡「代襲しない」

　被相続人の子が、①相続の開始以前に死亡したとき、または②相続人の欠格事由該当・廃除によって、その相続権を失ったときは、その者の子がこれを代襲して相続人となる（887条2項本文）。代襲相続の原因に相続放棄は含まれない。相続放棄をした者は、その相続に関しては、初めから相続人とならなかったものとみなされる（939条）。したがって、相続放棄をした者の子は、その相続に関して、将来的に相続する地位にない。

正解 ❷

　Aが死亡した場合における相続に関する次の記述のうち、民法の規定によれば、不適切なものはいくつあるか。

ア　Aの子Bが相続放棄をした場合は、Bの子でAの直系卑属であるCが、Bに代わって相続人となる。

イ　Aの子Dに相続欠格事由が存在する場合は、Dの子でAの直系卑属であるEが、Dに代わって相続人となる。

ウ　Aの遺言によりAの子Fが廃除されていた場合は、Fの子でAの直系卑属であるGが、Fに代わって相続人となる。

エ　Aの子HがAより前に死亡し、さらにHの子でAの直系卑属であるIもAより前に死亡していた場合は、Iの子でAの直系卑属であるJが相続人となる。

❶　一つ

❷　二つ

❸　三つ

❹　四つ

Point 代襲者が死亡等により相続権を失った場合、代襲者の子が再代襲相続可。

ア **不適切** 「相続放棄をした場合は…代わって相続人となる」

 ➡ 「相続放棄をした場合は代襲相続できない」

被相続人の死亡以前に、相続人となるべき子・兄弟姉妹が死亡等により相続権を失った場合、その者の直系卑属が、その者に代わって、その者の相続分を相続できる（代襲相続）。この代襲相続が生じる原因は、被相続人の子・兄弟姉妹の死亡、欠格事由への該当、廃除に限られており、相続の放棄によっては、代襲相続は生じない（887条2項、889条2項）。したがって、Cは、Bに代わって相続人とならない。

イ **適 切**

❶解説参照。Aの子Dが相続欠格事由に該当し、相続権を失った場合、代襲相続により、Dの子でAの直系卑属であるEが、Dに代わって相続人となる。

ウ **適 切**

❶解説参照。Aの子FがAの遺言により廃除されていた場合、代襲相続により、Fの子でAの直系卑属であるGが、Fに代わって相続人となる。

エ **適 切**

代襲者が死亡等により相続権を失った場合には、代襲者の子がさらに代襲して相続人となる（「再代襲相続」887条3項）。したがって、Aの子Hも、Hの子であるIも死亡していた場合、Iの子でAの直系卑属であるJが相続人となる。

したがって、**不適切なものはアの一つであり、正解は❶となる。**

正 解 ❶

50 贈 与

☐☐☐ ✎ CHECK! R元-問2改 重要度A

Aは、自己の所有するマンション（マンション管理適正化法第2条第1号に規定するものをいう。以下同じ。）の一住戸甲（以下、本問において「甲」という。）をBに贈与する契約を締結した。この場合に関する次の記述のうち、民法の規定及び判例によれば、誤っているものはどれか。

❶ 贈与者は、贈与の目的である物又は権利を、贈与の目的として特定した時の状態で引き渡し、又は移転することを約したものとみなされる。

❷ AB間の贈与契約が書面でなされた場合において、その贈与契約の効力がAの死亡によって生じるものとされていたときは、遺贈の規定が準用されるから、Aはいつでもこの贈与契約を解除することができる。

❸ AB間の贈与契約が口頭でなされた場合において、甲をBに引き渡した後は、Bに所有権移転登記をする前であっても、Aは、贈与契約を解除することができない。

❹ AB間の贈与契約が書面でなされた場合において、AB間の贈与契約の内容に、BがAを扶養する旨の負担が付いていたときは、Bが契約で定められた扶養を始めない限り、Aは、甲の引渡しを拒むことができる。

Point 贈与者はその目的物・権利を、その目的として特定した時の状態で引渡し・移転したと推定。

❶ 誤り 「みなされる」➡「推定される」

　贈与者は、贈与の目的である物または権利を、贈与の目的として**特定した時の状態で引き渡し**、または移転することを約したものと「**推定**」される（民法551条）。

❷ 正しい **書面による贈与**については、解除は認められない（550条本文反対解釈）。ただし、死因贈与については、その性質に反しない限り、**遺贈に関する規定が準用**されるため、贈与者は、いつでも、贈与契約を解除できる（554条、1022条）。

❸ 正しい 書面によらない贈与は、各当事者が解除できる（550条本文）。ただし、「**履行の終わった部分**」については、解除は**認められない**（同ただし書）。この「履行の終わった部分」とは、贈与者がその負担する債務の主要な部分を履行することをいい、不動産の贈与については、引渡しがあれば登記がなされていなくても、履行の終了とされる（判例）。したがって、Aは、Bに対し、**甲を引き渡している**ので、**贈与契約を解除できない**（判例）。

頻出

❹ 正しい **負担付贈与**については、その性質に反しない限り、**双務契約に関する規定が準用**される（553条）。そのため、Aは、**同時履行の抗弁**により、Bが扶養を始めない限り、甲の**引渡しを拒むことができる**（533条本文）。

51 相続・対抗要件

 CHECK! H28-問6

マンションの一住戸甲（以下、本問において「甲」という。）の区分所有者A（以下、本問において「A」という。）の死亡により、法定相続人であるBとCが甲を相続分$\frac{1}{2}$ずつで共同相続した場合に関する次の記述のうち、民法の規定及び判例によれば、正しいものはどれか。

❶ BとCが協議で遺産分割をするときには、自己のために相続開始があったことを知った時から3ヵ月以内にしなければならない。

❷ Bが、甲を単独相続するために、Aの死亡後、遺言書を偽造した場合でも、Bは、家庭裁判所がその欠格事由を認定しない限り、相続人としての資格を失わない。

❸ Bが、Cに無断で甲を単独で所有する旨の登記をした上で、Dに売却し、移転登記を完了させた場合でも、Cは、自らが相続した甲の持分について、登記がなくてもDに対抗することができる。

❹ Bの相続放棄によりCが甲を単独相続したが、その前に、Bが相続した甲の持分についてEが差押えをしていた場合には、CはEの権利を害することができない。

相続放棄の効力 ➡ 登記等の有無を問わず効力を生ずる。

❶ 誤り 「相続開始があったことを知った時から3ヵ月以内」➡「いつでも」

　共同相続人は、被相続人が遺言で禁じた場合を除き、いつでも、その協議で、**遺産の全部または一部の分割ができる**（民法907条1項）。なお、自己に関する相続開始があったことを知った時から3ヵ月以内にしなければならないのは、相続の承認または**放棄**である（915条1項本文）。

❷ 誤り 「裁判所が欠格事由を認定しない限り、相続人としての資格を失わない」
　　　➡「当然に相続人としての地位を失う」

　被相続人の**遺言書を偽造し、変造し、破棄し、または隠匿した者は、相続人となることができない**（891条5号）。つまり、相続人の資格を失うにあたって、家庭裁判所による欠格事由の認定は関係がない。

❸ 正しい　不動産を共同相続した相続人の1人（B）が、当該不動産につき勝手に単独名義で所有権移転登記をし、さらに第三取得者（D）に譲渡して所有権移転登記をした場合、他の相続人（C）は、当該Dに対し、**自己の持分を登記なしで対抗できる**（判例）。

❹ 誤り 「権利を害することができない」➡「放棄の効果を主張できる」

　相続人は、相続の放棄をした場合には、相続開始時にさかのぼって相続開始がなかったと同じ地位に立ち、当該相続放棄の効力は、**登記等の有無を問わず、何人に対してもその効力を生ずる**（判例）。したがって、相続放棄をした相続人の債権者が、相続放棄前に当該相続人の持分について差押えをしていた場合でも、他の共同相続人は、相続放棄の効果を差押債権者に主張できる。

　AとBとの間で、Aが所有するマンションの1住戸甲（以下、本問において「甲」という。）についての賃貸借契約が締結され、AはBに甲を引き渡した。この場合に関する次の記述のうち、民法の規定及び判例によれば、誤っているものはどれか。

❶　Bが、Aの承諾を得ないで、甲をCに転貸した場合であっても、Bの行為についてAに対する背信行為と認めるに足りない特段の事情があるときは、Aは、Bとの間の賃貸借契約を、無断転貸を理由として解除することができない。

❷　Bが、Aの承諾を得て、甲をCに転貸した場合、Bの債務不履行を理由としてAが賃貸借契約を解除したときは、AはCに対し、当該賃貸借契約の終了を対抗することができる。

❸　Bが、Aの承諾を得て、甲をCに転貸した場合、Cは、Aに対して直接に義務を負う。

❹　Bが、Aの承諾を得て、甲の賃借権をCに譲渡した場合、BがAに交付した敷金に関する権利義務関係は、当然にCに承継される。

Point 契約存続中に賃貸人・賃借人が変更 ⇒ 敷金返還請求はどうなるの？

❶ **正しい** 賃借人が、賃貸人の承諾を得ることなく第三者に賃借物の使用・収益をさせたときは、賃貸人は、契約の解除ができる（民法612条2項）。ただし、**賃借権の無断譲渡・無断転貸が、賃貸人に対する背信的行為と認めるに足りない特段の事情があるときは、賃貸人は契約を解除できない**（判例）。

❷ **正しい** 賃借人Bが賃貸人Aの承諾を得て賃借物をCに転貸した場合、賃借人Bの債務不履行を理由としてAがAB間の**賃貸借契約を解除したときは、AはCに賃貸借契約の終了を対抗できる**（613条3項後段）。

❸ **正しい** 賃借人Bが適法に賃借物をCに転貸したときは、転借人Cは、賃貸人Aと賃借人Bとの間の賃貸借に基づく賃借人の債務の範囲を限度として、**Aに対して転貸借に基づく債務を直接履行する義務を負う**（613条1項前段）。

❹ **誤り** 「敷金に関する権利義務関係は、当然にCに承継される」
　　➡「特段の事情がない限り、承継されない」

ひっかけ

　賃借人Bが賃貸人Aに敷金を交付している場合、BがAの承諾を得て、**賃借権をCに譲渡した場合、AはBに対し**、その受け取った敷金の額から賃貸借に基づいて生じたBのAに対する金銭の給付を目的とする**債務の額を控除した残額を返還しなければならない**（622条の2第1項2号）。つまり、当然にCに承継されるということではない。

正解 ❹

53 同時履行の抗弁権

CHECK! ☐☐☐ ✎

R元-問6 **B**

同時履行の抗弁権に関する次の記述のうち、民法の規定及び判例によれば、誤っているものはどれか。

❶ ＡＢ間の売買契約を、売主Ａが、買主Ｂの詐欺を理由として取り消した場合においては、Ａの原状回復義務とＢの原状回復義務とは同時履行の関係に立たない。

❷ ＡＢ間の建物の賃貸借契約が期間の満了により終了する場合において、それに伴う賃貸人Ａの敷金返還債務と賃借人Ｂの建物明渡債務とは、特別の約定のない限り、同時履行の関係に立たない。

❸ ＡＢ間の借地契約の終了に伴い、賃貸人Ａに対して賃借人Ｂの建物買取請求権が行使された場合においては、その土地の賃貸人Ａの建物代金債務と賃借人Ｂの建物土地明渡債務とは、同時履行の関係に立つ。

❹ ＡＢ間の金銭消費貸借契約にかかる担保のために、債権者Ａに対して債務者Ｂが、自己所有の土地に抵当権を設定した場合においては、Ａの抵当権設定登記の抹消義務とＢの債務の弁済とは、同時履行の関係に立たない。

Point　同時履行の関係に立つかどうか、整理して覚えよう！

❶ **誤り**　「同時履行の関係に立たない」➡「立つ」

　　取り消された行為は、初めから無効であったとみなされ（民法121条）、無効な行為に基づく債務の履行として給付を受けた者は原状回復義務を負う（121条の２第１項）。そして、売買契約が詐欺を理由として有効に取り消された場合における当事者双方の原状回復義務は、双務契約から発生した債務ではないが、公平の観点から、**同時履行の関係に立つ**（533条、判例）。

❷ **正しい**　建物の賃貸借終了に伴う**賃借人の建物明渡債務と賃貸人の敷金返還債務**とは、特別の約定のないかぎり、**同時履行の関係に立たない**（622条の２第１項１号、判例「明渡時説」）。つまり、賃借人は賃貸借が終了したとしても、賃貸物を返還するまでは敷金返還請求ができない。

❸ **正しい**　建物買取請求権（借地借家法13条参照）が行使された場合、直ちに地主と借地人との間に売買契約が成立するので、地主の建物代金支払義務と借地人の建物明渡義務は同時履行の関係にある。そして、借地人が同時履行の抗弁を主張して建物の明渡しを拒む場合、土地と切り離して建物についてだけ明渡しを拒むことは事実上できず、**地主の建物代金支払義務と借地人の建物土地明渡義務とは同時履行の関係に立つ**（民法533条、判例）。

❹ **正しい**　債務者は、被担保債務を弁済することにより**抵当権が消滅した後**に、抵当権設定登記の抹消を要求できるので、**債務の弁済と抵当権設定登記の抹消義務は同時履行の関係に立たない**（判例）。

正解　❶

第2編

区分所有法等

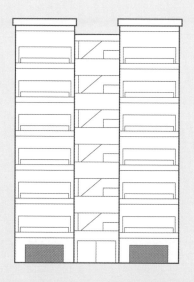

区分所有建物①（共用部分）

CHECK! □ □ □

R 2-問34

重要度 A

共用部分に関する次の記述のうち、区分所有法の規定によれば、誤っているものはどれか。

❶ 区分所有法第２条第４項に規定される共用部分には、全体共用部分と一部共用部分がある。

❷ 一部共用部分を管理する団体は、全体共用部分を管理する団体とは別に、当然に団体が構成される。

❸ 一部共用部分は、全体の利害に関係する場合でも、規約を定めなければ、区分所有者全員で管理することはできない。

❹ 民法第177条の登記に関する規定は、法定共用部分には適用しない。

Point 法定共用部分は、当然に第三者に対抗できるため、登記の規定は不適用。

❶ **正しい** 「共用部分」とは、専有部分以外の建物の部分、専有部分に属しない建物の附属物及び規約の規定により共用部分とされた附属の建物をいう（区分所有法2条4項）。そして、共用部分には、区分所有者全員の共用に供されるべき全体共用部分と、一部の区分所有者のみの共用に供されるべきことが明らかな一部共用部分がある（3条、4条1項）。

❷ **正しい** 区分所有者は、全員で、建物並びにその敷地及び附属施設の管理を行うための団体を構成するが、一部の区分所有者のみの共用に供されるべきことが明らかな一部共用部分を一部の区分所有者が管理するときも、同様の団体が構成される（3条）。したがって、一部共用部分を管理する団体は、全体共用部分を管理する団体とは別に、当然に団体が構成される。

❸ **誤り** 「全体の利害に関係する場合、当然に区分所有者全員で管理できる」

ひっかけ ⚠️ 　一部共用部分の管理のうち、区分所有者**全員**の利害に関係するもの又は区分所有者全員の規約に定めがあるものは区分所有者**全員**で、その他のものはこれを共用すべき区分所有者のみで行う（16条）。したがって、一部共用部分は、全体の利害に関係する場合には、当然に区分所有者全員で管理できる。

❹ **正しい** 規約共用部分は、その旨の登記をしなければ、**第三者に対抗でき**ない（4条2項）。しかし、廊下や階段等の法定共用部分は、構造上区分所有権の目的とならないことが明らかであり、当然に**法定共用部分である**ことを第三者に対抗できるため、登記に関する規定は適用されない。

正解 **❸**

次に掲げるもののうち、区分所有法第4条第2項の規定により規約共用部分とすることができるものは、どれか。

❶ 団地内にある集会場に使われている建物

❷ 建物横に設置した屋根のない駐輪場

❸ 区分所有者全員が利用可能な専有部分

❹ エントランスホール

Point 団地内にある集会場に使われている建物は「規約」共用部分とはできない。

① **できない** 「規約共用部分とはできない」

　区分所有法4条2項の規定により規約共用部分とできるものは、1条に規定する建物の部分（専有部分）及び附属の建物である（4条2項本文）。団地内の附属施設たる建物（専有部分を含む）は団地規約により団地共用部分とできるが、それは67条1項の規定によるものである。また、団地について建物の区分所有に関する規定を準用する66条は、4条2項を準用していない。したがって、「団地内にある集会場に使われている建物」は4条2項の規定により「規約共用部分とはできない」。

② **できない** 「規約共用部分とはできない」

　❶解説を参照。「屋根のない駐輪場」は建物ではないので、「規約共用部分とはできない」。

③ **できる**　❶解説を参照。「専有部分」は「規約共用部分とできる」。

④ **できない** 「規約共用部分とはできない」

　エントランスホールは、構造上区分所有者全員の共用に供されるべき建物の部分であり、法定共用部分である（4条1項）。したがって、「エントランスホール」は「規約共用部分とはできない」。

区分所有法等

正解 **❸**

共用部分及びその持分等に関する次の記述のうち、区分所有法の規定によれば、最も不適切なものはどれか。

❶ 区分所有者が数個の専有部分を所有する場合の各敷地利用権の割合は、共用部分の持分の割合と同一であり、規約で別段の定めをすることができない。

❷ 共用部分の管理に関する事項であっても、それが専有部分の使用に特別の影響を及ぼすべきときは、その専有部分の所有者の承諾を得なければならない。

❸ 共用部分の持分の割合と管理費等の負担割合は、一致しないこともある。

❹ 共用部分の共有者は、この法律に別段の定めがある場合を除いて、その有する専有部分と分離して共用部分の持分を処分することができない。

Point 共用部分の管理行為が専有部分の使用に特別の影響を及ぼす ➡ 専有部分の所有者の承諾が必要。

区分所有法等

❶ **最も不適切** 「規約で別段の定めができない」 ➡ 「できる」

　共用部分は、区分所有者全員の共有に属し（区分所有法11条1項本文）、その共有持分は、その有する専有部分の床面積の割合による（14条1項）。また、敷地利用権が数人で有する所有権その他の権利である場合、区分所有者が数個の専有部分を所有するときの各専有部分に係る敷地利用権の割合も、その有する専有部分の床面積の割合による（22条2項本文）。ただし、規約に別段の定めがあるときは、この限りではない（同ただし書）。したがって、区分所有者が数個の専有部分を所有するときの各専有部分に係る敷地利用権の割合は、原則として、共用部分の持分割合と同一であるが、規約で別段の定めができる。

❷ **適　切**　共用部分の管理に関する事項は、集会の決議で決する（18条1項本文）。そして、共用部分の管理行為が専有部分の使用に特別の影響を及ぼすべきときは、その専有部分の所有者の承諾を得なければならない（同3項、17条2項）。

❸ **適　切**　共用部分の各共有者は、規約に別段の定めがない限り、その持分に応じて、共用部分の負担に任じ、共用部分から生ずる利益を収取する（19条）。したがって、原則として、管理費等の負担割合は、共用部分の持分割合と一致する。しかし、規約で別段の定めができるので、一致しないこともある。

❹ **適　切**　共用部分の共有者は、区分所有法に別段の定めがある場合を除いて、その有する専有部分と分離して持分を処分できない（15条2項）。

正解 ❶

115

区分所有法第7条に規定される先取特権に関する次の記述のうち、民法及び区分所有法の規定によれば、誤っているものはどれか。

❶ 区分所有者は、共用部分、建物の敷地又は共用部分以外の建物の附属施設につき他の区分所有者に対して有する債権について、債務者の区分所有権（共用部分に関する権利及び敷地利用権を含む。）及び建物に備え付けた動産の上に先取特権を有する。

❷ 区分所有者は、規約又は集会の決議に基づき他の区分所有者に対して有する債権について、債務者の区分所有権（共用部分に関する権利及び敷地利用権を含む。）及び建物に備え付けた動産の上に先取特権を有する。

❸ 管理者又は管理組合法人は、その職務又は業務を行うにつき区分所有者に対して有する債権について、債務者の区分所有権（共用部分に関する権利及び敷地利用権を含む。）及び建物に備え付けた動産の上に先取特権を有する。

❹ 区分所有法第7条に規定される先取特権は、優先権の順位、効力及び目的物については、民法に規定される共益費用の先取特権とみなされる。

Point 区分所有法の「先取特権」と民法の「共益費用の先取特権」を比較しよう。

❶ **正しい** 区分所有者は、①「共用部分、建物の敷地・共用部分以外の建物の附属施設につき他の区分所有者に対して有する債権」、または②「規約・集会の決議に基づき他の区分所有者に対して有する債権」について、債務者の区分所有権（共用部分に関する権利および敷地利用権を含む）および建物に備え付けた動産の上に先取特権を有する（区分所有法7条1項前段）。

❷ **正しい** ❶解説②参照。

❸ **正しい** 管理者・管理組合法人は、「その職務・業務を行うにつき区分所有者に対して有する債権」について、債務者の区分所有権（共用部分に関する権利および敷地利用権を含む）および建物に備え付けた動産の上に、先取特権を有する（7条1項後段）。

❹ **誤り** 「目的物は、民法の共益費用の先取特権とみなされる」
　　　　　➡「みなされない」

　「区分所有法7条の先取特権」は、優先権の順位（他の一般の先取特権に優先するが、特別の先取特権に劣後）・効力については、「民法の共益費用の先取特権」とみなされるが（7条2項）、「目的物」については、それから除外される。「区分所有法7条の先取特権」は、「債務者の区分所有権（共用部分に関する権利および敷地利用権を含む）および建物に備え付けた動産」のみを対象とする。これに対して、「民法の共益費用の先取特権（一般の先取特権）」は、「債務者の総財産」を対象とする（民法306条1号）。

5 区分所有建物⑤（特定承継人の責任）

  CHECK! H30-問34

区分所有法第8条に規定される特定承継人の責任に関する次の記述のうち、民法及び区分所有法の規定によれば、誤っているものの組合せはどれか。

ア　債務者たる区分所有者の特定承継人とは、特定の原因により区分所有権を承継して実質的に区分所有関係に入る者をいい、単に当該区分所有権を転売する目的で取得した者は、特定承継人には該当しない。

イ　区分所有者は、共用部分、建物の敷地若しくは共用部分以外の建物の附属施設につき他の区分所有者に対して有する債権について、債務者たる区分所有者の特定承継人に対しても行うことができる。

ウ　区分所有者は、規約若しくは集会の決議に基づき他の区分所有者に対して有する債権について、債務者たる区分所有者の特定承継人に対しても行うことができる。

エ　マンションの外壁の剥落事故により負傷した第三者は、事故後に当該マンションの区分所有者となった特定承継人に対して、その損害の賠償を請求することができる。

❶　ア・イ

❷　ア・ウ

❸　ア・エ

❹　イ・エ

Point 　　特定承継人には、区分所有権を転売する目的で取得した者も含む。

ア　**誤り**　「特定承継人には該当しない」➡「該当する」

　区分所有法8条の特定承継人とは、区分所有者から売買・贈与等の特定の原因に基づいて区分所有権を承継取得した者をいう。そして、判例も、「前主からマンション購入後転売した中間取得者も、前主の延滞分支払義務を免れることはない」としており、特定承継人には、区分所有権を転売する目的で取得した者も含まれる。

イ　**正しい**　区分所有者は、共用部分・建物の敷地・共用部分以外の建物の附属施設につき他の区分所有者に対して有する債権について、債務者たる区分所有者の特定承継人に対しても主張できる（区分所有法8条、7条1項前段）。

ウ　**正しい**　区分所有者は、規約・集会の決議に基づき他の区分所有者に対して有する債権について、債務者たる区分所有者の特定承継人に対しても主張できる（8条、7条1項前段）。

エ　**誤り**　「特定承継人に対して、損害賠償を請求できる」➡「できない」

マンションの外壁の剥落事故により負傷した第三者は、区分所有者に対して損害賠償を請求できる（「**不法行為**」、民法717条1項）。そして、建物の設置・保存に瑕疵があることにより他人に損害を生じたときは、その瑕疵は、共用部分の設置・保存にあるものと推定される（区分所有法9条）。しかし、区分所有法8条によって債務者たる区分所有者の特定承継人に対して行使できる債権とは、区分所有者が、共用部分・建物の敷地・共用部分以外の建物の附属施設につき他の区分所有者に対して有する債権、または規約・集会の決議に基づき他の区分所有者に対して有する債権であって、第三者が区分所有者に対して有する債権は、それには含まれない（7条1項）。

したがって、本肢の第三者は、事故後に当該マンションの区分所有者となった特定承継人に対して、その損害の賠償を請求できない。

以上により、誤っているものの組合せはア・エであり、正解は**❸**となる。

区分所有法等

正解　**❸**

区分所有法の規定によれば、規約による建物の敷地に関する次の記述のうち、誤っているものはどれか。

❶ 区分所有者が建物及び建物が所在する土地と一体として管理又は使用をする庭、通路その他の土地は、規約により建物の敷地とすることができる。

❷ 建物が所在する土地が建物の一部の滅失により建物が所在する土地以外の土地となったときは、その土地は、規約で建物の敷地と定められたものとみなされる。

❸ 建物が所在する土地の一部が分割により建物が所在する土地以外の土地となったときは、その土地は、規約で建物の敷地と定められたものとみなされる。

❹ 建物が所在する土地に隣接する土地を、当該建物の区分所有者全員が取得したときは、その土地は、規約で建物の敷地と定められたものとみなされる。

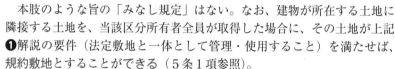

Point 建物所在の土地の一部が分割され建物が所在しなくなった➡規約敷地とみなされる。

❶ **正しい** 区分所有者が**建物・建物が所在する土地（法定敷地）と一体として**管理・使用する庭・通路その他の土地は、規約により建物の敷地（規約敷地）とすることができる（区分所有法5条1項）。

頻出

❷ **正しい** 建物が所在する土地が、**建物の一部の滅失により建物が所在する土地以外の土地**となった場合、その土地は、規約敷地とみなされる（5条2項前段）。

頻出

❸ **正しい** 建物が所在する土地の一部が、**分割により建物が所在する土地以外の土地**となった場合、その土地は、規約敷地とみなされる（5条2項後段）。

頻出

❹ **誤り** 「規約敷地とみなされる」➡「規約敷地とすることができる」

　本肢のような旨の「みなし規定」はない。なお、建物が所在する土地に隣接する土地を、当該区分所有者全員が取得した場合に、その土地が上記**❶**解説の要件（法定敷地と一体として管理・使用すること）を満たせば、規約敷地とすることができる（5条1項参照）。

ひっかけ

正解 ❹

区分所有建物⑦（敷地）

7

敷地に関する次の記述のうち、区分所有法の規定によれば、正しいものはどれか。

❶ 区分所有者が建物及び建物が所在する土地と一体として管理又は使用をする庭、通路その他の土地は、その旨の登記により建物の敷地とすることができる。

❷ 甲地と乙地の2筆の土地の上に1棟のAマンションが建っていた場合には、規約で、甲地、乙地ともにAマンションの敷地とする旨の定めが必要である。

❸ 甲地と乙地の2筆の土地の上に1棟のAマンションが建っていた場合に、Aマンションの一部が滅失して、乙地上には建物部分がなくなったときは、乙地は、規約でAマンションの敷地であることを定めない限り、Aマンションの敷地ではなくなる。

❹ 1筆の甲地の上にAマンションが建っていたが、その後、甲地が乙地と丙地に分筆され、丙地上にAマンションの建物部分がなくなった場合には、丙地は、規約でAマンションの敷地であることを定めなくても、Aマンションの敷地である。

Point 法定敷地と一体として管理・使用する土地 ⇒ 規約敷地とできる。

❶ **誤り** 「その旨の登記により」 ➡「規約により」

 区分所有者が建物・建物が所在する土地（法定敷地）と一体として管理・使用をする庭・通路その他の土地は、規約で建物の敷地（規約敷地）とすることができる（区分所有法5条1項）。

❷ **誤り** 「規約で…敷地とする旨の定めが必要である」

➡「甲地、乙地ともに法律上当然にAマンションの敷地となる」

建物の敷地とは、建物が所在する土地（法定敷地）及び規約で建物の敷地とされた土地（規約敷地）をいう（2条5項）。したがって、建物が物理的に所在する土地については、法律上当然に建物の敷地となる。

❸ **誤り** 「規約で…定めない限り…Aマンションの敷地ではなくなる」

➡「乙地は規約でAマンションの敷地と定められたものとみなされる」

建物が所在する土地が建物の一部の滅失により建物が所在する土地以外の土地となった場合、その土地は規約で建物の敷地と定められたものとみなされる（「みなし規約敷地」5条2項前段）。したがって、乙地をAマンションの敷地と定める規約は不要である。

❹ **正しい** 建物が所在する土地の一部が、分割により建物が所在する土地以外の土地となった場合、その土地は、規約敷地とみなされる（5条2項後段）。したがって、丙地は、規約でAマンションの敷地であることを定めなくても、Aマンションの敷地である。

正解 ❹

区分所有建物⑧（敷地利用権）

 CHECK! H29-問36

専有部分と敷地利用権との分離処分等に関する次の記述のうち、民法及び区分所有法の規定によれば、誤っているものはどれか。

❶ 敷地利用権が数人で有する所有権その他の権利である場合には、区分所有者は、規約に別段の定めがない限り、その有する専有部分とその専有部分に係る敷地利用権とを分離して処分することができない。

❷ 敷地利用権が数人で有する所有権その他の権利である場合、規約の定めに違反した専有部分又は敷地利用権の分離処分については、当該処分の前に、不動産登記法の定めるところにより分離して処分することができない専有部分及び敷地利用権であることを登記していたときは、当該規約の定めを知らなかった相手方に対して、その処分の無効を主張することができる。

❸ 敷地利用権が借地権であるマンションにおいて、区分所有者の一人が借地料を滞納し、当該区分所有者と土地所有者との借地契約が解除された場合には、その区分所有者の敷地利用権は消滅する。

❹ 敷地利用権を有しない専有部分の所有者があるときは、その者は、敷地の所有者に対して、それぞれの敷地利用権の持分の割合に応じて、敷地利用権を時価で売り渡すべきことを請求することができる。

Point 分離処分禁止の専有部分・敷地権を登記した後の処分 ➡ 善意の第三者に対抗可。

❶ **正しい** 敷地利用権が、数人で有する所有権等の場合には、各区分所有者は、規約に別段の定めがない限り、自己の有する**専有部分**とその専有部分に係る**敷地利用権**とを**分離処分できない**（区分所有法22条1項）。

❷ **正しい** ❶解説のとおり、専有部分とそれに係る敷地利用権との**分離処分**は禁止されるが、これに違反する専有部分または敷地利用権の処分については、その無効を善意の相手方に主張できない。ただし、分離して処分できない専有部分および敷地利用権（「敷地権」）である旨を登記した「**後**」に、その処分が行われたときは、主張できる（23条）。

❸ **正しい** 敷地利用権が借地権であるマンションにおいて、借地料の滞納（債務不履行）を理由に、滞納区分所有者と土地所有者間の**借地契約が解除**された場合、当該区分所有者の**敷地利用権は消滅する**（判例、民法545条1項参照）。

❷ **誤り** 「敷地の所有者に対して、敷地利用権を売渡し請求できる」
　　➡ 「区分所有者に対して、区分所有権を売渡し請求できる」

　本肢のように、「敷地利用権を有しない専有部分の所有者から、敷地の所有者に対して、敷地利用権を売り渡すよう請求できる」旨の規定は存在しない。

　なお、敷地利用権を有しない区分所有者がいる場合、その**専有部分の収去請求権**を有する者は、その区分所有者に対し、区分所有権を時価で売渡し請求できる（区分所有法10条）。

借地上のマンションに関する次の記述のうち、民法及び区分所有法によれば、最も適切なものはどれか。

❶ 土地所有者と各区分所有者との間で締結された借地契約相互の関係は、一つの借地契約を準共有する関係にある。

❷ 区分所有者の一人に借地料の不払いが生じた場合には、土地所有者は、当該区分所有者の借地料を他の区分所有者に請求することができる。

❸ 区分所有者の一人が借地契約を解除された場合には、当該区分所有者は、敷地利用権を有しない区分所有者となる。

❹ 敷地利用権を有しない区分所有者は、土地所有者に対して当該区分所有権を時価で買い取るように請求することができる。

Point 敷地利用権を有しない区分所有者には、区分所有権の買取請求は不可。

❶ **不適切** 「1つの借地契約を準共有する関係」
　　　　➡「1つの借地権を準共有する関係」

　各区分所有者が同一の土地に対する別個の借地契約を締結することにより、区分所有者全員による1つの「借地権の準共有」が生じる。1つの「借地契約を準共有」するのではない。

❷ **不適切** 「借地料を他の区分所有者に請求できる」➡「できない」

　土地所有者が有する借地料債権は、分割債権とされているので（民法427条、判例）、土地所有者は、区分所有者の1人に生じた借地料不払に基づく債権を、他の区分所有者に対して請求できない。

❸ **最も適切**

　借地契約を解除された区分所有者は、敷地利用権に関する準共有持分を失うので（545条1項）、敷地利用権を有しない区分所有者となる。

❹ **不適切** 「買い取るように請求できる」➡「できない」

　敷地利用権を有しない区分所有者があるときは、土地所有者は、当該区分所有者に対して、その専有部分の収去を請求できる。しかし、当該専有部分のみを収去することは、現実には不可能である。そこで、土地所有者は、当該区分所有者に対して、その時価で売渡し請求できる（区分所有法10条）。敷地利用権を有しない区分所有者には、専有部分の区分所有権の買取請求権は認められていない。

正解 ❸

管理所有に関する次の記述のうち、区分所有法の規定によれば、正しいものはどれか。

❶ 管理所有の主体は、区分所有権を有する管理者でなければならない。

❷ 管理所有の対象物は、共用部分、共有の建物、附属施設、敷地に限られる。

❸ 管理者が、その職務の範囲内の行為として、区分所有者の専有部分等の一時使用権を請求する場合には、当該管理者は管理所有者であることが必要である。

❹ 管理所有が成立するためには、区分所有者及び議決権の各4分の3以上の多数による集会の決議と管理所有である旨の登記が必要である。

Point 管理者に資格制限はないので、管理所有の主体は区分所有者でなくてよい。

❶ **誤り** 「区分所有権を有する管理者でなければならない」
　　　➡「管理者に限られない」

　規約で共用部分の所有者と定められた**区分所有者**は、区分所有者全員（一部共用部分については、これを共用すべき区分所有者）のためにその共用部分を管理する義務を負う（区分所有法20条1項前段）。また、**管理者は、規約に特別の定めがあるときは、共用部分を所有できる**（27条1項）。そして、管理者は、規約に別段の定めがない限り集会の決議によって選任される（25条1項）。すなわち、管理者には資格制限がなく、**区分所有者である必要はない**。したがって、管理所有の主体は、区分所有者か管理者であり、区分所有権を有する管理者に限られない。

❷ **誤り** 「共用部分・共有の建物・附属施設・敷地に限られる」
　　　➡「共用部分に限られる」

　❶解説のとおり、管理所有の対象物は、共用部分である（27条1項）。したがって、共有の建物・（共用部分以外の）附属施設・（建物の）敷地については、管理所有の対象物にはならない。

❸ **正しい**　区分所有者は、その専有部分又は共用部分を保存し、又は改良するため必要な範囲内において、他の区分所有者の専有部分又は自己の所有に属しない共用部分の使用を請求できる（6条2項前段）。この請求権は、管理者には認められないのが原則であるが、管理者が管理所有者である場合には認められる（27条2項、6条2項）。したがって、管理者が、その職務の範囲内の行為として、区分所有者の専有部分等の一時使用権を請求する場合には、当該管理者は管理所有者であることが必要である。

❹ **誤り** 「管理所有である旨の登記が必要である」
　　　➡「管理所有である旨の登記はされない」

　❶解説のとおり、管理所有には、規約に特別の定めが必要である（27条1項）。この規約の設定には、区分所有者及び議決権の各 $\frac{3}{4}$ 以上の多数による集会の決議が必要である（31条1項前段）。また、管理所有者は実質的には共用部分の管理を委ねられているにすぎず、共用部分を管理者が所有する旨は規約より公示されるため、**管理所有である旨の登記はされない**。

正解 ❸

　区分所有者の責任に関する次の記述のうち、区分所有法の規定によれば、正しいものはどれか。なお、規約に別段の負担割合の定めはないものとする。

❶　区分所有法第7条第1項に係る債権については、債務者たる区分所有者の特定承継人に対しても行うことができる。

❷　管理組合が権利能力なき社団の性質を有する場合には、組合財産の有無にかかわらず、各区分所有者は、連帯して無限責任を負う。

❸　管理組合が法人である場合には、区分所有者は、その法人の総財産の範囲で有限責任を負う。

❹　管理者がその職務の範囲内において第三者との間にした行為につき、区分所有者の負担は共用部分の持分の割合に応じた負担であるが、第三者との関係では連帯かつ無限責任を負う。

Point 一定債権 ➡ 債務者たる区分所有者の特定承継人にもOK。

❶ **正しい** 区分所有法7条1項に規定する債権は、債務者たる区分所有者の特定承継人に対しても行うことができる（区分所有法8条）。なお、区分所有法7条1項に規定する債権とは、次のものをいう（7条1項）。

> ① 共用部分、建物の敷地若しくは共用部分以外の建物の附属施設につき他の区分所有者に対して有する債権
> ② 規約若しくは集会の決議に基づき他の区分所有者に対して有する債権
> ③ 管理者又は管理組合法人がその職務又は業務を行うにつき区分所有者に対して有する債権

❷ **誤り** 「連帯して無限責任を負う」 ➡ 「直接には責任を負わない」

　権利能力なき社団の代表者が社団の名においてした取引上の債務は、その社団の構成員全員に、一個の義務として総有的に帰属するとともに、社団の総有財産だけがその責任財産となり、**構成員各自は、取引の相手方に対し、直接には個人的債務ないし責任を負わない**（判例）。したがって、各区分所有者は、連帯して無限責任を負うのではない。

❸ **誤り** 「その法人の総財産の範囲で有限責任を負う」
　　　　➡ 「共用部分の持分割合に応じて弁済の責任を負う」

　管理組合法人の財産をもってその債務を完済できないときは、各区分所有者は、原則として、**共用部分の持分の割合に応じて弁済の責任を負う**（53条、14条）。したがって、区分所有者は、その法人の総財産の範囲で有限責任を負うのではない。

❹ **誤り** 「区分所有者の負担は…連帯かつ無限責任を負う」
　　　　➡ 「区分所有者は共用部分の持分割合に応じた分割責任を負う」

　管理者がその職務の範囲内において第三者との間にした行為について、各区分所有者は、原則として、**共用部分の持分の割合に応じて責任を負う**（29条1項本文、14条）。したがって、この区分所有者の責任は、共用部分の持分割合に応じた分割責任である。

正解 ❶

区分所有法等

12 管理組合法人①

■ ■ ■ CHECK!　　　　H29-問30 特 重要度 A

　管理組合法人に関する次の記述のうち、区分所有法の規定によれば、誤っているものはどれか。

❶　管理組合法人は、その事務に関し、区分所有者を代理する。

❷　理事は、規約又は集会の決議によって禁止されていないときに限り、特定の行為の代理を他人に委任することができる。

❸　理事は、管理組合法人の事務のうち、保存行為について、決することができる。

❹　理事は、管理組合法人の事務に関し、区分所有者のために、原告又は被告になることができる。

Point 管理組合法人は、規約・集会の決議により、原告・被告となれる。

❶ **正しい** 管理組合法人は、その事務に関し、**区分所有者を代理する**（区分所有法47条6項前段）。

❷ **正しい** 理事は、規約または集会の決議によって禁止されていないときに限り、特定の行為の代理を他人（他の理事等）に委任できる（49条の3）。

❸ **正しい** 管理組合法人では、共用部分を保存し、集会の決議を実行し、規約で定めた行為をする、という管理者の職務は、法人の機関である理事によって行われる（49条3項参照）。したがって、**理事**は、管理組合法人の事務のうち、**保存行為**については、**することができる**。

❹ **誤り** 「理事は」 ➡ 「管理組合法人は」

管理組合法人は、規約または集会の決議により、その事務に関し、区分所有者のために、**原告・被告となる**ことができる（47条8項）。つまり、区分所有者のために原告・被告となるのは、理事ではなく、管理組合法人である。

正解 ❹

13 管理組合法人②

CHECK! ☐☐☐ ✏

R元-問38

重要度 A

管理組合法人に関する次の記述のうち、区分所有法の規定によれば、誤っているものはどれか。

❶ 管理組合法人は、理事の任期を5年と定めることができる。

❷ 管理組合法人は、代表権のない理事を置くことができる。

❸ 管理組合法人は、管理者を置くことができない。

❹ 管理組合法人の監事は、理事又は管理組合法人の使用人を兼ねてはならない。

理事の任期は原則2年。規約で3年以内において別段の期間を定めれば、その期間となる。

❶ **誤り** 「5年と定めることができる」

➡「3年以内において別段の期間を定めることができる」

理事の任期は、2年とする（区分所有法49条6項本文）。ただし、規約で3年以内において別段の期間を定めたときは、その期間とする（同ただし書）。したがって、理事の任期を5年と定めることはできない。

❷ **正しい** 理事が数人あるときは、各自が管理組合法人を代表するが、規約や集会の決議によって、管理組合法人を代表すべき理事を定めることができる（49条4項・5項）。したがって、代表権のない理事を置くこともできる。

❸ **正しい** 管理組合法人には、管理者（25条～29条）の規定は適用されない（47条11項）。したがって、管理組合法人には、管理者を置くことはできない。

❹ **正しい** 監事は、理事または管理組合法人の使用人と兼ねてはならない（50条2項）。

正解 ❶

管理組合法人に関する次の記述のうち、区分所有法の規定によれば、最も不適切なものはどれか。

❶ 代表理事を管理者とする旨を規約で定めても無効である。

❷ 管理組合法人及び理事について、その代理権に加えた制限を規約で定めても、善意の第三者に対抗することができない。

❸ 代表権のない理事を置くことを規約で定めても無効である。

❹ 監事の任期を3年間とすることを規約で定めることができる。

Point 管理組合法人には管理者の規定は不適用。

❶ **適 切** 法人でない管理組合においては、管理者が区分所有者を代理するが（区分所有法26条2項）、管理組合法人では管理組合法人自体が区分所有者を代理するので（47条6項）、**管理者の存在は管理組合法人とは相容れないものである。そこで、管理組合法人には管理者（25条〜29条）の規定は適用されない**（同11項）。したがって、代表理事を管理者とする旨を規約で定めても無効である。

❷ **適 切** 管理組合法人の代理権に加えた制限は、善意の第三者に対抗することができない（47条7項）。また、理事の代理権に加えた制限は、善意の第三者に対抗できない（49条の2）。したがって、規約で管理組合又は理事の代理権に制限を定めても、善意の第三者に対抗できない。

❸ **最も不適切** 「無効である」➡「有効である」

管理組合法人に理事が数人あるときは、各自管理組合法人を代表するのが原則であるが（49条4項）、**規約若しくは集会の決議によって、管理組合法人を代表すべき理事を定めることができる**（同5項）。**管理組合法人を代表する理事を定めると、その他の理事は代表権を有しないことになる。**したがって、規約で管理組合法人を代表する理事を定めると、同時に代表権のない理事を置くことを規約で定めることになる。

❹ **適 切** 管理組合法人には、監事を置かなければならない（50条1項）。**監事の任期は、原則として、2年であるが、規約で3年以内において別段の期間を定めたときは、その期間となる**（同4項、49条6項）。したがって、監事の任期を3年間とすることを規約で定めることができる。

正解 **❸**

137

区分所有者の団体に関する次の記述のうち、区分所有法の規定によれば、誤っているものはどれか。

❶ 区分所有法第3条に規定される団体は、建物並びにその敷地及び附属施設を管理するための団体であり、区分所有者の合意によって設立されるものではない。

❷ 一部の区分所有者のみの共用に供されるべきことが明らかな共用部分の管理のうち、区分所有者全員の利害に関係するものは、区分所有者全員で構成する区分所有法第3条に規定する団体が、その管理を行う。

❸ 区分所有法第3条に規定される団体は、区分所有者及び議決権の各$\frac{3}{4}$以上の多数によって管理組合法人となる旨を決議し、一般社団法人の設立に必要な定款作成や設立登記等の一連の事務手続が終了することにより、管理組合法人となる。

❹ 建物（一部共用部分を共用すべき区分所有者で構成する管理組合法人にあっては、その共用部分）の全部が滅失した場合には、管理組合法人は解散する。

Point 管理組合：法人となる旨・名称・事務所を定めて登記 → はじめて法人となる。

❶ **正しい** 区分所有者は、全員で、**建物ならびにその敷地および附属施設の管理を行うための団体**を構成し、集会を開き、規約を定め、および管理者を置くことができる（区分所有法 3 条）。この団体は、区分所有者が 2 人以上いれば当然に成立するものであり、「区分所有者の**合意によって設立される**」ものではない。

❷ **正しい** 一部共用部分の管理のうち、「区分所有者全員の利害に関係するもの、または区分所有者全員の規約に定めがあるもの」は**区分所有者全員**（で構成する区分所有法 3 条に規定する団体）で、また、その他のものはそれを共用する（一部の）区分所有者のみで行う（16 条）。

❸ **誤り** 「一般社団法人の…一連の事務手続が終了することにより」
　　　　→ 「登記することにより」

　区分所有法 3 条に規定される団体は、区分所有者および議決権の各 $\frac{3}{4}$ 以上の多数による**集会の決議**で法人となる旨ならびにその名称および事務所を定め、かつ、その主たる事務所の所在地において「登記」をすることで**法人となる**（47 条 1 項）。つまり、「登記」が法人となるのにあたっての必須要件であり、定款の作成等は不要である。

❹ **正しい** 管理組合法人は、①建物（一部共用部分を共用する区分所有者で構成する管理組合法人にあっては、その共用部分）の全部の滅失、②建物に専有部分がなくなったこと、③集会の決議（区分所有者および議決権の各 $\frac{3}{4}$ 以上）、の 3 つの場合に**解散**する（55 条 1 項各号・2 項）。

正解 **❸**

16 管理組合法人⑤（議決権）

■■■ ✎ CHECK!　　　R5-問31

　総住戸数60の甲マンションで、管理組合を管理組合法人にするための集会に関する次の記述のうち、民法及び区分所有法によれば、適切なものはいくつあるか。ただし、規約で1住戸1議決権の定めがあり、その他別段の定めはないものとする。なお、甲マンションには、単独名義で2住戸を所有する区分所有者が5人いるものとする。

ア　集会開催日を令和5年12月3日とする場合に、集会招集通知は同年11月25日までに各区分所有者に発しなければならない。

イ　集会開催のための招集通知書は、55部で足りる。

ウ　管理組合を管理組合法人にするためには、区分所有者数42以上及び議決権数45以上の多数による集会の決議が必要である。

エ　集会の目的たる事項が「管理組合を管理組合法人にする件」のため、議案の要領をも通知しなければならない。

❶　一つ

❷　二つ

❸　三つ

❹　四つ

ア　適　切

　　集会の招集の通知は、会日より少なくとも1週間前に、会議の目的たる事項を示して、各区分所有者に発しなければならない（区分所有法35条1項）。12月3日を集会開催日とする場合、集会開催日は算入せず（「初日不算入」民法140条）、集会開催日の前日を起算日として1週間遡った日が満了日となる。つまりこの「1週間」とは、発信の翌日から会日までに「中7日必要」ということである。したがって、その前日である11月25日が通知の発送期限となる。

イ　適　切

　　総住戸数60の甲マンションにおいて、単独名義で2住戸を所有する区分所有者が5人いるので、甲マンションの区分所有者は55人である。集会の招集通知は、各区分所有者に対して行うので（区分所有法35条1項）、招集通知書は、55部あればよいことになる。

ウ　適　切

　　管理組合を管理組合法人にするには、区分所有者及び議決権の各$\frac{3}{4}$以上の多数による集会の決議が必要となる（47条1項）。甲マンションの区分所有者数は55であるから（肢イ参照）、この決議が成立するのに必要な区分所有者数は、$55 \times 3 \div 4 = 41.25$なので、42人となる。また、議決権については、1住戸1議決権の定めがあるので、60の4分の3である45が決議成立に必要な議決権数となる。

エ　不適切　「議案の要領をも通知しなければならない」➡「議案の要領の通知は不要」

　　集会の目的たる事項が「管理組合を管理組合法人にする件」である場合、会議の目的自体が議案でもあるため、議案の要領の通知は不要である（35条5項参照）。

　　したがって、適切なものはア～ウの三つであり、正解は❸となる。

区分所有法等

正解 ❸

管理組合法人に関する次の記述のうち、区分所有法の規定によれば、誤っているものはどれか。

❶ 管理組合法人の住所は、その主たる事務所の所在地にあるものとする。

❷ 管理組合法人の財産をもってその債務を完済することができないときは、区分所有者は、規約に別段の定めがない限り共用部分の持分の割合に応じて、その債務の弁済の責任を負う。

❸ 法人格を有していない管理組合が管理組合法人になった場合、管理者の職務のうち、不当利得による返還金の請求及び受領については、当該管理組合法人の代表理事が承継することになる。

❹ 管理組合法人の代理権に加えた制限は、善意の第三者に対抗することができない。

❶ **正しい** 管理組合法人の住所は、その主たる事務所の所在地にあるとされる（区分所有法47条10項、一般社団法人及び一般財団法人に関する法律4条）。

❷ **正しい** 管理組合法人の財産をもってその債務を完済できない場合、区分所有者は、規約に別段の定めがない限り、共用部分の持分の割合（区分所有法14条に定める割合）で、その債務の弁済の責任を負う（53条1項）。

頻出

❸ **誤り** 「代表理事が承継」 ➡ 「管理組合法人が承継」

法人格を有しない管理組合が管理組合法人になった場合、管理者の職務のうち、不当利得による返還金の請求・受領については、管理組合法人が承継する（47条5項・6項）。つまり、承継するのは「代表理事」ではなく、「管理組合法人」である。

❹ **正しい** 管理組合法人の代理権に加えた制限は、善意の第三者に対抗できない（47条7項）。

正解 ❸

18 管理組合法人⑦（団地内建物の建替え決議）

CHECK! □□□ R 5-問34

重要度 **B**

管理組合法人に関する次の記述のうち、区分所有法によれば、不適切なものは
いくつあるか。

ア　規約で、数人の理事のみが共同して管理組合法人を代表する旨を定めるこ
とはできない。

イ　理事の任期を、規約で5年と定めることができる。

ウ　管理組合法人の成立前の集会の決議、規約及び管理者の職務の範囲内の行
為は、成立後の管理組合法人についても効力を生ずる。

エ　管理組合法人の代表理事に管理者を兼任させることができる。

❶　一つ

❷　二つ

❸　三つ

❹　四つ

Point 　規約で、数人の理事のみによる共同代表の定め可能。

ア　**不適切**　「規約で、数人の理事のみ共同代表の定めはできない」➡「定めができる」

　　管理組合法人の理事の数について制限はなく、**数人の理事を置くことができる**。そして、規約又は集会の決議によって、管理組合法人を代表すべき理事を定め、又は数人の理事が共同して管理組合法人を代表すべきことを定めることができる（区分所有法49条5項）。このことから、複数の理事の中から、管理組合法人を代表すべき数人の理事を定め、かつ、それらの理事が共同して管理組合法人を代表すべきことを定めることは可能である。

イ　**不適切**　「規約による理事の任期の定めの上限は3年」

　　規約により理事の任期を定めることができるが、その期間は**3年以内**でなければならない（49条6項ただし書）。したがって、5年と定めることはできない。

ウ　**適　切**

　　管理組合法人は既に存在していた区分所有者の団体（3条）が同一性をもって法人格を取得したものであるから、管理組合法人成立前における区分所有者の集会の決議又は規約は、管理組合法人が成立した後は、管理組合法人についても効力を生ずる（47条5項）。また、管理者の職務の範囲内の行為の効果は、管理組合法人成立後は、管理組合法人に帰属する。

エ　**不適切**　「管理組合法人には管理者を置くことはできない」

　　管理組合法人の成立によって、**管理者の職務**（26条1項）は、管理組合法人の機関である**理事によって行われる**ので、管理者の規定は管理組合法人には適用されない（47条11項）。したがって、管理組合法人の代表理事に管理者を兼任させることはできない。

　　したがって、不適切なものはア・イ・エの三つであり、正解は**❸**となる。

19 集会及び規約①（集会）

■ ■ ■ 　CHECK! 　　　R4-問36　　　A

集会及び集会招集通知に関する次の記述のうち、区分所有法によれば、最も適切なものはどれか。

❶ 規約には集会の招集の通知を少なくとも会日の2週間前までに発すると定めていたが、集会の会議の目的たる事項が理事会でまとまらなかったため、集会の開催日時及び場所を会日の2週間前に通知し、その1週間後に会議の目的たる事項が記載された招集の通知を発した。

❷ 集会招集通知で示していなかった会議の目的たる事項について、出席した区分所有者から決議を求められたが、規約に別段の定めがなかったので議事とすることを認めなかった。

❸ 集会の招集通知手続は、あらかじめ各区分所有者の日程や会議の目的たる事項についての熟慮期間を確保するものであるから、区分所有者全員の同意があっても、当該手続を省略することはできない。

❹ 一部の区分所有者による集会招集権の濫用を防ぐため、規約を変更して、集会の招集を請求できる者の定数を区分所有者及び議決権の各$\frac{1}{4}$以上にすることは可能である。

Point 区分所有者全員の同意があれば、集会の招集手続を省略できる。

❶ **不適切**　「集会の招集通知は、会議の目的たる事項を示してしなければならない」

　　集会の招集通知は、会日より少なくとも１週間前に発しなければならないが、この期間は、規約により伸縮することができる（区分所有法35条１項）。したがって、規約により、招集通知を２週間前までに発しなければならないとすることができる。そして、集会の招集者は、集会の招集通知において、集会の日時・場所のほか、会議の目的たる事項を通知しなければならず（35条１項）、これらが記載されていない招集通知は有効なものとはならない。たとえ２週間前に集会の開催日時、場所を通知したとしても、その１週間後に会議の目的たる事項を通知したのでは、規約で定められた２週間前までに招集通知を発したことにはならない。

❷　**最も適切**

　　集会においては、集会の招集通知によってあらかじめ通知した事項についてのみ決議できるのが原則であるが（37条１項）、区分所有法に特別決議事項と定められている事項を除いて、規約で別段の定めをすることができる（同２項）。本肢では、規約に別段の定めはないことから、原則どおり、招集通知で示された事項についてのみ決議できるので、出席者から招集通知に示されていなかった事項の決議を求められたが、議事とすることを認めなかったことは適切である。

❸ **不適切**　「区分所有者全員の同意があっても、招集手続を省略できない」
　　　　　➡「省略できる」

　　集会の招集通知は、各区分所有者に会議の目的たる事項等について熟慮する期間を確保するためのものであるから、区分所有者全員の同意があれば、招集手続を省略して集会を開催できる（36条）。

❹ **不適切**　「集会の招集請求の定数を引き上げることはできない」

　　区分所有者の$\frac{1}{5}$以上で議決権の$\frac{1}{5}$以上を有するものは、管理者に対し、会議の目的たる事項を示して、集会の招集を請求できる（34条３項）。この定数は、規約で減ずることができるが、引き上げることはできない。

正解 ❷

集会の招集通知に関する次の記述のうち、区分所有法によれば、不適切なものはいくつあるか。

ア　　夫婦共有住戸で夫が議決権行使者としての届出があったが、夫が長期海外出張中だと分かっていた場合には、その妻にあてて招集通知を発しなければならない。

イ　　区分所有者が管理者に対して通知を受けるべき場所を通知しなかったときは、区分所有者の所有する専有部分が所在する場所にあててすれば足りる。

ウ　　全ての区分所有者が建物内に住所を有する場合には、集会の招集の通知は、規約に特別の定めをしなくても、建物内の見やすい場所に掲示してすることができる。

エ　　集会は、区分所有者全員の同意があるときは、招集の手続を経ないで開くことができる。

❶　　一つ

❷　　二つ

❸　　三つ

❹　　四つ

Point 集会は、区分所有者全員の同意があれば、招集手続を経ずに開ける。

ア **不適切** 「招集通知は、議決権行使者にあててする必要がある」

　専有部分が数人の共有に属するときは、共有者は、協議によって、共有者の１人を議決権行使者として定めなければならない（区分所有法40条）。そして、議決権行使者の届出がなされている場合には、集会の招集通知は、共有者間で定められた議決権行使者に対してする必要がある（35条２項）。議決権行使者が海外出張で不在であることが分かっていた場合でも、同様である。

イ **適　切**

　集会の招集通知は、区分所有者が管理者に対して通知を受けるべき場所を通知したときはその場所に、これを通知しなかったときは区分所有者の所有する専有部分が所在する場所にあててすれば足りる（35条３項前段）。

ウ **不適切** 「規約に特別の定めをしなくても」➡「規約の特別の定めが必要」

　建物内に住所を有する区分所有者に対する集会の招集通知は、規約に特別の定めがあるときは、建物内の見やすい場所に掲示してすることができる（35条４項前段）。すべての区分所有者が建物内に住所を有する場合でも、規約によらなければ、集会の招集通知を掲示によってすることはできない。

エ **適　切**

　集会は、区分所有者全員の同意があるときは、招集の手続を経ないで開くことができる（36条）。

　したがって、不適切なものはア・ウの二つであり、正解は**❷**となる。

区分所有法等

正解 ❷

21 集会及び規約③（集会）

☐ ☐ ☐ ✎ CHECK! R2-問29

集会に関する次の記述のうち、区分所有法の規定によれば、正しいものはいくつあるか。

ア　集会は、会日より少なくとも１週間前に、会議の目的たる事項を示して各区分所有者に通知を発しなければならず、議案の要領をも通知しなければならない場合もある。

イ　集会は、区分所有者全員の同意があるときは、招集の手続きを経ないで開催することができる。

ウ　集会で決議すべき場合において、区分所有者全員の承諾があるときは、書面による決議をすることができ、その承諾を得た事項についての書面による決議は、集会の決議と同一の効力を有する。

エ　集会で決議すべきものとされた事項について、区分所有者全員の書面による合意があったときは、書面による決議があったものとみなす。

❶　一つ

❷　二つ

❸　三つ

❹　四つ

Point 区分所有者全員の同意 ➡ 集会は招集手続なしで開催可能。

ア
正しい 集会の招集の通知は、会日より少なくとも1週間前に、会議の目的たる事項を示して、各区分所有者に発しなければならない（区分所有法35条1項本文）。この通知をする場合、会議の目的たる事項が次に該当すれば、その議案の要領をも通知しなければならない（同5項）。

> ① 共用部分の重大変更（17条1項）
> ② 規約の設定・変更・廃止（31条1項）
> ③ 大規模滅失における復旧決議（61条5項）
> ④ 建替え決議（62条1項）
> ⑤ 団地規約の設定についての各棟の決議（68条1項）
> ⑥ 団地内の建物の建替え承認決議（69条7項）

イ
正しい 集会は、区分所有者全員の同意があるときは、**招集の手続を経ないで開催**できる（36条）。

ウ
正しい 区分所有法又は規約により集会において決議をすべき場合に、**区分所有者全員の承諾があるときは、書面又は電磁的方法による決議ができる**（45条1項本文）。この書面又は電磁的方法による決議は、集会の決議と同一の効力を有する（同3項）。

エ
正しい 区分所有法又は規約により集会において決議すべきものとされた事項については、区分所有者全員の書面又は電磁的方法による合意があったときは、**書面又は電磁的方法による決議があったものとみなされる**（45条2項）。

したがって、正しいものはア～エの**四つ**であり、正解は**❹**となる。

次のうち、区分所有法によれば、規約に定めることのできないものはどれか。

❶ 規約の設定、変更又は廃止は、区分所有者の過半数及び議決権の$\frac{3}{4}$以上で決する。

❷ 総会の議長は、総会に出席した区分所有者のうちから選任する。

❸ 敷地及び共用部分等の変更は、その形状又は効用の著しい変更を伴わないものであっても、区分所有者及び議決権の各$\frac{3}{4}$以上で決する。

❹ 管理組合の理事長を区分所有者から選任し、区分所有法に定める管理者を区分所有者以外の第三者から選任する。

❶ **定めることができない**

　規約の設定・変更・廃止は、区分所有者および議決権の各$\frac{3}{4}$以上の多数による集会の決議によって行う（区分所有法31条1項）。つまり、「区分所有者および議決権」の定数について、規約で減ずることは認められない。

❷ **定めることができる**

　集会においては、規約に別段の定めがある場合および別段の決議をした場合を除いて、管理者または集会を招集した区分所有者の1人が議長となる（41条）。したがって、本肢のような内容を、規約に定めることもできる。

❸ **定めることができる**

　敷地および共用部分等の変更は、重大変更の場合を除いて、集会の普通決議で決する（18条1項、21条、17条1項）。そして、これは、規約で別段の定めができる（18条2項）。したがって、本肢のような内容を、規約に定めることもできる。

❹ **定めることができる**

　区分所有者は、規約に別段の定めがない限り、集会の決議によって管理者を選任・解任できる（25条1項）。そして、「管理者」には資格制限がないから、区分所有者以外の第三者からも管理者を選任できる。また、管理者は、規約に定める理事長と同一人であることは義務付けられていないため、管理者とは別に、管理組合の理事長を区分所有者から選任することもできる。

　なお、法人でない管理組合の理事長については規定がないことに注意。

区分所有法等

正解 **❶**

マンションの管理規約の定めに関する次の記述のうち、区分所有法によれば、不適切なものはいくつあるか。

ア　管理組合法人の理事の任期を 1 年と定めること

イ　共用部分の管理に関する事項を議事とする総会が成立する定足数を組合員総数の $\frac{2}{3}$ 以上と定めること

ウ　共用部分の変更（その形状又は効用の著しい変更を伴わないものを除く。）は、組合員総数の過半数及び議決権総数の $\frac{3}{4}$ 以上の多数による集会の決議で決すると定めること

エ　マンションの価格の $\frac{1}{2}$ 以下に相当する部分が滅失した場合の共用部分の復旧は、組合員総数及び議決権総数の各過半数の賛成による集会の決議で決すると定めること

❶　一つ

❷　二つ

❸　三つ

❹　なし

ア　適　切

　管理組合法人の理事の任期は、２年とされているが（区分所有法49条6項本文）、規約で３年以内において別段の定めをすることができる（同ただし書）。したがって、理事の任期を規約によって１年と定めることができる。

イ　適　切

　区分所有法においては、集会の定足数についての定めはないが、規約によって、出席者が定められた定足数に達することを集会の成立要件とすることができる（39条１項）。共用部分の管理に関する事項は、区分所有者及び議決権の各過半数で決せられるが、その決議がなされる総会の定足数を組合員総数の$\frac{2}{3}$以上と規約で定め、その要件を満たした総会で、区分所有者及び議決権の各過半数で決せられるとすることは可能である。なお、標準管理規約では、総会の定足数を「議決権総数の半数以上を有する組合員の出席」としている（標準管理規約単棟型47条１項）。

ウ　適　切

　共用部分の変更（その形状又は効用の著しい変更を伴わないものを除く）は、区分所有者及び議決権の各$\frac{3}{4}$以上の多数による集会の決議で決する。ただし、この区分所有者の定数は、規約でその過半数まで減ずることができる（区分所有法17条１項）。

エ　適　切

　マンションの価格の$\frac{1}{2}$以下に相当する部分の滅失は、小規模滅失にあたる。この場合、各区分所有者は、滅失した共用部分を復旧できる（61条１項本文）。ただし、規約により別段の定めができるので、小規模滅失の復旧について、組合員総数及び議決権総数の各過半数の賛成による集会の決議で決することができる（同4項）。

　したがって、不適切なものはなしであり、正解は❹となる。

区分所有法

24 集会及び規約⑥

CHECK!

R元-問37

B

次の事項のうち、区分所有法の規定によれば、規約で別段の定めをすることが
できないものはどれか。

❶ 専有部分と敷地利用権の分離処分の禁止

❷ 先取特権の被担保債権の範囲

❸ 集会におけるあらかじめ通知していない事項（集会の決議につき特別の定
数が定められているものを除く。）の決議

❹ 解散した管理組合法人の残余財産の帰属の割合

❶ 定めはできる

　敷地利用権が数人で有する所有権その他の権利である場合には、区分所有者は、その有する専有部分とその専有部分に係る敷地利用権とを分離して処分できない（区分所有法22条1項本文）。ただし、規約に別段の定めがあるときは、分離処分できる（同ただし書）。したがって、本肢の事項について、規約で別段の定めはできる。

❷ 定めができない 「規約で別段の定めを認める規定はない」

　区分所有者は、①共用部分、建物の敷地もしくは共用部分以外の建物の附属施設につき他の区分所有者に対して有する債権、②規約もしくは集会の決議に基づき他の区分所有者に対して有する債権、③管理者または管理組合法人がその職務または業務を行うにつき区分所有者に対して有する債権について、債務者の区分所有権（共用部分に関する権利および敷地利用権を含む）および建物に備え付けた動産の上に先取特権を有する（7条1項）。そして、これについては、条文上、規約で別段の定めを認める文言はないので、本肢の事項については、規約で別段の定めができない。

❸ 定めはできる

　集会においては、招集の通知によってあらかじめ通知した事項のみ決議できる（37条1項）。そして、これについては、区分所有法に集会の決議につき特別の定数が定められている事項を除き、規約で別段の定めを妨げない（同2項）。したがって、本肢の事項については、規約で別段の定めはできる。

❹ 定めはできる

　解散した管理組合法人の財産は、規約に別段の定めがある場合を除き、専有部分の床面積の割合で、各区分所有者に帰属する（56条、14条1項）。したがって、本肢の事項については、規約で別段の定めはできる。

正解 ❷

マンションの規約の保管に関する次の記述のうち、区分所有法によれば、最も不適切なものはどれか。

❶ 区分所有者全員で構成する団体に管理者が選任されている場合には、規約は、管理者が保管しなければならない。

❷ 区分所有者全員で構成する団体に管理者がいない場合には、区分所有者で規約又は集会の決議で定めるものが保管しなければならない。

❸ 規約を保管する者は、利害関係人の請求があったときは、正当な理由がある場合を除いて、規約の閲覧（規約が電磁的記録で作成されているときは、当該電磁的記録に記録された情報の内容を法務省令で定める方法により表示したものの当該規約の保管場所における閲覧）を拒んではならない。

❹ 規約の保管場所は、建物内の見やすい場所に掲示しなければならない。

Point 規約の保管者・保管場所及びその閲覧について整理しよう。

❶ 適切

頻出

　区分所有者全員で構成する団体に管理者が定められているときには、規約は、管理者が保管しなければならない（区分所有法33条1項本文）。

❷ 最も不適切　「区分所有者」➡「建物を使用している区分所有者又はその代理人」

ひっかけ

　区分所有者全員で構成する団体に管理者がいないときには、建物を使用している区分所有者又はその代理人で規約又は集会の決議で定めるものが保管しなければならない（33条1項ただし書）。

❸ 適切

頻出

　規約の保管者（❶❷解説参照）は、利害関係人の請求があったときは、正当な理由がある場合を除いて、規約の閲覧（規約が電磁的記録で作成されているときは、当該電磁的記録に記録された情報の内容を法務省令で定める方法により表示したものの当該規約の保管場所における閲覧）を拒んではならない（33条2項）。

❹ 適切

頻出

　規約の保管者（❶❷解説参照）は、規約の保管場所を、管理組合の掲示場、建物の出入口等の建物内の見やすい場所に掲示しなければならない（33条3項）。

正解　**❷**

　集会の招集及び決議に関する次の記述のうち、区分所有法の規定によれば、誤っているものはどれか。ただし、規約に別段の定めはないものとする。

❶　管理者を解任するには、集会において区分所有者及び議決権の各 $\frac{3}{4}$ 以上の多数による決議が必要である。

❷　共用部分の変更で、その形状又は効用の著しい変更を伴わないものについては、集会において区分所有者及び議決権の各過半数による決議が必要である。

❸　集会の招集手続を省略して集会を開くには、区分所有者全員の同意が必要である。

❹　規約を変更するには、集会において区分所有者及び議決権の各 $\frac{3}{4}$ 以上の多数による決議が必要であり、この場合において、当該変更が一部の区分所有者の権利に特別の影響を及ぼすべきときは、その承諾が必要である。

Point 形状・効用の著しい変更を伴わない共用部分の変更 ➡ 各過半数による集会決議でOK！

❶ **誤り** 「$\frac{3}{4}$以上」 ➡ 「過半数」

　管理者は、規約に別段の定めがない限り、集会の決議によって選任・解任される（区分所有法25条1項）。そして、管理者を選任・解任する集会の決議は、区分所有者および議決権の各過半数によって行う（39条1項）。

❷ **正しい** 共用部分の変更（その形状・効用の著しい変更を伴わないもの（＝軽微変更）を除く）は、区分所有者および議決権の各$\frac{3}{4}$以上の多数による集会の決議で決する（17条1項本文）。一方、共用部分の変更で、その形状・効用の著しい変更を伴わないものについては、区分所有者および議決権の各過半数による集会の決議で決する（18条1項本文、39条1項）。

❸ **正しい** 集会は、区分所有者全員の同意があれば、招集の手続を経ないで開くことができる（36条）。

❹ **正しい** 規約の設定・変更・廃止は、区分所有者および議決権の各$\frac{3}{4}$以上の多数による集会の決議によって行う。この場合、規約の設定・変更・廃止が一部の区分所有者の権利に特別の影響を及ぼすべきときは、その承諾を得なければならない（31条1項）。

正解 ❶

マンションの専有部分及び専用使用権に関する次の記述のうち、区分所有法、標準管理規約及び判例によれば、最も不適切なものはどれか。

❶ 専有部分とは、一棟の建物に構造上区分され、かつ、住居、店舗、事務所又は倉庫その他建物としての用途に独立して供することができるように利用上区分された、区分所有権の目的である建物の部分である。

❷ 地下に設けられた駐車場部分は、必ずしも周囲すべてが完全に遮蔽されていなくても、構造上、利用上の独立性を備えている場合には、専有部分として登記して分譲することができる。

❸ 専用使用権とは、敷地及び共用部分等の一部について、特定の区分所有者が排他的に使用できる権利であり、専用使用権の対象となっている当該部分を専用使用部分という。

❹ 敷地に、特定の区分所有者に対して無償の駐車場専用使用権が規約に基づいて設けられていた場合、後に、当該駐車場部分の使用を有償化する決議をするには、必ず当該専用使用権者の承諾を得なければならない。

❶ **適 切**

　専有部分とは、1棟の建物に**構造上区分**された数個の部分で、独立して住居・店舗・事務所・倉庫、その他建物としての用途に供することができるように**利用上区分**された、**区分所有権の目的である建物の部分**をいう（区分所有法1条、2条3項）。

❷ **適 切**

　❶解説参照。「専有部分」には、①**構造上の独立性**と②**利用上の独立性**の2つが必要である。そして、①**構造上の独立性**は、必ずしも周囲すべてが**完全に遮蔽されていなくても**、他の部分と**明確に区画**されてさえいれば認められる（判例）。したがって、本肢のような**駐車場部分**も、**専有部分**として**登記して分譲できる**。

❸ **適 切**

　専用使用権とは、敷地および共用部分等の一部について、特定の区分所有者が**排他的に使用できる権利**をいう（標準管理規約単棟型2条8号）。また、この専用使用権の対象となっている敷地および共用部分等の部分を**専用使用部分**という（同9号）。

❹ **最も不適切** 「必ず承諾を得なければならない」
　　　　　　　　➡「承諾を得なくてもよい場合がある」

　まず、「無償の駐車場専用使用権が規約に基づいて設けられていた」場合で、後にそれを有償化する決議をするには、規約の変更をしなければならない。そして、当該規約の変更が一部の区分所有者の権利に「**特別の影響**」を及ぼすときは、その承諾が必要となる（区分所有法31条1項後段）。

　ここでいう「特別の影響」とは、規約の設定・変更等の必要性・合理性と、これによって受ける一部の区分所有者の不利益とを比較衡量し、当該区分所有関係の実態に照らして、その不利益が区分所有者の受忍すべき限度を超えると認められる場合をいう。本肢のように「無償の駐車場専用使用権を有償化する」ことは、その**必要性・合理性**が認められ、かつ、設定された使用料が当該区分所有関係において社会通念上相当な額であると認められる場合には、専用使用権者は**有償化を受忍すべき**であり、したがって、有償化する決議は「一部の区分所有者の権利に**特別の影響を及ぼすべきとき**」には**該当しない**（判例）。つまり、「必ず当該専用使用権者の承諾を得なければならない」わけではない。

区分所有法等

正解 ❹

28 集会及び規約⑩（共用部分の重大変更・規約の変更）

CHECK! ☐☐☐ 🖊 R3-問33

　共用部分の変更（その形状又は効用の著しい変更を伴わないものを除く。）又は規約の変更を集会で決議する場合に関する次の記述のうち、区分所有法の規定によれば、適切なものはいくつあるか。

ア　集会決議の要件に関し、共用部分の変更については、規約で別段の定めをして区分所有者の定数のみを過半数まで減ずることはできるが、規約については、同様の変更はできない。

イ　共用部分の変更は、区分所有者全員の承諾があれば、集会によらず書面による決議ですることができるが、規約の変更は、集会によらず書面による決議ですることはできない。

ウ　集会の招集通知を発するに際して、共用部分の変更にかかる議案については、議案の要領を各区分所有者に通知しなければならないが、規約の変更にかかる議案については、その必要はない。

エ　規約の変更は、その規約事項について区分所有者間の利害の衡平が図られなければならない。

❶　一つ

❷　二つ

❸　三つ

❹　四つ

Point 共用部分の重大変更も、規約変更も、集会によらず「書面」による決議ができる。

ア **適 切** 共用部分の変更（その形状又は効用の著しい変更を伴わないもの

を除く）は、区分所有者及び議決権の各$\frac{3}{4}$以上の多数による集会の決議で決する。ただし、この区分所有者の定数は、規約でその過半数まで減ずることができる（区分所有法17条1項）。規約の設定、変更又は廃止は、区分所有者及び議決権の各$\frac{3}{4}$以上の多数による集会の決議によってする（31条1項前段）。規約の設定、変更又は廃止の決議要件については、区分所有者の定数を、規約でその過半数まで減ずることができる旨は規定されていない。

イ **不適切** 「規約の変更…書面による決議ですることはできない」➡「できる」

区分所有法又は規約により集会において決議をすべき場合において、区分所有者全員の承諾があるときは、書面又は電磁的方法による決議ができる（45条1項本文）。共用部分の重大変更も「規約の変更」も、集会において決議すべき事項であるから、この規定によって、集会によらず「書面による決議ができる」。

ウ **不適切** 「規約の変更にかかる議案についても、その要領を通知しなければならない」

集会の招集の通知をする場合、会議の目的たる事項が共用部分の重大変更、規約の設定・変更・廃止、大規模滅失からの復旧、建替え等についての決議であるときは、その議案の要領をも「通知」しなければならない（35条5項）。

エ **適 切** 規約は、専有部分若しくは共用部分又は建物の敷地若しくは附属施設（建物の敷地又は附属施設に関する権利を含む）につき、これらの形状、面積、位置関係、使用目的及び利用状況並びに区分所有者が支払った対価その他の事情を総合的に考慮して、区分所有者間の利害の衡平が図られるように定めなければならない（30条3項）。本肢の「規約の変更」をする場合も「同様」である。

したがって、**適切なものはア・エの二つ**であり、**正解は❷**となる。

正 解 ❷

29 集会及び規約⑪（電磁的記録・方法）

CHECK! □□□ R5-問32 **B** 重要度

管理組合が管理組合の運営において、電磁的記録及び電磁的方法を採用する場合に関する次の記述のうち、区分所有法によれば、最も不適切なものはどれか。

❶ 集会の議事録は、規約にその旨の定めがなくても、電磁的記録により作成することができる。

❷ 管理規約は、規約にその旨の定めがなくても、電磁的記録により作成することができる。

❸ 議決権の行使は、集会の決議又は規約にその旨を定めることにより、書面に代えて電磁的方法によることができる。

❹ 集会の決議は、規約にその旨の定めがなければ、電磁的方法によることができない。

Point 区分所有者は、規約又は集会決議で、電磁的方法により議決権行使可。

❶ 適 切

集会の議事については、議長は、書面又は電磁的記録により、議事録を作成しなければならず（区分所有法42条1項）、電磁的記録により議事録を作成することについて規約の定めは不要である。

❷ 適 切

規約は、書面又は電磁的記録により、これを作成しなければならず（30条5項）、電磁的記録により規約を作成することについて規約の定めは不要である。

❸ 適 切

区分所有者は、規約又は集会の決議により、書面による議決権の行使に代えて、電磁的方法によって議決権を行使できる（39条3項）。書面による議決権の行使には、規約又は集会の決議を必要としないが、電磁的方法による議決権の行使については、規約又は集会の決議が必要となる。

❹ 最も不適切 「規約にその旨の定めがなければ」➡「規約の定めではなく区分所有者全員の承諾が必要」

 集会を開催することなく電磁的方法による集会の決議をするには、規約の定めではなく、区分所有者全員の承諾が必要となる（45条1項）。

30 集会及び規約⑫(公正証書による原始規約)

CHECK! R 2-問38

公正証書による原始規約(以下、本問において「本件規約」という。)の設定に関する次の記述のうち、区分所有法の規定によれば、誤っているものはどれか。

❶ 本件規約は内部関係に関する規律であるため、規約共用部分を定める場合に、その旨の登記をしなくても第三者に対抗することができる。

❷ 本件規約の設定ができる者には、最初に建物の専有部分の全部を所有する者や、当該建物を新たに区分所有建物とすることによってその全部を所有することになった者が想定されている。

❸ 本件規約の設定は相手方のない単独行為であり、かつ、その後に取得する区分所有者の、団体的な権利義務関係を規律することから、あらかじめその内容を明確にしておくために、公正証書によることが求められている。

❹ 本件規約に設定できる内容は、規約共用部分に関する定め、規約による建物の敷地に関する定め、専有部分と敷地利用権を分離処分できる旨の定め、各専有部分に係る敷地利用権の割合に関する定めに限られる。

Point 公正証書による原始規約は、4パターン設定できる。

❶ 誤り 「その旨の登記をしなくても第三者に対抗できる」
　➡「その旨の登記をしなければ第三者に対抗できない」

　　規約共用部分は、その旨の登記をしなければ、**第三者に対抗できない**（区分所有法4条2項）。規約共用部分は、専有部分となり得る建物の部分や附属建物であるために、規約共用部分である旨を登記しなければ、第三者に対抗できない。このことは、公正証書による原始規約においても、変わるところはない。

❷ 正しい　最初に建物の専有部分の全部を所有する者は、公正証書により規約を設定できる（32条）。ここにいう最初に建物の専有部分の全部を所有する者とは、区分所有権は成立したが、**各専有部分が個別の区分所有者に帰属しない段階で、その全部を所有している者**のことをいう。すると、建物を新たに区分所有建物とすることによってその全部を所有することになった者も、最初に建物の専有部分の全部を所有する者に該当する。

❸ 正しい　規約は、区分所有者の権利義務に関わるため、本来は、分譲後、各専有部分の区分所有者が、集会の決議により設定するものである（31条1項）。しかし、管理の便宜上、最初の規約については、分譲業者が作成することが多い。そこで、**分譲業者が単独で設定した規約の内容を確実に証明するために、公正証書による**こととしている。

❹ 正しい　公正証書による原始規約には、次の4つを設定できる（32条）。

> ① 規約共用部分に関する定め（4条2項）
> ② 規約敷地に関する定め（5条1項）
> ③ 敷地利用権の分離処分ができる旨の定め（22条1項ただし書）
> ④ 敷地利用権の持分割合に関する定め（同2項ただし書）

正解　**❶**

31 義務違反者に対する措置①

□ □ □ CHECK!　　　　　　　H28-問38

次の記述のうち、区分所有法の規定及び判例によれば、誤っているものはどれか。

❶　区分所有者の承諾を得て専有部分を占有する者（以下、本問において「占有者」という。）は、会議の目的たる事項につき利害関係を有する場合には、集会に出席して意見を述べることができるが、この占有者に区分所有者の同居の親族は含まれない。

❷　会議の目的たる事項につき利害関係を有する占有者がいる場合には、集会を招集する者は、各区分所有者へ招集の通知を発した後遅滞なく、集会の日時、場所及び会議の目的たる事項を建物内の見やすい場所に掲示しなければならない。

❸　専有部分の占有者が、区分所有法第6条第1項に規定する建物の保存に有害な行為をした場合又はその行為をするおそれがある場合には、当該専有部分の区分所有者以外の区分所有者の全員又は管理組合法人は、その行為を停止し、その行為の結果を除去し、又はその行為を予防するため必要な措置を執ることを請求することができる。

❹　区分所有法第60条に基づく、占有者に対する引渡し請求をする場合には、当該占有者が占有する専有部分の貸主である区分所有者と借主である占有者の双方に、あらかじめ集会で弁明する機会を与えなければならない。

Point 集会に出席して意見陳述できる占有者に、同居の親族は含まれない。

❶ **正しい** 区分所有者の承諾を得て専有部分を占有する者は、会議の目的たる事項につき利害関係を有する場合には、集会に出席して意見を述べることができる（区分所有法44条1項）。そして、この「**占有者**」とは、専有部分の**賃借人・使用借人**等、独立した占有権原を有する者をいうが、「区分所有者の同居の親族」は、この「占有者」に該当しない。

❷ **正しい** 会議の目的たる事項につき利害関係を有する占有者がいる場合、**集会を招集する者**は、各区分所有者への招集の通知を発した後、遅滞なく、集会の日時・場所・会議の目的たる事項（議事）を建物内の見やすい場所に掲示しなければならない（44条2項）。

❸ **正しい** 区分所有者または専有部分の「占有者」が、建物の保存に有害な行為（共同利益背反行為）をした場合またはその行為をするおそれがある場合、「他の区分所有者の全員または管理組合法人」は、区分所有者の共同の利益のため、その行為を停止し、その行為の結果を除去し、またはその行為を予防するため必要な措置を執ることを請求できる（57条4項・1項）。

❹ **誤り** 「双方に」➡「貸主である区分所有者ではなく借主である占有者に」
　　占有者が占有する専有部分の使用・収益を目的とする契約の解除およびその専有部分の引渡し請求の訴えを提起する集会の決議をするには、あらかじめ、当該「占有者」に対して**弁明する機会**を与える必要がある（60条1項・2項、58条3項）。そして、この弁明の機会は、共同利益背反行為者である占有者に対して与えれば足り、賃貸人たる区分所有者に対して与える必要はない（判例）。

区分所有法等

32 義務違反者に対する措置②

CHECK!

R 5-問37

管理規約違反行為、使用細則違反行為又は義務違反行為に関する次の記述のうち区分所有法及び標準管理規約によれば、不適切なものはいくつあるか。

ア　管理規約上ペットの飼育が禁止されているマンションにおいて、住戸の賃借人がペットを飼育している場合、理事長は、理事会の決議を経て、賃貸人である区分所有者に対して警告をすることはできるが、当該賃借人に対して警告をすることはできない。

イ　区分所有者が、専有部分の使用細則に違反して、常習的に深夜に大音量でピアノの演奏をしていることから、当該行為の差止めを求めて訴訟を提起する場合には、総会の決議を経る必要がある。

ウ　区分所有者が共用部分の破壊行為を繰り返すなどして他の区分所有者の共同の利益に反する行為を行い、他の区分所有者の共同生活上の障害が著しいことから、訴えをもって当該区分所有者による専有部分の使用の禁止を請求する旨の集会の決議をするには、あらかじめ、当該区分所有者に対し、弁明する機会を与えなければならない。

エ　区分所有者に対し、管理規約違反行為の差止めを求める訴訟を提起する場合は、理事長は当該区分所有者に対して違約金としての弁護士費用を請求することができる。

❶　一つ

❷　二つ

❸　三つ

❹　なし

区分所有法等

ア **不適切** 「賃借人に対して警告できない」 ➡ 「できる」

　区分所有者若しくはその同居人又は専有部分の貸与を受けた者若しくはその同居人（以下「区分所有者等」という）が、法令、規約又は使用細則等に違反したとき、又は対象物件内における共同生活の秩序を乱す行為を行ったときは、理事長は、理事会の決議を経てその区分所有者等に対し、その是正等のため必要な勧告又は指示若しくは警告を行うことができる（標準管理規約67条1項）。

イ **不適切** 「総会の決議」 ➡ 「理事会の決議」

　区分所有者等がこの規約若しくは使用細則等に違反したとき、又は区分所有者等若しくは区分所有者等以外の第三者が敷地及び共用部分等において不法行為を行ったときは、理事長は、理事会の決議を経て、行為の差止め、排除又は原状回復のための必要な措置の請求に関し、管理組合を代表して、訴訟その他法的措置を追行できる（67条3項1号）。

ウ **適　切**

　区分所有者が共同の利益に反する行為を行い、他の区分所有者の共同生活上の障害が著しく、行為の停止等の請求によってはその障害を除去して共用部分の利用の確保その他の区分所有者の共同生活の維持を図ることが困難であるときは、他の区分所有者の全員又は管理組合法人は、集会の決議に基づき、訴えをもって、相当の期間の当該行為に係る区分所有者による専有部分の使用の禁止を請求できる（区分所有法58条1項）。ただし、使用禁止請求の決議をするには、あらかじめ、当該区分所有者に対し、弁明の機会を与えなければならない（同3項）。

エ **適　切**

　区分所有者に対し、管理規約違反行為の差止めを求める訴訟を提起する場合は、理事長は、請求の相手方（当該区分所有者）に対し、違約金としての弁護士費用及び差止め等の諸費用を請求できる（標準管理規約67条4項）。

　したがって、**不適切なものはア・イの2つ**であり、正解は**❷**となる。

正解 ❷

33 区分所有建物の復旧

 CHECK! H30-問36

一棟の区分所有建物の復旧に関する次の記述のうち、区分所有法の規定によれば、誤っているものはどれか。

❶ 建物の価格の $\frac{1}{2}$ 以下に相当する部分が滅失した場合、規約に別段の定めがない限り、滅失した共用部分について、各区分所有者は、その復旧工事に着手するまでに、集会において、滅失した共用部分を復旧する旨の決議、建物の建替え決議又は団地内の建物の一括建替え決議があったときは、滅失した共用部分を復旧することができない。

❷ 建物の価格の $\frac{1}{2}$ を超える部分が滅失（以下、本問において「大規模滅失」という。）した場合、復旧の決議がされた後2週間を経過したときは、復旧の決議に賛成しなかった者（以下、本問において「決議非賛成者」という。）は、賛成者（以下、本問において「決議賛成者」という。）の全部又は一部に対して、その者が有する建物及び敷地に関する権利を時価で買い取るべきことを請求（以下、本問において「買取請求」という。）することができる。

❸ 大規模滅失した場合、復旧の決議の日から2週間以内に、決議賛成者の全員の合意により買取指定者が指定され、決議非賛成者が、当該買取指定者から書面でその旨の通知を受け取ったときは、以後、決議非賛成者は、その買取指定者に対してのみ、買取請求を行うことができる。

❹ 買取指定者が、買取請求に基づく売買の代金に係る債務の弁済をしないときは、当該債務について、決議賛成者は、当該買取請求を行う者に対して、決議非賛成者を除いて算定した区分所有法第14条に定める割合に応じて弁済の責めに任じられる。

❶ **正しい** 建物の価格の$\frac{1}{2}$以下に相当する部分が滅失（小規模滅失）した場合、各区分所有者は、滅失した共用部分および自己の専有部分を復旧できる。ただし、共用部分については、復旧の工事に着手するまでに滅失した共用部分を復旧する旨の決議、建物の建替え決議または団地内の建物の一括建替え決議があったときは、例外となる（区分所有法61条1項）。そして、このことについては、規約で別段の定めができる（同4項）。

❷ **正しい** 建物の価格の$\frac{1}{2}$を超える部分が滅失（大規模滅失）した場合、復旧の決議がされた後2週間を経過したときは、その決議に賛成した区分所有者以外の区分所有者（決議非賛成者）は、決議賛成者の全部・一部に対し、建物・その敷地に関する権利を時価で買い取るべきことを請求（買取請求）できる（61条7項前段）。

❸ **正しい** 大規模滅失した場合、復旧の決議の日から2週間以内に、決議賛成者がその全員の合意により建物・その敷地に関する権利を買い取ることができる者を指定し、かつ、その指定された者（買取指定者）がその旨を決議非賛成者に対して書面で通知したときは、以後、その通知を受けた決議非賛成者は、買取指定者に対してのみ、買取請求ができる（61条8項）。

❹ **誤り** 「決議賛成者は、買取指定者と連帯して弁済の責任を負う」
買取指定者が、決議非賛成者からの買取請求に基づく売買の代金に係る債務の全部・一部の弁済をしないときは、決議賛成者は、当該指定者と「連帯して」その債務の全部・一部の弁済の責任を負わなければならない（61条10項本文）。

区分所有法等

正解 ❹

175

区分所有建物の建替え（売渡請求）

 CHECK! R3-問34

重要度 B

　区分所有法の規定によれば、建替え決議が可決した後、建替えに参加するか否かの催告期間が終了するまでの間に、次の行動をとった区分所有者に対し、買受指定者として定められている者が、当該催告期間経過後に、売渡請求できるのはどれか。

❶　建替え決議で建替えに賛成したが、事情により建替えに参加できない旨を申し出た。

❷　建替え決議で建替えに反対したが、建替えに参加する旨を回答し、その後さらに、その回答を撤回して、参加しない旨を申し出た。

❸　建替え決議で建替えに反対し、建替えに参加しない旨を回答したが、その後さらに、その回答を撤回して、参加する旨を申し出た。

❹　建替え決議で議決権を行使しなかったが、建替えに参加するか否かの回答もしなかった。

Point 催告期間内に建替え不参加の回答 ➡ 催告期間内に撤回し、参加する旨の回答可。

❶ 売渡請求できない

　建替え決議があった場合、**買受指定者**（建替え決議に賛成した各区分所有者・建替え決議の内容により建替えに参加する旨を回答した各区分所有者（これらの者の承継人を含む）の全員の合意により区分所有権及び敷地利用権を買い受けることができる者として指定された者）は、建替えに参加するか否かの催告期間の満了日から**2ヵ月以内**に、**建替えに参加しない旨を回答した区分所有者**（その承継人を含む）に対し、区分所有権及び敷地利用権を時価で**売り渡すべきことを請求できる**（区分所有法63条5項前段）。そして、**建替え決議で建替えに賛成した区分所有者は、その後に建替えに不参加の意思表示はできない**。したがって、建替え決議で建替えに賛成した区分所有者は、事情により建替えに参加できない旨を申し出ても、「建替えに参加しない旨を回答した区分所有者」とはならないので、この者に対しては、売渡請求できない。

❷ 売渡請求できない

　❶解説を参照。**催告期間内にいったん建替えに参加の回答をした区分所有者は、その後に参加の回答を撤回できない**。したがって、建替え決議で建替えに反対したが、催告期間内に建替えに参加する旨を回答した区分所有者は、その後にその回答を撤回して、参加しない旨を申し出ても、「建替えに参加する旨を回答した区分所有者」となるので、この者に対しては、売渡請求できない。

❸ 売渡請求できない

　❶解説を参照。**催告期間内に建替えに参加しない旨の回答をしても、催告期間内であれば、これを撤回して新たに参加する旨の回答をすることができる**。したがって、建替え決議で建替えに反対し、建替えに参加しない旨を回答しても、催告期間内にこれを撤回して参加する旨を申し出た者は、「建替えに参加する旨を回答した区分所有者」となるので、この者に対しては、売渡請求できない。

❹ 売渡請求できる

　❶解説を参照。**催告期間内に回答しなかった区分所有者は、建替えに参加しない旨を回答したものとみなされる**（63条4項）。したがって、建替え決議で議決権を行使しなかったが、建替えに参加するか否かの回答もしなかった者は、「建替えに参加しない旨を回答した区分所有者」となるので、この者に対しては、売渡請求できる。

正解 ❹

35 区分所有建物総合①

 CHECK! H28-問37

管理者でない区分所有者Aが、単独で行使できる裁判上の請求に関する次の記述のうち、民法及び区分所有法によれば、請求が認められないものの組み合わせはどれか。ただし、規約又は集会の決議による請求権者や請求方法についての定めはないものとする。

ア　区分所有者Bが、自らが所有する住戸の共用廊下側の窓を改造して出入口を作っていたところ、管理者が黙認し、放置状態にあるので、共用部分の共有持分権に基づく保存行為として、同改造部分の原状回復を請求すること

イ　マンション管理業者がずさんな管理を続けているところ、管理者が黙認し、放置状態にあるので、管理委託契約の準共有持分権に基づく保存行為として、当該管理業者との契約の解除を請求すること

ウ　管理者に不正な行為その他その職務を行うに適しない事情があるので、管理者の解任を請求すること

エ　区分所有者Cが、自ら専有部分を暴力団事務所として利用し、他の方法によってはその障害を除去することが困難であるため、当該専有部分の競売を請求すること

❶　ア・イ

❷　ア・ウ

❸　イ・エ

❹　ウ・エ

区分所有法等

ア 認められる

　共用部分の管理に関して、保存行為は、各共有者がすることができる（区分所有法18条1項ただし書）。本肢では、Bの行為は「管理者が黙認し、放置状態にある」ことで、共用部分の共有者であるAの共有持分権を侵害しているといえる。そこで、Aは、単独で、共用部分のAの共有持分権に基づく保存行為として、改造部分の原状回復を裁判所に請求できる。

イ 認められない

　管理業者との管理委託契約の解除は「管理行為」にあたるので、規約に別段の定めがない限り、普通決議によって行う（18条1項）。また、管理委託契約は、管理組合と管理業者が締結するものであって、個々の区分所有者には準共有持分は生じない。したがって、区分所有者は、単独で、本肢のような請求は認められない。

ウ 認められる

　管理者に**不正な行為**その他その職務を行うに適しない事情がある場合、**各区分所有者（A）**は、**単独で、その解任を裁判所に請求**できる（25条2項）。

エ 認められない

　区分所有者（C）がする共同利益背反行為により、他の区分所有者の共同生活上の障害が著しく、他の方法によってはその障害を除去して共用部分の利用の確保その他の区分所有者の共同生活の維持を図ることが困難である場合は、「他の区分所有者の全員または管理組合法人」は、「集会の決議に基づき」、訴えをもって、当該行為に係る区分所有者の区分所有権および敷地利用権の競売請求ができる（59条1項）。したがって、区分所有者が、単独で本肢のような請求をすることは、認められない。

　したがって、**請求が認められないものの組合せはイ・エ**であり、正解は**❸**となる。

正解 ❸

36 区分所有建物総合②(判例)

以下のア〜ウの記述は、最高裁判所の判決又は決定の一部に若干の修正をしたものであるが、(a)〜(c)に入る用語の組み合わせとして、正しいものは、次の1〜4のうちどれか。

ア　区分所有法第59条第1項の競売の請求は、特定の区分所有者が、(a)に反する行為をし、又はその行為をするおそれがあることを原因として認められるものである。

イ　区分所有法第31条第1項の「(b)を及ぼすべきとき」とは、規約の設定、変更等の必要性及び合理性とこれによって一部の区分所有者が受ける不利益とを比較衡量し、当該区分所有関係の実態に照らして、その不利益が区分所有者の受忍すべき限度を超えると認められる場合をいうものと解される。

ウ　本件専有部分にある排水管は、その構造及び設置場所に照らし、専有部分に属しない(c)に当たり、かつ、区分所有者全員の共用部分に当たると解するのが相当である。

	(a)	(b)	(c)
❶	規約遵守義務	特別の影響	専用使用部分
❷	区分所有者の共同の利益	特別の影響	建物の附属物
❸	区分所有者の共同の利益	顕著な被害	専用使用部分
❹	規約遵守義務	顕著な被害	建物の附属物

Point 専有部分にある排水管 ➡ 専有部分に属しない建物の附属物 & 「共用部分」。

問題文の空欄を補充し、完成させた文章は、下記のとおりである。

ア　　　区分所有法59条１項の**競売の請求**は、特定の区分所有者が、（a　区分所有者の共同の利益）に反する行為をし、またはその行為をするおそれがあることを原因として認められるものである（最判平成23年10月11日）。

イ　　　区分所有法31条１項の「（b　特別の影響）を及ぼすべきとき」とは、規約の設定、変更等の**必要性および合理性**とこれによって一部の区分所有者が受ける不利益とを比較衡量し、当該区分所有関係の実態に照らして、その不利益が区分所有者の**受忍すべき限度を超える**と認められる場合をいうものと解される（最判平成10年10月30日）。

ウ　　　本件専有部分にある**排水管**は、その構造および設置場所に照らし、専有部分に属しない（c　建物の附属物）に当たり、かつ、**区分所有者全員の共用部分**に当たると解するのが相当である（最判平成12年３月21日）。

したがって、用語の組合せとして正しいものは、「a　区分所有者の共同の利益」、「b　特別の影響」、「c　建物の附属物」であり、正解は❷となる。

正解 ❷

37 区分所有建物総合③（判例）

  CHECK! | R 3-問39

次の記述のうち、判例によれば、適切なものはいくつあるか。

ア 特定の専有部分の排水を階下の専有部分の天井裏の枝管を通じて排水する場合、その枝管は、その構造及び設置場所に照らし、専有部分に属しない建物の附属物に当たり、区分所有者全員の共用部分と解される。

イ 区分所有者の全員又は管理組合法人が、共同利益背反行為をした賃借人に係る賃貸借契約を解除し、賃借人に対し、当該専有部分の引渡しを求める集会決議をするには、あらかじめ、賃貸人たる区分所有者及び当該賃借人に対し、弁明の機会を与えなければならない。

ウ 管理組合は、区分所有者全員の共有に属する敷地につき、一部の区分所有者に係る駐車場専用使用料の増額について、その必要性及び合理性が認められ、かつ、その増額された額が社会通念上相当な額であると認められる場合には、規約又は集会決議をもって、その専用使用権者の承諾を得ることなく増額を決することができる。

エ 政党ビラの配布行為は、憲法21条1項で保障されている表現の自由の行使に該当することから、マンションの各住戸のポストへの政党ビラの投函のために各階の廊下等に立ち入る行為が住居侵入罪（刑法130条）に該当することはない。

❶ 一つ

❷ 二つ

❸ 三つ

❹ 四つ

Point 専有部分の排水を階下の専有部分の天井裏の排水枝管から排水 ➡ 専有部分でない建物附属物に該当。

ア **適 切** 特定の専有部分の排水を階下の専有部分の天井裏の枝管を通じて
排水する場合、その排水枝管の点検、修理のためには下の階に立ち入る必
要があり、上の階の区分所有者だけで点検、修理することが困難であると
いう事実関係の下においては、当該排水枝管は専有部分に属しない建物の
附属物であり、区分所有者全員の共用部分であるとするのが判例である（最
判平成12年3月21日）。

イ **不適切** 「賃貸人たる区分所有者には弁明の機会を与える必要はない」
　　　専有部分の賃借人が共同の利益に反する行為をしている場合、区分所有
者の全員又は管理組合法人は、集会の決議に基づき、訴えをもって、当該
賃借人に係る賃貸借契約を解除し、当該賃借人に対し、当該専有部分の引
渡しを請求できる（区分所有法60条1項）。そして、当該集会においては、
賃借人に対し弁明の機会を与えなければならない（同2項、58条3項）。
この弁明の機会は賃借人対して与えれば足り、**賃貸人たる区分所有者に与
える必要はない**とするのが判例である（最判昭和62年7月17日）。

ウ **適 切** 規約の変更が一部の区分所有者の権利に特別の影響を及ぼすべき
ときは、その承諾を得なければならない（31条1項後段）。しかし、一部
の区分所有者に係る駐車場使用料を規約又は集会の決議によって増額する
場合、その必要性及び合理性が認められ、かつ、その増額された額が社会
通念上相当な額であると認められる場合には、その**専用使用権者の承諾を
得る必要はない**とするのが判例である（最判平成10年10月30日）。

エ **不適切** 「住居侵入罪に該当することはない」 ➡ 「該当することがある」
　　　政党ビラの配布行為は、憲法21条1項で保障されている表現の自由の行
使に該当する。しかし、分譲マンションの各住戸のドアポストにビラ等を
投函する目的で、同マンションの集合ポストと掲示板が設置された玄関ホー
ルの奥にあるドアを開けるなどして廊下等の共用部分に立ち入った行為
は、同マンションの構造及び管理状況、そのような目的での立入りを禁じ
たはり紙が玄関ホールの掲示板に貼付されていた状況などの事実関係の下
では、同マンションの管理組合の意思に反するものであり、住居侵入罪
（刑法130条）が成立するとするのが判例である（最判平成21年11月30日）。

　したがって、適切なものはア・ウの二つであり、正解は❷となる。

正解 ❷

38 区分所有建物総合④(判例)

　マンションの分譲業者が、区分所有者に対して、建物の専有部分の区分所有権、共用部分の共有持分及び敷地の共有持分を分譲したが、一部の区分所有者に対しては、それらとともに敷地の駐車場の専用使用権を分譲した。この場合において専用使用権及び専用使用料に関する次の記述のうち、最高裁判所の判決によれば、適切なものの組合せはどれか。

ア　駐車場の専用使用権は、区分所有者全員の共有に属するマンション敷地の使用に関する事項ではなく、専用使用権を有する区分所有者のみに関する事項であるから、区分所有者全員の規約及び集会決議による団体的規制に服すべき事項ではない。

イ　規約の設定、変更等をもって、一部の区分所有者の権利を変更するときには、その承諾を得なければならないから、当該駐車場の専用使用権者の承諾を得ないで当該駐車場の使用料を増額することはできない。

ウ　規約の設定、変更等をもって、一部の区分所有者の権利に特別の影響を及ぼすべきときには、その承諾を得なければならないが、ここでの「特別の影響を及ぼすべきとき」とは、一部の区分所有者の受ける不利益がその区分所有者の受忍限度を超えると認められる場合をいう。

エ　規約の設定、変更等をもって、増額された駐車場の使用料が、増額の必要性及び合理性が認められ、かつ、当該区分所有関係において社会通念上相当な額であると認められる場合には、専用使用権者は、当該駐車場の使用料の増額を受忍すべきである。

❶　ア・イ

❷　ア・ウ

❸　イ・エ

❹　ウ・エ

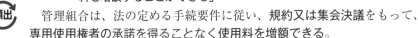

Point 　　　規約か集会決議で、専用使用権者の承諾なしに使用料を増額できる。

本問は、最高裁平成10年10月30日判決の判旨を題材とするものである。以下、判旨に基づいて検討する。

区分所有法等

ア　**不適切**　「駐車場の専用使用権は、規約及び集会決議による団体的規制に服する」

　　　駐車場の専用使用権は、区分所有者全員の共有に属するマンション敷地の使用に関する権利であるから、これが分譲された後は、管理組合と組合員たる専用使用権者との関係においては、法の規定の下で、**規約及び集会決議による団体的規制に服すべきもの**である。

イ　**不適切**　「規約又は集会決議をもって、専用使用権者の承諾を得ることなく使用料を増額することができる」

　　　管理組合は、法の定める手続要件に従い、規約又は集会決議をもって、専用使用権者の承諾を得ることなく使用料を増額できる。

ウ　適　切

　　　規約の設定、変更又は廃止が一部の区分所有者の権利に特別の影響を及ぼすべきときは、その承諾を得なければならない（区分所有法31条1項後段）。この「特別の影響を及ぼすべきとき」について、規約の設定、変更等の必要性及び合理性とこれによって一部の区分所有者が受ける不利益とを比較衡量し、当該区分所有関係の実態に照らして、その不利益が区分所有者の受忍すべき限度を超えると認められる場合をいうものと解される。

エ　適　切

　　　規約の設定、変更等による使用料の増額について、使用料の増額は一般的に専用使用権に不利益を及ぼすものであるが、**増額の必要性及び合理性が認められ、かつ、増額された使用料が当該区分所有関係において社会通念上相当な額であると認められる場合には、専用使用権者は使用料の増額を受忍すべきであり、使用料の増額に関する規約の設定、変更等は専用使用権者の権利に「特別の影響」を及ぼすものではない。**

　　したがって、適切なものの組合せはウ・エであり、正解は❹となる。

正 解　❹

39 区分所有建物総合⑤（理事長の解任・判例）

■■■ ✎ CHECK! R元-問39

次のア～エの文を正しく並べると、理事長の解任に関する最高裁判所の判決文の一部となるが、正しい順番に並べたものは1～4のうちどれか。

ア　これは、理事長を理事が就く役職の1つと位置付けた上、総会で選任された理事に対し、原則として、その互選により理事長の職に就く者を定めることを委ねるものと解される。

イ　そうすると、このような定めは、理事の互選により選任された理事長について理事の過半数の一致により理事長の職を解き、別の理事を理事長に定めることも総会で選任された理事に委ねる趣旨と解するのが、本件規約を定めた区分所有者の合理的意思に合致するというべきである。

ウ　そして、本件規約は、理事長を区分所有法に定める管理者とし（43条2項）、役員である理事に理事長等を含むものとした上（40条1項）、役員の選任及び解任について総会の決議を経なければならない（53条13号）とする一方で、理事は、組合員のうちから総会で選任し（40条2項）、その互選により理事長を選任する（同条3項）としている。

エ　区分所有法は、集会の決議以外の方法による管理者の解任を認めるか否か及びその方法について区分所有者の意思に基づく自治的規範である規約に委ねているものと解される。

❶　ア、イ、ウ、エ

❷　イ、ア、ウ、エ

❸　ウ、ア、イ、エ

❹　エ、ウ、ア、イ

Point 理事の互選により選任された理事長は、規約で理事の過半数の一致で理事長の職を解くことが可。

　本問は、平成29年12月18日の最高裁判所第一小法廷判決を題材としたものである。この判例内容は、本件マンションの規約に「理事長」職を理事の互選により「選任」する旨の定めはあったが、その「解任」に関する定めを欠いていたため、この「選任」の定めを根拠にして、理事長を理事会で「解任」し一般の理事に変更することの可否が争われた。

　判決の結論としては、理事の互選により選任された理事長については、本件規約の定めにより、理事の過半数の一致により理事長の職を解くことができるとしている。

【正しい順番に並べた判決文】

エ　　　区分所有法は、集会の決議以外の方法による管理者の解任を認めるか否かおよびその方法について区分所有者の意思に基づく自治的規範である規約に委ねているものと解される。

ウ　　　そして、本件規約は、理事長を区分所有法に定める管理者とし（本件規約43条2項）、役員である理事に理事長等を含むものとした上（40条1項）、役員の選任および解任について総会の決議を経なければならない（53条13号）とする一方で、理事は、組合員のうちから総会で選任し（40条2項）、その互選により理事長を選任する（同3項）としている。

ア　　　これは、理事長を理事が就く役職の1つと位置付けた上、総会で選任された理事に対し、原則として、その互選により理事長の職に就く者を定めることを委ねるものと解される。

イ　　　そうすると、このような定めは、理事の互選により選任された理事長について理事の過半数の一致により理事長の職を解き、別の理事を理事長に定めることも総会で選任された理事に委ねる趣旨と解するのが、本件規約を定めた区分所有者の合理的意思に合致するというべきである。

頻出　　したがって、正しい順番に並べたものはエ・ウ・ア・イとなり、正解は**❹**となる。

40 区分所有建物総合⑥

次の記述のうち、判例によれば、適切なものはいくつあるか。

ア 区分所有者の団体のみが共用部分から生ずる利益を収取する旨を集会で決議し、又は規約で定めた場合には、各区分所有者は、その持分割合に相当する利益についての返還を請求することはできない。

イ 区分所有者の集会で複数の理事を選任し、理事長は理事会で理事の互選で選任する旨を規約で定めた場合には、理事の職は維持しつつ、理事長の職を解くことについて、理事会の決議で決することができる。

ウ 建物の建築に携わる設計者、施工者及び工事監理者は、建物の建築に当たり、契約関係にない居住者を含む建物利用者、隣人、通行人等に対する関係でも、当該建物の建物としての基本的な安全性が欠けることのないように配慮すべき注意義務を負う。

エ 管理組合の業務を分担することが一般的に困難な不在組合員に対し一定の金銭負担を求めることは、規約の変更に必要性及び合理性があり、不在組合員の受ける不利益の程度を比較衡量して一定の金銭負担に相当性のある場合には、受忍限度を超えるとまではいうことはできない。

❶ 一つ

❷ 二つ

❸ 三つ

❹ 四つ

ア　適　切

　「一部の区分所有者が共用部分を第三者に賃貸して賃料を得た場合、他の区分所有者が、不当利得返還請求権に基づいて、その共用部分の持分割合に相当する額の金員及びこれに対する遅延損害金の支払を求めた事案」において、区分所有法18条1項本文・2項は、共用部分の管理に関する事項は集会の決議で決するか、又は規約で定める旨を規定し、共用部分の管理を団体的規制に服させている。そして、共用部分を第三者に賃貸することは共用部分の管理に関する事項に当たるところ、不当利得返還請求権は、共用部分の第三者に対する賃貸による収益を得ることができなかったという区分所有者の損失を回復するためのものであるから、共用部分の管理と密接に関連するものといえる。すると、区分所有者の団体は、区分所有者の団体のみがこの請求権を行使できる旨を集会で決議し、又は規約で定めることができる。そして、集会の決議又は規約の定めがある場合、各区分所有者は、不当利得返還請求権を行使できない（最判平成27年9月18日）。

イ　適　切

　「区分所有者の集会で複数の理事を選任し、理事長は理事会で理事の互選で選任する旨の規約について、理事長を理事が就く役職の一つと位置付け、総会で選任された理事に対し、原則として、その互選により理事長の職に就く者を定めることを委ねる。そのうえで、このような定めは、理事の互選により選任された理事長について理事の過半数の一致により理事長の職を解き、別の理事を理事長に定めることも総会で選任された理事に委ねる」趣旨と解するのが、このような規約を定めた区分所有者の合理的意思に合致するといえる（最判平成29年12月18日）。

ウ　適　切

　「建物の建築に携わる設計者、施工者及び工事監理者は、建物の建築に当たり、契約関係にない居住者を含む建物利用者、隣人、通行人等に対する関係でも、当該建物に建物としての基本的な安全性が欠けることがないように配慮すべき注意義務を負う」（最判平成19年7月6日）。

エ　適　切

　「自ら専有部分に居住しない不在組合員が組合費に加えて住民活動協力金を負担すべきとする規約の変更が、区分所有法66条、31条1項後段にいう一部の団地建物所有者の権利に特別の影響を及ぼすときに当たるかが争われた事案」において、「管理組合の運営に関する業務を分担することが一般的に困難な不在組合員に対し、規約変更により一定の金銭的負担を求め、不在組合員と居住組合員との間の不公平を是正しようとしたことには必要性と合理性が認められ、この必要性と合理性と本件規約変更により不在組合員が受ける不利益の程度を比較衡量し、加えて、不利益を受ける多数の不在組合員のうち、その支払を拒んでいるのは、少数にすぎないことも考慮すれば、本件規約変更は、不在組合員において受忍すべき限度を超えるとまではいえない（最判平成22年1月26日）。

　したがって、適切なものはア～エの四つであり、正解は❹となる。

正　解　❹

189

区分所有法等

41 団 地①

CHECK!　　　　R 4 -問38　　　**A**重要度

団地関係に関する次の図についての各記述のうち、区分所有法によれば、最も不適切なものはどれか。

 ❶

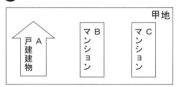

Aの建物所有者とBの建物所有者とCの建物所有者が甲地を共有している場合には、甲地を目的とするAとBとCの団地関係が成立する。

❷

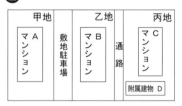

Aの建物所有者とBの建物所有者が敷地駐車場を共有し、Aの建物所有者とBの建物所有者とCの建物所有者がDと通路を共有している場合には、Dと通路を目的としたAとBとCの団地関係と、敷地駐車場を目的としたAとBの団地関係が、重畳的に成立する。

❸

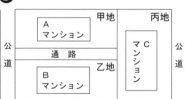

Aの建物所有者とBの建物所有者が通路を共有している場合でも、規約で定めれば、甲地と乙地と丙地を団地共用部分とするAとBとCの団地関係が成立する。

❹

Aの建物所有者が甲地を単独所有し、Bの建物所有者とCの建物所有者が乙地を共有し、Aの建物所有者とBの建物所有者とCの建物所有者が通路を共有し、AとB、AとCの往来に利用されている場合には、通路を目的としたAとBとCの団地関係と、乙地を目的としたBとCの団地関係が、重畳的に成立する。

Point 団地建物所有者は全員で団体を構成し、これにより団地関係が成立する。

> 　一団地内に数棟の建物があって、その団地内の土地又は附属施設がそれらの建物の所有者（専有部分のある建物にあっては、区分所有者）の**共有に属する**場合、それらを結合の核として、その所有者（団地建物所有者）は、全員で、その団地内の土地、附属施設及び専有部分のある建物の管理を行うための団体を構成し（区分所有法65条）、これによって団地関係が成立する。

以下、これを前提に検討する。

❶ 適 切

頻出　団地内の建物は、区分所有建物であっても、戸建建物であってもよいので、甲地を結合の核として、Ａ、Ｂ、Ｃの建物所有者全員の団地関係が成立する。

❷ 適 切

　通路と附属建物Ｄを結合の核として、Ａ、Ｂ、Ｃの建物所有者全員の団地関係が成立するとともに、敷地駐車場を結合の核として、Ａの建物所有者とＢの建物所有者の団地関係が重畳的に成立する。

❸ 最も不適切　「甲地と乙地と丙地を団地共用部分とするＡとＢとＣの団地関係が成立する」➡「敷地を団地共用部分とはできず、団地関係は成立しない」

ひっかけ　通路を結合の核として、Ａの建物所有者とＢの建物所有者の団地関係が成立する。そして、団地関係は重畳的に成立しうる。しかし、**団地規約により団地共用部分とできるのは、一団地内の付属施設たる建物であって、建物の敷地は、団地規約で定めても団地共用部分とはできない**（67条）。したがって、Ａ、Ｂ、Ｃの建物所有者間には結合の核となるものがないので、団地関係は成立しない。

❹ 適 切

　通路を結合の核として、Ａ、Ｂ、Ｃの建物所有者全員の団地関係が成立する。また、団地関係は重畳的に成立しうるので、乙地を結合の核として、Ｂの建物所有者とＣの建物所有者の団地関係が成立する。

正解 **❸**

42 団 地②（一括建替え決議）

■ ■ ■ CHECK! H29-問39

重要度 B

次の文章は、団地内の区分所有建物の建替えに関する事件についての最高裁判所の判決の一部である。その文中の（ ア ）～（ エ ）に入るべき語句の組合せとして正しいものはどれか。なお、文中の「同法」は、「区分所有法」をいう。

「同法70条1項は、団地内の各建物の区分所有者及び議決権の各（ ア ）以上の賛成があれば、団地内区分所有者及び議決権の各（ イ ）以上の多数の賛成で団地内全建物一括建替えの決議ができるものとしているが、団地内全建物一括建替えは、団地全体として計画的に良好かつ安全な住環境を確保し、その敷地全体の効率的かつ一体的な利用を図ろうとするものであるところ、・・・(略)・・・、団地全体では同法62条1項の議決要件と同一の議決要件を定め、各建物単位では区分所有者の数及び議決権数の過半数を相当超える議決要件を定めているのであり、同法70条1項の定めは、なお合理性を失うものではないというべきである。また、団地内全建物一括建替えの場合、1棟建替えの場合と同じく、・・・(略)・・・、建替えに参加しない区分所有者は、（ ウ ）ことにより、区分所有権及び敷地利用権を（ エ ）こととされているのであり（同法70条4項、63条4項）、その経済的損失については相応の手当がされているというべきである。」

	（ ア ）	（ イ ）	（ ウ ）	（ エ ）
❶	$\frac{2}{3}$	$\frac{3}{4}$	買取請求権を行使する	敷地利用権のみの価格で買い取らせる
❷	$\frac{2}{3}$	$\frac{4}{5}$	売渡請求権の行使を受ける	時価で売り渡す
❸	$\frac{3}{4}$	$\frac{4}{5}$	買取請求権を行使する	時価で買い取らせる
❹	$\frac{3}{4}$	$\frac{3}{4}$	売渡請求権の行使を受ける	敷地利用権のみの価格で売り渡す

完成した文章は、次のとおりである。

「同法70条1項は、団地内の各建物の区分所有者および議決権の各（ア $\frac{2}{3}$）以上の賛成があれば、団地内区分所有者および議決権の各（イ $\frac{4}{5}$）以上の多数の賛成で団地内全建物一括建替え決議ができるものとしているが、団地内全建物一括建替えは、団地全体として計画的に良好かつ安全な住環境を確保し、その敷地全体の効率的かつ一体的な利用を図ろうとするものであるところ、…(略)…、団地全体では同法62条1項の議決要件と同一の議決要件を定め、各建物単位では区分所有者の数および議決権数の過半数を相当超える議決要件を定めているのであり、同法70条1項の定めは、なお合理性を失うものではないというべきである。また、団地内全建物一括建替えの場合、1棟建替えの場合と同じく、…（略）…、建替えに参加しない区分所有者は、(ウ　売渡請求権の行使を受ける)ことにより、区分所有権および敷地利用権を（エ　時価で売り渡す）こととされているのであり（同法70条4項、63条4項）、その経済的損失については相応の手当がされているというべきである。」

したがって、用語の組合せとして正しいものは、「ア $\frac{2}{3}$」、「イ $\frac{4}{5}$」、「ウ　売渡請求権の行使を受ける」、「エ　時価で売り渡す」であり、正解は❷となる。

区分所有法等

正解 ❷

区分所有法

43 　団　　地③（団地内建物の建替え決議）

CHECK! □□□ 　　　　　　R 5-問33　　　C 重要度

団地内建物の建替え決議に関する次の記述のうち、区分所有法によれば、不適切なものはいくつあるか。

ア　団地内建物の建替え決議については、一括建替え決議をする場合でも、団地内の特定の建物のみを建て替える場合でも、いずれも、全ての建物が専有部分のある建物である必要はない。

イ　一括建替え決議は、団地内建物の敷地が、その団地内建物の区分所有者全員の共有になっている場合でなければならない。

ウ　団地管理組合の規約の定めにより、団地内の専有部分のある建物の管理を棟別の管理組合で行うことになっている場合には、その規約の定めを、団地管理組合の管理で行う旨に改正しない限り一括建替え決議はできない。

エ　団地内の特定の建物のみで建替え決議をする場合には、当該建物の建替え決議に加えて、団地管理組合の集会において、敷地共有者の数及び議決権の各4分の3以上の特別多数による建替え承認決議と、当該建替えによって特別の影響を受ける者の承諾が別途必要である。

❶　一つ

❷　二つ

❸　三つ

❹　四つ

Point 敷地共有者数は建替え承認決議要件ではなく、特別の影響を受ける者の承諾不要。

ア **不適切** 「団地内建物の一括建替え決議をするには、全ての建物が区分所有建物であることが必要」

　団地内の特定の建物のみを建て替える場合は、①建替える建物が専有部分のある建物であるときは、その建替え決議又はその区分所有者全員の同意、②建替える建物が専有部分のある建物以外の建物であるときはその所有者の同意が必要である。そして、さらに団地管理組合又は団地管理組合法人の集会において議決権の$\frac{3}{4}$以上の多数による建替え承認決議が成立することにより建替えができる（区分所有法69条1項）。したがって、団地内の特定の建物のみの建替えの場合は、建替えの対象となる建物がすべて専有部分のある建物である必要はない。これに対し、団地内の全ての建物を一括して建て替える一括建替え決議をする場合には、団地内建物は全て専有部分のある建物であることが必要となる（70条1項）。

イ **適　切**

　団地内建物の一括建替え決議をするには、団地内建物の全部が専有部分のある建物であることに加え、団地内建物の敷地がその区分所有者全員の共有に属することが要件とされている（70条1項）。

ウ **適　切**

　団地内建物の一括建替え決議をするには、団地内の各建物が団地管理組合の規約によって、団地管理組合の管理の対象とされていなければならない（70条1項）。したがって、規約の改正が必要となる。

エ **不適切** 「敷地共有者数は、建替え承認決議の要件ではなく、特別の影響を受ける者の承諾は別途必要ではない」

　団地内の特定の建物のみを建て替える場合における建替え承認決議の議決権は、その建物が所在する土地（これに関する権利を含む）の持分の割合による（69条2項）。共有地上にある特定の建物を取り壊して、その共有地に新たに建物を建築することは、もっぱら土地の共有持分権に関わる事項だからである。また、特定の建物のみの建替えによって他の建物の建替えに特別の影響を及ぼすときは、建替え承認決議において、特別の影響を受ける建物が、①専有部分のある建物である場合には、特別の影響を受ける建物の区分所有者全員の議決権の$\frac{3}{4}$以上の議決権を有する区分所有者の賛成、②専有部分のある建物以外の建物である場合には、その建物の所有者の賛成が必要となる（同5項）。この賛成は、建替え承認決議において必要となるのであり、別途、手続きが必要となるものではない。

　したがって、不適切なものはア・エの二つであり、正解は**❷**となる。

正解 **❷**

区分所有法第71条の罰則規定に関する次の記述のうち、誤っているものはどれか。

❶ 管理組合法人において、登記に関して必要な事項の登記を怠った場合にあっては、理事は過料に処せられる。

❷ 議長は、集会の議事において、議事録に記載すべき事項を記載しなかった場合に、過料に処せられる。

❸ 監事は、集会の議事において、管理者の管理事務についての監査報告を怠った場合に、過料に処せられる。

❹ 管理組合法人において、規約に定めた理事の員数が欠けた場合にあって、その選任手続を怠ったときは、理事は過料に処せられる。

Point **監事は過料の対象者ではない！**

❶ **正しい** 管理組合法人について、登記に関して必要な事項の登記を怠った
場合、理事は、20万円以下の過料に処せられる（区分所有法71条5号、
47条3項）。

頻出

❷ **正しい** 集会の議事において、議事録に記載すべき事項を記載しなかった
場合、議長等は、20万円以下の過料に処せられる（71条3号、42条1項）。

❸ **誤り** 「監事に対する罰則はない」

ひっかけ

区分所有法71条各号のいずれかに該当する場合、その行為をした**管理者**、
理事、規約を保管する者、議長または清算人は、20万円以下の過料に処
せられる。監事が過料に処せられるという規定はない。

❹ **正しい** 理事・監事が欠けた場合または規約で定めたその員数が欠けた場
合で、その選任手続を怠ったときは、理事は、20万円以下の過料に処せ
られる（71条7号）。

頻出

区
分
所
有
法
等

正解 ❸

45 建替え等円滑化法①

□ □ □ CHECK!　　　R元-問43　　**B**

マンション建替事業に関する次の記述のうち、「マンション建替え等円滑化法」の規定によれば、正しいものはどれか。

❶　権利変換計画の決定及びその変更を行うときは、マンション建替組合（以下、本問において「組合」という。）の総会において、組合員の議決権及び持分割合の各$\frac{3}{4}$以上の決議で決する。

❷　マンション建替事業は、組合によるほか、区分所有者又はその同意を得た者が1人でも施行することができる。

❸　参加組合員として組合の組合員となることができる者は、当該マンションの区分所有者又はその包括承継人に限られる。

❹　建替えに参加しない旨を組合に回答した区分所有者（その承継人を含み、その後に建替え合意者等となった者を除く。）は、組合に対し、区分所有権及び敷地利用権を時価で買い取るべきことを請求することができる。

❶ 誤り 「議決権および持分割合の各 $\frac{3}{4}$ 以上」 ➡ 「各 $\frac{4}{5}$ 以上」

頻出　権利変換計画およびその変更は、組合員の議決権および持分割合の各 $\frac{4}{5}$ 以上で決する（建替え等円滑化法30条3項、27条7号）。

❷ 正しい　マンション建替組合（組合）は、マンション建替事業を施行できる（5条1項）。また、区分所有者またはその同意を得た者は、1人で、または数人共同して、マンション建替事業を施行できる（同2項）。

頻出

❸ 誤り 「区分所有者またはその承継人に限られる ➡ 「組合が施行するマンション建替事業に参加することを希望し、かつ、それに必要な資力および信用を有する者であって、定款で定められたものである」

頻出　施行マンションの建替え合意者等は、すべて組合の組合員となる（16条1項）。また、これ以外の者であっても、組合が施行するマンション建替事業に参加することを希望し、かつ、それに必要な資力および信用を有する者であって、定款で定められたものは、参加組合員として、組合の組合員となる（17条）。したがって、組合の組合員となることができる者は、その区分所有者またはその承継人に限られない。

❹ 誤り 「本肢の場合に買取請求権を定める規定はない」

ひっかけ　組合は、知事による設立の公告の日から2ヵ月以内に、建替えに参加しない旨を回答した区分所有者（その承継人を含み、その後に建替え合意者等となったものを除く）に対し、区分所有権および敷地利用権を時価で売り渡すべきことを請求できる（15条1項前段）。本肢の場合、組合の売渡請求権しか規定されていない。

正解 **❷**

次の記述のうち、マンション建替え等円滑化法によれば、最も不適切なものはどれか。ただし、本問において「マンション」とは、同法第2条第1項第1号に規定するものとする。

❶ 非法人の管理組合において、マンションの管理者又は区分所有者集会で指定された区分所有者は、特定行政庁に対し、当該マンションを除却する必要がある旨の認定を申請することができる。

❷ 特定行政庁が行う除却の必要性に係る認定は、外壁等が剝離し、落下することにより周辺に危害を生ずるおそれに対する安全性に係る基準に該当するのみでは行われない。

❸ 特定要除却認定を受けた場合において、特定要除却認定マンションに係る敷地利用権が数人で有する所有権又は借地権であるときは、区分所有者集会において、区分所有者、議決権及び当該敷地利用権の持分の価格の各 $\frac{4}{5}$ 以上の多数で、当該特定要除却認定マンション及びその敷地（当該敷地利用権が借地権であるときは、その借地権）を売却する旨の決議をすることができる。

❹ その敷地面積が政令で定める規模以上であるマンションのうち、要除却認定マンションに係るマンションの建替えにより新たに建築されるマンションで、特定行政庁が交通上、安全上、防火上及び衛生上支障がなく、かつ、その建ぺい率、容積率及び各部分の高さについて総合的な配慮がなされていることにより市街地の環境の整備改善に資すると認めて許可したものの容積率には、特例が認められる。

Point 管理者等は、特定行政庁に対し、マンション除却の必要性の認定を申請可。

❶ 適 切

　管理組合法人ではないマンションにおいて、**管理者又は管理者がないときに集会で指定された区分所有者**は、特定行政庁に対し、当該マンションを除却する必要がある旨の認定を申請できる（建替え等円滑化法102条1項）。

❷ 最も不適切 「周辺に危害を生ずるおそれに対する安全性に係る基準に該当すれば、認定される」

　マンションを除却する必要がある旨の認定の申請があった場合、当該申請に係るマンションが外壁、外装材その他これらに類する建物の部分が剥離し、落下することにより周辺に危害を生ずるおそれがあるものとして国土交通大臣が定める基準に該当すると認められるときは、特定行政庁により、その旨の認定がなされる（102条2項3号）。

❸ 適 切

　マンションの耐震性の不足（102条2項1号）、火災に対する安全性の不足（同2号）、外壁等の剥落により周辺に危害を生ずるおそれ（同3号）があることにより特定要除却認定を受けた場合、そのマンションに係る敷地利用権が数人で有する所有権又は借地権であるときは、区分所有者集会において、区分所有者、議決権及び当該敷地利用権の持分の価格の各 $\frac{4}{5}$ 以上の多数で、当該特定要除却認定マンション及びその敷地（当該敷地利用権が借地権であるときは、その借地権）を売却する旨の決議ができる（108条1項）。

❹ 適 切

　その敷地面積が政令で定める規模以上であるマンションのうち、要除却認定マンションに係るマンションの建替えにより新たに建築されるマンションで、特定行政庁が交通上、安全上、防火上及び衛生上支障がなく、かつ、その建ぺい率、容積率及び各部分の高さについて総合的な配慮がなされていることにより市街地の環境の整備改善に資すると認めて許可したものの容積率は、その許可の範囲内において、建築基準法の規定による限度を超えることができる（105条1項）。

正解 ❷

47 建替え等円滑化法③

 CHECK! H29-問42改

マンション建替え等円滑化法の規定によれば、マンション敷地売却に関する次の記述のうち、誤っているものはどれか。なお、本問において、「マンション」とは、同法第2条第1項第1号に規定するものとする。

❶ マンションの管理者等は、特定行政庁に対し、当該マンションを除却する必要がある旨の認定を申請することができる。

❷ 特定要除却認定を受けた場合において、特定要除却認定マンションに係る敷地利用権が数人で有する所有権又は借地権であるときは、区分所有者集会において、区分所有者、議決権及び敷地利用権の持分の価格の各 $\frac{4}{5}$ 以上の多数で、当該特定要除却認定マンション及びその敷地(敷地利用権が借地権であるときは、その借地権)を売却する旨の決議をすることができる。

❸ マンション敷地売却組合は、その名称中に「マンション敷地売却組合」という文字を用いた法人でなければならない。

❹ マンション敷地売却組合を設立するためには、マンション敷地売却合意者が5人以上共同して、定款及び資金計画を定め、都道府県知事等の認可を求めるとともに、マンション敷地売却組合の設立について、マンション敷地売却合意者の敷地利用権の持分の価格の $\frac{4}{5}$ 以上の同意を得なければならない。

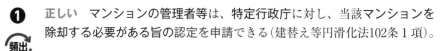

❶ **正しい** マンションの管理者等は、特定行政庁に対し、当該マンションを除却する必要がある旨の認定を申請できる(建替え等円滑化法102条１項)。

頻出

❷ **正しい** 特定要除却認定を受けた場合において、特定要除却認定マンションに係る敷地利用権が、数人で有する所有権・借地権である場合は、区分所有者集会において、区分所有者・議決権および当該敷地利用権の持分の価格の各$\frac{4}{5}$以上の多数で、当該特定要除却認定マンション・その敷地(当該敷地利用権が借地権であるときは、その借地権)を売却する旨の決議(「マンション敷地売却決議」)ができる(108条１項)。

❸ **正しい** マンション敷地売却組合は、法人であることが必要である(117条１項)。また、マンション敷地売却組合は、その名称中に、マンション敷地売却組合という文字を用いなければならない(119条１項)。

❹ **誤り** 「$\frac{4}{5}$以上」 ➡ 「$\frac{3}{4}$以上」

ひっかけ

マンション敷地売却合意者は、５人以上共同して、定款・資金計画を定め、知事等の認可を受けて、マンション敷地売却組合を設立できる(120条１項)。そして、この知事の認可を申請する場合、当該組合設立については、マンション敷地売却合意者の$\frac{3}{4}$以上の同意を得なければならない(同２項)。なお、この「同意」については、同意者の議決権の合計がマンション敷地売却合意者の議決権の合計の$\frac{3}{4}$以上であり、かつ、同意者の敷地利用権の持分の価格の合計がマンション敷地売却合意者の敷地利用権の持分の価格の合計の$\frac{3}{4}$以上であることが必要とされる。

正解 **❹**

第**3**編

管理委託契約書・標準管理規約・
その他関連知識

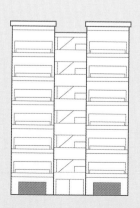

　不動産登記法（平成16年法律第123号）に関する次の記述のうち、正しいものはどれか。

❶　登記記録のうち、建物の表題部には、所在地、家屋番号、種類、構造、床面積及び固定資産税評価額が記載される。

❷　登記記録は、表題部と権利部に区分して作成され、権利部は甲区と乙区に区分され、所有権移転の仮登記は乙区に記録される。

❸　区分建物が属する一棟の建物が新築された場合における表題登記の申請は、新築された一棟の建物に属する他の区分建物の全部について併せて申請しなければならない。

❹　区分建物の表示に関する登記における区分建物の床面積は、各階ごとに壁その他の区画の中心線で囲まれた部分の水平投影面積により算出する。

❶ **誤り** 「表題部には固定資産税評価額は記載されない」

ひっかけ ⚠ 登記記録の建物の表題部には、所在地、家屋番号、構造、床面積等が記録されるが、固定資産税評価額は記載されない（不動産登記法2条7号、不動産登記規則4条参照）。

❷ **誤り** 「乙区に記録」➡「甲区に記録」

頻出 🔄 登記記録は、表題部と権利部に区分して作成される（不動産登記法2条5号・7号・8号）。さらに権利部は、甲区と乙区に区分される（不動産登記規則4条4項）。そして、所有権移転の仮登記は、所有権に関する登記なので、甲区に記録される。

❸ **正しい** 「区分建物が属する1棟の建物が新築された場合」、または表題登記がない建物に接続して区分建物が新築されて1棟の建物となった場合における当該区分建物についての表題登記の申請は、「新築された」、または区分建物が属することとなった当該1棟の建物に属する他の区分建物についての表題登記の申請と、併せてしなければならない（不動産登記法48条1項）。

頻出 🔄

❹ **誤り** 「中心線で囲まれた部分」➡「内側線で囲まれた部分」

頻出 🔄 建物の床面積は、各階ごとに壁その他の区画の中心線（区分建物にあっては、壁その他の区画の「内側線」）で囲まれた部分の水平投影面積によって算出する（不動産登記規則115条）。

管理委託契約書・標準管理規約・その他関連知識

【登記記録の構成】

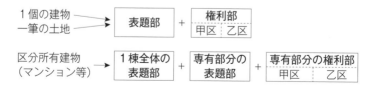

次の記述のうち、不動産登記法によれば、誤っているものはどれか。

❶ 登記記録の甲区及び乙区に記録する登記事項がない場合には、甲区及び乙区は作成されず、所有権の登記がない不動産（規約共用部分である旨の登記又は団地規約共用部分である旨の登記がある建物を除く。）については、表題部に所有者の氏名又は名称及び住所並びに所有者が2人以上であるときはその所有者ごとの持分が記録される。

❷ 敷地権付き区分建物において、表題部所有者から所有権を取得した者が、所有権の保存の登記を申請するときは、当該敷地権の登記名義人の承諾を得なければならない。

❸ 仮登記の登記権利者は、登記義務者の承諾書を添付して、単独で仮登記を申請することができる。

❹ 処分禁止の仮処分、差押え、所有権の買戻権の登記は、登記記録の権利部の乙区に記録される。

❶ **正しい** 登記記録の甲区・乙区に記録する登記事項がない場合には、甲区・乙区は作成されない。また、所有権の登記がない不動産（規約共用部分である旨の登記または団地規約共用部分である旨の登記がある建物を除く）の場合は、表題部に、所有者の氏名・名称、住所、所有者が2人以上であるときはその所有者ごとの持分が記録される（不動産登記法27条3号）。

❷ **正しい** 敷地権付き区分建物の場合で、表題部所有者から所有権を取得した者が、所有権の保存の登記を申請するときは、当該敷地権の登記名義人の承諾を得なければならない（74条2項・1項）。

❸ **正しい** 仮登記の登記権利者は、登記義務者の承諾書を添付すれば、単独で仮登記を申請できる（107条1項）。

❹ **誤り** 「乙区」➡「甲区」

　処分禁止の仮処分・差押え・所有権の買戻権の登記は、すべて所有権に関するものであるので、登記記録の権利部の「甲区」に記録される（2条8号、不動産登記規則4条4項）。

管理委託契約書・標準管理規約・その他関連知識

不動産登記法に関する次の記述のうち、正しいものはどれか。

❶　区分建物の所有権に関する事項は、登記記録の甲区欄に記録され、所有権の仮登記、仮差押え登記は乙区欄に記録される。

❷　区分建物の表示に関する登記における区分建物の床面積は、各階ごとに壁その他の区画の中心線で囲まれた部分の水平投影面積（いわゆる壁心計算による面積）により算出する。

❸　権利に関する登記を申請する場合において、その申請情報と併せて登記原因を証する情報をその登記所に提供しなければならない。

❹　登記記録の表題部には、土地又は建物の固定資産税評価額も記録される。

Point 　区分建物床面積 ➡ 壁等区画の内側線で囲まれた一定面積。

❶ 　誤り　「乙区欄に記録」 ➡ 「甲区欄に記録」

　登記記録は、表題部と権利部に区分して作成される（不動産登記法2条5号・7号・8号）。さらに権利部は、所有権に関する登記の登記事項を記録する甲区と、所有権以外に関する登記の登記事項を記録する乙区に区分される（不動産登記規則4条4項）。したがって、所有権移転の仮登記・仮差押え登記は、所有権に関する登記なので、甲区欄に記録される。

❷ 　誤り　「中心線で囲まれた部分」 ⇒ 「内側線で囲まれた部分」

　建物の床面積は、各階ごとに壁その他の区画の中心線（区分建物にあっては、壁その他の区画の「内側線」）で囲まれた部分の水平投影面積による（115条）。

❸ 　正しい　権利に関する登記を申請する場合には、申請人は、法令に別段の定めがある場合を除き、その申請情報と併せて登記原因を証する情報をその登記所に提供しなければならない（不動産登記法61条）。

❹ 　誤り　「表題部には固定資産税評価額は記載されない」

　登記記録の建物の表題部には、所在地、家屋番号、構造、床面積等が記録されるが、固定資産税評価額は記載されない（2条7号、不動産登記規則4条参照）。

管理委託契約書・標準管理規約・その他関連知識

正解 ❸

211

区分所有者Aが、自己所有のマンションの専有部分甲（以下、本問において「甲」という。）をBに賃貸する場合に関する次の記述のうち、民法、借地借家法（平成3年法律第90号）の規定及び判例によれば、正しいものはどれか。なお、AB間の賃貸借契約は、定期建物賃貸借契約ではないものとする。

❶　AB間において、一定期間、賃料を増額しない旨の特約がある場合には、経済事情の変動により、当該賃料が近傍同種の建物に比較して不相当になったときでも、Aは、当該特約に定める期間、増額請求をすることができない。

❷　AB間で賃貸借契約を締結し、Bが入居した後に、Aが甲を第三者Cに譲渡し、Cが移転登記をした場合でも、Cに賃貸人たる地位が移転した旨をAがBに通知しなければ、Cに賃貸人の地位は移転しない。

❸　AB間の賃貸借契約において、Aからの解約は6月の予告期間を置き、Bからの解約は1月の予告期間を置けば、正当の事由の有無を問わず中途解約できる旨の特約は有効である。

❹　AB間において、甲の使用目的を専らBの事務所として賃貸借する旨を賃貸借契約書に明示した場合は、借地借家法は適用されない。

❶ **正しい** 建物（マンション）の借賃が、経済事情の変動により、または近傍同種の建物の借賃に比較して**不相当となったとき**は、契約の条件にかかわらず、当事者は、将来に向かって建物の借賃の額の**増減**を請求できる。ただし、一定の期間、建物の借賃を増額しない旨の特約がある場合には、その定めに従う（借地借家法32条1項）。したがって、賃貸人Aと賃借人Bの間に賃料を増額しない旨の特約がある場合、Aは、当該特約に定める期間は賃料の増額を請求できない。

❷ **誤り** 「通知しなければ、賃貸人の地位は移転しない」
　　　➡「通知しなくても、賃貸人の地位が移転する」

　建物の賃貸借がなされて、賃借人が賃借権の対抗要件を備えた場合、当該建物が第三者に譲渡されたときは、**賃貸人の地位は建物の新所有者に移転**する（民法605条の2第1項）。本肢のBは甲に入居している（引渡しを受けている）ので、賃借権の対抗要件を備えている（借地借家法31条）。したがって、Aが甲をCに譲渡して移転登記をした場合、賃貸人の地位は、AからCに移転する。

❸ **誤り** 「有効である」➡「無効である」

　「期間の定めのある」建物の賃貸借契約をした場合には、当事者は中途解約をすることはできないのが原則である。他方、「期間の定めのない」建物の賃貸借契約をした場合には、各当事者はいつでも解約の申入れができ、賃借人からの申入れのときは3ヵ月の経過、賃貸人からの申入れのときは6ヵ月の経過によって終了する（民法617条1項2号、借地借家法27条1項）。そして、いずれの賃貸借契約においても、当該契約の更新等に関する規定に反する特約で、建物の賃借人に不利な特約は無効となる（30条）。したがって、賃貸人Aから「正当事由の有無を問わずに中途解約できる旨の特約」は、無効である。

❹ **誤り** 「借地借家法は適用されない」➡「適用される」

　借地借家法は「建物の賃貸借」については、民法を修正する一定の規定を置いて建物の賃借人を保護している（1条参照）。したがって、「**建物の賃貸借**」であれば、事務所として賃貸借する場合でも、**借地借家法が適用される**。

正解 **❶**

5 借地借家法②（借家権）

CHECK! □□□

R2-問43

重要度 **A**

区分所有者Aが、自己所有のマンションの専有部分をBに賃貸した場合に関する次の記述のうち、民法及び借地借家法の規定によれば、正しいものはどれか。なお、AB間の賃貸借契約は、定期建物賃貸借契約ではないものとする。

❶ Bが、Aの承諾を得ないで、その専有部分を第三者Cに転貸する契約を締結した場合でも、Cがその専有部分の使用・収益を始めない限り、AはBとの賃貸借契約を解除することができない。

❷ AB間で建物賃貸借の期間を2年間と定め、中途解約ができる旨の特約を定めなかった場合でも、Bからは、1箇月の予告期間を置けば中途解約ができる。

❸ BがAの同意を得て付加した畳、建具その他の造作について、Bは、Aに対し、賃貸借が終了したときにそれらの買取りを請求することができない旨の特約は無効である。

❹ Bが賃料を支払わなければならない時期は、特約をしなければ、当月分について前月末日である。

Point 転借人が使用・収益を開始しない ⇒ 賃貸人は賃貸借契約解除不可。

❶ **正しい** 賃借人は、賃貸人の承諾を得なければ、その賃借権を譲渡・転貸できない（民法612条1項）。賃借人が**無断譲渡・転貸**をし、**第三者に賃借物の使用・収益をさせたとき**は、賃貸人は、契約の解除ができる（同2項）。したがって、Cが使用・収益を開始しない限り、Aは、Bとの賃貸借契約を解除できない。

❷ **誤り** 「**中途解約ができる旨の特約を定めなかった場合、中途解約はできない**」

当事者が賃貸借の期間を定めた場合でも、その一方又は双方がその期間内に解約をする権利を留保できる（618条）。すなわち、**中途解約ができる旨の特約は有効**である。しかし、本肢では、中途解約ができる旨の特約を定めていないため、中途解約は認められない。

❸ **誤り** 「**無効**」⇒「**有効**」

建物の賃貸人の同意を得て建物に付加した畳、建具その他の造作がある場合には、建物の賃借人は、建物の賃貸借が期間の満了又は解約の申入れによって終了するときに、建物の賃貸人に対し、その造作を時価で買い取るべきことを請求することができる（「造作買取請求権」借地借家法33条1項前段）。ただし、造作買取請求権を排除する旨の特約は有効である（37条）。

❹ **誤り** 「**前月末日**」⇒「**当月末日**」

賃料は、動産、建物及び宅地については毎月末に、その他の土地については毎年末に、支払わなければならない（民法614条本文）。

正解 **❶**

区分所有者Aが、自己の所有するマンションの専有部分をBに賃貸する契約において、AB間で合意した次の特約のうち、民法及び借地借家法の規定によれば、無効であるものを全て含む組合せはどれか。

ア　Bが、賃料を滞納した場合には、Aは、直ちに専有部分に入る玄関扉の鍵を取り替える特約

イ　Bは、賃貸借の契約期間中、中途解約できる特約

ウ　Bが死亡したときは、同居する相続人がいる場合であっても、賃貸借契約は終了する特約

エ　BがAの同意を得て建物に付加した造作であっても、賃貸借契約の終了に際して、造作買取請求はできない特約

❶ エ

❷ ア・イ

❸ ア・ウ

❹ イ・ウ・エ

ア　無　効

　裁判所の手続を経ることなく、**実力行使により自己の権利の実現を認めること**は、社会の秩序に混乱を招くため、原則として禁止されている（**自力救済の禁止**）。本肢の「Bが、賃料を滞納した場合には、Aは、直ちに専有部分に入る玄関扉の鍵を取り替える特約」は、この**自力救済の禁止に抵触する特約**であり、**公序良俗に違反するものとして無効**となる（民法90条）。

イ　有　効

　当事者が賃貸借の期間を定めた場合でも、その一方又は双方がその**期間内に解約をする権利を留保したときは、賃貸借契約を解約できる**（618条）。したがって、本肢の「Bは、賃貸借の契約期間中、**中途解約できる特約**」は有効となる。

ウ　無　効

　建物の賃貸借について**賃貸人からの更新の拒絶又は解約の申入れ**は「**正当な事由**」がなければすることができず、これに反する借家人に不利な特約は無効となる（借地借家法28条、30条）。本肢の「Bが死亡したときは、同居する相続人がいる場合でも、賃貸借契約は終了する特約」「借家人が**死亡したら賃貸借は終了する**」という特約は、相続人に承継されるべき賃貸借を正当な事由もなく終了させ、Bに不利なものとなるため、**無効**となる。

エ　有　効

　建物の**賃貸人Aの同意を得て建物に付加した畳、建具その他の造作**がある場合には、建物の**賃借人Bは、建物の賃貸借が期間の満了又は解約の申入れによって終了するとき**に、建物の賃貸人に対し、その造作を時価で買い取るべきことを請求できるが、この規定は**特約で排除できる**（「造作買取請求権」33条1項、37条）。

　したがって、**無効であるものの組合せはア・ウ**であり、正解は**❸**となる。

正解　**❸**

複合用途型の甲マンションにおいて、Aが区分所有する居住用の専有部分をBに、Cが区分所有する事務所用の専有部分をDに、それぞれが賃貸する契約を締結する場合に関する次の記述のうち、民法、借地借家法の規定及び判例によれば、正しいものはどれか。なお、いずれの賃貸借契約も、定期建物賃貸借契約ではないものとする。

❶ AB間の賃貸借契約において、一定期間賃料を増額しない旨の特約は有効である。

❷ AB間で賃貸借契約を締結し、Bが入居した後にAが当該専有部分を第三者であるEに譲渡する場合は、Bの同意を得なければ、賃貸人の地位はEに移転しない。

❸ AB間の賃貸借契約において、解約の申入れは、Aからは解約日の6月前までに、Bからは解約日の1月前までに行えば、相互に正当の事由の有無を問わず解約できる旨の特約は有効である。

❹ CD間の賃貸借契約には、借地借家法は適用されない。

❶

頻出

正しい 建物の借賃が、①土地・建物に対する租税その他の負担の増減、②土地・建物の価格の上昇や低下その他の経済事情の変動、③近傍同種の建物の借賃に比較して**不相当**となった等の場合、契約の条件にかかわらず、当事者は、将来に向かって建物の借賃の額の**増減**を請求できる。ただし、一定の期間建物の借賃を増額しない旨の特約は、有効である（借地借家法32条1項）。

❷

ひっかけ

誤り 「Bの同意を得なければ移転しない」➡「Bの同意がなくても移転する」

建物の賃借人（B）が、建物の引渡しを受けた（対抗要件を備えた）ときは、その後その建物の物権を取得した者（E）に対し、賃借権を主張できる（31条）。この場合、賃貸借契約も建物の所有権の移転に伴い、新所有者（E）に承継され、賃貸借契約は、新所有者を新たな賃貸人として継続する。そして、賃貸人たる地位の移転には、賃借人の同意は不要である（民法605条の2第1項）。

❸

誤り 「相互に正当の事由の有無を問わず」
　　　 ➡「貸主からの解約申入れには正当事由が必要」

建物の賃貸人による更新をしない旨の通知または建物の賃貸借の解約申入れは、「正当事由」がある場合でなければできない（28条）。そして、この「正当事由」は、賃借人Bからの解約申入れには不要であるが、賃貸人Aからの解約申入れには必要である。

なお、本肢のように、期間の定めのない建物賃貸借においての特約を、「賃貸人Aからは解約日の6ヵ月前までに（27条1項）、賃借人Bからは解約日の1ヵ月（民法617条1項では「3ヵ月」）前まで」とすることは認められる。

❹

ひっかけ

誤り 「適用されない」➡「適用される」

借地借家法（借家権）に関する規定は、一時使用のための建物の賃貸借である場合を除き、「賃貸借契約のすべて」に適用される（40条参照）。したがって、事務所用の専有部分の賃貸であっても、借地借家法は適用される。

正解 ❶

管理委託契約書・標準管理規約・その他関連知識

8 借地借家法⑤（定期借家権）

  ✎ CHECK!　　　　H29-問44

区分所有者Aが、自己所有のマンションの専有部分についてBと定期建物賃貸借契約（以下、本問において「本件契約」という。）を締結する場合に関する次の記述のうち、借地借家法の規定によれば、誤っているものはどれか。

❶　本件契約は、公正証書によってしなければならない。

❷　本件契約は、期間を1年未満とすることもできる。

❸　本件契約を締結するに当たり、Aが、あらかじめBに対し、期間満了により当該建物の賃貸借が終了し、契約の更新がないことについて書面を交付して説明しなかった場合には、契約の更新がないこととする旨の本件契約の定めは無効となる。

❹　本件契約においては、相互に賃料の増減額請求をすることはできない旨の特約は有効である。

Point 定期建物賃貸借契約 ⇒ 書面であればＯＫ。

❶ 誤り 「公正証書」⇒「公正証書等の何らかの書面」

　定期建物賃貸借契約を締結する場合は、公正証書による等、書面によって契約をするときに限り、契約の更新がないこととする旨を定めることができる（借地借家法38条1項）。ただし、書面であればよく、必ずしも公正証書によってする必要はない。

❷ 正しい　定期建物賃貸借契約では、当該契約期間の制限はなく、1年未満とすることもできる（38条1項、29条1項）。

❸ 正しい　定期建物賃貸借契約では、賃貸人は、あらかじめ、賃借人に対し、当該賃貸借は契約の更新がなく、期間の満了で終了することについて、その旨を記載した書面を交付して説明しなければならない（38条2項）。賃貸人が書面を交付して説明をしなかった場合、契約更新がない旨の定めは、無効となる（同3項）。

❹ 正しい　定期建物賃貸借契約では、賃料の改定に係る特約がある場合、借地借家法上の借賃増減額請求権の規定は適用されない（38条7項、32条）。したがって、相互に賃料の増減額請求ができない旨の特約は有効となる。

正解 ❶

221

借地借家法⑥（定期借家権）

□□□ ✎ CHECK! R元-問42

重要度 A

　Ａが所有するマンションの一住戸について、自らを貸主とし、借主Ｂと、期間を５年とする定期建物賃貸借契約（以下、本問において「本件契約」という。）を締結しようとする場合に関する次の記述のうち、借地借家法の規定及び判例によれば、正しいものはどれか。

❶　本件契約において、相互に賃料の増減額請求をすることはできない旨の特約は無効である。

❷　Ａは、本件契約を締結するに当たり、あらかじめＢに対し、本件契約期間満了後の更新はなく終了することについて、その旨を記載した書面を交付して説明しなければならないが、本件契約書に明確にその旨が記載され、Ｂがその内容を認識しているときは、説明をしなくてもよい。

❸　本件契約の期間を６箇月とした場合においては、本件契約は期間の定めのない契約とみなされる。

❹　本件契約の目的が、事業用のものであるか否かにかかわらず、公正証書による等書面によりしなければならない。

❶ 誤り 「無効」➡「有効」

定期建物賃貸借契約においては、賃料の改定に係る特約がある場合には、賃料増減額請求権の規定は適用されない（借地借家法38条7項、32条）。したがって、相互に賃料の増減額請求はできない旨の特約は有効となる。

❷ 誤り 「説明をしなくてもよい」➡「説明しなければならない」

定期建物賃貸借契約においては、賃貸人は、あらかじめ、賃借人に対し、当該賃貸借は契約の更新がなく、期間の満了により終了することについて、その旨を記載した書面を交付して説明しなければならない（38条2項）。

賃貸人が書面を交付して説明をしなかったときは、契約の更新がないこととする旨の定めは、無効となる（同3項）。たとえ、本件契約書に明確にその旨が記載され、賃借人がその内容を認識しているときでも、独立した書面を交付し、説明しなければならない（判例）。

❸ 誤り 「期間の定めのない契約」➡「6ヵ月で有効」

定期建物賃貸借契約では、当該期間の制限はなく、1年未満とすることもできる（38条1項、29条1項）。

❹ 正しい 定期建物賃貸借契約を締結する場合は、公正証書による等書面によって契約をするときに限り、契約の更新がないこととする旨を定めることができる（38条1項）。当該契約の目的は、事業用のものであるか否かにかかわらない。

管理委託契約書・標準管理規約・その他関連知識

正解 **❹**

10 賃貸住宅管理業法①

■ ■ ■ ✏ CHECK!　　　　　R 4-問44　　　　重要度 **B**

次の賃貸住宅管理業法第 1 条の（　ア　）～（　ウ　）に入る語句の組合せとして、最も適切なものはどれか。

（目的）

第1条　この法律は、社会経済情勢の変化に伴い国民の生活の基盤としての（　ア　）の役割の重要性が増大していることに鑑み、（　ア　）の入居者の居住の安定の確保及び（　ア　）の賃貸に係る事業の公正かつ円滑な実施を図るため、賃貸住宅管理業を営む者に係る（　イ　）を設け、その業務の適正な運営を確保するとともに、（　ウ　）の適正化のための措置等を講ずることにより、良好な居住環境を備えた（　ア　）の安定的な確保を図り、もって国民生活の安定向上及び国民経済の発展に寄与することを目的とする。

	（　ア　）	（　イ　）	（　ウ　）
❶	賃貸住宅	登録制度	特定賃貸借契約
❷	共同住宅	免許制度	特定賃貸借契約
❸	共同住宅	申請制度	建物賃貸借契約
❹	賃貸住宅	認可制度	建物賃貸借契約

Point 賃貸住宅管理業法は、賃貸住宅管理業を営む者に係る登録制度を設けている。

賃貸住宅管理業法1条の目的は、以下のとおりである。

> この法律は、社会経済情勢の変化に伴い国民の生活の基盤としての（**ア　賃貸住宅**）の役割の重要性が増大していることに鑑み、（**ア　賃貸住宅**）の入居者の居住の安定の確保及び（**ア　賃貸住宅**）の賃貸に係る事業の公正かつ円滑な実施を図るため、賃貸住宅管理業を営む者に係る（**イ　登録制度**）を設け、その業務の適正な運営を確保するとともに、（**ウ　特定賃貸借契約**）の適正化のための措置等を講ずることにより、良好な居住環境を備えた（**ア　賃貸住宅**）の安定的な確保を図り、もって国民生活の安定向上及び国民経済の発展に寄与することを目的とする。

したがって、語句の組合せとして最も適切なものは、（ア）が賃貸住宅、（イ）が登録制度、（ウ）が特定賃貸借契約であり、正解は**❶**となる。

管理委託契約書・標準管理規約・その他関連知識

正解 ❶

225

賃貸住宅管理業法に関する次の記述のうち、最も適切なものはどれか。

❶　賃貸住宅管理業を営もうとする者は、二以上の都道府県の区域内に事務所を設置してその事業を営もうとする場合は国土交通大臣の、一の都道府県の区域内にのみ事務所を設置してその事業を営もうとする場合は当該事務所の所在地を管轄する都道府県知事の登録を受けなければならない。

❷　賃貸住宅管理業者の登録は、5年ごとにその更新を受けなければ、その期間の経過によって効力を失うが、更新の申請期間内に申請があった場合、登録の有効期間の満了の日までにその申請に対する処分がされないときは、その処分がされるまでの間は、なお効力を有する。

❸　賃貸住宅管理業者は、その営業所又は事務所ごとに、賃貸住宅管理業に従事する者の数に対し、その割合が5分の1以上となる数の業務管理者を置かなければならない。

❹　賃貸住宅管理業者は、管理受託契約を締結しようとするときは、賃貸人に対し、当該管理受託契約を締結するまでに、賃貸住宅管理業法に定める事項について、書面を交付して説明しなければならないが、賃貸人の承諾を得た場合に限り、この説明を省略することができる。

Point 賃貸住宅管理業者は、営業所又は事務所ごとに1人以上の業務管理者を選任。

❶ 不適切 「国土交通大臣の登録を受けなければならない」

　賃貸住宅管理業を営もうとする者は、国土交通大臣の登録を受けなければならない。ただし、賃貸住宅管理業に係る戸数が200戸未満であるときは、登録を受ける必要はない（賃貸住宅管理業法3条1項、施行規則3条）。したがって、都道府県知事は登録を行わない。

❷ 最も適切

　登録は、5年ごとにその更新を受けなければ、その期間の経過によって、その効力を失う（賃貸住宅管理業法3条2項）。そして、更新の申請があった場合、登録の有効期間の満了の日までにその申請に対する処分がされないときは、従前の登録は、登録の有効期間の満了後もその処分がされるまでの間は、なおその効力を有する（同3項）。

❸ 不適切 「その割合が $\frac{1}{5}$ 以上」➡「1人以上」

　賃貸住宅管理業者は、その営業所又は事務所ごとに、1人以上の業務管理者を選任しなければならない（12条1項）。

❹ 不適切 「賃貸人の承諾を得ても説明を省略できない」

　賃貸住宅管理業者は、管理受託契約を締結しようとするときは、管理業務を委託しようとする賃貸住宅の賃貸人に対し、当該管理受託契約を締結するまでに、管理受託契約の内容及びその履行に関する事項について、書面を交付して説明しなければならない（13条1項）。そして、賃貸人の承諾を得た場合でも、この説明を省略することはできない。

管理委託契約書・標準管理規約・その他関連知識

正解 ❷

賃貸住宅管理業法によれば、次の記述のうち、最も適切なものはどれか。ただし、勧誘者とは、特定転貸事業者が特定賃貸借契約の締結についての勧誘を行わせる者をいう。

❶　特定転貸事業者又は勧誘者は、特定賃貸借契約に基づき賃借した賃貸住宅を第三者に転貸する事業に係る特定賃貸借契約の条件について広告をするときは、特定賃貸借契約に基づき特定転貸事業者が支払うべき家賃、賃貸住宅の維持保全の実施方法、特定賃貸借契約の解除に関する事項その他の国土交通省令で定める事項について、著しく事実に相違する表示をし、又は実際のものよりも著しく優良であり、若しくは有利であると人を誤認させるような表示をしてはならない。

❷　特定転貸事業者は、特定賃貸借契約を締結しようとするときは、特定賃貸借契約の相手方となろうとする者（特定転貸事業者である者その他の特定賃貸借契約に係る専門的知識及び経験を有すると認められる者として国土交通省令で定めるものを除く。）に対し、業務管理者をして、当該特定賃貸借契約を締結するまでに、特定賃貸借契約の内容及びその履行に関する事項であって国土交通省令で定めるものについて、書面を交付して説明しなければならない。

❸　特定転貸事業者は、国土交通省令で定めるところにより、当該特定転貸事業者の業務及び財産の状況を記載した書類を、特定賃貸借契約に関する業務を行う営業所又は事務所に備え置き、特定賃貸借契約の相手方又は相手方となろうとする者の求めに応じ、その写しを交付しなければならない。

❹　特定転貸事業者は、第29条の不当な勧誘等の禁止の規定に違反して、故意に事実を告げない場合、懲役若しくは罰金に処せられるか、又はこれを併科されるが、勧誘者は、特定転貸事業者と同様に違反したとしても罰則の対象にはならない。

❶ 最も適切

　　特定転貸事業者又は勧誘者は、特定賃貸借契約に基づき賃借した賃貸住宅を第三者に転貸する事業に係る**特定賃貸借契約の条件について広告をするとき**は、特定賃貸借契約に基づき**特定転貸事業者が支払うべき家賃**、賃貸住宅の維持保全の実施方法、特定賃貸借契約の解除に関する事項その他の国土交通省令で定める事項について、**著しく事実に相違する表示**をし、又は実際のものよりも**著しく優良であり、若しくは有利であると人を誤認させるような表示をしてはならない**（「誇大広告等の禁止」賃貸住宅管理業法28条）。

❷ 不適切　「業務管理者をして……説明しなければならない」
　　　　　　➡「業務管理者が説明を行うとはされていない」

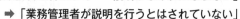

　　特定転貸事業者は、特定賃貸借契約を締結しようとするときは、**特定賃貸借契約の相手方となろうとする者**（特定転貸事業者である者その他の特定賃貸借契約に係る専門的知識及び経験を有すると認められる者として国土交通省令で定めるものを除く）に対し、当該特定賃貸借契約を締結するまでに、特定賃貸借契約の内容及びその履行に関する事項であって国土交通省令で定めるものについて、**書面を交付して説明しなければならない**。しかし、この説明は**業務管理者が行うものとはされていない**（30条1項）。

❸ 不適切　「写しを交付しなければならない」➡「写しを交付するとはされていない」

　　特定転貸事業者は、当該特定転貸事業者の**業務及び財産の状況を記載した書類**を、特定賃貸借契約に関する業務を行う**営業所又は事務所に備え置き**、特定賃貸借契約の相手方又は相手方となろうとする者の求めに応じ、**閲覧させなければならない**（32条）。しかし、写しを交付しなければならないとはされていない。

❹ 不適切　「勧誘者は罰則の対象にはならない」➡「対象になる」

　　特定転貸事業者又は勧誘者は、不当な勧誘等が禁止されている（29条）。そして当該禁止の規定に違反して、**故意に事実を告げない場合、6ヵ月以下の懲役若しくは50万円以下の罰金**に処せられるか、又はこれを併科される（42条2号）。

管理委託契約書・標準管理規約・その他関連知識

正解 **❶**

「品確法」第1条（目的）に関する以下の文章について、（　ア　）～（　ウ　）に入る語句の組合せとして、正しいものはどれか。

　この法律は、住宅の性能に関する（　ア　）及びこれに基づく評価の制度を設け、住宅に係る紛争の処理体制を整備するとともに、（　イ　）の請負契約又は売買契約における瑕疵担保責任について特別の定めをすることにより、住宅の品質確保の促進、住宅購入者等の利益の保護及び住宅に係る紛争の迅速かつ適正な解決を図り、もって国民生活の安定向上と（　ウ　）に寄与することを目的とする。

	（ア）	（イ）	（ウ）
❶	表示基準	新築住宅	国民経済の健全な発展
❷	表示基準	住宅	公共の福祉の増進
❸	性能基準	住宅	国民経済の健全な発展
❹	性能基準	新築住宅	公共の福祉の増進

Point　品確法の目的とは何かを確認しよう！

品確法 1 条の「目的」は、以下のとおりである。

> 　この法律は、住宅の性能に関する（**表示基準**）及びこれに基づく評価の制度を設け、住宅に係る紛争の処理体制を整備するとともに、（**新築住宅**）の請負契約又は売買契約における瑕疵担保責任について特別の定めをすることにより、住宅の品質確保の促進、住宅購入者等の利益の保護及び住宅に係る紛争の迅速かつ適正な解決を図り、もって国民生活の安定向上と（**国民経済の健全な発展**）に寄与することを目的とする。

　したがって、（ア）には**表示基準**、（イ）には**新築住宅**、（ウ）には**国民経済の健全な発展**が入り、正解は❶となる。

正解 ❶

14 品確法②（住宅性能表示制度）

 ■■■ CHECK! | H28-問24

「品確法」に基づく住宅性能表示制度における新築住宅に関する次の記述のうち、誤っているものはどれか。

❶ 住宅性能の評価結果をまとめた性能評価書には、設計図書の段階の評価結果をまとめた「設計住宅性能評価書」と、施工・完成段階の検査を経た評価結果をまとめた「建設住宅性能評価書」の2種類がある。

❷ 新築住宅の請負契約書や売買契約書には、住宅性能評価書やその写しを添付することが義務づけられている。

❸ 性能表示事項は必須と選択に区分され、そのうち「空気環境に関すること」、「光・視環境に関すること」、「高齢者等への配慮に関すること」については、選択分野に含まれる。

❹ 性能表示事項は、等級や数値などで表示され、等級では、数字が大きいものほど性能が高いことを表す。

❶ **正しい** 住宅性能の評価結果をまとめた性能評価書には、①設計図書の段階の評価結果をまとめた「設計住宅性能評価書」と、②施工・完成段階の検査を経た評価結果をまとめた「建設住宅性能評価書」の2種類がある（品確法6条）。

❷ **誤り** 「義務づけられている」➡「義務づけられていない」

新築住宅の請負契約書や売買契約書について、住宅性能評価書やその写しの**添付等**をした場合は、その表示された性能を有する住宅の建設工事をすること、またはその表示された性能を有する新築住宅を引き渡すことを契約したとみなされるが（6条1項・3項）、添付等が義務づけられてはない。

❸ **正しい** 性能表示事項は「必須」と「選択」の分野に区分され、「空気環境に関すること」「光・視環境に関すること」「高齢者等への配慮に関すること」等については、選択分野に含まれる。なお、必須分野に含まれるものは、「構造の安定に関すること」、「劣化の軽減に関すること」「維持管理・更新への配慮に関すること」「温熱環境に関すること」の4分野である。

❹ **正しい** 性能表示事項は、等級や数値などで表示され、等級では、数字が大きいものほど性能が高いことを表す。

【新築住宅に係る表示すべき事項等】

日本住宅性能表示基準（10分野）	必須分野	選択分野
① 構造の安定に関すること	●	
② 火災時の安全に関すること		●
③ 劣化の軽減に関すること	●	
④ 維持管理・更新への配慮に関すること	●	
⑤ 温熱環境・エネルギー消費量に関すること	●	
⑥ 空気環境に関すること		●
⑦ 光・視環境に関すること		●
⑧ 音環境に関すること		●
⑨ 高齢者等への配慮に関すること		●
⑩ 防犯に関すること		●

正解 ❷

管理委託契約書・標準管理規約・その他関連知識

15 品確法③

CHECK! H29-問40改 重要度 A

「品確法」に関する次の記述のうち、正しいものはどれか。

❶ 「新築住宅」とは、新たに建設された住宅で、建設工事の完了の日から起算して1年を経過していないものをいい、既に人の居住の用に供したことがあるか否かを問わない。

❷ 新築住宅の売買契約においては、売主が構造耐力上主要な部分及び雨水の浸入を防止する部分について契約不適合責任を負うべき期間を、買主に引き渡した時から5年間に短縮することができる。

❸ 既存の共同住宅に係る建設住宅性能評価を受ける場合、共用部分と専有部分の両方の評価が必要である。

❹ 指定住宅紛争処理機関が行う、建設住宅性能評価書が交付された住宅の建設工事の請負契約又は売買契約に関する紛争処理の対象は、新築住宅のみである。

❶ **誤り** 「既に人の居住用に供したことがあるか否かを問わない」
➡「まだ人の居住用に供したことのないものに限られる」

頻出 「新築住宅」とは、新たに建設された住宅で、まだ人の居住用に供したことのないもの（建設工事完了日から1年を経過したものを除く）をいう（品確法2条2項）。

❷ **誤り** 「引渡し時から5年間に短縮できる」➡「できない」

頻出 新築住宅の売買契約では、売主は、買主への引渡し時から10年間、住宅の構造耐力上主要な部分および雨水の浸入を防止する部分の**契約不適合責任**を負い（品確法95条1項）、これに反する特約は無効となる（同2項）。したがって、引渡し時から売主が契約不適合責任を負うべき期間を、10年より短い期間（本肢では5年間）に短縮することはできない。

❸ **正しい** マンションなどの共同住宅では、既存の共同住宅に係る建設住宅性能評価を受ける場合、**共用部分と専有部分の両方の評価が必要**となる。

❹ **誤り** 「新築住宅のみ」➡「既存住宅も含まれる」

指定住宅紛争処理機関は、建設住宅性能評価書が交付された住宅（「評価住宅」という）の建設工事の請負契約・売買契約に関する紛争の当事者からの申請により、当該紛争の住宅紛争処理（あっせん・調停・仲裁）の業務を行う（67条1項）。したがって、指定住宅紛争処理機関が行う当該**紛争処理の対象**は、新築住宅のみならず、**既存住宅も対象**となる。

管理委託契約書・標準管理規約・その他関連知識

正解 ❸

235

「品確法」に関する次の記述のうち、誤っているものはどれか。

❶ 新築住宅とは、新たに建設された住宅で、かつ、まだ人の居住の用に供したことのないもので、建設工事完了の日から1年を経過していないものをいう。

❷ 新築住宅について、住宅新築請負契約に基づき請負人が注文者に引き渡した時から10年間瑕疵担保（以下、本問において「契約不適合」という。）責任を負う部位は、同住宅の構造耐力上主要な部分又は雨水の浸入を防止する部分として政令で定めるものである。

❸ 新築住宅に係る契約不適合責任の規定は、法人が買主である売買契約においては適用されない。

❹ 新築住宅の契約不適合責任について、履行の追完請求に限定し、契約解除や損害賠償請求はできないこととする特約は無効である。

❶ **正しい** 「新築住宅」とは、新たに建設された住宅で、まだ人の居住の用に供したことのないものをいい、建設工事完了日から1年を経過していないものをいう（品確法2条2項）。

頻出

❷ **正しい** 　新築住宅について、住宅新築請負契約に基づき請負人が注文者に引き渡した時から10年間契約不適合責任を負う部位は、同住宅の構造耐力上主要な部分または雨水の浸入を防止する部分で、政令で定めるものに限られる（94条1項）。

❸ **誤り** 「適用されない」 ➡「適用される」

　新築住宅に係る契約不適合責任の規定は、買主に制限はなく、法人であっても適用される。

❹ **正しい** 　新築住宅の請負契約において、品確法の契約不適合責任の内容として、損害賠償請求、契約の解除、**履行の追完請求および報酬減額請求**が認められている（94条1項）。また、新築住宅の売買契約においては、**損害賠償請求、契約の解除、履行の追完請求および代金減額請求**が認められている（95条1項）。これらの規定に反する特約で、**注文者や買主に不利**なものは無効となる（94条2項、95条2項）。したがって、本肢のような特約は無効となる。

管理委託契約書・標準管理規約・その他関連知識

新築の分譲マンションの売買契約における売主の担保責任に関する次の記述の
うち、品確法によれば、最も不適切なものはどれか。ただし、当該マンションは、
品確法上の新築住宅に該当するものとする。

❶ 当該マンションの構造耐力上主要な部分等の瑕疵については、売主とは別
の建築請負会社が建築したものである場合、当該売主が瑕疵担保責任を負う
期間は、当該売主がその建築請負会社から引渡しを受けた時から10年間とさ
れる。

❷ 買主が購入後1年以内に当該マンションを第三者に転売した場合に、その
第三者（転得者）は、当初の買主（転売者）が引渡しを受けた時から10年以
内であれば、元の売主に対して直接に瑕疵担保責任を当然に追及することが
できる。

❸ 当該マンションの買主は、売主に対し、瑕疵の修補請求はできるが、損害
賠償請求はできない旨の特約は、買主がそれを容認したとしても無効である。

❹ 当該マンションが建設工事の完了の日から起算して1年を経過して初めて
分譲された場合には、品確法上の担保責任は問えない。

❶ 適 切

頻出

　売買契約の目的である新築住宅が住宅新築請負契約に基づき請負人から売主に引き渡されたものである場合は、その引渡しの時から10年間、住宅の構造耐力上主要な部分等の瑕疵について、売主は、買主に対して担保責任を負う（品確法95条1項）。

❷ 最も不適切 「当然に追及できる」➡「追及はできない」

ひっかけ

　新築住宅の売買契約においては、売主は、買主に引渡しの時から10年間、住宅の構造耐力上主要な部分等の瑕疵について、担保責任を負う（95条1項）。この品確法における瑕疵担保責任は、契約当事者である新築住宅の売主が買主に負う責任である。したがって、新築住宅が転売された場合、元の売主は、契約当事者の関係にない転得者に対しては、直接に瑕疵担保責任は負わない。よって、転得者は、元の売主に対して直接に瑕疵担保責任を当然に追及はできない。

❸ 適 切

頻出

　新築住宅の売買契約においては、売主は、買主に引渡しの時から10年間、住宅の構造耐力上主要な部分等の瑕疵について、民法で定められた担保責任（履行の追完・代金減額・損害賠償請求、契約解除）を負う（95条1項）。そして、これらの規定に反する特約で買主に不利なものは、無効となる（同2項）。したがって、本肢の「瑕疵の修補請求はできるが、損害賠償請求はできない旨」の特約は、たとえ買主が容認したとしても、買主に不利なものとして無効となる。

❹ 適 切

頻出

　品確法でいう「新築住宅」とは、新たに建設された住宅で、まだ人の居住の用に供したことのないものをいい、建設工事完了日から1年を経過していないものをいう（2条2項）。したがって、本問の新築分譲マンションが、建設工事の完了の日から起算して1年を経過して初めて分譲された場合には、当該マンションは「新築住宅」に該当しないので、品確法上の瑕疵担保責任は問えない。

管理委託契約書・標準管理規約・その他関連知識

正解 ❷

「品確法」に関する次の記述のうち、最も不適切なものはどれか。

❶　新築住宅の売主は、構造耐力上主要な部分又は雨水の浸入を防止する部分として政令で定めるものについて、引渡しの時から10年間、瑕疵担保責任を負わなければならない。

❷　新築住宅の瑕疵担保責任について、瑕疵を修補する責任に限定し、契約の解除や損害賠償の請求はできないこととする特約は無効である。

❸　新築住宅とは、新たに建設された住宅で、かつ、まだ人の居住の用に供したことのないもので、建設工事完了の日から起算して2年を経過していないものをいう。

❹　新築住宅の売買契約において、特約により、構造耐力上主要な部分及び雨水の浸入を防止する部分だけでなくその他の部分も含め、瑕疵担保責任の期間を引き渡した時から20年以内とすることができる。

Point 🔍 構造耐力上主要な部分等の瑕疵担保責任期間 ➡ 買主へ引渡時から20年以内可。

❶ 適 切

🔄頻出 　　新築住宅の売買契約においては、売主は、買主に引き渡した時から10年間、住宅の構造耐力上主要な部分又は雨水の浸入を防止する部分として政令で定めるものの瑕疵について、民法で定められた担保責任を負う（品確法95条1項）。

❷ 適 切

🔄頻出 　　新築住宅の売買契約においては、売主は、買主に引き渡した時から10年間、住宅の構造耐力上主要な部分等の瑕疵について、民法で定められた担保責任（履行の追完請求、代金減額請求、損害賠償請求、契約の解除）を負う（95条1項）。そして、これらの規定に反する特約で買主に不利なものは、無効となる（同2項）。したがって、本肢の「瑕疵を修補する責任に限定し、契約の解除や損害賠償の請求はできない旨」の特約は、買主に不利なものとして無効となる。

❸ 最も不適切 「2年」➡「1年」

🔄頻出 　　品確法でいう「新築住宅」とは、新たに建設された住宅で、まだ人の居住の用に供したことのないものをいい、建設工事完了日から1年を経過していないものをいう（2条2項）。

❹ 適 切

　　新築住宅の売買契約において、売主が構造耐力上主要な部分及び雨水の浸入を防止する部分についての瑕疵その他の住宅の瑕疵について担保責任を負う期間を、買主に引き渡した時から20年以内とすることができる（97条）。

管理委託契約書・標準管理規約・その他関連知識

正解 ❸

宅地建物取引業法①（重要事項の説明等）

19

☐ ☐ ☐ ✎ CHECK! R2-問45

重要度 A

宅地建物取引業者Aが、自ら売主として、宅地建物取引業者ではないBを買主として、マンションの住戸の売買を行う場合に、宅地建物取引業法によれば、同法第35条の規定に基づく重要事項の説明等に関する次の記述のうち、誤っているものはどれか。

❶ Aは、Bに対して、損害賠償額の予定又は違約金に関する事項について、その内容を説明しなければならない。

❷ Aは、Bに対して、当該マンションが既存の建物であるときは、建物状況調査（実施後国土交通省令で定める期間を経過していないものに限る。）を実施しているかどうか、及びこれを実施している場合におけるその結果の概要を説明しなければならない。

❸ Aは、Bに対して、当該マンションの計画的な維持修繕のための費用の積立てを行う旨の規約の定めがあるときは、その規約の内容について説明すれば足りる。

❹ AがBに対して交付する重要事項説明書に記名する宅地建物取引士は、専任の宅地建物取引士である必要はない。

Point 　中古建物では建物状況調査実施如何と、実施なら結果概要を説明。

❶ **正しい**　宅建業者は、「損害賠償額の予定又は違約金に関する定めがあるときはその内容」について、重要事項として説明しなければならない（宅建業法35条1項9号）。

❷ **正しい**　宅建業者は、当該マンションが既存の建物であるときは、建物状況調査（実施後国土交通省令で定める期間を経過していないものに限る）を実施しているかどうか、及びこれを実施している場合におけるその結果の概要を、重要事項として説明しなければならない（35条1項6号の2イ）。

頻出

❸ **誤り**　「既に積み立てられた額も説明しなければならない」

　宅建業者は、計画的な維持修繕のための費用の積立てを行う旨の規約の定めがある場合は、その内容、及び既に積み立てられた額について、重要事項として説明しなければならない（35条1項6号、施行規則16条の2第6号）。

❹ **正しい**　宅建業者は、買主となろうとしている者（宅建業者を除く）に対して、契約が成立するまでの間に、宅建士をして、一定事項を記載した書面を交付して重要事項を説明させなければならない（宅建業法35条1項）。しかし、この重要事項の説明を行い、当該書面に記名する宅建士は、専任の宅地建物取引士に限定されていない（同5項）。

管理委託契約書・標準管理規約・その他関連知識

正解 **❸**

20 宅地建物取引業法②（重要事項の説明）

□ □ □ ✎ CHECK!　　　　H28-問45改　　　重要度 A

　マンションの一住戸の売買の際に、宅地建物取引業者が、宅地建物取引業法第35条の規定に基づく重要事項の説明を行う場合において、説明しなければならない事項として定められていないものは、次のうちどれか。なお、買主は宅地建物取引業者ではないものとする。

❶　中古マンションの売買の媒介において、当該マンションの維持修繕の実施状況が記録されている場合は、その内容

❷　新築マンションの売買において、当該マンションが種類又は品質に関して契約の内容に適合しない場合におけるその不適合を担保すべき責任の履行に関し保証保険契約の締結措置を講じる場合は、その概要

❸　新築マンションの売買においては、所有権の保存登記の申請の時期、中古マンションの売買の媒介においては、所有権の移転登記の申請の時期

❹　中古マンションの売買の媒介において、当該マンションについて、石綿の使用がない旨の調査結果が記録されているときは、その内容

Point　所有権保存・移転登記の申請時期は、重要事項に該当しない！

❶　定められている

　宅建業者は、マンションの買主になる者（宅建業者を除く）に対して、契約が成立するまでの間に、宅地建物取引士をして、一定事項を記載した書面を交付して重要事項を説明させなければならない（宅建業法35条1項）。そして、「当該一棟の建物の維持修繕の実施状況が記録されているときは、その内容」は、重要事項に該当し、説明しなければならない（施行規則16条の2第9号）。

❷　定められている

　❶解説参照。「建物が種類または品質に関して契約の内容に適合しない場合におけるその不適合を担保すべき責任の履行に関し保証保険契約の締結その他の措置で国土交通省令・内閣府令で定めるものを講ずるかどうか、およびその措置を講ずる場合におけるその措置の概要」は、重要事項に該当し、説明しなければならない（宅建業法35条1項13号）。

❸　定められていない

　「所有権の保存登記または所有権の移転登記の申請の時期」は重要事項に該当しない（35条参照）。なお、移転登記の申請の時期は、契約締結時の書面の記載事項である（37条1項5号）。

❹　定められている

　❶解説参照。「建物について、石綿の使用の有無の調査の結果が記録されているときは、その内容」は、重要事項に該当し、説明しなければならない（35条1項14号ロ、施行規則16条の4の3第4号）。

管理委託契約書・標準管理規約・その他関連知識

正解　❸

21 宅地建物取引業法③(重要事項の説明)

■■■ ✎ CHECK! | R元-問45

A

宅地建物取引業者Aが、自ら売主として、宅地建物取引業者ではないB又は宅地建物取引業者Cを買主として、マンションの一住戸の売買を行う場合における、宅地建物取引業法第35条の規定に基づき宅地建物取引士が書面を交付して行う重要事項の説明等に関する次の記述のうち、正しいものはどれか。

❶ ＡＢ間の売買において、天災その他不可抗力による損害の負担に関する定めがあるときは、Aは、Bに対して、その内容について、説明しなければならない。

❷ ＡＢ間の売買において、Aは、Bに対して、代金又は交換差金に関する金銭の貸借のあっせんの内容及び当該あっせんに係る金銭の貸借が成立しないときの措置について、説明しなければならない。

❸ ＡＢ間の売買において、共用部分に関する規約が案の段階である場合にあっては、Aは、Bに対して、当該規約案の内容について、説明する必要はない。

❹ ＡＣ間の売買において、Aは、Cに対して、重要事項について説明しなければならない。

❶ **誤り** 「説明しなければならない」➡「説明する必要はない」

　「天災その他不可抗力による損害の負担に関する定めがあるときはその内容」は重要事項に該当しない（宅建業法35条参照）。なお、当該事項は、契約締結時に交付すべき書面の記載事項である（37条1項10号）。

❷ **正しい** 「代金または交換差金に関する金銭の貸借のあっせんの内容および当該あっせんに係る金銭の貸借が成立しないときの措置」は、重要事項として説明する必要がある（35条1項12号）。

❸ **誤り** 「説明する必要はない」➡「説明しなければならない」

　「共用部分に関する規約の定め（その案を含む）があるときは、その内容」を重要事項として説明する必要がある（35条1項6号、施行規則16条の2第2号）。

❹ **誤り** 「説明しなければならない」➡「説明する必要はない」

　本肢のCは宅建業者であるので、AC間は、宅建業者間の取引となり、重要事項の説明書面の交付を行えば、説明を行う必要はない（宅建業法35条1項・6項）。

管理委託契約書・標準管理規約・その他関連知識

正解 ❷

22 宅地建物取引業法④(重要事項の説明)

　法人である宅地建物取引業者Aが、自ら売主として、宅地建物取引業者ではない買主Bに対してマンションの一住戸の売買を行う場合に、宅地建物取引業法第35条の規定により行う重要事項の説明に関する次の記述のうち、最も適切なものはどれか。

❶　AがBに対して交付する重要事項説明書に記名する宅地建物取引士は、専任の宅地建物取引士でなければならない。

❷　AはBに対して、当該マンションについて、私道に関する負担がない場合であっても、これがない旨の説明をしなければならない。

❸　AはBに対して、当該マンションが「土砂災害警戒区域等における土砂災害防止対策の推進に関する法律」第7条第1項により指定された土砂災害警戒区域内にない場合であっても、その旨の説明をしなければならない。

❹　AはBに対して、当該住戸の台所や浴室などの設備の整備状況について、説明をしなければならない。

❶ **不適切** 「専任の宅建士でなければならない」➡「専任の宅建士である必要はない」

　重要事項説明書の交付に当たっては、宅建士は、当該書面に記名しなければならない（宅建業法35条1項・5項）。この記名は、宅建士であればよく、専任の宅建士である必要はない。

❷ **最も適切**

　宅建業者は、建物の売買を行う場合、私道に関する負担に関する事項を重要事項として説明しなければならない（35条1項3号）。そして、私道に関する負担がなければ、「なし」と説明しなければならず、説明そのものを省略してはならない。

❸ **不適切** 「説明をしなければならない」➡「説明不要」

　宅建業者は、建物の売買を行う場合、当該建物が土砂災害警戒区域等における土砂災害防止対策の推進に関する法律7条1項により指定された土砂災害警戒区域内にあるときは、その旨を重要事項として説明しなければならない（35条1項14号、施行規則16条の4の3第2号）。しかし、当該建物が土砂災害警戒区域内にない場合であれば、その旨の説明は不要である。

❹ **不適切** 「説明をしなければならない」➡「説明不要」

　宅建業者は、建物の貸借の媒介・代理を行う場合、台所・浴室・便所その他の当該建物の設備の整備の状況について、重要事項として説明しなければならない（35条1項14号、施行規則16条の4の3第7号）。しかし、建物の売買の場合は、説明は不要である。

管理委託契約書・標準管理規約・その他関連知識

23 宅地建物取引業法⑤（重要事項の説明等）

CHECK! H29-問45 A

宅地建物取引業者Aが自ら売主として、宅地建物取引業者ではないB又は宅地建物取引業者Cとの間で、マンションの住戸の売買を行う場合、宅地建物取引業法第35条の規定に基づく重要事項の説明等に関する次の記述のうち、正しいものはどれか。

❶ AB間の売買において、Aは、飲用水、電気及びガスの供給並びに排水のための施設の整備の状況について、これらの施設が整備されていない場合、これら施設の整備に関して説明する必要はない。

❷ AB間の売買において、Aが、Bから預り金を受領しようとする場合、当該預り金について保全措置を講ずるときは、AはBに対して、保全措置を講ずる旨の説明をすれば、その措置の概要については説明する必要はない。

❸ AC間の売買において、Aは、売買契約締結後のマンションの住戸の引渡しの時期について、書面に記載しなければならない。

❹ AC間の売買において、Aは、書面の交付を行えば、重要事項の説明を行う必要はない。

❶ 誤り 「説明する必要はない」➡「説明する必要がある」

　飲用水・電気・ガスの供給および排水のための施設の整備の状況（これらの施設が**整備されていない**場合、その整備の**見通し**・その整備についての**特別の負担**に関する事項も含まれる）は、**35条の重要事項にあたる**（宅建業法35条1項4号）。したがって、宅建業者Aは、宅建業者でないBに対し、**説明する必要がある**。

❷ 誤り 「説明する必要はない」➡「説明する必要がある」

　預り金を受領しようとする場合、**保全措置を講ずるかどうか**、およびその措置を講ずる場合のその**概要**は、**35条の重要事項にあたる**（35条1項11号）。したがって、宅建業者Aは、宅建業者でないBに対し、保全措置を講ずる旨だけではなく、**その措置の概要についても、説明する必要がある**。

❸ 誤り 「記載しなければならない」➡「記載する必要はない」

　住戸の引渡しの時期は、**35条の重要事項に該当しない**（35条参照）。なお、マンションの住戸等の引渡し時期は、**契約締結時の書面の記載事項**である（37条1項4号）。

❹ 正しい　本肢のCは宅建業者であるので、AC間は、宅建業者間の取引となり、35条の重要事項に関し、当該**説明書面の交付さえ行えば、説明を行う必要はない**（35条6項）。

管理委託契約書・標準管理規約・その他関連知識

24 宅地建物取引業法⑥（重要事項の説明等）

■ ■ ■ CHECK! H30-問45 重要度 A

宅地建物取引業者Ａ（以下、本問において「Ａ」という。）が自ら売主として、宅地建物取引業者ではないＢ又は宅地建物取引業者であるＣを買主として、マンションの１住戸の売買を行う場合に、宅地建物取引業法第35条の規定に基づく重要事項の説明等に関する次の記述のうち、正しいものはどれか。

❶ Ａは、当該マンションが既存の建物であるときは、自ら建物状況調査（実施後国土交通省令で定める期間を経過していないものに限る。）を実施した上で、その結果の概要について、Ｂに説明しなければならない。

❷ Ａは、当該マンションの管理が他の者に委託されているときは、その委託を受けている者の氏名（法人にあっては、その商号又は名称）、住所（法人にあっては、その主たる事務所の所在地）及び主たる事務所に置かれる専任の管理業務主任者の氏名を、Ｂに説明しなければならない。

❸ Ａは、当該マンションの所有者が負担しなければならない通常の管理費用の額について、Ｂに説明しなければならない。

❹ Ａは、Ｃに交付する重要事項説明書への宅地建物取引士の記名を省略することができる。

Point 業者間取引➡35条書面の交付を行えば説明不要だが、宅建士の記名は省略不可！

❶ 誤り 「自ら建物状況調査…を実施した上で」➡「実施する必要はない」

宅建業者は、売買契約の目的物である当該マンションが既存の建物であるときは、建物状況調査（実施後一定の期間を経過していないものに限る）を実施しているかどうか、およびこれを実施している場合におけるその結果の概要を、重要事項として説明しなければならない（宅建業法35条1項6号の2イ）。しかし、宅建業者自らが、建物状況調査を実施することまでは求められていない。

❷ 誤り 「説明しなければならない」➡「説明する必要はない」

宅建業者は、一棟の建物・その敷地の管理が委託されているときは、その委託を受けている者の氏名（法人の場合、その商号・名称）および住所（法人の場合、その主たる事務所の所在地）を、重要事項として説明しなければならないが、主たる事務所に置かれる専任の管理業務主任者の氏名については、説明する必要はない（35条1項6号、施行規則16条の2第8号）。

❸ 正しい 宅建業者は、当該マンションの所有者が負担しなければならない通常の管理費用の額を、重要事項として説明しなければならない（宅建業法35条1項6号、施行規則16条の2第7号）。

❹ 誤り 「記名を省略できる」➡「省略できない」

本肢のCは宅建業者であるので、AC間は、宅建業者間の取引となり、その説明を行う必要はないが、重要事項説明書の交付を行う必要はある。なお、この場合、当該書面への宅建士の記名は省略できない（宅建業法35条5項・6項参照）。

正解 ❸

25 宅地建物取引業法⑦（重要事項の説明）

□ □ □ CHECK! R3-問45

重要度 A

　宅地建物取引業者Aが自ら売主としてマンションの一住戸の売買を行う場合、宅地建物取引業法第35条の規定に基づく重要事項の説明に関する次の記述のうち、最も適切なものはどれか。なお、説明の相手方は宅地建物取引業者ではないものとする。

❶　Aは、「水防法施行規則」第11条第1号の規定により当該マンションが所在する市町村の長が提供する図面に当該マンションの位置が表示されているときは、当該図面における当該マンションの所在地を買主に説明しなければならない。

❷　Aは、当該マンションについて、石綿の使用の有無を買主に説明するために、自らその調査を行わなければならない。

❸　Aは、当該マンションが既存の建物である場合には、当該マンションについて、建物状況調査結果の概要を記載した書面で、買主に説明するために、自らその調査を実施しなければならない。

❹　Aは、台所、浴室、便所その他の当該住戸の設備の整備の状況について、記載した書面で、買主に説明しなければならない。

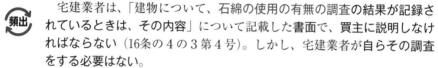

❶ 最も適切

　宅建業者は、「水防法施行規則」11条１号の規定により当該マンションが所在する市町村の長が提供する図面（ハザードマップ）に当該宅地又は建物（マンション）の位置が表示されているときは、当該図面における当該宅地又は建物（マンション）の所在地について買主に説明しなければならない（宅建業法施行規則16条の４の３第３号の２）。

❷ 不適切　「自らその調査を行わなければならない」➡「調査をする必要はない」

　宅建業者は、「建物について、石綿の使用の有無の調査の結果が記録されているときは、その内容」について記載した書面で、買主に説明しなければならない（16条の４の３第４号）。しかし、宅建業者が自らその調査をする必要はない。

❸ 不適切　「自らその調査を実施しなければならない」➡「実施する必要はない」

　宅建業者は、建物状況調査（実施後国土交通省令で定める期間を経過していないものに限る）を実施しているかどうか、及びこれを実施している場合におけるその結果の概要について記載した書面で、買主に説明しなければならない（宅建業法35条１項６号の２イ）。しかし、宅建業者が自らその調査を実施する必要はない。

❹ 不適切　「説明しなければならない」➡「説明する必要はない」

　宅建業者は、建物の貸借の代理又は媒介を行う場合であれば、台所・浴室・便所その他の当該住戸の設備の整備の状況について、記載した書面で、借主に説明しなければならない（施行規則16条の４の３第７号）。しかし、自ら売買・交換の当事者となる場合及び売買・交換の代理又は媒介の場合は、説明をする必要はない。

正解 **❶**

26 宅地建物取引業法⑧（37条書面）

CHECK! R4-問45

B

宅地建物取引業者の媒介によりマンションの売買契約が成立した場合における宅地建物取引業法第37条の規定により交付すべき書面（以下、本問において「37条書面」という。）に関する次の記述のうち、宅地建物取引業法によれば、最も不適切なものはどれか。

❶ 宅地建物取引業者は、専有部分の用途その他の利用の制限に関する規約において、ペットの飼育が禁止されているときは、その旨を37条書面に記載しなければならない。

❷ 宅地建物取引業者は、契約の解除に関する定めがあるときは、その内容を37条書面に記載しなければならない。

❸ 宅地建物取引業者は、代金についての金銭の貸借のあっせんに関する定めがある場合、当該あっせんに係る金銭の貸借が成立しないときの措置を37条書面に記載しなければならない。

❹ 宅地建物取引業者は、天災その他不可抗力による損害の負担に関する定めがあるときは、その内容を37条書面に記載しなければならない。

❶ 最も不適切 「記載しなければならない」➡「記載する必要はない」

　宅建業者は、区分所有建物の売買の媒介をする場合、ペットの飼育が禁止されているなどの「専有部分の用途その他の利用の制限に関する規約の定めがあるときは、その内容」については、重要事項説明書に記載して説明しなければならない（宅建業法35条1項6号、施行規則16条の2第3号）。しかし、37条書面に記載する必要はない（37条1項参照）。

❷ 適 切

　宅建業者は、売買の媒介により契約が成立した場合、契約の解除に関する定めがあるときは、その内容を37条書面に記載しなければならない（37条1項7号）。

❸ 適 切

　宅建業者は、売買の媒介により契約が成立した場合、代金についての金銭の貸借のあっせんに関する定めがあるときは、当該あっせんに係る金銭の貸借が成立しないときの措置を37条書面に記載しなければならない（37条1項9号）。

❹ 適 切

　宅建業者は、売買の媒介により契約が成立した場合、天災その他不可抗力による損害の負担に関する定めがあるときは、その内容を37条書面に記載しなければならない（37条1項10号）。

管理委託契約書・標準管理規約・その他関連知識

正解 **❶**

27 宅地建物取引業法⑨（契約不適合責任）

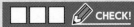

CHECK! ☐☐☐ ✎ H28-問41改 特A 重要度

宅地建物取引業者（宅地建物取引業法第2条第3号に規定する者をいう。以下同じ。）である売主A（以下、本問において「A」という。）が、宅地建物取引業者でない買主B（以下、本問において「B」という。）にマンションの一住戸甲（以下、本問において「甲」という。）を売却した場合において、その甲が種類又は品質に関して契約の内容に適合しない（以下、本問において「契約不適合」という。）ときにおけるその不適合を担保すべきAの責任（以下、本問において「契約不適合責任」という。）に関する次の記述のうち、民法及び宅地建物取引業法の規定によれば、正しいものはどれか。

❶ 甲の売買契約の特約で、BがAに契約不適合の通知をすべき期間について、引渡しの日から1年間と定めたとしても、この特約は無効となる。

❷ 甲の売買契約内容について、契約不適合の発生がBの責めに帰すべき事由によるものであるときでも、BはAに対しその契約不適合に基づいて、追完請求、代金減額請求及び契約の解除をすることができる。

❸ Aが契約不適合のある甲をBに引き渡した場合、甲の契約不適合の原因について、Aが引き渡した時にその不適合を知っていたときでも、Bがその不適合を知った時から1年以内にその旨をAに通知しなかったときは、BはAに対し契約不適合責任を追及することができない。

❹ 甲の売買契約の特約において、Aは、契約不適合を原因とする損害賠償責任を負わない代わりに、甲の引渡しの日から5年間、履行の追完を行う旨の定めは有効である。

Point 契約不適合の帰責事由が**買主**にあれば、売主に責任追及不可。

❶ **正しい** 宅建業者は、自ら売主となる宅地・建物の売買契約で、その目的物の種類・品質に関する契約不適合の通知期間を、「目的物の**引渡日から2年以上**」とする特約をする場合を除き、民法の規定より**買主に不利**となる特約をしてはならず、これに反する特約は無効となる（宅建業法40条）。したがって、本肢の「責任を負うべき期間について、**引渡日から1年**」という特約は無効となる。

❷ **誤り** 「することができる」➡「することができない」

買主が売主に対して契約不適合責任に基づき、追完請求・代金減額請求・契約の解除をするには、その不適合について、**買主に帰責事由がないもの**でなければならない（民法562〜564条、543条）。したがって、本肢でのBは、売主Aに対して契約不適合責任を追及できない。

❸ **誤り** 「追及できない」➡「追及できる」

売主Aが引渡しの時にその**不適合を知り**、または重大な過失によって知らなかった場合は、たとえ買主Bがその不適合を知った時から1年以内にその旨をAに通知しなかったときでも、BはAに対して種類・品質に関する**契約不適合責任を追及できる**（566条ただし書）。

❹ **誤り** 「有効である」➡「無効である」

❶解説参照。本肢でいう「売主は、契約不適合を原因とする損害賠償責任を負わない代わりに、甲の引渡しの日から5年間、履行の追完を行う旨の定め」は、**買主の損害賠償請求権を排除する特約**であり、**買主に不利な特約**であるから、無効である。

正解 ❶

28 瑕疵担保履行法

■ ■ □ ✎ CHECK! R元-問20 **B**

「特定住宅瑕疵担保責任の履行の確保等に関する法律」に関する次の記述のうち、最も不適切なものはどれか。

❶ この法律は、「住宅の品質確保の促進等に関する法律」で定められた担保責任の履行を確保するために制定された。

❷ この法律が適用される住宅には、新築住宅であれば、賃貸住宅も含まれる。

❸ 建設業者は、注文住宅について、住宅建設瑕疵担保保証金の供託又は住宅建設瑕疵担保責任保険契約を締結しなければならない。

❹ 建設業者は、宅地建物取引業者が自ら売主となって買主に引き渡す新築の分譲住宅について、住宅販売瑕疵担保保証金の供託又は住宅販売瑕疵担保責任保険契約を締結しなければならない。

「住宅」とは、人の居住の用に供する家屋または家屋の部分をいうので、賃貸住宅も含まれる。

❶ 適 切

特定住宅瑕疵担保責任の履行の確保等に関する法律（以下「特定瑕疵担保履行法」という）は、品確法で定められた担保責任の履行を確保するために制定された。

❷ 適 切

特定瑕疵担保履行法の適用対象となる「住宅」とは品確法2条1項に規定する住宅をいい、「新築住宅」とは同2項に規定する新築住宅をいう（特定瑕疵担保履行法2条1項）。そして、品確法において「住宅」とは、人の居住の用に供する家屋または家屋の部分をいい、「新築住宅」とは、新たに建設された住宅で、まだ人の居住の用に供したことのないもの（建設工事完了日から1年を経過したものを除く）をいう（品確法2条1項・2項）。したがって、賃貸住宅であっても住宅に該当する。

❸ 適 切

建設業者は、各基準日（毎年3月31日および9月30日をいう）において、当該基準日前10年間に住宅を新築する建設工事の請負契約に基づき発注者に引き渡した新築住宅について、当該発注者に対する特定住宅建設瑕疵担保責任の履行を確保するため、住宅建設瑕疵担保保証金の供託または住宅建設瑕疵担保責任保険契約を締結していなければならない（特定瑕疵担保履行法3条1項・2項）。

❹ 最も不適切 「建設業者は」 ➡「宅建業者は」

宅建業者は、各基準日において、当該基準日前10年間に自ら売主となる売買契約に基づき買主に引き渡した新築住宅について、当該買主に対する特定住宅販売瑕疵担保責任の履行を確保するため、住宅販売瑕疵担保保証金の供託または住宅販売瑕疵担保責任保険契約を締結していなければならない（11条1項・2項）。したがって、住宅販売瑕疵担保保証金の供託または住宅販売瑕疵担保責任保険契約を締結しなければならないのは、建設業者ではなく、宅建業者である。

正解 ❹

29 消費者契約法①

CHECK!　　　　H28-問42

次の文章は、消費者契約法（平成12年法律第61号）第１条（目的）の規定であるが、文中の（　ア　）～（　エ　）に入る語句の組合せとして、正しいものはどれか。

　この法律は、消費者と事業者との間の（　ア　）並びに交渉力の格差に鑑み、事業者の一定の行為により消費者が誤認し、又は困惑した場合等について契約の申込み又はその承諾の意思表示を取り消すことができることとするとともに、事業者の（　イ　）を免除する条項その他の消費者の利益を不当に害することとなる条項の全部又は一部を無効とするほか、消費者の被害の発生又は拡大を防止するため（　ウ　）が事業者等に対し（　エ　）をすることができることとすることにより、消費者の利益の擁護を図り、もって国民生活の安定向上と国民経済の健全な発展に寄与することを目的とする。

	（　ア　）	（　イ　）	（　ウ　）	（　エ　）
❶	情報の質及び量	損害賠償の責任	適格消費者団体	差止請求
❷	取引形態の多様化及び複雑化	取引条件の説明	地方公共団体	立入調査
❸	取引形態の多様化及び複雑化	取引条件の説明	適格消費者団体	損害賠償請求
❹	情報の質及び量	損害賠償の責任	地方公共団体	是正指導

Point 適格消費者団体は、消費者被害の発生・拡大の防止のため事業者等に差止請求OK。

ひっかけ

以下は、消費者契約法1条（目的）の全文である。

> この法律は、消費者と事業者との間の（**ア　情報の質および量**）ならびに交渉力の格差に鑑み、①事業者の一定の行為により消費者が誤認し、または困惑した場合等について契約の申込みまたはその承諾の意思表示を取り消すことができることとするとともに、②事業者の（**イ　損害賠償の責任**）を免除する条項その他の消費者の利益を不当に害することとなる条項の全部または一部を無効とするほか、③消費者の被害の発生または拡大を防止するため（**ウ　適格消費者団体**）が事業者等に対し（**エ　差止請求**）をすることができることとすることにより、消費者の利益の擁護を図り、もって国民生活の安定向上と国民経済の健全な発展に寄与することを目的とする。

　したがって、語句の組合せとして正しいものは、（ア）が「情報の質および量」、（イ）が「損害賠償の責任」、（ウ）が「適格消費者団体」、（エ）が「差止請求」であり、正解は❶となる。

管理委託契約書・標準管理規約・その他関連知識

正解 ❶

263

消費者契約法の適用に関する次の記述のうち、誤っているものはどれか。

❶ 宅地建物取引業者ではないA株式会社が、宅地建物取引業者であるB株式会社に対し、社宅用としてマンションの1住戸を売却する契約には、消費者契約法が適用されない。

❷ 複合用途の賃貸用共同住宅を経営する個人Cが、個人経営者であるDに、当該共同住宅の1階の店舗部分をDの事業のために賃貸する契約には、消費者契約法が適用される。

❸ 宅地建物取引業者である個人Eが、賃貸用共同住宅を経営する個人Fから、自らの居住用として当該共同住宅の1室を賃借する契約には、消費者契約法が適用される。

❹ 賃貸用共同住宅を経営する個人Gが、宅地建物取引業者であるH株式会社に対し、当該共同住宅の媒介を依頼する契約には、消費者契約法が適用されない。

Point 賃貸マンションを経営する個人が個人経営者に賃貸する契約➡事業者間の契約。

> 消費者契約法が適用されるのは、消費者契約である。消費者契約とは、消費者と事業者との間で締結される契約をいう（消費者契約法2条3項）。また、事業者とは、法人その他の団体、および事業として、または事業のために契約の当事者となる場合における個人（個人事業主）をいう（同2項）。

上記を前提に、以下を検討する。

❶ **正しい** 宅建業者ではないA株式会社が、宅建者であるB株式会社に対し、社宅用としてマンションの1住戸を売却する契約は、事業者間の契約となり、消費者契約法は適用されない。

頻出

❷ **誤り** 「法は適用される」➡「法は適用されない」
複合用途型の賃貸用共同住宅を経営する個人Cが、個人経営者であるDに、当該共同住宅の1階の店舗部分をDの事業のために賃貸する契約は、事業者間の契約となり、消費者契約法は適用されない。

頻出

❸ **正しい** 賃貸用共同住宅を経営する個人F（事業者）から、宅建業者である個人Eが、自らの居住用として当該共同住宅の1室を賃借する契約は、消費者契約にあたり、消費者契約法が適用される。

頻出

❹ **正しい** 賃貸用共同住宅を経営する個人Gが、宅建業者であるH株式会社に対し、当該共同住宅の媒介を依頼する契約は、事業者間の契約となり、消費者契約法は適用されない。

頻出

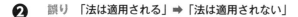

正解 ❷

　　マンションの売買又は賃貸借に関する次の記述のうち、消費者契約法が適用されるものはいくつあるか。

ア　　マンションの分譲業者が、マンションの一住戸を合同会社に、その従業員の個人居住用として使用することの明示を受けて売却する契約

イ　　宅地建物取引業者が、いわゆる「買取再販事業」として、既存のマンションを購入し、個人に居住用として売却する契約

ウ　　個人が、マンションの賃貸業者から、1階の店舗部分を店舗用として賃借する契約

エ　　マンションの賃貸業者から、マンションの一住戸を個人の居住用として賃借する契約の場合に、その賃借人が個人の宅地建物取引業者であるとき

❶　　一つ

❷　　二つ

❸　　三つ

❹　　四つ

Point 消費者契約法は、事業者間の契約には不適用。

ア 適用されない

　消費者契約法は、**消費者**と**事業者**との間で締結される契約に適用される（消費者契約法2条3項）。そして、**消費者**とは個人（事業として又は事業のために契約の当事者となる場合におけるものを除く）をいい、事業者とは、法人その他の団体及び事業として又は事業のために契約の当事者となる場合における個人をいう（2条1項・2項）。本肢では、分譲業者と合同会社という事業者間の契約になるので、消費者契約法は適用されない。

イ 適用される

　ア解説参照。本肢は、宅建業者が事業者として、個人に居住用マンションを売却する契約を締結しているので、事業者と消費者間の契約となり、消費者契約法が適用される。

ウ 適用されない

　ア解説参照。本肢は、賃貸事業者が個人に店舗用としてマンションを賃借する契約を締結している。この場合の個人は、「事業として又は事業のために契約の当事者となる場合」に該当するので、事業者に該当する。したがって、事業者間の契約となり、消費者契約法は適用されない。

エ 適用される

　ア解説参照。本肢は、マンションの賃貸業者が、宅建業者である個人がマンションの一住戸を「個人の居住用」として賃借する契約を締結している。この場合の宅建業者は、「事業として又は事業のために契約の当事者となる場合」に該当しないので、消費者契約法が適用される。

　したがって、**適用されるものはイ・エの二つ**であり、正解は❷となる。

管理委託契約書・標準管理規約・その他関連知識

正解 ❷

32 個人情報保護法①

■■■ CHECK! H30-問43改

　個人情報の保護に関する法律第2、16条（定義）に関する以下のア～エの文章について、（　a　）～（　d　）に入る語句の組合せとして、正しいものは次の❶～❹のうちどれか。

ア　「個人情報」とは、（　a　）に関する情報であって、当該情報に含まれる氏名、生年月日その他の記述等（文書、図画若しくは電磁的記録）に記載され、若しくは記録され、又は音声、動作その他の方法を用いて表された一切の事項（個人識別符号を除く。）により特定の個人を識別することができるもの、又は個人識別符号が含まれるものをいう。

イ　「個人情報データベース等」とは、個人情報を含む情報の（　b　）であって、特定の個人情報を電子計算機を用いて検索できるように体系的に構成したもの及び特定の個人情報を容易に検索することができるように体系的に構成したものとして政令で定めるものであって、利用方法からみて個人の権利利益を害するおそれが少ないものとして政令で定めるものを除くものをいう。

ウ　「個人情報取扱事業者」とは、（　c　）を事業の用に供している者であって、国の機関、地方公共団体、独立行政法人等、地方独立行政法人を除く者をいう。

エ　「（　d　）」とは、個人情報取扱事業者が、開示、内容の訂正、追加又は削除、利用の停止、消去及び第三者への提供の停止を行うことのできる権限を有する個人データであって、その存否が明らかになることにより公益その他の利益が害されるものとして政令で定めるもの又は1年以内の政令で定める期間以内に消去することとなるもの以外のものをいう。

	（　a　）	（　b　）	（　c　）	（　d　）
❶	個人	集合物	個人データ	特別保護データ
❷	生存する個人	集合物	個人情報データベース等	保有個人データ
❸	個人	総体	個人情報データベース等	特別保護データ
❹	生存する個人	総体	個人データ	保有個人データ

Point 個人情報データベース等➡個人情報を含む情報の集合物。

完成した文章は、次のとおりである。

ア
「個人情報」とは（**a 生存する個人**）に関する情報であって、当該情報に含まれる氏名・生年月日その他の記述等（文書・図画・電磁的記録）に記載・記録され、または音声・動作その他の方法を用いて表された一切の事項（個人識別符号を除く）により特定の個人を識別できるもの、または個人識別符号が含まれるものをいう（個人情報保護法2条1項）。

イ
「個人情報データベース等」とは、個人情報を含む情報の（**b 集合物**）であって、①「特定の個人情報を電子計算機を用いて検索できるように体系的に構成したもの」および②「特定の個人情報を容易に検索できるように体系的に構成したものとして政令で定めるもの」であって、利用方法からみて個人の権利利益を害するおそれが少ないものとして政令で定めるものを「除く」ものをいう（16条1項）。

ウ
「個人情報取扱事業者」とは、（**c 個人情報データベース等**）を事業の用に供している者であって、国の機関・地方公共団体・独立行政法人等・地方独立行政法人を「除く」者をいう（16条2項）。

エ
「（**d 保有個人データ**）」とは、個人情報取扱事業者が、開示、内容の訂正・追加・削除、利用の停止、消去および第三者への提供の停止を行うことのできる権限を有する個人データであって、その存否が明らかになることにより公益その他の利益が害されるものとして政令で定めるもの「以外」のものをいう（16条4項）。

したがって、語句の組合せとして正しいものは、「a 生存する個人」「b 集合物」「c 個人情報データベース等」「d 保有個人データ」であり、**正解は❷**となる。

正解 ❷

「個人情報保護法」に関する次の記述のうち、最も適切なものはどれか。

❶ 個人情報取扱事業者は、個人情報を取得した場合は、あらかじめその利用目的を公表している場合を除き、速やかに、その利用目的を、本人に通知し、又は公表しなければならない。

❷ 管理組合は、「個人情報取扱事業者」に該当しない。

❸ 管理組合の総会議事録の署名欄に書かれた氏名は、「個人情報」に該当しない。

❹ 管理組合の組合員の氏名が記載されている組合員名簿が、電子計算機を用いて検索することができるように体系的に構成したものではなく、紙面で作成されている場合、五十音順など一定の規則に従って整理することにより、容易に検索できるようなときであっても、その組合員名簿は「個人情報データベース等」に該当しない。

❶ 最も適切

個人情報取扱事業者は、個人情報を取得した場合は、あらかじめその利用目的を公表している場合を除き、速やかに、その利用目的を、本人に通知し、又は公表しなければならない（個人情報保護法21条1項）。

❷ 不適切 「該当しない」➡「該当する」

「個人情報取扱事業者」とは、個人情報データベース等を事業の用に供している者をいう（16条2項）。したがって、管理組合も管理規約に基づいて組合名簿等の個人情報を取り扱っており、個人情報取扱事業者に該当する。なお、取り扱う個人情報が5,000以下であっても、個人情報取扱事業者に該当する。

❸ 不適切 「該当しない」➡「該当する」

「個人情報」とは、生存する個人に関する情報であって、当該情報に含まれる氏名、生年月日その他の記述等により特定の個人を識別できるものをいう（2条1項1号）。したがって、総会議事録の署名欄に書かれた氏名から特定の個人を識別できるものであれば、個人情報に該当する。

❹ 不適切 「該当しない」➡「該当する」

「個人情報データベース等」とは、個人情報を含む情報の集合物であって、①特定の個人情報を電子計算機を用いて検索できるように体系的に構成したもの、②特定の個人情報を容易に検索できるように体系的に構成したものとして政令で定めるもの（組合員名簿や顧客名簿等）のいずれかに該当するものをいう（16条1項）。したがって、組合員名簿のような、コンピュータを用いないものでも、容易に検索できるように体系的に構成したものであれば、個人情報データベース等に該当する。

正解 ❶

34 個人情報保護法③

☐ ☐ ☐ 📝 CHECK!　　　　R 2-問41　　　　A

管理業務主任者が、マンションの管理組合の役員に対して説明した内容に関する次の記述のうち、「個人情報保護法」によれば、誤っているものはどれか。

❶ 　管理組合の組合員の氏名が記載されている名簿が、紙面によるものであっても、五十音順など一定の規則に従って整理・分類され、容易に検索できるものであれば、その名簿上の氏名は「個人データ」に該当します。

❷ 　マンションの共用部分に設置された防犯カメラに映る映像は、特定の個人が識別できるものであれば「個人情報」に該当します。

❸ 　このマンションの居住者の数は、5,000人を超えていないので、管理組合は、個人情報取扱事業者に該当せず、この法律の対象にはなりません。

❹ 　マンション管理業者は、特定の組合員から当該本人が識別される保有個人データの開示を求められたときは、その開示に係る手数料を徴収することができます。

Point 個人情報取扱事業者が保有個人データの開示を要求➡手数料の徴収可。

❶ **正しい** 「個人データ」とは、個人情報データベース等を構成する個人情報をいう（個人情報保護法16条3項）。この「個人情報データベース等」とは、個人情報を含む情報の集合物であって、次のものをいう（同1項）。

① 特定の個人情報を電子計算機を用いて検索できるように体系的に構成したもの

② 上記①のほか、特定の個人情報を容易に検索できるように体系的に構成したものとして政令で定めるもの

本肢の、紙面で処理された組合員名簿については、容易に検索できるように体系的に構成したものであれば、②に該当するので、個人情報データベース等に該当する。

❷ **正しい** 「個人情報」とは、生存する個人に関する情報であって、①当該情報に含まれる氏名・生年月日その他の記述等により特定の個人を識別することができるもの（他の情報と容易に照合することができ、それにより特定の個人を識別することができる情報を含む）、②個人識別符号が含まれるもの、のいずれかに該当するものをいう（2条1項）。そして、防犯カメラの映像も、特定の個人を識別できるものであれば、個人情報に該当する。

❸ **誤り** 「この法律の対象にはなりません」➡「なります」

個人情報取扱事業者に関する近年の法改正により、取り扱う個人情報が5,000以下であっても、個人情報取扱事業者に該当することになったので、個人情報保護法の対象となる。

❹ **正しい** 個人情報取扱事業者は、本人から、当該本人が識別される保有個人データの電磁的記録の提供による方法その他の個人情報保護委員会規則で定める方法による開示を求められたときは、本人に対し、当該本人が請求した方法（当該方法による開示に多額の費用を要する場合その他の当該方法による開示が困難である場合は、書面の交付による方法）により、遅滞なく、当該保有個人データを開示しなければならない（33条1項・2項）。そして、個人情報取扱事業者は、保有個人データの開示を求められたときは、当該措置の実施に関し、手数料を徴収できる（38条1項）。

管理委託契約書・標準管理規約・その他関連知識

正解 ❸

35 標準管理委託契約書①

  CHECK! H29-問28

標準管理委託契約書の定めによれば、管理対象部分に関する次の記述のうち、不適切なものはいくつあるか。

ア　エレベーターホールは、「専有部分に属さない建物の部分」に含まれる。

イ　テレビ共同受信設備は、「専有部分に属さない建物の附属物」に含まれる。

ウ　専用庭は、「規約共用部分」に含まれる。

エ　管理事務室は、「附属施設」に含まれる。

❶　一つ

❷　二つ

❸　三つ

❹　四つ

Point 専用庭 ➡ 附属施設、管理事務室 ➡ 規約共用部分。

ア　適　切

エレベーターホールは、「専有部分に属さない建物の部分」に含まれる（標準管理委託契約書2条5号ロ）。

イ　適　切

テレビ共同受信設備は、「専有部分に属さない建物の附属物」に含まれる（2条5号ハ）。

ウ　不適切　「規約共用部分」 ➡ 「附属施設」

専用庭は、「附属施設」に含まれる（2条5号ホ）。

エ　不適切　「附属施設」 ➡ 「規約共用部分」

管理事務室は、「規約共用部分」に含まれる（2条5号ニ）。

したがって、不適切なものはウ・エの二つであり、正解は**❷**となる。

36 標準管理委託契約書②（維持修繕）

マンションの維持又は修繕に関する企画又は実施の調整の業務に関する次の記述のうち、標準管理委託契約書によれば、最も不適切なものはどれか。

❶ マンション管理業者は、管理組合が、管理委託契約にかかるマンションの維持又は修繕（大規模修繕を除く修繕又は保守点検等。）を外注により、当該マンション管理業者以外の業者に行わせる場合には、実施の確認を行うこととされているが、当該実施の確認は、管理員が外注業務の完了の立会いにより確認できる内容のもののほか、別表第2の2(3)一に定める管理員業務に含まれていない場合又は管理員が配置されていない場合には、管理業者の使用人等が完了の立会いを行うことにより確認できる内容のものをいう。

❷ マンション管理業者は、管理組合の長期修繕計画における修繕積立金の額が著しく低額である場合若しくは設定額に対して実際の積立額が不足している場合又は管理事務を実施する上で把握したマンションの劣化等の状況に基づき、当該計画の修繕工事の内容、実施予定時期、工事の概算費用若しくは修繕積立金の見直しが必要であると判断した場合には、書面又は口頭により当該管理組合に助言をする。

❸ 長期修繕計画案の作成業務以外にも、必要な年度に特別に行われ、業務内容の独立性が高いという業務の性格から、建物・設備の性能向上に資する改良工事の企画又は実施の調整の業務をマンション管理業者に委託するときは、管理委託契約とは別個の契約にすることが望ましい。

❹ 長期修繕計画案の作成及び見直しは、長期修繕計画標準様式、長期修繕計画作成ガイドライン、長期修繕計画作成ガイドラインコメント（平成20年6月国土交通省公表）を参考にして作成することが望ましい。

Point 管理業者が行う実施確認➡管理員が外注業務の完了立会いで確認できるもの等。

❶ **適 切**

管理業者は、管理組合が管理委託契約にかかるマンションの維持・修繕（大規模修繕を除く修繕・保守点検等）を外注により、当該管理業者以外の業者に行わせる場合には、見積書の受理・管理組合と受注業者との取次ぎ・実施の確認を行うが、当該実施の確認とは、**管理員が外注業務の完了の立会いにより確認できる内容のもの**のほか、別表2の2⑶一に定める管理員業務に含まれていない場合又は管理員が配置されていない場合には、管理業者の使用人等が完了の立会いを行うことにより確認できる内容のものをいう（標準管理委託契約書別表1の1⑶二、2の2⑶一、2の2⑶一関係コメント⑨）。

❷ **最も不適切** 「書面または口頭により」➡「書面をもって」

管理業者は、管理組合の長期修繕計画における修繕積立金の額が著しく低額である場合若しくは設定額に対して実際の積立額が不足している場合又は管理事務を実施する上で把握したマンションの劣化等の状況に基づき、当該計画の修繕工事の内容・実施予定時期・工事の概算費用若しくは**修繕積立金の見直しが必要であると判断した場合には、書面をもって**管理組合に助言する（別表1の1⑶一）。つまり、口頭での助言では足りない。

❸ **適 切**

長期修繕計画案の作成業務（長期修繕計画案の作成のための建物等劣化診断業務を含む）以外にも、必要な年度に特別に行われ、業務内容の独立性が高いという業務の性格から、次の業務を管理業者に委託するときは、管理委託契約とは別個の契約にすることが望ましい（別表1の1⑶関係コメント②）。

① 修繕工事の前提としての建物等劣化診断業務（耐震診断を含む）
② 大規模修繕工事実施設計および工事監理業務
③ **建物・設備の性能向上に資する改良工事の企画または実施の調整**（耐震改修工事・防犯化工事・バリアフリー化工事・ＩＴ化工事等）
④ マンション建替え支援業務

❹ **適 切**

長期修繕計画案の作成・見直しは、**長期修繕計画標準様式、長期修繕計画作成ガイドライン、長期修繕計画作成ガイドラインコメントを参考に**して作成することが望ましい（別表1の1⑶関係コメント①）。

正 解 **❷**

37 標準管理委託契約書③（維持修繕）

CHECK! □□□ R2-問9改 A

マンションの維持又は修繕に関する企画又は実施の調整の業務に関する次のア〜エの記述のうち、標準管理委託契約書の定めによれば、適切なものはいくつあるか。

ア　マンション管理業者は、管理組合の長期修繕計画の見直しのため、管理事務を実施する上で把握した本マンションの劣化等の状況に基づき、当該計画の修繕工事の内容、実施予定時期、工事の概算費用等に、改善の必要があると判断した場合には、書面をもって管理組合に助言する。

イ　マンション管理業者が、管理組合の委託により、長期修繕計画案の作成業務及び建物・設備の劣化状況等を把握するための調査・診断を実施し、その結果に基づき行う当該計画の見直し業務を実施する場合には、管理委託契約とは別個の契約とする。

ウ　マンション管理業者は、管理組合が本マンションの維持又は修繕（大規模修繕を除く修繕又は保守点検等。）を外注により、当該マンション管理業者以外の業者に行わせる場合の見積書の受理、管理組合と受注業者との取次ぎ、実施の確認を行う。

エ　「大規模修繕」とは、建物の全体又は複数の部位について、修繕積立金を充当して行う計画的な修繕又は特別な事情により必要となる修繕等をいう。

❶　一つ

❷　二つ

❸　三つ

❹　四つ

ア　適　切

　　管理業者は、**管理組合の長期修繕計画の見直しのため**、管理事務を実施する上で把握したマンションの劣化等の状況に基づき、当該計画の修繕工事の内容・実施予定時期・工事の概算費用等に、改善の必要があると判断した場合には、**書面をもって管理組合に助言する**（標準管理委託契約書別表1の1(3)一）。

イ　適　切

　　長期修繕計画案の作成業務並びに建物・設備の劣化状況等を把握するための調査・診断の実施及びその結果に基づき行う当該計画の見直し業務を実施する場合には、**本契約とは別個の契約とする**（別表1の1(3)一）。

ウ　適　切

　　管理業者は、管理組合が管理委託契約にかかるマンションの維持・修繕（**大規模修繕を除く**修繕・保守点検等）を外注により、当該管理業者「**以外**」の業者に行わせる場合には、**見積書の受理・管理組合と受注業者との取次ぎ・実施の確認を行う**（別表1の1(3)二）。

エ　適　切

　　「**大規模修繕**」とは、建物の全体又は複数の部位について、**修繕積立金を充当して行う計画的な修繕**又は**特別な事情により必要となる修繕等**をいう（別表1の1(3)関係コメント④）。

　　したがって、**適切なものはア～エの四つ**であり、正解は**❹**となる。

正解 ❹

38 標準管理委託契約書④（第三者への再委託）

☐☐☐ ✎ CHECK!　　R2-問8改　　Ⓐ

次の記述のうち、標準管理委託契約書の定めによれば、最も不適切なものはどれか。

❶　マンション管理業者は、建物・設備等管理業務の全部を第三者に再委託することはできない。

❷　マンション管理業者は、管理事務を第三者に再委託した場合においては、再委託した管理事務の適正な処理について、管理組合に対して、責任を負う。

❸　本契約は、管理組合とマンション管理業者の信頼関係を基礎とするものであるから、管理事務を第三者に再委託する場合においても、マンション管理業者は、自らの責任と管理体制の下で処理すべきものである。

❹　本契約締結時に再委託先の名称が明らかな場合又は本契約締結後に明らかになったときには、管理組合に通知することが望ましい。

Point

事務管理業務の管理事務の一部➡第三者に再委託ＯＫ、全部は再委託ＮＯ。

❶ **最も不適切** 「再委託**できない**」➡「再委託**できる**」

（頻出）　管理業者は、「事務管理業務の管理事務の一部」又は「管理員業務、清掃業務若しくは建物・設備等管理業務の管理事務の全部・一部」を、別紙１に従って**第三者に再委託**（再委託された者が更に委託を行う場合以降も含む）**できる**（標準管理委託契約書４条１項、３条）。

❷ **適 切**

　管理業者が、管理事務を、**第三者に再委託**した場合は、当該管理業者は、再委託した管理事務の適正な処理について、**管理組合に対して、責任を負う**（４条２項）。

❸ **適 切**

　本契約は、管理組合と管理業者の信頼関係を基礎とするものであるから、管理事務を第三者に再委託する場合においても、**管理業者**は、**自らの責任と管理体制の下**で処理すべきものである（４条関係コメント②）。

❹ **適 切**

　本契約締結時に再委託先の名称が明らかな場合又は本契約締結後に明らかになったときには、管理組合に通知することが望ましい（同③）。

管理委託契約書・標準管理規約・その他関連知識

正 解 ❶

39 標準管理委託契約書⑤（事務管理業務）

CHECK! □□□ ✏ R4-問6改 重要度A

標準管理委託契約書「別表第1 事務管理業務」に関する次の記述のうち、最も適切なものはどれか。

❶ マンション管理業者は、年に一度、管理組合の組合員の管理費等の滞納状況を、当該管理組合に報告する。

❷ マンション管理業者は、長期修繕計画案の作成業務並びに建物・設備の劣化状況等を把握するための調査・診断の実施及びその結果に基づき行う当該計画の見直し業務を実施する場合は、本契約の一部として追加・変更することで対応する。

❸ マンション管理業者は、管理組合の要求に基づいて、自己の名をもって総会議事録を作成し、組合員等に交付する。

❹ マンション管理業者は、管理対象部分に係る各種の点検、検査等の結果を管理組合に報告するとともに、改善等の必要がある事項については、具体的な方策を当該管理組合に助言する。

❶ **不適切** 「年に一度」➡「毎月」

　管理業者は、毎月、管理組合の組合員の管理費等の滞納状況を、当該管理組合に報告する（標準管理委託契約書別表1の1(2)②一）。

❷ **不適切** 「本契約の一部として追加・変更することで対応」
　　　　➡「本契約とは別個の契約」

　管理業者は、長期修繕計画案の作成業務並びに建物・設備の劣化状況等を把握するための調査・診断の実施及びその結果に基づき行う当該計画の見直し業務を実施する場合は、**本契約とは別個の契約**とする（別表1の1(3)一）。

❸ **不適切** 「管理組合の要求に基づいて、…組合員等に交付する」
　　　　➡「このような規定は存在しない」

　管理業者の総会支援業務に、「管理組合が管理業者の協力を必要とするときの総会議事録案の作成」はある（別表1の2(2)六）。しかし、本肢のように、「管理組合の要求に基づいて、自己の名をもって総会議事録を作成し、組合員等に交付する」旨の規定はない。

❹ **最も適切**

　管理業者は、管理対象部分に係る各種の点検、検査等の結果を管理組合に報告するとともに、**改善等の必要がある事項**については、具体的な方策を管理組合に助言する（別表1の2(3)①）。

正解 ❹

40 標準管理委託契約書⑥（管理事務内容・実施方法）

■■■ ✎ CHECK! R5-問5

管理事務の内容及び実施方法に関する次の記述のうち、標準管理委託契約書によれば、不適切な記述のみを全て含むものは次の1～4のうちどれか。

ア　別表第1に掲げる事務管理業務のうち、理事会の円滑な運営を支援する理事会支援業務は、マンション管理業者自らが理事会の運営主体となって行う業務である。

イ　別表第2に掲げる管理員業務のうち、立会業務における実施の立会いとは、外注業者の業務中、管理員が常に立ち会うことをいう。

ウ　管理組合がマンション管理業者に長期修繕計画案の作成業務を委託する場合は、当該業務の性格から、管理委託契約に含むものとすることが望ましい。

❶　ア・イ

❷　ア・ウ

❸　イ・ウ

❹　ア・イ・ウ

理事会の運営主体は、あくまで管理組合である。

ア　**不適切**　「管理業者自らが理事会の運営主体」➡「管理組合が理事会の運営主体」

　　理事会支援業務は、理事会の円滑な運営を支援するものであるが、理事会の運営主体があくまで管理組合であることに留意する（標準管理委託契約書別表１の２関係コメント①）。

イ　**不適切**　「常に立ち会う」➡「立ち合いが困難な場合は適切な対応を行う」

　　管理事務実施の必要上、管理員の勤務日以外の日に、管理事務の実施に係る外注業者が業務を行う場合、管理員による業務の着手、実施の立会いが困難な場合が想定される。このような場合、管理組合への連絡、事後の確認等により、適切な対応を行うことが望ましい（別表２関係コメント⑧）。

ウ　**不適切**　「管理委託契約に含むものとすることが望ましい」
　　　　　　　➡「本契約とは別個の契約とする」

　　管理業者は、長期修繕計画案の作成業務並びに建物・設備の劣化状況等を把握するための調査・診断の実施及びその結果に基づき行う当該計画の見直し業務を実施する場合は、**本契約とは別個の契約とする**（別表１の１(3)一第４段）。

　したがって、**不適切なものはア～ウ**であり、正解は❹となる。

41 標準管理委託契約書⑦(管理員業務)

CHECK! R4-問8改

B

標準管理委託契約書「別表第2 管理員業務」に関する次の記述のうち、最も不適切なものはどれか。

❶ 受付等の業務には、利害関係人に対する管理規約等の閲覧が含まれる。

❷ 点検業務には、建物の外観目視点検、無断駐車等の確認が含まれる。

❸ 立会業務には、災害、事故等の処理の立会い、そのための専有部分の鍵の保管が含まれる。

❹ 報告連絡業務には、立会結果等の報告、事故等発生時の連絡が含まれる。

❶ 適 切

受付等の業務には、利害関係人に対する管理規約等の閲覧が含まれる（標準管理委託契約書別表2の2(1)三）。

❷ 適 切

点検業務には、建物、諸設備及び諸施設の外観目視点検、無断駐車等の確認が含まれる（別表2の2(2)一・四）。

❸ 最も不適切 「専有部分の鍵の保管が含まれる」➡「含まれない」

立会業務には、災害、事故等の処理の立会いが含まれる（別表2の2(3)三）。しかし、専有部分の鍵の保管は含まれない。

❹ 適 切

報告連絡業務には、各種届出・点検結果・立会結果等の報告、災害・事故等発生時の連絡・報告が含まれる（別表2の2(4)二・三）。

管理委託契約書・標準管理規約・その他関連知識

正解 ❸

42 標準管理委託契約書⑧（管理事務）

  CHECK!

R元-問7改

重要度 B

次のア〜エの記述のうち、標準管理委託契約書によれば、適切なものはいくつあるか。

ア　マンション管理業者が行う管理事務の対象となる部分は、管理規約により管理組合が管理すべき部分のうち、マンション管理業者が受託して管理する部分であり、オートロック設備や宅配ボックスも管理事務の対象に含まれる。

イ　マンション管理業者が行う管理事務の内容として、事務管理業務、管理員業務、清掃業務、建物・設備等管理業務及び警備業法に定める警備業務がある。

ウ　マンション管理業者は、建築基準法第12条第1項に規定する特定建築物定期調査及び同条第3項に規定する特定建築物の建築設備等定期検査を行うとともに、その報告等に係る補助を行うものとする。

エ　マンション管理業者は、受託した管理事務の内容にかかわらず、災害又は事故等の事由により、管理組合のために、緊急に行う必要がある業務で、管理組合の承認を受ける時間的な余裕がないものについては、管理組合の承認を受けないで実施することができる。

❶　一つ

❷　二つ

❸　三つ

❹　四つ

Point オートロック設備や宅配ボックスも管理対象部分に含まれる。

ア　適　切

　　管理業者が行う**管理事務の対象となる部分**は、管理規約により管理組合が管理すべき部分のうち、**管理業者が受託して管理する部分**であり、「専有部分に属さない建物の附属物」として、オートロック設備や宅配ボックスも管理事務の対象に含まれる（標準管理委託契約書2条5号ハ）。

イ　**不適切**　「警備業法に定める警備業務は含まれない」

　　管理業者が行う管理事務には、①事務管理業務、②管理員業務、③清掃業務、④建物・設備等管理業務がある（3条）。この管理事務には、警備業法に定める警備業務及び消防法に定める防火管理者が行う業務は、含まれない（全般関係コメント③）。

ウ　適　切

　　管理業者が行う**建物・設備管理業務**には、建築基準法12条1項に規定する**特定建築物定期調査**および同3項に規定する**特定建築物の建築設備等定期検査**が含まれている（別表4の1(2)(3)）。また、管理業者は、管理組合に代わって、当該特定建築物定期調査および建築設備等定期検査の**報告等**に係る補助を行う（別表1の2(3)②一）。

エ　適　切

　　管理業者は、受託した管理事務の内容にかかわらず、災害または事故等の事由により、管理組合のために、**緊急に行う必要がある業務**で、管理組合の承認を受ける時間的な余裕がないものについては、管理組合の**承認を受けないで実施できる**（9条1項）。

　したがって、**適切なものはア・ウ・エの三つ**であり、正解は**❸**となる。

正解　❸

43 標準管理委託契約書⑨（総合）

CHECK!　H30-問9改　**A**

次の記述のうち、標準管理委託契約書によれば、最も不適切なものはどれか。

❶ 管理組合の組合員から当該組合員が所有する専有部分の売却等の依頼を受けた宅地建物取引業者（宅地建物取引業法第2条第3号に規定する者をいう。以下同じ。）が媒介等の業務のために、管理規約等の提供又は別表第5に掲げる事項の開示を求めてきた場合に、マンション管理業者が、当該宅地建物取引業者に対して、管理規約等の写しを提供し、及び別表第5の事項について書面をもって、又は電磁的方法により開示を行うときは、管理規約及び使用細則において宅地建物取引業者等への提供・開示に関する根拠が明確に規定されるとともに、これと整合的に管理委託契約書においてマンション管理業者による提供・開示に関して規定されることが必要である。

❷ マンション管理業者は、理事会支援業務や総会支援業務について、区分所有法及び管理組合の管理規約に照らし、当該管理組合の管理者等以外に、正規に招集の権限があると考えられる者から当該支援業務に関する契約書に規定する業務の履行の要求があった場合は、これを拒否すべき正当な理由がある場合を除き、業務を履行すべきである。

❸ 理事会及び総会の議事録については、議事の経過の要点及びその結果を記載する必要があり、「議事の経過」とは議題、議案、討議の内容及び採決方法等を指すところ、それらの要点を記載することで足り、すべての発言を一言一句記録するものではないが、議事に影響を与える重要な発言は記録することに留意する必要がある。

❹ マンション管理業者が管理事務の一部を第三者に再委託した場合においては、当該マンション管理業者は、再委託した管理事務の適正な処理について、管理組合に対する責任を免れる。

❶ **適 切**

　管理組合の組合員から当該組合員が所有する専有部分の売却等の依頼を受けた宅建業者が、媒介等の業務のために、管理業者に管理規約等の提供又は別表第5に掲げる事項の開示を求めてきた場合に、これらの事務を管理業者が行う場合は、管理規約及び使用細則において宅建業者等への提供・開示に関する根拠が明確に規定されるとともに、これと整合的に管理委託契約書においても管理業者による提供・開示に関して規定されることが必要である（標準管理委託契約書15条関係コメント①②）。

❷ **適 切**

　管理業者は、理事会支援業務や総会支援業務について、区分所有法及び管理組合の管理規約に照らし、当該管理組合の管理者等以外の正規に招集の権限があると考えられる者から当該支援業務に関する契約書に規定する業務の履行の要求があった場合にも、これを拒否すべき正当な理由がある場合を除き、業務を履行すべきである（別表1の2関係コメント⑨）。

❸ **適 切**

　理事会及び総会の議事録については、議事の経過の要点・その結果を記載する必要がある。この「議事の経過」とは議題・議案・討議の内容・採決方法等を指すが、それらの要点を記載することで足り、すべての発言を一言一句記録するものではない。しかし、議事に影響を与える重要な発言は記録することに留意する必要がある（別表1の2関係コメント⑤）。

❹ **最も不適切** 「責任を免れる」➡「責任を負う」

　管理業者が、管理事務（の一部）を、第三者に再委託した場合は、当該管理業者は、再委託した管理事務の適正な処理について、管理組合に対して、責任を負う（4条2項）。

正解 ❹

44 標準管理委託契約書⑩（報告等）

■ ■ ■ ✎ CHECK!　　R3-問13　

マンション管理業者による管理事務の報告等に関する次の記述のうち、標準管理委託契約書によれば、最も適切なものはどれか。

❶　マンション管理業者は、管理組合の事業年度終了後あらかじめ管理委託契約書で定められた期間内に、管理組合に対し、当該年度における管理事務の処理状況及び管理組合の会計の収支の結果を記載した書面を交付し、報告しなければならないが、その報告をする者は管理業務主任者である必要はない。

❷　マンション管理業者は、毎月末日までに、管理組合に対し、前月における管理事務の処理状況に関する書面を交付しなければならない。

❸　管理組合からマンション管理業者に対し、あらかじめ管理委託契約書で定められていない時期に、管理事務の処理状況及び管理組合の会計の収支状況について報告を行うよう請求があるときは、マンション管理業者は、管理業務主任者をして、その報告をさせなければならない。

❹　マンション管理業者が、管理組合に対し、管理事務の処理状況及び管理組合の会計の収支状況について報告を行う場合に、管理組合は、マンション管理業者に対し、それらに係る関係書類の提示を求めることができる。

管理業者は、毎月末日までに、前月における管理組合の「会計の収支状況」に関する書面を交付。

❶ 不適切 「管理業務主任者である必要はない」

➡「管理業務主任者をして報告させなければならない」

頻出

　管理業者は、管理組合の事業年度終了後あらかじめ管理委託契約書で定められた期間内に、管理組合に対し、当該年度における「管理事務の処理状況及び管理組合の会計の収支の結果を記載した書面」を交付し、管理業務主任者をして、報告をさせなければならない（標準管理委託契約書10条1項）。

❷ 不適切 「管理事務の処理状況に関する書面」➡「会計の収支状況に関する書面」

頻出

　管理業者は、毎月末日までに、管理組合に対し、「前月における管理組合の「会計の収支状況」に関する書面」を交付しなければならない（10条2項）。管理事務の処理状況に関する書面を交付するのではない。

❸ 不適切 「管理業務主任者をして、その報告をさせなければならない」

➡「管理業務主任者が報告をする必要はない」

頻出

　管理業者は、管理組合から請求があるときは、管理事務の処理状況及び管理組合の会計の収支状況について報告を行わなければならない（10条3項）。しかし、この報告については、管理業務主任者が報告をする必要はない。

❹ 最も適切

頻出

　管理業者は、管理組合に対し、管理事務の処理状況及び管理組合の会計の収支状況について報告を行う場合に、管理組合は、管理業者に対し、管理事務の処理状況及び管理組合の会計の収支に係る関係書類の提示を求めることができる（10条4項）。

管理委託契約書・標準管理規約・その他関連知識

正解 ❹

45

□ □ □ ✎ CHECK!　　　　R元-問13

　マンション管理業者が行う管理組合への管理事務の報告等に関する次の記述のうち、標準管理委託契約書によれば、適切なものの組み合わせはどれか。

ア　マンション管理業者は、管理組合の事業年度終了後、管理組合と合意した期限内に、当該年度における管理事務の処理状況及び管理組合の会計の収支の結果を記載した書面を管理組合に交付し、管理業務主任者をして、報告をさせなければならない。

イ　マンション管理業者は、毎月末日までに、前月における管理組合の会計の収支状況に関する書面を管理組合に交付し、管理業務主任者をして、報告をさせなければならない。

ウ　マンション管理業者は、管理組合から請求があるときは、管理事務の処理状況及び管理組合の会計の収支状況についての書面を管理組合に交付し、管理業務主任者をして、報告をさせなければならない。

エ　マンション管理業者は、管理組合の会計の収支状況に関する書面について、あらかじめ管理組合が当該書面の交付に代えて電磁的方法による交付を承諾した場合には、当該方法による交付を行うことができる。

❶　ア・イ

❷　ア・エ

❸　イ・ウ

❹　ウ・エ

Point 会計の収支状況に関する書面➡あらかじめ電磁的方法による交付の承諾あれば、この方法でOK！

ア　適　切

　　管理業者は、管理組合の事業年度終了後、管理組合と合意した期限内に、管理組合に対し、**当該年度における管理事務の処理状況および管理組合の会計の収支の結果を記載した書面を交付し、管理業務主任者をして、報告をさせなければならない**（標準管理委託契約書10条1項、同関係コメント①）。

イ　不適切　「管理業務主任者をして報告させる必要はない」

　　管理業者は、毎月末日までに、管理組合に対し、**前月における管理組合の会計の収支状況に関する書面を交付しなければならない**（別表1の1(1)③、10条2項）。しかし、この場合、**管理業務主任者に報告させる必要はない**。

ウ　不適切　「管理業務主任者をして報告させる必要はない」

　　管理業者は、管理組合から請求があるときは、**管理事務の処理状況および管理組合の会計の収支状況について、報告を行わなければならない**（10条3項）。しかし、この場合、**管理業務主任者に報告させる必要はない**。

エ　適　切

　　イ・ウ解説参照。管理組合の会計の収支状況に関する書面について、**あらかじめ管理組合が当該書面の交付に代えて電磁的方法による提供を承諾した場合には、管理業者は、当該方法による提供を行うことができる**（別表1の1(1)③、10条2〜3項）。

　したがって、**適切なものはア・エであり、正解は❷となる**。

管理委託契約書・標準管理規約・その他関連知識

正解 ❷

46 標準管理委託契約書⑫

■■■ ✎ CHECK!　　　　　R 4-問 7改

標準管理委託契約書に関する次の記述のうち、最も不適切なものはどれか。

❶　標準管理委託契約書は、管理組合が管理事務をマンション管理業者に委託する場合を想定しているため、マンション管理適正化法第三章に定めるマンション管理計画認定制度及び民間団体が行う評価制度等に係る業務並びに警備業法に定める警備業務及び消防法に定める防火管理者が行う業務は、管理事務に含まれない。

❷　マンション管理業者の管理対象部分は、原則として敷地及び共用部分等であるが、専有部分の設備であっても、管理組合が管理を行うとされている場合において、管理組合から依頼があるときには、契約内容にこれを含めることも可能である。

❸　管理事務室は、管理組合がマンション管理業者に管理事務を行わせるため、有償で使用させるものとしている。

❹　組合員が滞納した管理費等の督促については、弁護士法第72条の規定を踏まえ、債権回収はあくまで管理組合が行うものであることに留意し、マンション管理業者の管理費等滞納者に対する督促に関する協力について、事前に協議が調っている場合は、協力内容、費用の負担等に関し、具体的に規定するものとする。

Point 警備業務、防火管理者が行う業務は、管理事務に含まれない。

❶ 適 切

標準管理委託契約では、管理組合が管理適正化法2条6号に定める管理
事務を管理業者に委託する場合を想定しているため、マンション管理適正
化法第三章に定めるマンション管理計画認定制度及び民間団体が行う評価
制度等に係る業務並びに**警備業法に定める警備業務及び消防法に定める防
火管理者が行う業務は、管理事務に含まれない**（標準管理委託契約書全般
関係コメント③）。

❷ 適 切

管理業者の**管理対象部分**は、原則として**敷地及び共用部分等**であるが、
専有部分である設備のうち共用部分と構造上一体となった部分（配管・配
線等）は共用部分と一体で管理を行う必要があるため、管理組合が管理を
行うとされている場合、管理組合から依頼があるときに本契約に含めるこ
とも可能である（3条関係コメント③）。

❸ 最も不適切 「有償」➡「無償」

管理組合は、管理業者に管理事務を行わせるために不可欠な**管理事務室**、
管理用倉庫、清掃員控室、器具、備品等を**無償で使用させる**（7条1項）。

❹ 適 切

管理費等滞納者に対する督促については、弁護士法72条の規定を踏まえ、
債権回収はあくまで管理組合が行うものであることに留意し、**管理業者の
管理費等滞納者に対する督促に関する協力**について、事前に**協議が調って
いる場合**は、**協力内容**（管理組合の名義による配達証明付内容証明郵便に
よる督促等）、**費用の負担等に関し、具体的に規定する**ものとする（10条
関係コメント）。

47 標準管理委託契約書⑬

CHECK! H29-問7改

次の記述のうち、標準管理委託契約書の定めによれば、最も不適切なものはどれか。

❶ マンション管理業者は、管理事務を行うため必要があるときは、管理組合の組合員及びその所有する専有部分の占有者（以下「組合員等」という。）に対して、その専有部分又は専用使用部分への立入りを請求することができる。

❷ マンション管理業者は、地震等の災害により、管理組合のために、緊急に行う必要がある業務で、管理組合の承認を受ける時間的な余裕がないものについては、管理組合の承認を受けないで実施することができるが、この場合において、マンション管理業者は、速やかに、書面をもって、その業務の内容及び実施に要した費用の額を管理組合に通知しなければならない。

❸ マンション管理業者は、火災等の事故（マンション管理業者の責めによらない場合に限る。）により管理組合又は管理組合の組合員等が受けた損害について、その損害額が一定額を超えるときは、その一定額を超える損害部分については、賠償する責任を負わない。

❹ マンション管理業者は、管理事務を行うため必要なときは、管理組合の組合員等に対し、管理組合に代わって、本契約書第12条第1項の規定（建物の保存に有害な行為）に基づきマンション管理業者が中止を求めても、なお管理組合の組合員等がその行為を中止しないときは、マンション管理業者はその責めを免れる。

❶ 適 切

　管理業者は、管理事務を行うため必要がある場合、管理組合の組合員等に対して、その専有部分または専用使用部分への立入り請求をすることができる（標準管理委託契約書14条1項）。

❷ 適 切

　管理業者は、地震等の災害や事故等の事由により、管理組合のために、緊急に行う必要がある業務で、管理組合の承認を受ける時間的な余裕がないものについては、管理組合の承認を受けないで実施できる（9条1項）。そして、この場合、管理業者は、速やかに、書面をもって、その業務の内容・その実施に要した費用の額を、管理組合に通知しなければならない（同項）。

❸ 最も不適切 「一定額を超える損害部分について、賠償責任を負わない」
　　　　　　　➡「この旨の規定は存在しない」

　管理業者は、管理組合・その組合員等が、災害・事故等（管理業者の責めによらない場合に限る）により損害を受けた場合、その損害賠償責任を負わない（19条、9条1項）。本肢のように、「その損害額が一定額を超えるときに、それを超える損害部分について、賠償責任を負わない」旨の規定はない。

❹ 適 切

　管理業者は、管理事務を行うため必要な場合、管理組合の組合員等に対し、管理組合に代わって、建物の保存に有害な行為の中止を求めることができる（12条1項2号）。しかし、管理業者が本契約書12条1項の規定に基づき中止を求めても、なお管理組合の組合員等がその行為を中止しないときは、書面をもって管理組合にその内容を報告しなければならない（同2項）。この報告を行った場合、管理業者はさらなる中止要求の責務を免れるものとし、その後の中止等の要求は管理組合が行う（同3項）。

管理委託契約書・標準管理規約・その他関連知識

正解 ❸

48 標準管理委託契約書⑭（総合）

CHECK! ☐☐☐ 🖉

R 5-問 8

標準管理委託契約書に関する次の記述のうち、適切なものはいくつあるか。

ア　標準管理委託契約書は、典型的な住居専用の単棟型マンションに共通する管理事務に関する標準的な契約内容を定めたものであり、実際の契約書作成に当たっては、特別な事情がない限り本契約書を使用しなければならない。

イ　管理組合は、管理事務としてマンション管理業者に委託する事務（別表第1から別表第4までに定める事務）のため、マンション管理業者に委託業務費を支払うが、マンション管理業者が管理事務を実施するのに必要となる水道光熱費、通信費、消耗品費等の諸費用は、当該マンション管理業者が負担する。

ウ　マンション管理業者は、台風の影響により、管理組合のために、緊急に行う必要がある業務で、管理組合の承認を受ける時間的な余裕がないものについて、管理組合の承認を受けないで実施した場合においては、速やかに、口頭でその業務の内容及びその実施に要した費用の額を管理組合に通知すれば足りる。

エ　マンション管理業者は、管理組合がマンションの維持又は修繕（大規模修繕を除く修繕又は保守点検等。）を外注により当該マンション管理業者以外の業者に行わせる場合、見積書の受理を行うが、当該業務には、その見積書の内容に対する助言等は含まれない。

❶　一つ

❷　二つ

❸　三つ

❹　四つ

Point 管理業者が管理事務実施に必要な水道光熱費等の諸費用を負担するのは管理組合。

ア　不適切　「使用しなければならない」➡「適宜内容の追加・修正・削除を行いつつ活用されるべき」

　　標準管理委託契約書は、典型的な住居専用の単棟型マンションに共通する管理事務に関する標準的な契約内容を定めたものであり、実際の契約書作成に当たっては、個々の状況や必要性に応じて適宜内容の追加・修正・削除を行いつつ活用されるべきものである（標準管理委託契約書全般関係コメント②）。

イ　不適切　「管理業者が負担する」➡「管理組合が負担する」

　　管理組合は、委託業務費のほか、管理業者が管理事務を実施するのに伴い必要となる水道光熱費、通信費、消耗品費等の諸費用を負担するものとする（6条4項）。

ウ　不適切　「口頭」➡「書面」

　　管理業者は、台風等の影響により、管理組合のために、緊急に行う必要がある業務で、管理組合の承認を受ける時間的な余裕がないものについては、管理組合の承認を受けないで実施できる。この場合、管理業者は、速やかに、書面をもって、その業務の内容及びその実施に要した費用の額を管理組合に通知しなければならない（9条1項1号）。

エ　適　切

　　管理業者は、管理組合が本マンションの維持又は修繕（大規模修繕を除く修繕又は保守点検等）を外注により管理業者以外の業者に行わせる場合には、見積書の受理・管理組合と受注業者との取次ぎ・実施の確認を行う（別表1の1(3)二第1段）。

　　しかし、「見積書の受理」には、見積書の提出を依頼する業者への現場説明や見積書の内容に対する管理組合への助言等（見積書の内容や依頼内容との整合性の確認の範囲を超えるもの）は含まれない（同関係コメント⑤）。

　したがって、適切なものはエの一つであり、正解は**❶**となる。

正解 ❶

49 標準管理委託契約書⑮

■ ■ ■ ✎ CHECK!　　　　　H29-問9改

　宅地建物取引業者（宅地建物取引業法第2条第3号に規定する者をいう。以下同じ。）が、管理組合の組合員から、当該組合員が所有する専有部分の売却の依頼を受け、その媒介等の業務のために、宅地建物取引業法施行規則第16条の2に定める事項等について、マンション管理業者に確認を求めてきた場合等の当該管理組合に代わって行うマンション管理業者の対応に関する次の記述のうち、標準管理委託契約書の定めによれば、最も不適切なものはどれか。

❶　管理組合の組合員が、当該組合員が所有する専有部分の売却等を目的とする情報収集のために、理由を付した書面により管理組合の収支及び予算の状況の開示を求めてきたときは、マンション管理業者はそのことについて開示するものとする。

❷　宅地建物取引業者が、理由を付した書面の提出又は当該書面を電磁的方法により提出することにより、管理組合の管理規約等の提供又は別表第5の事項の開示を求めてきたときは、マンション管理業者は管理規約等の写しを提供し、及び別表第5に掲げる事項について書面をもって、又は電磁的方法により開示するものとする。

❸　マンション管理業者は、管理規約の提供等に要する費用を、管理規約の提供又は別表第5に掲げる事項の開示を行う相手方である宅地建物取引業者から受領することができる。

❹　宅地建物取引業者が、理由を付した書面の提出又は当該書面を電磁的方法により管理費等の変更予定等について開示を求めてきたときは、変更予定の有無のいずれかを記載するが、変更について検討中の場合は、「変更予定有」と記載する。

Point 宅建業者が理由付の書面等で管理規約の提供を要求➡管理業者は写しを提供等。

❶ **適 切**

　管理組合の**組合員**が、当該組合員が所有する専有部分の売却等を目的とする情報収集のために、理由を付した書面により**管理組合の収支・予算の状況の開示**を求めてきた場合、管理業者は、管理組合に代わって、そのことについて提供し、及び別表第5の事項について書面をもって、又は電磁的方法により**開示**する（標準管理委託契約書15条1項、別表5の5(1)）。

❷ **適 切**

　宅建業者が、理由を付した書面の提出又は当該書面を電磁的方法により提出することにより、管理組合の**管理規約等の提供**又は別表第5の事項の開示を求めてきたときは、管理組合に代わって、管理規約等の写しを提供し、及び別表第5の事項について書面をもって、又は電磁的方法により開示する（15条1項）。

❸ **適 切**

　管理業者は、**管理規約の提供等に要する費用**を管理規約の提供又は別表第5の事項の開示を行う相手方である**宅地建物取引業者から受領できる**（15条2項）。

❹ **最も不適切** 「**変更予定有と記載する**」➡「**このような記載は不適切**」

　宅建業者が、理由を付した書面の提出又は当該書面を電磁的方法により管理費等の変更予定等に開示を求めてきた場合、**変更予定の有無または検討中であるか**を記載する（15条1項、別表5の6(3)）。また、「**変更予定有**」とは、値上げ等が総会で承認または総会に上程されることが決定している場合をいうのであり、変更の検討中であれば、「**変更予定有**」と記載することは適切ではない（同関係コメント）。

正解 ❹

50 標準管理委託契約書⑯（規約の提供等）

CHECK! ☐☐☐ ✎ R3-問7改

宅地建物取引業者が、管理組合の組合員から、当該組合員が所有する専有部分の売却の依頼を受け、その媒介の業務のために、管理規約の提供及び「別表第5（宅地建物取引業者等の求めに応じて開示する事項）」に掲げる事項の開示を求めてきた場合に、マンション管理業者が当該管理組合に代わって行う対応に関する次の記述のうち、標準管理委託契約書によれば、適切なものはいくつあるか。ただし、マンション管理業者は、その対応にあたって組合員等の個人情報の保護等を踏まえながら行うものとする。

ア　マンション管理業者は、管理規約等の提供又は別表第5に掲げる事項の開示の業務に要する費用を当該宅地建物取引業者から受領することはできない。

イ　マンション管理業者は、当該組合員が管理費等を滞納していることが明らかな場合であっても、当該宅地建物取引業者に対し、その清算に関する必要な措置を求めることはできない。

ウ　マンション管理業者が管理規約の提供等を行う場合にあっては、管理規約等において宅地建物取引業者等への提供・開示に関する根拠が明確に規定されるとともに、これと整合的に管理委託契約書においてマンション管理業者による提供・開示に関して規定されることが必要である。

エ　管理組合の財務・管理に関する情報を、宅地建物取引業者を通じて専有部分の購入等を予定する者に管理組合の財務・管理に関する情報を提供・開示することは、当該購入等予定者等の利益の保護等に資するとともに、マンション内におけるトラブルの未然防止、組合運営の円滑化、マンションの資産価値の向上等の観点からも有意義である。

❶　一つ

❷　二つ

❸　三つ

❹　四つ

Point 管理業者は、管理規約の提供等の業務に必要な費用を提供等する相手方から受領可。

ア **不適切** 「受領できない」➡「受領できる」

　　管理業者は、管理規約の提供等の業務に要する費用を管理規約等の提供又は別表第5に掲げる事項の開示を行う相手方から受領できる（標準管理規約15条2項）。

イ **不適切** 「必要な措置を求めることはできない」➡「求めることができる」

　　管理規約の提供等をする場合、管理業者は、当該組合員が管理費等を滞納しているときは、管理組合に代わって、当該宅建業者に対し、その清算に関する必要な措置を求めることができる（15条3項）。

ウ **適　切**

　　管理規約の提供等の業務を管理業者が行う場合には、管理組合の管理規約等において宅建業者等への提供・開示に関する根拠が明確に規定されるとともに、これと整合的に管理委託契約書において管理業者による提供・開示に関して規定される必要がある（15条関係コメント②）。

エ **適　切**

　　管理組合の財務・管理に関する情報を、宅建業者又は売主たる組合員を通じて専有部分の購入等を予定する者に管理組合の財務・管理に関する情報を提供・開示することは、当該購入等予定者等の利益の保護等に資するとともに、マンション内におけるトラブルの未然防止、組合運営の円滑化、マンションの資産価値の向上等の観点からも有意義である（15条関係コメント①）。

　　したがって、適切なものはウ・エの二つであり、正解は**❷**となる。

正解 **❷**

51 標準管理委託契約書⑰（事務管理業務等）

CHECK!　　　　　　　　　　H28-問9改　　　重要度 A

次の記述のうち、標準管理委託契約書によれば、最も不適切なものはどれか。

❶　マンション管理業者及びその従業員は、管理委託契約が終了した後においても、正当な理由なく、管理事務に関して知り得た管理組合及び当該管理組合の組合員等の秘密を漏らし、又は管理事務以外の目的に使用してはならない。

❷　マンション管理業者は、管理事務を通じて当該マンションの劣化等の状況を把握することができることから、長期修繕計画案の作成業務を実施する場合、当該業務に係る契約については、管理委託契約と別個の契約としてはならない。

❸　マンション管理業者は、管理組合の長期修繕計画における修繕積立金の額が著しく低額である場合若しくは設定額に対して実際の積立額が不足している場合又は管理事務を実施する上で把握した当該マンションの劣化等の状況に基づき、当該計画の修繕工事の内容等について、見直しの必要があると判断した場合には、書面をもって管理組合に助言するものとする。

❹　マンション管理業者が、理事会の設置する各種専門委員会の運営支援業務を実施する場合は、その業務内容、費用負担について、別途、管理組合とマンション管理業者が協議して定めるものとする。

❶ **適切**

管理業者およびその使用人等は、正当な理由なく管理事務に関して知り得た管理組合および管理組合の組合員等の**秘密を漏らし、又は管理事務以外の目的に使用してはならない**（標準管理委託契約書17条1項）。このことは、契約が終了した後においても、同様である（17条関係コメント）。

❷ **最も不適切**　「別個の契約としてはならない」
　　　　　　　➡「別個の契約としなければならない」

頻出　管理業者は、長期修繕計画案の作成業務および建物・設備の劣化状況などを把握するための調査・診断を実施し、その結果に基づき行う当該計画の見直し業務を実施する場合は、**本契約とは別個の契約とする**（別表1の1(3)ニ）。

❸ **適切**

管理業者は、管理組合の長期修繕計画における修繕積立金の額が著しく低額である場合若しくは設定額に対して実際の積立額が不足している場合又は管理事務を実施する上で把握した**本マンションの劣化等の状況に基づき、当該計画の修繕工事の内容・実施予定時期・工事の概算費用若しくは修繕積立金の見直しが必要であると判断した場合には、書面をもって管理組合に助言する**（別表1の1(3)一）。

❹ **適切**

管理業者は、大規模修繕、長期修繕計画変更、管理規約改正等、理事会が設置する**各種専門委員会の運営支援業務を実施する場合は、その業務内容、費用負担について、別途、管理組合と管理業者が協議して定める**（別表1の2関係コメント⑥）。

正解 ❷

52 標準管理委託契約書⑱（災害時の対応）

次の記述のうち、標準管理委託契約書によれば、最も不適切なものはどれか。

❶ マンション管理業者は、地震の発生により、管理組合のために、緊急に行う必要がある業務で、管理組合の承認を受ける時間的な余裕がないものについて、管理組合の承認を受けないで実施した場合においては、速やかに、書面をもって、その業務の内容及びその実施に要した費用の額を管理組合に通知しなければならない。

❷ 管理組合は、マンション管理業者が火災の発生により、緊急に行う必要がある業務を遂行する上でやむを得ず支出した費用であれば、その発生原因が当該マンション管理業者の責めによるものであったとしても、当該マンション管理業者に対して、その費用を速やかに支払わなければならない。

❸ マンション管理業者は、漏水の発生により、管理組合のために緊急に行う必要がある場合、専有部分等に立ち入ることができるが、この場合において、マンション管理業者は、管理組合及びマンション管理業者が立ち入った専有部分等に係る組合員等に対し、事後速やかに、報告をしなければならない。

❹ マンション管理業者は、マンション管理業者の責めによらない火災の発生により、管理組合又は管理組合の組合員等が損害を受けたときは、その損害を賠償する責任を負わない。

❶ 適　切

　管理業者は、災害又は事故等の事由により、管理組合のために、緊急に行う必要がある業務で、管理組合の承認を受ける時間的な余裕がないものについては、管理組合の承認を受けないで実施できる。この場合、管理業者は、速やかに、書面をもって、その業務の内容及びその実施に要した費用の額を管理組合に通知しなければならない（標準管理委託契約書9条1項）。

❷ 最も不適切　「管理業者の責めによるものであったとしても…支払わなければならない」➡「支払う必要はない」

　管理組合は、管理業者が災害等の事由により、緊急時に行う業務を遂行する上でやむを得ず支出した費用については、速やかに、管理業者に支払わなければならない。ただし、管理業者の責めによる事故等の場合は支払う必要はない（9条2項）。

❸ 適　切

　管理業者は、災害又は事故等の事由により、管理組合のために緊急に行う必要がある場合、専有部分等に立ち入ることができるが、この場合において、管理業者は、管理組合及び管理業者が立ち入った専有部分等に係る組合員等に対し、事後速やかに、報告をしなければならない（14条3項）。

❹ 適　切

　管理業者は、管理組合・管理組合の組合員等が、管理業者の責めに帰することができない事由による損害を受けたときは、その損害を賠償する責任を負わない（19条3号）。

正　解　**❷**

53 標準管理委託契約書⑲

CHECK! H29-問8改

次の記述のうち、標準管理委託契約書の定めによれば、最も適切なものはどれか。

❶ マンション管理業者は、管理組合の管理規約の原本、総会議事録、総会議案書等を、マンション管理業者の事務所で保管する。

❷ マンション管理業者は、当該業者の使用人等が、管理事務の業務の遂行に関し、管理組合又は管理組合の組合員等に損害を及ぼしたときは、管理組合又は管理組合の組合員等に対し、使用者としての責任を負う。

❸ マンション管理業者は、管理対象部分に係る各種の点検、検査等を実施した場合、その結果を管理組合に口頭で報告すると共に、改善等の必要がある事項については、書面をもって、具体的な方策を管理組合に助言する。

❹ 管理組合は、マンション管理業者がマンション管理業（マンション管理適正化法第2条第7号に規定するものをいう。）の登録の取消しの処分を受けたとしても、その相手方は、何らの催告を要せずして、管理委託契約を解除することはできない。

❶ **不適切** 「管理業者の事務所」➡「管理組合の事務所」

　　管理業者は、管理組合の**管理規約の原本・総会議事録・総会議案書**等を管理組合の事務所で保管する（標準管理委託契約書別表1の2(3)③二）。

❷ **最も適切**

　　管理業者は、当該管理業者の**使用人等**が、管理事務の業務の遂行に関し、管理組合・その組合員等に**損害**を及ぼした場合、管理組合・その組合員等に対し、使用者責任を負う（16条）。

❸ **不適切** 「口頭で報告」➡「書面で報告」

　　管理業者は、管理対象部分に係る各種の点検・検査等の結果を管理組合に**報告**すると共に、**改善等の必要がある事項**については、具体的な方策を管理組合に**助言**する。この報告・助言は、書面をもって行う（別表1の2(3)①）。

❹ **不適切** 「解除できない」➡「解除できる」

　　管理組合又は管理業者の一方について、管理業者がマンション管理業の登録取消しの処分を受けた場合、その相手方は、何らの催告を要せずして、管理委託契約を**解除できる**（20条2項4号）。

正解 ❷

標準管理委託契約書⑳

□□□ ✎ CHECK! ┃ R元-問9改

次の記述のうち、標準管理委託契約書によれば、最も不適切なものはどれか。

❶ 管理組合又はマンション管理業者は、その相手方が、管理委託契約に定められた義務の履行を怠った場合は、相当の期間を定めてその履行を催告し、相手方が当該期間内に、その義務を履行しないときは、当該契約を解除することができる。

❷ 管理事務を受託する管理組合のマンションにおけるマンション管理業者の免責事項については、排水設備の能力以上に機械式駐車場内に雨水流入があったときの車両に対する損害等、必要に応じて具体的な内容を記載することができる。

❸ 管理組合又はマンション管理業者は、マンションにおいて滅失、き損、契約不適合等の事実を知った場合においては、書面をもって、当該管理組合に通知しなければならない。

❹ マンション管理業者は、マンション管理適正化法の規定に基づく処分を受けたときには、管理事務を受託する管理組合に対して、速やかに、書面をもって、通知しなければならない。

❶ 適 切

管理組合又は管理業者は、その相手方が、管理委託契約に定められた**義務の履行を怠った場合、相当の期間を定めてその履行を催告**し、相手方が当該期間内に、その義務を**履行しないときは、当該契約を解除できる**（標準管理委託契約書20条1項）。

❷ 適 切

管理業者の免責事項について、昨今のマンションを取り巻く環境の変化、特に感染症がまん延したり、予期できない自然災害等が増えてきていることから、当該マンションの地域性、設備の状況に応じて、管理組合および管理業者の協議の上、例えば、「感染症の拡大のため予定していた総会等の延期に係る会場賃借・設営に対する損害」、「**排水設備の能力以上に機械式駐車場内に雨水流入があったときの車両に対する損害**」等、必要に応じて具体的な内容を記載することも考えられる（19条関係コメント）。

❸ 最も不適切 「書面をもって」➡「書面をもって通知とはされていない」

管理組合又は管理業者は、マンションにおいて滅失、き損、契約不適合等の事実を知った場合、速やかに、その状況を相手方に**通知**しなければならない（13条1項）。この場合、**書面をもって通知とはされていない**。

❹ 適 切

管理業者は、**マンション管理適正化法の規定に基づく処分を受けたとき**には、管理事務を受託する管理組合に対して、速やかに、**書面をもって、通知**しなければならない（13条2項5号）。

55 標準管理委託契約書㉑（管理事務の内容）

CHECK! □□□ ✎ H28-問8改 **A**

次の記述のうち、標準管理委託契約書によれば、適切なものの組合せはどれか。

ア　マンション管理業者は、3年ごとに実施する特殊建築物定期調査のように、当該管理委託契約の契約期間をまたいで実施する管理事務（マンション管理適正化法第2条第6号に規定するものをいう。以下同じ。）を定額委託業務費に含める場合は、実施時期や費用を管理組合に明示するとともに、当該管理事務を実施しない場合の精算方法をあらかじめ明らかにすべきである。

イ　マンション管理業者が行う管理事務の内容に、警備業法に定める警備業務、消防法に定める防火管理者が行う業務及び浄化槽法に定める水質検査の業務は含まれない。

ウ　マンション管理業者が行う管理事務の対象となる部分は、管理規約により管理組合が管理すべき部分のうち、マンション管理業者が受託して管理する部分であり、専用使用部分（バルコニー、トランクルーム、専用庭等）については、管理組合が管理すべき部分の範囲内において、マンション管理業者が管理事務を行う。

エ　マンション管理業者は、管理組合の債務不履行を理由に管理委託契約を解除する場合を除き、契約期間の中途において、管理委託契約を解約することはできない。

❶　ア・ウ

❷　ア・エ

❸　イ・ウ

❹　イ・エ

Point 契約当事者は、相手方に3ヵ月前に書面で解約申入れをする。

ア 適切

　3年ごとに実施する特殊建築物定期調査のように、契約期間をまたいで実施する管理事務の取扱いについては、①本契約と別個の契約とする方法、②定額委託業務費に含める方法、③定額委託業務費以外の費用に含める方法が考えられる。②の「定額委託業務費に含める」場合は、実施時期や費用を明示し、管理事務を実施しない場合の精算方法をあらかじめ明らかにすべきである（標準管理委託契約書6条関係コメント⑤）。

イ 不適切 「水質検査の業務は含まれない」➡「含まれる」

　標準管理委託契約書では、管理組合が管理適正化法2条6号に定める管理事務を管理業者に委託する場合を想定しているため、管理適正化法第三章に定めるマンション管理計画認定制度及び民間団体が行う評価制度等に係る業務並びに警備業法に定める警備業務及び消防法に定める防火管理者が行う業務は、管理事務に含まれない（全般関係コメント③）。しかし、浄化槽法に定める水質検査の業務は、管理事務のうちの「建物・設備管理業務」に含まれる（別表4の4(1)）。

ウ 適切

　管理対象部分とは、管理規約により管理組合が管理すべき部分のうち、管理業者が受託して管理する部分をいい、組合員が管理すべき部分を含まない（2条関係コメント①）。そして、専用使用部分（バルコニー・トランクルーム・専用庭等）については、管理組合が管理すべき部分の範囲内において、管理業者が管理事務を行う（同コメント②）。

エ 不適切 「解約できない」➡「解約の申入れができる」

　管理組合又は管理業者は、互いに相手方に対し、少なくとも3ヵ月前に書面で解約の申入れを行うことにより、管理委託契約を終了させることができる（21条）。

　したがって、適切なものの組合せはア・ウであり、正解は**❶**となる。

管理委託契約書・標準管理規約・その他関連知識

正解 ❶

56 標準管理委託契約書㉒(総合)

■ ■ ■ ✐ CHECK! R3-問6改

次の記述のうち、標準管理委託契約書によれば、最も不適切なものはどれか。

❶ マンション管理業者は、事務管理業務の管理事務の全部を、別紙1に従って第三者に再委託することができる。

❷ 管理組合は、マンション管理業者に管理事務を行わせるために不可欠な管理事務室、管理用倉庫、清掃員控室、器具、備品等を無償で使用させるものとする。

❸ マンション管理業者は、事務管理業務のうち出納業務を行う場合において、管理組合の組合員に対し管理委託契約に従って管理費等の督促を行っても、なお当該組合員が支払わないときは、その責めを免れるものとし、その後の収納の請求は管理組合が行うものとする。

❹ 管理組合又はマンション管理業者は、解除事由の有無にかかわらず、その相手方に対し、少なくとも3月前に書面で解約の申入れを行うことにより、本契約を終了させることができる。

Point 管理業者が組合員に金銭の督促を行っても組合員が支払わない ➡ 責めを免れる。

❶ **最も不適切** 「全部を第三者に再委託できる」➡「できない」

　管理業者は、事務管理**業務**の管理事務の一部又は管理員業務、清掃業務、建物・設備管理業務の管理事務の全部・一部を、別紙1に従って**第三者に再委託**（再委託された者が更に委託を行う場合以降も含む）できる（標準管理委託契約書4条1項）。したがって、事務管理業務の管理事務の全部を第三者に再委託できない。

❷ **適　切**

　管理組合は、管理業者に管理事務を行わせるために不可欠な**管理事務室、管理用倉庫、清掃員控室、器具、備品**等を無償で使用させる（7条1項）。

❸ **適　切**

　管理業者は、事務管理業務のうち出納業務を行う場合において、管理組合の組合員に対し**電話、自宅訪問、督促状**による管理費、修繕積立金、使用料その他の金銭の督促を行っても、なお当該組合員が支払わないときは、その**責めを免れる**ものとし、その後の収納の請求は**管理組合**が行うものとする（11条1項）。

❹ **適　切**

　解除原因の有無にかかわらず、管理組合又は管理業者は、その相手方に対し、少なくとも**3ヵ月前に書面で解約の申入れ**を行うことにより、本契約を終了させることができる（21条）。

57 標準管理委託契約書㉓（総合）

重要度 **A**

標準管理委託契約書に関する次の記述のうち、適切な記述のみを全て含むものは次の1〜4のうちどれか。

ア　マンションの専有部分である設備のうち共用部分と構造上一体となった部分の管理を、管理組合が行うとされている場合において、管理組合からマンション管理業者に対して依頼があるときには、当該部分の管理を管理委託契約に含めることも可能である。

イ　マンション管理業者は、管理組合の組合員が管理費等を滞納したときは、その支払の督促を行うが、督促しても当該組合員がなお滞納管理費等を支払わないときは、マンション管理業者は当該滞納にかかる督促業務を終了する。

ウ　マンション管理業者は、管理組合の組合員から当該組合員が所有する専有部分の売却等の依頼を受けた宅建業者が、その媒介等の業務のために、理由を付した書面の提出又は電磁的方法により提出することにより、管理組合の管理規約等の提供又は別表第5の事項の開示を求めてきたときは、当該管理組合に代わって、当該宅地建物取引業者に対し、管理規約等の写しを提供し、別表第5の事項について書面をもって、又は電磁的方法により開示するものとするが、その場合、当該業務に要する費用を管理規約等の提供又は別表第5の事項の開示を行う相手方から受領することができる。

❶ ア・イ

❷ ア・ウ

❸ イ・ウ

❹ ア・イ・ウ

Point 管理業者は、組合員に管理費等の督促を行っても支払わない ➡ 責めを免れる。

ア 適 切

 管理業者の管理対象部分は、原則として敷地及び共用部分等であるが、専有部分である設備のうち共用部分と構造上一体となった部分（配管・配線等）は共用部分と一体で管理を行う必要があるため、管理組合が管理を行うとされている場合において、管理組合から依頼があるときに管理委託契約に含めることも可能である（標準管理委託契約書3条関係コメント③前段）。

イ 適 切

 管理業者は、事務管理業務のうち、出納業務を行う場合において、管理組合の組合員に対し管理費、修繕積立金、使用料その他の金銭の督促を行っても、なお当該組合員が支払わないときは、その責めを免れるものとし、その後の収納の請求は**管理組合が行うものとする**(11条1項)。したがって、管理業者が督促しても当該組合員がなお滞納管理費等を支払わないときは、管理業者は当該滞納にかかる督促業務を終了することになる。

ウ 適 切

 管理業者は、管理組合の組合員から当該組合員が所有する専有部分の売却等の依頼を受けた宅建業者が、その媒介等の業務のために、**理由を付した書面の提出又は電磁的方法**により提出することにより、管理組合の**管理規約等の提供又は別表第5の事項の開示**を求めてきたときは、当該管理組合に代わって、当該宅建業者に対し、**管理規約等の写しを提供し、別表第5の事項について書面をもって、又は電磁的方法により開示する**（15条1項前段）。

この場合、管理業者は、当該業務に要する**費用を管理規約等の提供又は別表第5の事項の開示を行う相手方から受領できる**（同2項）。

したがって、**適切なものはア～ウ**であり、**正解は❹**となる。

正 解 ❹

58 標準管理委託契約書㉔（契約解除・解約申入れ）

CHECK! ☐☐☐ 🖊 R2-問7改

次のア～エの記述のうち、標準管理委託契約書の定めによれば、適切なものはいくつあるか。

ア 管理組合又はマンション管理業者は、その相手方が、本契約に定められた義務の履行を怠った場合は、直ちに本契約を解除することができる。

イ 管理組合は、マンション管理業者が破産手続開始、会社更生手続開始、民事再生手続開始の申立てをしたときは、本契約を解除することができる。

ウ 管理組合は、マンション管理業者がマンション管理適正化法の規定に違反し、マンション管理業の登録の取消しの処分を受けたときは、何らの催告を要せずして、本契約を解除することができる。

エ 管理組合又はマンション管理業者は、その相手方に対し、少なくとも一月前に書面で解約の申入れを行うことにより、本契約を終了させることができる。

❶ 一つ

❷ 二つ

❸ 三つ

❹ 四つ

Point 管理業者が適正化法に違反し登録取消し➡管理組合は解除ＯＫ。

ア　**不適切**　「直ちに」➡「相当の期間を定めてその履行を催告し」

　　管理組合又は管理業者は、その相手方が、本契約に定められた**義務の履行を怠った場合は、相当の期間を定めてその履行を催告し、相手方が当該期間内に、その義務を履行しないときは、本契約を解除できる**（標準管理委託契約書20条１項）。

イ　**適　切**

　　管理組合は、管理業者に、**破産手続・会社更生手続・民事再生手続等開始があったときは、本契約を解除できる**（18条２項２号）。

ウ　**適　切**

　　管理組合は、管理業者が**マンション管理適正化法の規定に違反**し、マンション管理業の登録の取消しの処分を受けたときは、**何らの催告を要せずして、管理委託契約を解除できる**（18条２項４号）。

エ　**不適切**　「一月前」➡「３月前」

　　管理組合又は管理業者は、その相手方に対し、**少なくとも３ヵ月前に書面で解約の申入れ**を行うことにより、本契約を終了させることができる（21条）。

　したがって、適切なものは**イ・ウ**の二つであり、正解は**❷**となる。

管理委託契約書・標準管理規約・その他関連知識

正解 **❷**

321

59 標準管理委託契約書㉕（契約の解除等）

管理委託契約の解除等に関する次の記述のうち、標準管理委託契約書によれば、最も不適切なものはどれか。

❶ 管理組合又はマンション管理業者は、その相手方に対し、少なくとも3月前に書面又は口頭で解約の申入れを行うことにより、管理委託契約を終了させることができる。

❷ 管理委託契約の更新について申出があった場合において、その有効期間が満了する日までに更新に関する協議が調う見込みがないときは、管理組合及びマンション管理業者は、当該契約と同一の条件で、期間を定めて暫定契約を締結することができる。

❸ マンション管理業者が管理組合に対し、自らの役員が反社会的勢力ではないことを確約したが、当該確約に反する申告をしたことが判明した場合、管理組合は何らの催告を要せずして、管理委託契約を解除することができる。

❹ 管理組合又はマンション管理業者は、その相手方が、管理委託契約に定められた義務の履行を怠った場合は、相当の期間を定めてその履行を催告し、相手方が当該期間内に、その義務を履行しないときは、当該契約を解除することができる。

❶ 最も不適切 「書面又は口頭」➡「書面」

　管理組合又は管理業者は、その相手方に対し、少なくとも３ヵ月前に書面で解約の申入れを行うことにより、**管理委託契約を終了させる**ことができる（標準管理委託契約書21条）。

❷ 適　切

　管理委託契約の更新について申出があった場合において、その有効期間が満了する日までに**更新に関する協議が調う見込みがないとき**は、管理組合及び管理業者は、当該契約と同一の条件で、期間を定めて**暫定契約を締結**することができる（23条２項）。

❸ 適　切

　管理業者は、管理組合に対し、**自らが、暴力団、暴力団関係企業、総会屋、社会運動等標ぼうゴロ**（社会運動・政治活動を仮装し又は標ぼうして、不正な利益を求めて暴力的不法行為等を行うおそれがある者）若しくはこれらに準ずる者又はその構成員（以下「**反社会的勢力**」という）**ではないことを確約**する（27条１項１号）。そして、**管理業者**について、管理委託契約の期間内に、この反社会的勢力でないことの確約に反する申告をしたことが判明した場合は、**管理組合は何らの催告を要せずして、当該契約を解除できる**（27条関係コメント、20条２項５号）。

❹ 適　切

　管理組合又は管理業者は、その相手方が、**管理委託契約に定められた義務の履行を怠った場合**は、相当の期間を定めてその履行を**催告**し、相手方が当該期間内に、その義務を**履行しないときは、当該契約を解除できる**（20条１項前段）。

正解 ❶

標準管理委託契約書㉖

R元-問8

次の記述のうち、標準管理委託契約書によれば、最も不適切なものはどれか。

❶ マンション管理業者が、管理委託契約の有効期間内に、自ら又は第三者を利用して、相手方に対する脅迫的な言動又は暴力を用いる行為をしないことの確約に反する行為をした場合には、管理組合は、相当の期間を定めて催告しなければ、当該契約を解除することができない。

❷ マンション管理業者が、管理委託契約に従い、組合員に対し管理費等の督促を行っても、なお当該組合員が支払わないときは、その責めを免れるものとし、その後の収納の請求は管理組合が行うものとする。

❸ 消費税法等の税制の制定又は改廃により、税率等の改定があった場合には、委託業務費のうちの消費税額等は、その改定に基づく額に変更するものとする。

❹ マンション管理業者が、専有部分内を対象とする業務を実施しようとする場合においては、費用負担をめぐってトラブルにならないよう、基本的に便益を受ける者が費用を負担することに留意した契約方法とする必要がある。

管理業者が契約内に脅迫的言動等をしない確約に違反なら催告不要で解除可。

❶ 最も不適切 「相当の期間を定めて催告」➡「催告不要」

　管理業者は、管理委託契約の有効期間内に、自らまたは第三者を利用して、相手方に対する**脅迫的な言動または暴力を用いる行為をしないこと**の確約に反する行為をした場合には、管理組合は、催告不要で、当該契約を解除できる（標準管理委託契約書27条1項4号イ、27条関係コメント）。

❷ 適切

　管理業者は、管理組合の組合員が**管理費等を滞納**したときは、最初の支払期限から起算して契約で定めた期間、電話若しくは自宅訪問または督促状の方法により、その支払いの**督促**を行う（別表1の1(2)②二）。そして、これらの督促を行っても、なお当該**組合員が支払わない**ときは、管理業者はその**責めを免れる**ものとし、その後の収納の請求は管理組合が行う（11条1項）。

❸ 適切

　管理組合および管理業者は、管理委託契約締結後の法令改正に伴い管理事務または委託業務費を変更する必要が生じたときは、協議の上、当該契約を変更できる。ただし、**消費税法等**の税制の制定または改廃により、税率等の改定があった場合には、委託業務費のうちの**消費税額等**は、その改定に基づく額に変更する（24条）。

❹ 適切

　管理委託契約は、管理業者が、**専有部分内を対象とする業務を実施**しようとする場合、費用負担をめぐってトラブルにならないよう、原則として**便益を受ける者が費用を負担**することに留意した契約方法とする必要がある（3条関係コメント③）。

管理委託契約書・標準管理規約・その他関連知識

正解 ❶

325

61 標準管理委託契約書㉗（事務管理の内容）

■■■ ✏ CHECK!　　　H28-問7改　B

次の記述のうち、標準管理委託契約書によれば、最も適切なものはどれか。

❶　マンション管理業者（マンション管理適正化法第2条第8号に規定する者をいう。以下同じ。）又は管理組合は、管理委託契約の更新について申出があった場合において、当該管理委託契約の有効期間が満了する日までに両者の間で更新に関する協議が調う見込みがないときは、当該管理委託契約と同一の条件で暫定契約を締結することができるが、その暫定契約の期間は3月を超えることができない。

❷　マンション管理業者は、管理員業務、清掃業務又は建物・設備管理業務について、それらの業務の一部を、別紙1に従って第三者に再委託（再委託された者が更に委託を行う場合以降も含む。）することはできるが、当該業務の全部を第三者に再委託することはできない。

❸　マンション管理業者は、解約等により管理委託契約が終了した場合には、マンション管理業者が保管する設計図書、管理規約の原本、総会議事録、総会議案書等の図書等に加え、組合員等の名簿及び出納事務のためマンション管理業者が預かっている管理組合の口座の通帳等を遅滞なく管理組合に引き渡さなければならない。

❹　マンション管理業者は、定額委託業務費の内訳について、マンション管理適正化法第72条に基づく重要事項の説明の際に管理組合に対して見積書等であらかじめ明示している場合には、管理組合との合意を得ていなくても、管理委託契約に定額委託業務費の内訳を記載しないことができる。

Point 暫定契約の期間 ➡ 当事者間で適切な期間を設ける。

❶ 不適切 「3ヵ月を超えることができない」➡「このような制限はない」

　管理組合および管理業者は、管理委託契約の**更新**について**申出があった**場合、その有効期間が満了する日までに更新に関する**協議が調う見込みがないとき**は、相互に本契約と同一の条件で、**期間を定めて暫定契約を締結できる**（標準管理委託契約書23条2項）。そして、この暫定契約の期間は、協議状況を踏まえて、**当事者間で適切な期間を設ける**とされており、**3ヵ月を超えてはならないという制限はない**（同コメント③）。

❷ 不適切 「全部を第三者に再委託できない」➡「全部を第三者に再委託できる」

　管理業者は、「①事務管理業務の管理事務の一部」または「②管理員業務、清掃業務、建物・設備管理業務の**全部もしくは一部**」を、別紙1に従って**第三者に再委託**（再委託された者が更に委託を行う場合以降も含む）できる（4条1項）。本肢は、②に該当する。

❸ 最も適切

　管理業者は、**解約等により管理委託契約が終了した**場合には、自己が保管する設計図書等、管理規約の原本、総会議事録、総会議案書等、組合員等の名簿および出納事務のため管理業者が預っている管理組合の口座の通帳等を遅滞なく、**管理組合に引き渡す**必要がある（別表1の2(3)③三）。

❹ 不適切 「合意を得てなくても」➡「当事者間で合意しているときは」

　管理業者は、管理委託契約締結前に行う重要事項説明の際に、管理業者が管理組合に対して**見積書等であらかじめ定額委託業務費の内訳を明示**し、それについて**当事者間で合意しているとき**は、管理委託契約書に**定額委託業務費の内訳を記載しないことができる**（6条関係コメント①）。

正解 ❸

62 標準管理委託契約書㉘（総合）

■ ■ ■ ✏ CHECK! H30-問7改 C

次の記述のうち、標準管理委託契約書によれば、適切なものはいくつあるか。

ア マンション管理業者（マンション管理適正化法第2条第8号に規定する者をいう。以下同じ。）の管理対象部分は、原則として敷地及び共用部分等であるが、専有部分である設備のうち共用部分と構造上一体となった配管や配線は共用部分と一体で管理を行う必要があるため、管理組合が管理を行うとされている場合において、管理組合から依頼があるときに管理委託契約に含めることも可能である。

イ マンション管理業者は、管理組合の組合員等に関する個人情報について、その適正な取扱いを確保しなければならない。

ウ マンション管理業者は、管理組合に対し、自らが、暴力団、暴力団関係企業、総会屋、社会運動等標ぼうゴロ若しくはこれらに準ずる者又はその構成員ではないことを確約するが、管理委託契約の有効期間内に、当該確約に反する申告をしたことが判明した場合、管理組合が当該契約を解除するには、マンション管理業者に対して相当の期間を定めて催告しなければならない。

エ マンション管理業者は、管理組合が、管理委託契約にかかるマンションの維持又は修繕（大規模修繕を除く修繕又は保守点検等。）を外注により、当該マンション管理業者以外の業者に行わせる場合には、見積書の受理を行うが、当該見積書の内容に対する助言は含まれない。

❶ 一つ

❷ 二つ

❸ 三つ

❹ 四つ

Point 管理組合が委託管理業者以外に外注➡「見積書への助言」は管理業者の業務外。

ア 適 切

　管理業者の管理対象部分は、原則として敷地・共用部分等であるが、専有部分である設備のうち共用部分と構造上一体となった部分（配管・配線等）は、共用部分と一体で管理を行う必要があるため、管理組合が管理を行うとされている場合、管理組合から依頼があるときに、管理委託契約に含めることも可能である（標準管理委託契約書3条関係コメント③）。

イ 適 切

　管理業者は、管理組合の組合員等に関する個人情報について、その適正な取扱いを確保しなければならない（17条、17条関係コメント）。

ウ 不適切 「相当の期間を定めて催告」➡「何らの催告を要せずして」

　管理業者は、管理組合に対し、自らが、暴力団・暴力団関係企業・総会屋・社会運動等標ぼうゴロ・これらに準ずる者、その構成員ではないことを確約するが、管理委託契約の有効期間内に、当該確約に反する申告をしたことが判明した場合、催告不要で、管理委託契約を解除できる（27条1項1号、27条関係コメント）。

エ 適 切

　管理業者は、管理組合が管理委託契約にかかるマンションの維持・修繕（大規模修繕を除く修繕・保守点検等）を外注により、当該管理業者以外の業者に行わせる場合には、見積書の受理・管理組合と受注業者との取次ぎ・実施の確認を行うが（別表1の1(3)ニ）、見積書の内容に対する助言等は含まれない（同関係コメント⑤）。

　したがって、**適切なものはア・イ・エの三つ**であり、正解は**❸**となる。

正解 ❸

63 標準管理規約①（規約の類型）

 CHECK!　　　H30-問37

標準管理規約に定める、マンションの管理に外部専門家を活用する場合の次の記述のうち、最も不適切なものはどれか。

❶ 「理事・監事外部専門家型」とは、理事会管理方式において、理事や監事に外部専門家が加わり、理事会の運営面の不全の改善を図るものであり、外部役員の選任・解任規定、役員の欠格要件、外部役員の業務執行のチェック体制について規約の規定等の整備が必要である。

❷ 「理事長外部専門家型」とは、理事会管理方式において、理事長に外部専門家が加わるものであり、理事長の選任・解任規定、理事長の業務執行に関する理事会の監督体制について規約の規定等の整備が必要である。

❸ 「外部管理者理事会監督型」とは、理事長が管理者を兼任することを撤廃し、外部専門家による管理者管理方式をとるものであり、理事会が監事的立場となり、管理者の業務執行を直接に監視するものである。

❹ 「外部管理者総会監督型」とは、理事会制度を撤廃し、管理者管理方式をとるもので、管理者及び監事を外部専門家が担当し、各区分所有者は、総会を通じた監督にとどまることから管理の負担は最も軽減される。

❶　**適　切**

　外部専門家を活用する場合の「**理事・監事外部専門家型**」とは、**理事会
管理方式**において、**理事や監事に外部専門家が加わり**、理事会の運営面の
不全の改善を図るものであり、外部役員の選任・解任規定、役員の欠格要
件、外部役員の業務執行のチェック体制について、規約の規定等の整備が
必要である（標準管理規約別添1①）。

❷　**適　切**

　「**理事長外部専門家型**」とは、**理事会管理方式**において、**理事長に外部
専門家が加わる**ものであり、理事長の選任・解任規定、理事長の業務執行
に関する理事会の監督体制について、規約の規定等の整備が必要である
（別添1①）。

❸　**適　切**

　「**外部管理者理事会監督型**」とは、理事長が管理者を兼任することを撤
廃し、**外部専門家による管理者管理方式**をとるものである。そして、理事
会が監事的立場となり、管理者の業務執行を直接に監視する（別添1②）。

❹　**最も不適切**　「監事を外部専門家が担当」 ➡ 「監事を区分所有者が担当」

　「**外部管理者総会監督型**」とは、理事会制度を撤廃し、管理者管理方式
をとるもので、管理者を外部専門家が担当し、また、**監事を区分所有者が
担当**し、各区分所有者で構成する総会が監視するものであるため、総会の
役割が重要となる（別添1③）。

64 標準管理規約②（専有部分）

  CHECK! H28-問32

次のうち、標準管理規約によれば、専有部分であるものはいくつあるか。

ア　各住戸のメーターボックス内にある給湯器ボイラー

イ　パイプスペース

ウ　各住戸の水道メーター

エ　各住戸の玄関扉の錠

❶　一つ

❷　二つ

❸　三つ

❹　四つ

Point 何が専有部分・共用部分か、具体的に整理しよう。

ア **専有部分である**

　　各住戸のメーターボックスは共用部分であるが、その内部にある「給湯器ボイラー」設備は専有部分に該当する（標準管理規約別表2）。

イ **共用部分である**

　　「パイプスペース」（PS）は専有部分に属しない建物の部分に該当し、**法定共用部分**である（別表2）。

ウ **共用部分である**

　　給水管については、**本管から「各住戸の水道メーター」を含む部分**までは、専有部分に属しない建物の附属物に該当し、**法定共用部分**である（別表2）。

エ **専有部分である**

　　玄関扉は、「**錠**」および**内部塗装部分**が専有部分とされる（7条2項2号）。

　　したがって、**専有部分であるものはア・エの二つ**であり、正解は❷となる。

【専有部分・共用部分の範囲】

<table>
<tr><td rowspan="2" colspan="2">専有部分</td><td>（1）住戸番号を付した住戸
　　専有部分を他から区分する構造物のうち、天井・床・壁の躯体部分を除く部分、**玄関扉の錠・内部の塗装部分**</td></tr>
<tr><td>（2）（1）の専有部分の専用に供される設備のうち、共用部分内にある部分以外のもの</td></tr>
<tr><td rowspan="3">共用部分</td><td>規約共用部分</td><td>管理事務室、管理用倉庫、清掃員控室、集会室、トランクルーム、倉庫およびそれらの附属物</td></tr>
<tr><td rowspan="2">法定共用部分</td><td>（1）エントランスホール、廊下、階段、エレベーターホール、エレベーター室、共用トイレ、屋上、屋根、塔屋、ポンプ室、自家用電気室、機械室、受水槽室、高置水槽室、パイプスペース、メーターボックス（**給湯器ボイラー等の設備を除く**）、内外壁、界壁、床スラブ、床、天井、柱、基礎部分、バルコニー、ベランダ、屋上テラス、車庫等専有部分に属さない「建物の部分」</td></tr>
<tr><td>（2）エレベーター施設、電気設備、給水設備、排水設備、消防・防災設備、インターネット通信設備、テレビ共同受信設備、オートロック設備、宅配ボックス、避雷設備、集合郵便受箱、**各種の配線配管**（給水管については、本管から各住戸メーターを含む部分、雑排水管・汚水管については、配管継手・立て管）等、専有部分に属さない「建物の附属物」</td></tr>
</table>

正解 ❷

標準管理規約③（専有部分）

CHECK! ☐☐☐

H30-問38

専有部分の範囲に関する次の記述のうち、標準管理規約によれば、不適切なものはいくつあるか。

ア 天井、床及び壁は、躯体の中心線から内側が専有部分である。

イ 玄関扉は、錠及び内部塗装部分のみが専有部分である。

ウ 窓枠は専有部分に含まれないが、窓ガラスは専有部分である。

エ 雨戸又は網戸は、専有部分に含まれない。

❶ 一つ

❷ 二つ

❸ 三つ

❹ 四つ

ア　**不適切**　「躯体の中心線から内側」➡「躯体部分を除く部分」

　　　天井・床・壁は、躯体部分を除く部分を専有部分とする（標準管理規約7条2項1号）。

イ　**適　切**

　　　玄関扉は、錠・内部塗装部分を専有部分とする（7条2項2号）。

ウ　**不適切**　「窓ガラスは、専有部分である」➡「専有部分に含まれない」

　　　窓枠・窓ガラスは、専有部分に含まれない（7条2項3号）。

エ　**適　切**

　　　雨戸・網戸は、専有部分に含まれない（7条関係コメント④、同2項3号）。

　　したがって、不適切なものはア・ウの二つであり、正解は**❷**となる。

管理委託契約書・標準管理規約・その他関連知識

正解　❷

66 標準管理規約④（共用部分の工事）

CHECK! □□□ R元-問26 重要度 A

標準管理規約の定めによれば、マンションの住戸の次の修繕工事のうち、共用部分の工事に該当するものの組み合わせとして、最も適切なものはどれか。

ア 床のフローリング工事

イ 玄関扉内部塗装の補修工事

ウ 網戸の交換工事

エ バルコニー床面の防水工事

❶ ア・イ

❷ ア・エ

❸ イ・ウ

❹ ウ・エ

天井・床・壁 ➡ 躯体部分を除く部分が専有部分

ア　該当しない

　　天井・床・壁は、躯体部分を除く部分を専有部分とする（標準管理規約7条2項1号）。したがって、床の仕上げ部分であるフローリングの工事は、専有部分の工事であり、共用部分の工事には該当しない。

イ　該当しない

　　玄関扉は、錠・内部塗装部分を専有部分とする（7条2項2号）。したがって、玄関扉の内部塗装の補修工事は、専有部分の工事であり、共用部分の工事には該当しない。

ウ　該当する

　　窓枠・窓ガラス・雨戸・網戸は、専有部分に含まれない（7条2項3号、同コメント④）。したがって、網戸の交換工事は、共用部分の工事に該当する。

エ　該当する

　　バルコニーは専有部分に属しない建物の部分に該当し、共用部分である（別表第2）。したがって、バルコニー床面の防水工事は、共用部分の工事に該当する。

　したがって、共用部分の工事に該当するものの組合せはウ・エであり、正解は❹となる。

管理委託契約書・標準管理規約・その他関連知識

正解 ❹

337

67 標準管理規約⑤（共用部分の範囲）

  CHECK! R元-問29

次のア～オのうち、標準管理規約の定めによれば、共用部分の範囲に属するものはいくつあるか。

ア インターネット通信設備

イ 雑排水管の配管継手

ウ 集合郵便受箱

エ トランクルーム

オ 給湯器ボイラー

❶ 二つ

❷ 三つ

❸ 四つ

❹ 五つ

Point 　給湯器ボイラー設備 ➡ 専有部分

ア　**共用部分の範囲に属する**

インターネット通信設備は専有部分に属しない**建物の附属物**に該当し、**共用部分の範囲に属する**（標準管理規約別表2）。

イ　**共用部分の範囲に属する**

雑排水管の配管継手は専有部分に属しない**建物の附属物**に該当し、共用部分の範囲に属する（別表2）。

ウ　**共用部分の範囲に属する**

集合郵便受箱は専有部分に属しない**建物の附属物**に該当し、共用部分の範囲に属する（別表2）。

エ　**共用部分の範囲に属する**

トランクルームは、**共用部分の範囲に属する**（別表2）。

オ　**共用部分の範囲に属さない**

各住戸のメーターボックスは共用部分であるが、その内部にある給湯器ボイラー設備は**専有部分に該当する**（別表2参照）。

したがって、**共用部分の範囲に属する**ものは**ア～エの四つ**であり、正解は❸となる。

正解 ❸

68 標準管理規約⑥・区分所有法

■ ■ ■ CHECK! R元-問36

重要度 **A**

専有部分の用途に関する次の記述のうち、区分所有法の規定及び標準管理規約によれば、最も不適切なものはどれか。

❶ 専有部分を居住用借家として使用することを可能とする場合においては、専有部分の用途を住宅専用である旨を規約に明記しておくだけでは足りない。

❷ 専有部分を住宅宿泊事業として使用することを禁止とする場合においては、専有部分の用途を住宅専用である旨を規約に明記しておくだけでは足りない。

❸ 専有部分の用途として住宅宿泊事業を可能とする規約があったとしても、他の居住者の住宅としての使用を妨げる行為については、当該住宅宿泊事業を営む者は、共同の利益に反する義務違反者としての責任を免れない。

❹ 専有部分の用途として住宅宿泊事業を可能とする規約があったとしても、旅館業法に違反して行われる宿泊事業は認められない。

❶ **最も不適切** 「明記しておくだけでは足りない」➡「明記しておくだけで足りる」

　専有部分を居住用借家として使用することは、当該専有部分の使用者が借家人になるだけであり、住宅専用とした専有部分の用途制限に反するものではない（標準管理規約12条1項参照）。

❷ 適　切

　専有部分を住宅宿泊事業として使用することを禁止する場合には、専有部分の用途を住宅専用である旨を規約に明記しておくだけでは足りない。別途、「区分所有者は、その専有部分を住宅宿泊事業法3条1項の届出を行って営む同2条3項の住宅宿泊事業に使用してはならない」と規定する必要がある（12条2項）。

❸ 適　切

　専有部分の用途として住宅宿泊事業を可能とする規約は、当該住宅宿泊事業を営む者の共同利益違反行為について免責するものではない。他の居住者の住宅としての利用を妨げる行為があった場合、当該住宅宿泊事業を営む者は、共同の利益に反する義務違反者としての責任を負う（区分所有法57〜59条、6条1項）。

❹ 適　切

　標準管理規約では、専有部分を住宅宿泊事業に使用することができる旨を定めることができるが、これは、旅館業法や住宅宿泊事業法に違反して行われる事業は、管理規約に明記するまでもなく、当然に禁止されているとの趣旨である（標準管理規約コメント12条関係②）。

正解 **❶**

69 標準管理規約⑦（専有部分の修繕等）・区分所有法

■ ■ ■ □ 🖉 CHECK!　　　　R元-問33改　　🅰

専有部分の修繕等に関する次の記述のうち、区分所有法の規定及び標準管理規約によれば、最も不適切なものはどれか。ただし、電磁的方法が利用可能ではない場合とする。

❶ 区分所有者は、工事業者に依頼し、畳の交換や壁紙の張替えを行う場合においては、あらかじめ、理事長にその旨を届け出る必要がある。

❷ 理事長の承認を受けた工事であっても、当該工事の結果、共用部分又は他の専有部分に生じた事後的な影響については、当該工事を発注した区分所有者は、その責任や負担を免れるわけではない。

❸ 理事長は、施工状況の確認のために立入り、調査を行った結果、申請又は届出を受けたものとは異なる内容の工事が行われていることが確認された場合においては、原状回復のための必要な措置等をとることができる。

❹ 理事長の承認を受けた工事であれば、総会の決議を経なくても、当該工事に必要な外壁の穿孔、躯体の一部撤去を行うことができる。

❶ 適　切

　区分所有者は、理事長の承認を要しない修繕等のうち、**工事業者の立入り、工事の資機材の搬入、工事の騒音、振動、臭気等工事の実施中**における共用部分または他の専有部分への影響について管理組合が事前に把握する必要があるものを行おうとするときは、**あらかじめ、理事長にその旨を届け出なければならない**（標準管理規約17条7項）。

❷ 適　切

　理事長の承認を受けた修繕等の**工事後**に、**当該工事により共用部分または他の専有部分に影響が生じた場合**は、当該工事を**発注した区分所有者の責任と負担**により必要な措置をとらなければならない（17条6項）。

❸ 適　切

　理事長またはその指定を受けた者は、承認または不承認の決定をするのに必要な範囲内において、修繕等の箇所に**立ち入り、必要な調査を行う**ことができる（17条5項前段）。そして、立入り、調査の結果、理事長に申請または届出を行った内容と異なる内容の工事が行われている等の事実が確認された場合には、理事長は、その是正等のため必要な勧告または指示もしくは警告を行うか、その差止め、排除または**原状回復のための必要な措置等をとることができる**（コメント17条関係⑬）。

❹ 最も不適切　「行うことができる」➡「できない」

　区分所有者は、その専有部分について、修繕、模様替えまたは建物に定着する物件の取付けもしくは取替え（修繕等）であって共用部分または他の専有部分に影響を与えるおそれのあるものを行おうとするときは、**あらかじめ、理事長にその旨を申請し、書面による承認を受けなければならない**（17条1項）。また、**外壁の穿孔**（穴をあける）・**躯体の一部撤去**は、共用部分の重大変更に該当するため、別途、集会の決議を経る必要がある（区分所有法17条1項）。

正解 ❹

343

70 標準管理規約⑧（専有部分・共用部分の工事等）

 CHECK!　　　　　　　　　R 5-問36

専有部分及び共用部分の工事等に関する次の記述のうち、標準管理規約によれば、最も適切なものはどれか。

❶　区分所有者は専有部分の床のフローリングの設置をしようとするときは、理事長にその旨を申請し、理事長の判断により書面による承認を受けなければならない。

❷　専用使用部分である窓ガラスが、当該住戸の区分所有者の過失により破損した場合には、当該区分所有者の申請に基づき、管理組合が修繕する。

❸　区分所有者が、屋上からの雨漏りにより専有部分の使用に支障が生じ緊急を要するため当該共用部分の保存行為を行ったが、あらかじめ理事長に申請して書面による承認を受けなかったときは、当該保存行為に要した費用は、当該保存行為を行った区分所有者が負担する。

❹　共用部分のうち各住戸に付属する玄関扉の改良工事で住宅の性能向上に資するものについて、計画修繕としてこれを速やかに実施できる場合には、管理組合がその責任と負担において実施するものとする。

Point 専有部分の床のフローリング設置➡理事長は理事会の決議で承認を決定。

❶ **不適切**　「理事長の判断」➡「理事会の決議」

　区分所有者は、その専有部分について、修繕、模様替え又は建物に定着する物件の取付け若しくは取替えであって共用部分又は他の専有部分に影響を与えるおそれのあるものを行おうとするときは、あらかじめ、理事長にその旨を申請し、書面による承認を受けなければならない（標準管理規約17条1項）。本肢の専有部分の床のフローリングの設置は、共用部分又は他の専有部分に影響を与えるおそれのあるものにあたる（同関係コメント②）。そして、理事長は、当該申請について、理事会の決議により、その承認又は不承認を決定しなければならない（同3項）。したがって、区分所有者は専有部分の床のフローリングの設置をしようとするときは、理事長にその旨を申請し、理事会の決議により書面による承認を受けなければならない。

❷ **不適切**　「管理組合が修繕する」➡「区分所有者が修繕する」

　敷地及び共用部分等の管理については、管理組合がその責任と負担においてこれを行うが、バルコニー等の保存行為のうち、通常の使用に伴うものについては、専用使用権を有する者がその責任と負担においてこれを行わなければならない（21条1項）。この「通常の使用に伴う」保存行為とは、バルコニーの清掃や窓ガラスが割れた時の入替え等である（同関係コメント④）。したがって、窓ガラスが区分所有者の過失により破損した場合には、当該「区分所有者」が修繕する。

❸ **不適切**　「区分所有者が負担する」➡「区分所有者は負担しない」

　区分所有者は、バルコニー等の保存行為のうち、通常の使用に伴うものの場合又はあらかじめ理事長に申請して書面による承認を受けた場合を除き、敷地及び共用部分等の保存行為を行うことができない。ただし、専有部分の使用に支障が生じている場合に、当該専有部分を所有する区分所有者が行う保存行為の実施が、緊急を要するものであるときは、保存行為ができる（21条3項）。また、この規定に違反して保存行為を行った場合には、当該保存行為に要した費用は、当該保存行為を行った区分所有者が負担する（同5項）。本肢は、屋上からの雨漏りにより専有部分の使用に支障が生じ緊急を要するためであり、区分所有者は当該共用部分の保存行為を行うことができる。したがって、21条3項の規定に違反して保存行為を行ったわけではないので、当該保存行為に要した費用は、当該保存行為を行った区分所有者の負担とはならない。

❹ **最も適切**

　共用部分のうち各住戸に附属する窓枠、窓ガラス、玄関扉その他の開口部に係る改良工事であって、防犯、防音又は断熱等の住宅の性能の向上等に資するものについては、管理組合がその責任と負担において、計画修繕としてこれを実施する（22条1項）。

正解 **❹**

71 標準管理規約⑨(保存行為等)

 CHECK!　　H28-問29改

専用使用部分の損傷等に関する次の記述のうち、標準管理規約によれば、最も不適切なものはどれか。ただし、電磁的方法が利用可能ではない場合とする。

❶　区分所有者の不注意により損傷した窓ガラスを、区分所有者の希望により、窓枠等の変更を必要としない範囲で、強度の高いものに取り換える場合には、理事会の承認を得たうえ、区分所有者がその責任と負担で行う。

❷　通常の使用に伴い損傷した網戸の補修は、区分所有者がその責任と負担で行う。

❸　第三者による犯罪行為により損傷した面格子の補修をする場合には、管理組合がその責任と負担で行う。

❹　専有部分の賃借人の不注意により損傷した玄関扉の補修については、賃貸人である区分所有者はその責任と負担を負わない。

Point　網戸も面格子も「専用使用部分」に該当する！

❶ **適切**

　共用部分のうち各住戸に付属する窓枠・窓ガラス・玄関扉その他の開口部に係る改良であって、防犯、防音または断熱等の住宅の性能の向上等に資する工事について、管理組合が当該改良工事を速やかに実施できない場合、区分所有者は、あらかじめ理事長に申請して書面による承認を受ければ、当該工事を当該区分所有者の責任と負担で実施できる（標準管理規約22条1項・2項）。そして、この場合、理事長は、理事会の決議により、その承認・不承認を決定しなければならない（同3項、17条3項）。本肢でいう「強度の高いものに取り換える工事」は、窓ガラス等の改良工事に該当するので、理事会の承認を得たうえ、区分所有者がその責任と負担で実施する。

❷ **適切**

　網戸は、専用使用部分に該当する（14条1項参照）。そして、**専用使用部分の保存行為のうち、通常の使用に伴うものは、専用使用権を有する区分所有者**が、その**責任と負担で行う**（21条1項ただし書）。

❸ **適切**

　面格子は窓枠・窓ガラスに付属するものであるから、専用使用部分に該当する（14条1項参照）。そして、バルコニー等の専用使用部分の破損が**第三者による犯罪行為等によることが明らか**である場合の保存行為の実施は、通常の使用に伴わないものであるため、**管理組合がその責任と負担で行う**（21条関係コメント⑥）。

❹ **最も不適切**　「区分所有者は責任と負担を負わない」➡「責任と負担を負う」

　同居人や賃借人等による破損の補修は、通常の使用に伴うものとして、当該バルコニー等の**専用使用権を有する区分所有者**が、その**責任と負担で、保存行為の一環として行う**（21条関係コメント⑥ただし書）。

正解 **❹**

72 標準管理規約⑩（専有部分にある設備の管理）

■■■ ✎ CHECK! R 4-問33改 **B**

専有部分にある設備の管理に関し、理事長から次のア〜エの順で説明があった。標準管理規約によれば、不適切なものはいくつあるか。

ア　そもそも、専有部分に係る配管の取替えに要する費用については、各区分所有者が実費に応じて負担するのが原則です。

イ　ただし、専有部分に係る配管のうち共用部分と構造上一体となった部分の管理を共用部分の管理と一体として行う必要があるときは、専有部分に係る配管を含めて管理組合が管理を行うことができます。

ウ　この場合において、共用部分の配管の取替えと専有部分の配管の取替えを同時に行うことにより、専有部分の配管の取替えを単独で行うよりも費用が軽減されるときには、あらかじめ長期修繕計画において専有部分の配管の取替えについても記載すること等で、共用部分と一体的な専有部分の配管の取替工事も行うことができます。

エ　そして、その工事費用を修繕積立金から拠出することについて規約に規定すること等で、修繕積立金を取り崩して専有部分の配管の取替工事費用に充てることができます。

❶　一つ

❷　二つ

❸　三つ

❹　なし

ア　適　切

　専有部分の管理は、原則として、区分所有者の責任と負担で行う（標準管理規約4条、21条1項参照）。そして、配管の取替え等に要する費用のうち専有部分に係るものについては、**各区分所有者が実費に応じて負担すべきものである**（21条関係コメント⑦）。

イ　適　切

　専有部分である設備のうち共用部分と構造上一体となった部分の管理を共用部分の管理と一体として行う「必要があるとき」は、専有部分に係る配管を含めて管理組合が管理を行うことができる（21条2項）。なお、この場合、総会の普通決議が必要となる（48条9号）。

ウ　適　切

　「共用部分の配管の取替えと専有部分の配管の取替えを同時に行うことにより、専有部分の配管の取替えを単独で行うよりも費用が軽減されるとき」には、これらについて一体的に工事を行うことも考えられる（21条関係コメント⑦）。そして、共用部分と一体的な専有部分の配管の取替工事を可能とするには、①あらかじめ長期修繕計画において専有部分の配管の取替えについて記載すること、②その工事費用を修繕積立金から拠出することについて規約に規定すること、③先行して工事を行った区分所有者への補償の有無等についても十分留意することが求められる（同コメント⑦）。

エ　適　切

　共用部分と一体的な専有部分の配管の取替工事を行う場合には、上記ウの①～③が求められる（21条関係コメント⑦）。つまり、**修繕積立金を取り崩して専有部分の配管の取替工事費用に充てることが可能であり、適切である**。

　したがって、**不適切なものはなし**であり、**正解は❹**となる。

正解 ❹

標準管理規約⑪（管理費等）

CHECK! R5-問10

次の記述のうち、標準管理規約によれば、適切なものはいくつあるか。

ア　敷地及び共用部分等の一部に広告塔や看板等を第三者に設置させる場合は、総会の決議を経なければならない。

イ　管理組合は、駐車場区画の位置等による利便性・機能性の差異や、特定の位置の駐車場区画を希望する者がいる等の状況に応じて、駐車場使用料について柔軟な料金設定を行うことも考えられる。

ウ　管理組合は、町内会等との渉外業務に要する費用に管理費を充当することができる。

エ　管理組合は、共用部分と構造上一体となった専有部分の配管の清掃等に要する費用については、「共用設備の保守維持費」として管理費を充当することができる。

❶　一つ

❷　二つ

❸　三つ

❹　四つ

ア　適　切

　　管理組合は、総会の決議を経て、敷地及び共用部分等（駐車場及び専用使用部分を除く）の一部について、第三者に使用させることができる（標準管理規約16条2項）。そして、対象となるのは、広告塔、看板等である（同関係コメント②）。

イ　適　切

　　駐車場使用料について、平置きか機械式か、屋根付きの区画があるかなど駐車場区画の位置等による利便性・機能性の差異や、使用料が高額になっても特定の位置の駐車場区画を希望する者がいる等の状況に応じて、柔軟な料金設定を行うことも考えられる（15条関係コメント⑨）。

ウ　適　切

　　管理組合は、町内会等との渉外業務を行う（32条11号）。そして、渉外業務に要する費用は、管理費から充当する（27条11号）。

エ　適　切

　　配管の清掃等に要する費用については、「共用設備の保守維持費」として管理費を充当することが可能である（21条関係コメント⑦）。

　　したがって、適切なものはア～エの四つであり、正解は❹となる。

正解 ❹

管理者の専有部分等への立入りに関する次の記述のうち、標準管理規約の定めによれば、最も不適切なものはどれか。

❶ 敷地及び共用部分等の管理の必要性がある場合に、管理を行う者は、管理を行うために必要な範囲内において、他の者が管理する専有部分又は専用使用部分への立入りを請求することができる。

❷ 敷地及び共用部分等の管理の必要性がある場合に、管理を行う者から、専有部分への立入りを請求された区分所有者は、正当な理由なく立入りを拒否したときは、その結果生じた損害を賠償しなければならない。

❸ 災害、事故等が発生した場合であって、緊急に立ち入らないと共用部分等又は他の専有部分に対して物理的に又は機能上重大な影響を与えるおそれがあるときは、理事長は、当該専有部分の区分所有者の承諾がなくても、自ら立ち入り、又は委任した者に立ち入らせることができる。

❹ 立入りをした者は、緊急性に基づかない立入りの場合には、速やかに立入りをした箇所を原状に復さなければならないが、緊急性に基づく立入りの場合には、そのような義務はない。

Point 立入りが緊急性に基づくものであっても、原状回復義務を負う。

❶ 適 切

　敷地および共用部分等の管理の必要性がある場合、管理を行う者は、管理を行うために必要な範囲内において、他の者が管理する**専有部分または専用使用部分への立入りを請求できる**（標準管理規約23条1項）。

❷ 適 切

　敷地および共用部分等の管理の必要性がある場合、管理を行う者から立入りを請求された者は、**正当な理由なくこれを拒否してはならない**（23条2項）。この場合、正当な理由なく立入りを拒否した者は、その結果生じた損害を賠償しなければならない（同3項）。

❸ 適 切

頻出

　理事長は、災害・事故等が発生した場合であって、**緊急に立ち入らないと共用部分等または他の専有部分に対して物理的・機能上重大な影響を与えるおそれがあるときは**、専有部分または専用使用部分に自ら立ち入り、または委任した者に立ち入らせることができる（23条4項）。そして、この場合、当該専有部分の区分所有者の承諾は不要である。

❹ 最も不適切 「緊急性に基づく立入りの場合も原状回復義務を負う」

ひっかけ

　立入りをした者は、速やかに立入りをした箇所を原状に復さなければならない（23条5項）。この原状回復義務については、緊急性に基づく立入りの場合に免責される旨の規定は存在しない。したがって、**緊急性に基づく立入りの場合も、原状回復義務を負う**。

管理委託契約書・標準管理規約・その他関連知識

正解 ❹

75 標準管理規約⑬（管理費・修繕積立金）

CHECK! □□□ R元-問12 A

区分所有者が負担する管理費及び修繕積立金に関する次の記述のうち、標準管理規約によれば、最も不適切なものはどれか。

❶ 管理組合は、官公署との渉外業務に要する経費を負担してはならない。

❷ 管理組合は、共用部分等に係る火災保険料、地震保険料その他の損害保険料を支払うため、修繕積立金を取り崩して充当してはならない。

❸ 管理組合は、マンション管理業者に対する管理委託業務費を支払うため、修繕積立金を取り崩して充当してはならない。

❹ 管理組合は、一定年数の経過ごとに計画的に行う修繕に関する経費を金融機関からの借入金で賄った場合においては、当該借入金の償還に充てるため、修繕積立金を取り崩すことができる。

Point 　修繕積立金を取り崩して充当できるか、できないかを分類して覚えよう！

❶ 　**最も不適切** 「負担してはならない」➡「負担できる」

　官公署との渉外業務に要する経費は、管理組合の業務に要する費用に該当するので、管理組合で負担できる（標準管理規約27条11号、32条11号）。

❷ 　適 切

　共用部分等に係る火災保険料、地震保険料その他の損害保険料は、通常の管理に要する費用として管理費から充当するものであるので、管理組合は、修繕積立金を取り崩して充当できない（27条5号）。

❸ 　適 切

　管理業者に対して支払う**管理委託業務費**は、通常の管理に要する費用として管理費から充当するものであるので、管理組合は、**修繕積立金を取り崩して充当できない**（27条8号）。

❹ 　適 切

　一定年数の経過ごとに計画的に行う修繕に関する経費は、特別の管理に関する経費に該当し、当該業務を行うため必要な範囲内において、管理組合は、**借入れができる**（28条1項1号、63条）。また、当該借入金の償還に充てるため、**修繕積立金を取り崩すことができる**（28条4項）。

管理委託契約書・標準管理規約・その他関連知識

正 解 ❶

76 標準管理規約⑭（修繕積立金）

CHECK! □□□ R5-問27

次の記述のうち、標準管理規約によれば、管理組合が修繕積立金を充当できる費用として適切なものはいくつあるか。ただし、規約に別段の定めはないものとする。

ア　外灯設備の管球の交換に要した費用

イ　一定年数の経過ごとに計画的に行う修繕工事を前提に専門家に建物診断を委託した費用

ウ　新たに整備された公共下水道に汚水を直接放流するので、不要となった浄化槽を解体し、その場所にプレイロットを新設するのに要した費用

エ　排水管取替え工事において、共用配管と構造上一体となった専有部分である配管の工事に要した費用

❶　一つ

❷　二つ

❸　三つ

❹　四つ

ア **不適切** 「管理費から充当する」

　外灯設備の管球の交換に要した費用は、**備品費**として、管理費から充当する（標準管理規約27条4号）。

イ **適 切**

　修繕工事の前提としての劣化診断（建物診断）に要する経費の充当については、修繕工事の一環としての経費であることから、原則として修繕積立金から取り崩すこととなる（32条関係コメント④）。

ウ **適 切**

　不要となった浄化槽を解体し、その場所にプレイロット（遊び場）を新設するのは、敷地及び共用部分等の変更に該当するので、修繕積立金を取り崩すことができる（28条1項3号）。

エ **不適切** 「各区分所有者が実費に応じて負担」

　専有部分である設備のうち共用部分と構造上一体となった部分の管理を共用部分の管理と一体として行う必要があるときは、管理組合がこれを行うことができる（21条2項）。しかし、配管の取替え等に要する費用のうち専有部分に係るものについては、各区分所有者が実費に応じて負担すべきものである（同関係コメント⑦）。

　したがって、**適切なものはイ・ウの二つ**であり、正解は**❷**となる。

正 解 ❷

標準管理規約

次の記述のうち、標準管理規約によれば、修繕積立金を取り崩して充当することができるものとして最も適切なものはどれか。

❶ 建物の建替えに係る合意形成に必要となる事項の調査に要する経費に充当する場合

❷ 共用部分の階段のすべり止めに数箇所の剥離が生じたため、その補修費に充当する場合

❸ 共用部分に係る火災保険料に充当する場合

❹ WEB会議システムを用いて理事会を開催するため、パソコン数台を購入する費用に充当する場合

❶ 最も適切

建物の建替え及びマンション敷地売却に係る合意形成に必要となる事項の調査に要する費用については、修繕積立金を取り崩すことができる（標準管理規約28条1項4号）。

❷ 不適切 「管理費から充当する」

共用部分の階段のすべり止めに数箇所の剥離が生じた場合のその**補修費**は、経常的な補修費として、管理費から充当する（27条6号）。

❸ 不適切 「管理費から充当する」

共用部分等に係る火災保険料、地震保険料その他の**損害保険料**については、管理費から充当する（27条5号）。

❹ 不適切 「管理費から充当する」

パソコン数台を購入する費用は**備品費**として、管理費から充当する（27条4号）。

78 標準管理規約⑯（暴力団排除）・区分所有法

CHECK! H30-問35 **B**

　マンションにおける平穏な居住環境の維持を目的として、暴力団員（暴力団員による不当な行為の防止等に関する法律第２条第６号に規定する暴力団員をいう。以下同じ。）への専有部分の貸与を禁止する場合等における次の記述のうち、区分所有法の規定、標準管理規約及び判例によれば、最も不適切なものはどれか。

❶ 　組合員が、その専有部分を賃貸する場合、契約の相手方が暴力団員でないこと及び契約後に暴力団員にならないことを確約することを、当該賃貸借契約に定めなければならない。

❷ 　組合員が、その専有分部を賃貸する場合、契約の相手方が暴力団員であることが判明したときには、管理組合は、相当の期間を定めた催告後、区分所有者に代理して解約権を行使することができることを、当該賃貸借契約に定めなければならない。

❸ 　組合員が所有する専有部分を暴力団組長に賃貸した場合、常時暴力団員が出入りするなど、居住者の日常生活に著しい障害を与えているときは、管理組合の管理者又は集会において指定された区分所有者は、区分所有法第60条に基づき、当該専有部分の占有者に弁明の機会を与え、当該賃貸借契約の解除及び専有部分の引渡しを請求することができる。

❹ 　暴力団員である者又は暴力団員でなくなった日から５年を経過しない者は、管理組合の役員となることができない。

Point 専有部分を暴力団員に貸与➡無催告で解約できる旨を契約に定める。

❶ **適 切**

　区分所有者は、その専有部分を第三者に貸与する場合、「契約の相手方が暴力団員ではないことおよび契約後において暴力団員にならないことを確約すること」を、その貸与に係る契約に定めなければならない（標準管理規約19条の2第1項1号）。

❷ **最も不適切** 「相当の期間を定めた催告後」➡「催告は不要で」

　区分所有者は、その専有部分を第三者に貸与する場合、「契約の相手方が暴力団員であることが判明したときに、何らの催告を要せずして、当該契約を解約できること」や「区分所有者がこの解約権を行使しないときは、管理組合は、区分所有者に代理して解約権を行使できること」を、その貸与に係る契約に定めなければならない（19条の2第1項2号・3号）。

❸ **適 切**

　本肢のような場合、区分所有者の共同の利益に反する行為にあたるので、管理組合の管理者または集会において指定された区分所有者は、区分所有法60条の規定に基づき、当該専有部分の**占有者に弁明の機会を与えて**、当該賃貸借契約の解除および**専有部分の引渡し**を請求できる。

❹ **適 切**

　暴力団員等（暴力団員・暴力団員でなくなった日から5年を経過しない者をいう）は、管理組合の役員となることができない（標準管理規約36条の2第3号）。

正 解 **❷**

管理委託契約書・標準管理規約・その他関連知識

79 標準管理規約⑰（役員）

　管理組合の役員に関する次の記述のうち、標準管理規約によれば、適切なものはいくつあるか。

ア　組合員以外の者から理事又は監事を選任する場合の選任方法については細則で定める。

イ　理事は、管理組合に著しい損害を及ぼすおそれのある事実があることを発見したときは、直ちに、当該事実を理事長に報告しなければならない。

ウ　役員は、別に定めるところにより、役員としての活動に応ずる必要経費の支払と報酬を受けることができる。

エ　監事は、管理組合の業務の執行及び財産の状況について不正があると認めるときは、理事長に対し、直ちに、理事会の招集を請求しなければならない。

❶　一つ

❷　二つ

❸　三つ

❹　四つ

Point 理事が管理組合に著しい損害のおそれの事実を発見➡直ちに監事に報告。

ア　**適　切**

　　組合員以外の者から理事又は監事を選任する場合の**選任方法**については細則で定める（標準管理規約35条４項）。

イ　**不適切**　「**理事長**」➡「**監事**」

　　理事は、管理組合に著しい損害を及ぼすおそれのある事実があることを発見したときは、直ちに、当該事実を**監事**に報告しなければならない（40条２項）。

ウ　**適　切**

　　役員は、別に定めるところにより、役員としての活動に応ずる必要経費の支払と報酬を受けることができる（37条２項）。

エ　**不適切**　「**直ちに、理事会の招集を請求しなければならない**」➡「**臨時総会を招集することができる**」

　　監事は、管理組合の業務の執行及び財産の状況について**不正**があると認めるときは、臨時総会を招集できる（41条３項）。

　　したがって、適切なものはア・ウの二つであり、正解は❷となる。

正解 ❷

標準管理規約⑱（役員）

 CHECK!　　　　H28-問30

管理組合の役員の職務に関する次の記述のうち、標準管理規約の定めによれば、最も適切なものはどれか。

❶　理事長と管理組合との利益が相反する事項については、理事長は、管理組合が承認した場合を除いて、代表権を有しない。

❷　監事は、理事会に出席し、必要があると認めるときは、意見を述べなければならない。

❸　理事は、管理組合に著しい損害を及ぼすおそれのある事実があることを発見したときは、直ちに、その事実を理事長に報告しなければならない。

❹　監事は、会計担当理事に不正行為があると認めたときは、直ちに理事会を招集しなければならない。

❶ 不適切 「承認した場合を除いて、代表権を有しない」
➡「承認した場合でも、常に代表権を有しない」

「理事長と管理組合との利益相反事項」については、理事長は代表権を有せず、監事または理事長以外の理事が、管理組合を代表する（標準管理規約38条6項）。

なお、役員は、自己・第三者のために管理組合と取引をしようとする場合、理事会において、当該取引につき重要な事実を開示し、その承認を受けなければならないが（37条の2）、そもそも本肢の理事長は、管理組合が承認をした場合でも、代表権を有しない。

❷ 最も適切

頻出 監事は、理事会に出席し、必要があれば、意見を述べなければならない（41条4項）。

❸ 不適切 「理事長に報告」➡「監事に報告」

頻出 理事は、管理組合に著しい損害を及ぼすおそれのある事実があることを発見したときは、直ちに、当該事実を監事に報告しなければならない（40条2項）。

❹ 不適切 「直ちに招集しなければならない」➡「理事長に招集を請求できる」

頻出 監事は、会計担当理事が不正の行為をしたときは、遅滞なく、その旨を理事会に報告しなければならない（41条5項）。そして、この場合、必要があれば、理事長に対し理事会の招集を請求「できる」（同6項）。つまり、招集は義務ではなく「任意」である。

管理委託契約書・標準管理規約・その他関連知識

正解 ❷

81 標準管理規約⑲（監事）

□□□ ✎ CHECK! R元-問14

　管理組合の監事が行う業務に関する次の記述のうち、標準管理規約の定めによれば、最も不適切なものはどれか。

❶　監事は、理事が不正の行為をし、若しくは当該行為をするおそれがあると認めるときは、遅滞なく、その旨を理事会に報告しなければならない。

❷　監事は、管理組合の業務の執行及び財産の状況について特段の意見がない場合であっても、理事会に出席しなければならない。

❸　監事は、管理組合の業務の執行及び財産の状況について不正があると認めるときは、直ちに、理事会を招集することができる。

❹　監事は、いつでも、理事に対して業務の報告を求め、又は業務及び財産の状況の調査をすることができる。

Point 監事は、管理組合の業務執行・財産状況に特段の意見がなくても、理事会に出席する義務がある。

❶ 適 切

監事は、理事が不正の行為をし、若しくは当該行為をするおそれがあると認めるとき、または法令、規約、使用細則等、総会の決議もしくは理事会の決議に違反する事実もしくは著しく不当な事実があると認めるときは、遅滞なく、その旨を理事会に報告しなければならない（標準管理規約41条5項）。

❷ 適 切

監事は、理事会に出席し、必要があると認めるときは、意見を述べなければならない（41条4項）。監事は、管理組合の業務の執行および財産の状況について特段の意見がない場合であっても、出席することは義務である。

❸ 最も不適切　「臨時総会の招集ができ、また、一定の請求が実現しなかった場合には理事会招集が可能」

監事は、「管理組合の業務の執行および財産の状況」について不正があるときは、臨時総会を招集できる（41条3項）。また、監事は、理事が不正の行為をし、もしくは当該行為をするおそれがあると認めるとき、または法令、規約、使用細則等、総会の決議もしくは理事会の決議に違反する事実もしくは著しく不当な事実があると認めるときは、理事長に対し、理事会の招集を請求できる（同5項・6項）。そして、当該請求日から5日以内に、その請求日から2週間以内の日を理事会の日とする理事会の招集の通知が発せられない場合は、その請求をした監事は、理事会を招集できる（同7項）。

❹ 適 切

監事は、いつでも、理事および職員に対して業務の報告を求め、または業務および財産の状況の調査ができる（41条2項）。

管理委託契約書・標準管理規約・その他関連知識

正解 **❸**

管理組合の監事に関する次の記述のうち、標準管理規約によれば、最も不適切なものはどれか。

❶　監事は、いつでも、理事及び管理組合の職員に対して業務の報告を求め、又は業務及び財産の状況の調査をすることができる。

❷　監事は、管理組合の業務の執行及び財産の状況について不正があると認めるときは、臨時総会を招集することができる。

❸　監事は、理事会に出席し、必要があると認めるときは、意見を述べなければならない。

❹　監事は、理事が不正の行為をし、若しくは当該行為をするおそれがあると認めるときは、直ちに、理事会を招集することができる。

Point 監事は、理事会に出席し、必要があれば、意見を述べなければならない。

❶ 適 切

監事は、いつでも、理事及び管理組合の職員に対して**業務の報告を求め**、又は**業務及び財産の状況の調査ができる**（標準管理規約41条2項）。

❷ 適 切

監事は、管理組合の業務の執行及び財産の状況について**不正があると認めるときは、臨時総会を招集できる**（41条3項）。

❸ 適 切

監事は、**理事会に出席**し、**必要があると認めるときは、意見を述べなければならない**（41条4項）。

❹ 最も不適切 「直ちに、理事会を招集できる」➡「必要があるときは、理事長に対し、理事会の招集を請求できる」

監事は、理事が不正の行為をし、若しくは当該行為をするおそれがあると認めるとき、又は法令、規約、使用細則等、総会の決議若しくは理事会の決議に違反する事実若しくは著しく不当な事実があると認めるときは、遅滞なく、その旨を理事会に報告しなければならない（41条5項）。この場合、監事は、必要があると認めるときは、理事長に対し、理事会の招集を請求できる（同6項）。

管理委託契約書・標準管理規約・その他関連知識

正解 ❹

83 標準管理規約㉑（監事）

CHECK! ☐☐☐ ✏️　　　　　H29-問13

重要度 B

　管理組合の監事に関する次の記述のうち、標準管理規約の定めによれば、適切なものはいくつあるか。

ア　監事は、理事会に出席し、必要があると認めるときは、意見を述べなければならない。

イ　監事は、理事が不正の行為をするおそれがあると認めるときは、理事長に対し、臨時総会の招集を求めなければならない。

ウ　監事は、いつでも、理事に対して業務の報告を求め、又は業務及び財産の状況の調査をすることができる。

エ　監事は、管理組合の業務の執行及び財産の状況を監査し、その結果を総会に報告しなければならない。

❶　一つ

❷　二つ

❸　三つ

❹　四つ

Point 監事➡理事に不正行為等があれば、その旨を理事会に報告。

ア　**適　切**

　　監事は、理事会に出席し、必要があるときは、意見を述べなければならない（標準管理規約41条4項）。

イ　**不適切**　「理事長に臨時総会の招集を求めるとする規定はない」

　　監事は、次の場合、遅滞なく、その旨を理事会に報告しなければならない（41条5項）。

> ①　理事が不正の行為や当該行為をするおそれがある場合
> ②　法令・規約・使用細則等・総会の決議や理事会の決議に違反する事実や、著しく不当な事実がある場合

　　そして、監事は、必要がある場合は、理事長に対し、理事会の招集を請求できるが（同6項）、この請求日から5日以内に、その請求日から2週間以内の日を理事会の日とする理事会の招集の通知が発せられないときは、その請求をした監事は、理事会を招集できる（同7項）。

　　なお、監事は、管理組合の業務の執行・財産の状況について不正があると認める場合には、**自ら臨時総会を招集**できる（同3項）。

ウ　**適　切**

　　監事は、いつでも、理事・職員に対して**業務の報告**を求め、または**業務・財産の状況の調査**ができる（41条2項）。

エ　**適　切**

　　監事は、管理組合の**業務の執行・財産の状況を監査**し、その結果を総会に報告しなければならない（41条1項）。

　したがって、適切なものはア・ウ・エの三つであり、正解は**❸**となる。

正解 **❸**

84 標準管理規約㉒(監事)

 CHECK! R 3-問28

監事の職務に関する次の記述のうち、標準管理規約によれば、適切なものはいくつあるか。

ア 監事は、管理組合の業務執行及び財産の状況について不正があると認めるときは、臨時総会を招集することができる。

イ 監事は、当該会計年度の収支決算案の会計監査をし、通常総会に報告し、その承認を得なければならない。

ウ 監事は、理事の業務執行が著しく不当であると認めるときは、直ちに理事会を招集することができる。

エ 監事は、理事が理事会の決議に違反する事実があると認めるときは、遅滞なく、その旨を理事会に報告しなければならない。

❶ 一つ

❷ 二つ

❸ 三つ

❹ 四つ

ア　適　切

　監事は、「管理組合の業務の執行及び財産の状況」について不正があるときは、臨時総会を招集できる（標準管理規約41条3項）。

イ　不適切　「通常総会に報告し、その承認を得る必要はない」

　監事は、当該会計年度の収支決算案の会計監査をしなければならないが、「通常総会に報告し、その承認を得る」必要はない（59条参照）。なお、理事長は、毎会計年度の収支決算案を監事の会計監査を経て、通常総会に報告し、その承認を得なければならない。

ウ　不適切　「直ちに理事会を招集できる」➡「できない」

　監事は、理事の業務執行が著しく不当であると認めるときは、その旨を理事会に報告しなければならない（41条5項）。監事は、報告をしなければならない場合、必要があれば、理事長に対し、理事会の招集を請求できる（同6項）。そして、この請求日から5日以内に、その請求日から2週間以内の日を理事会の日とする理事会の招集の通知が発せられない場合は、その請求をした監事は、理事会を招集できる（同7項）。したがって、監事が「直ちに理事会を招集」できない。

エ　適　切

　監事は、「理事が不正の行為をし、若しくは当該行為をするおそれがあるとき」、又は「（理事に）法令、規約、使用細則等、総会の決議若しくは理事会の決議に違反する事実若しくは著しく不当な事実があるとき」は、遅滞なく、その旨を理事会に報告しなければならない（41条5項）。

　したがって、適切なものはア・エの二つであり、正解は**❷**となる。

正解　❷

85 標準管理規約㉓(役員)

　管理組合の役員に関する次のア～エの記述のうち、標準管理規約の定めによれば、適切なものはいくつあるか。

ア　理事長は、必要と認める場合には、理事長の権限で臨時総会を招集することができる。

イ　監事は、必要と認めるときは、直ちに理事会を招集することができる。

ウ　理事は、管理組合に著しい損害を及ぼすおそれのある事実があることを発見したときは、直ちに、当該事実を監事に報告しなければならない。

エ　管理組合は、会計に関する業務を担当させるために、会計担当理事を置かなければならない。

❶　一つ

❷　二つ

❸　三つ

❹　四つ

Point 理事が組合に著しい損害を及ぼす事実を発見➡監事に報告。

ア **不適切** 「理事長の権限で」➡「理事会の決議を経て」

　理事長は、必要と認める場合には、理事会の決議を経て、いつでも臨時総会を招集できる（標準管理規約42条4項）。

イ **不適切** 「直ちに理事会を招集」➡「理事長に対し、理事会の招集を請求」

　監事は、理事が不正の行為をし、若しくは当該行為をするおそれがあると認めるとき、又は法令、規約、使用細則等、総会の決議若しくは理事会の決議に違反する事実若しくは著しく不当な事実があると認めるときは、遅滞なく、その旨を理事会に報告しなければならない（41条5項）。この場合、監事は、必要があれば、理事長に対し理事会の招集を請求できる（同6項）。

ウ **適　切**

　理事は、管理組合に著しい損害を及ぼすおそれのある事実があることを発見したときは、直ちに、当該事実を監事に報告しなければならない（40条2項）。

エ **適　切**

　管理組合には、①理事長、②副理事長（○名）、③会計担当理事（○名）、④理事（理事長、副理事長、会計担当理事を含む。○名）、⑤監事（○名）の役員を置くものとする（35条1項各号）。なお、理事長、副理事長及び会計担当理事は、理事のうちから、理事会で選任する（同3項）。

　したがって、適切なものはウ・エの二つであり、正解は❷となる。

正解 ❷

86 標準管理規約㉔(総会の招集通知)・区分所有法

☐☐☐ ✎ CHECK! R2-問30

重要度 **A**

甲マンションの管理組合の総会の招集通知に関する次の記述のうち、区分所有法及び標準管理規約の定めによれば、最も適切なものはどれか。

❶ 甲マンションに現に居住していない区分所有者の相続人から、電話により当該区分所有者が死亡した旨の連絡があったので、当該相続人の住所、氏名を聞き、そこにあてて総会の招集通知を発送した。

❷ 組合員名簿によると妻が甲マンションの区分所有者となっていたが、管理費等の引落し口座は夫の名義になっているので、夫にあてて総会の招集通知を発送した。

❸ 甲マンションの区分所有者が、新たに購入した乙マンションの住所を、通知を受けるべき場所として届出をしてきたが、甲マンションの住戸にも毎日来ているので、甲マンションの住戸にあてて、甲マンションの総会の招集通知を発送した。

❹ 外国に長期間滞在する甲マンションの区分所有者から、購入当初より通知を受けるべき場所の届出がないので、規約の定めに従って、甲マンション内の見やすい場所にある掲示板に総会の招集通知を掲示した。

❶ **不適切** 「相続人にあてて総会の招集通知を発送すべきではない」

　総会の招集通知は、原則として、管理組合に対し組合員が届出をしたあて先に発する（標準管理規約43条2項本文、区分所有法35条1項前段）。相続人は、相続開始の時から被相続人の財産に属した一切の権利義務を承継するので（民法896条）、組合員（区分所有者）が死亡した場合には、その区分所有権を相続した者が組合員となる。そして、総会の招集通知は、その相続をした者が届出をしたあて先に発すれば足りる。よって、本肢の相続人が組合員と確定していれば、当該相続人が連絡をしてきた住所にあてて総会の招集通知を発送すればよいが、必ずしも、当該相続人が単独相続したとはいえないし、甲マンションの区分所有権を遺産分割で取得したともいえない。したがって、他の相続人の有無等の事情を確認せずに、甲マンションに現に居住していない区分所有者の相続人の電話連絡だけを信じて、当該相続人にあてて総会の招集通知を発送したことは、適切ではない。

❷ **不適切** 「妻にあてて総会の招集通知を発送すべき」

　総会の招集通知は、組合員に発しなければならない（標準管理規約43条1項、区分所有法35条1項）。本肢の組合員名簿によると、妻が甲マンションの区分所有者である。したがって、総会の招集通知は、妻にあてて発送すべきである。

❸ **不適切** 「乙マンションの住所にあてて総会の招集通知を発送すべきである」

　総会の招集通知は、管理組合に対して組合員が届出をしたあて先に発する（標準管理規約43条2項本文、区分所有法35条3項前段）。したがって、総会の招集通知は、甲マンションの区分所有者が通知を受けるべき場所として届出をしている乙マンションの住所にあてて発送すべきである。

❹ **最も適切** 　総会の招集通知は、通知を受けるべき場所の届出のない組合員に対しては、対象物件内の専有部分の所在地にあてて発するのが原則である（標準管理規約43条2項ただし書、区分所有法35条3項前段）。しかし、規約に特別の定めがあるときは、建物内の見やすい場所に掲示してすることができる（35条4項前段）。そして、総会の招集通知を受けるべき場所の届出のない組合員に対しては、通知の内容を所定の掲示場所に掲示することをもって、通知に代えることができる（標準管理規約43条3項）。したがって、規約の定めに従って、甲マンション内の見やすい場所にある掲示板に総会の招集通知を掲示したことは、適切である。

正解 ❹

87 標準管理規約㉕(役員の任期)

　役員の任期に関する次のア～エの記述のうち、標準管理規約の定めによれば、適切なものはいくつあるか。

ア　任期満了により退任する会計担当理事は、後任の会計担当理事が就任するまでの間、引き続きその職務を行う。

イ　任期途中に理事長が海外に単身赴任した場合においては、後任の理事長が就任するまでの間、当該住戸に居住する配偶者が、不在区分所有者となった理事長の職務を代理する。

ウ　任期途中で辞任した監事は、後任の監事が就任するまでの間、引き続きその職務を行う。

エ　任期途中で理事長が、総会決議で解任された場合においては、後任の理事長が就任するまでの間、引き続きその職務を行う。

❶ 一つ

❷ 二つ

❸ 三つ

❹ 四つ

Point 解任された役員は、後任の役員が就任するまで引き続き職務を行うことはできない。

ア **適切**

 任期の満了または辞任によって退任する役員は、**後任の役員が就任する**までの間は引き続き、その**職務を行う**（標準管理規約36条3項）。

イ **不適切** 「配偶者が…代理」➡「代理できない」

理事は、総会で選任され、組合員のため、誠実にその職務を遂行するものとされている。このため、**理事会には本人が出席**して、議論に参加し、議決権を行使することが求められ、理事の**代理出席**（議決権の代理行使を含む）を、規約において認める旨の明文の規定がない場合に認めることは**適当でない**（53条関係コメント①②）。したがって、任期途中に理事長が海外に単身赴任した場合、後任の理事長が就任するまでの間、当該住戸に居住する**配偶者**が、不在区分所有者者となった理事長の職務を**代理することはできない**。なお、本肢のような場合、副理事長が、理事長の職務を代理する（39条）。

ウ **適切**

ア解説参照。

エ **不適切** 「職務を行う」➡「職務を行うことはできない」

任期の満了または辞任によって退任する役員は、後任の役員が就任するまでの間は引き続き、その職務を行う（36条3項）。しかし、**解任はこれに含まれておらず、解任された役員は、引き続きその職務を行うことはできない**。

したがって、**適切なものはア・ウの二つ**であり、**正解は❷**となる。

管理委託契約書・標準管理規約・その他関連知識

正解 ❷

88 標準管理規約㉖・区分所有法

■ ■ ■ CHECK!　　　　　　R 2-問33　　重要度 Ⓐ

区分所有法に規定する管理組合法人及び標準管理規約に定める管理組合に関する次の❶〜❹の記述の組合せのうち、誤りが含まれているものはどれか。

	区分所有法に規定する管理組合法人	標準管理規約に規定する管理組合
❶	代表する理事を複数名とすることができる。	代表する理事は理事長１名である。
❷	理事の任期は規約により３年以内とすることができるが、再任することはできない。	理事の任期は規約により自由に定めることができ、再任することもできる。
❸	管理組合法人と理事との利益相反事項については、監事が管理組合法人を代表する。	管理組合と理事長との利益相反事項については、監事又は理事長以外の理事が管理組合を代表する。
❹	監事は、理事の業務執行について法令違反等があると認める場合に、その報告をするため必要があるときは、集会を招集することができる。	監事は、管理組合の業務執行等について不正があると認めるときは、臨時総会を招集することができる。

❶　すべて正しい

　管理組合法人においては、理事の員数の制限はされておらず、理事が**数人あるとき**は、**各自管理組合法人を代表する**（区分所有法49条3項）。また、規約若しくは集会の決議によって、**数人の理事が共同して管理組合法人を代表すべきこと**を定めることができる（同3項）よって、代表する理事を複数名とすることができる。一方、管理組合を代表するのは**理事長**である（標準管理規約38条1項）。そして、管理組合には、**理事長**、副理事長○名、会計担当理事○名、理事（理事長、副理事長、会計担当理事を含む）○名、監事○名の役員を置くとされている（35条1項）。理事長については、「○名」とされていないことから、1名である。

❷　誤りが含まれている　「再任できない」➡「できる」

　管理組合法人の**理事の任期**は、原則として**2年**であるが、**規約で3年以内において別段の期間を定めた**ときは、その期間となる（区分所有法49条6項）。しかし、**再任を禁ずる規定はない**。よって、本肢は誤りが含まれている。一方、管理組合の理事の**任期は○年**とし、**再任を妨げない**とされている（標準管理規約36条1項）。よって、理事の任期は規約により自由に定められ、再任もできる。

❸　すべて正しい

　管理組合法人と理事との利益が相反する事項については、**監事が管理組合法人を代表する**（区分所有法51条）。一方、管理組合と理事長との利益が相反する事項については、**理事長は代表権を有しない**。この場合、**監事又は理事長以外の理事が管理組合を代表する**（標準管理規約38条6項）。

❹　すべて正しい

　管理組合法人の監事は、理事の業務の執行について、**法令若しくは規約に違反し**、又は著しく不当な事項があるときは、集会に報告ができ、この**報告をするため必要があるとき**は、**集会を招集できる**（区分所有法50条3項3号・4号）。一方、監事は、管理組合の**業務の執行及び財産の状況**について**不正があるとき**は、**臨時総会を招集できる**（標準管理規約41条3項）。

正解 ❷

89 標準管理規約㉗（理事長・理事会）

□□□ ✎ CHECK! H29-問32改 A

次の記述のうち、標準管理規約の定めによれば、理事長がその職務を行うにつき、理事会の承認又は決議を必要としないものはどれか。ただし、電磁的方法が利用可能ではない場合とする。

❶ 管理組合の業務の遂行に際し、職員を採用し、又は解雇すること

❷ 他の理事に、その職務の一部を委任すること

❸ 組合員の総会招集請求権に基づき、適正な手続を経て臨時総会の招集を請求された場合に、その招集通知を発すること

❹ 組合員から、その専有部分について、共用部分又は他の専有部分に影響を与えるおそれのある修繕等の工事を行う旨の申請があった場合、当該申請に対し承認すること

❶ 必要とする

理事長は、管理組合の業務の遂行に際し、理事会の承認を得て、職員を採用・解雇できる（標準管理規約38条1項2号）。

❷ 必要とする

理事長は、理事会の承認を得れば、他の理事に、その職務の一部を委任できる（38条5項）。

❸ 必要としない

組合員が、組合員総数の$\frac{1}{5}$以上および議決権総数の$\frac{1}{5}$以上に当たる組合員の同意を得て、会議の目的を示して総会の招集を請求した場合、理事長は、2週間以内に、その請求があった日から4週間以内の日（会議の目的が建替え決議またはマンション敷地売却決議であるときは、2ヵ月と2週間以内の日）を会日とする臨時総会の招集の通知を発しなければならない（44条1項）。そして、理事長は、当該通知を発することにつき、理事会の承認または決議を必要としない。

❹ 必要とする

区分所有者は、その専有部分についての修繕・模様替え、または建物に定着する物件の取付け・取替えであって、共用部分または他の専有部分に影響を与えるおそれのあるものを行う場合、あらかじめ、理事長にその旨を申請し、書面による承認を得なければならない（17条1項）。また、理事長は、当該申請について、理事会の決議により、その承認・不承認を決定しなければならない（同3項）。

正解 ❸

標準管理規約㉘（総会決議）

90

■■■ ✎ CHECK!　　　　R3-問36

重要度 **B**

　総住戸数96（この中には、１人で２住戸を所有する区分所有者が６人おり、それ以外に２人で１住戸を共有する住戸が３つ含まれる。）の甲マンションにおける総会に関する次のア～エの記述のうち、標準管理規約（単棟型）によれば、不適切なものはいくつあるか。ただし、議決権については１住戸１議決権の定めがあるものとする。

ア　　総会開催のための招集通知書は、最低93部が必要である。

イ　　総会の会議は、出席する組合員の議決権数の合計が49以上でなければ成立しない。

ウ　　理事長に対し会議の目的を示して総会の招集を請求するためには、組合員数18以上及び議決権数20以上の同意が必要である。

エ　　総会で規約変更の決議をするためには、組合員数68以上及び議決権数72以上の賛成が必要である。

❶　一つ

❷　二つ

❸　三つ

❹　四つ

Point 組合員総数 ➡ 1人の複数住戸所有者は1人、1戸が共有の場合は共有者を合わせて1人と算定。

本問の総会における組合員総数と議決権総数を考えてみることにする。
【組合員総数】
　1人で複数の住戸を所有する者は1人と数えるので、2住戸を所有する組合員6人については、組合員数は6となる。次に、1戸が共有に属する場合、共有者を合わせて1人と数えるので、2人で1住戸を共有する3戸についての組合員数は3となる。残りの住戸数は、総住戸数96から、6人の組合員が2住戸ずつ所有している12戸と2人で共有している3住戸を差し引いて、96－12－3＝81戸とする。そして、その81戸については1人の組合員が単独で所有しているので、組合員数は81となる。そうすると、甲マンションの組合員総数は、6＋3＋81＝90となる。
【議決権総数】
　議決権については1住戸1議決権の定めがあるので、議決権総数は住戸数と一致する96である。

ア　**不適切**　「最低93部が必要である」➡「最低90部が必要である」
　　総会を招集するには、少なくとも会議を開く日の2週間前までに、会議の日時、場所（WEB会議システム等を用いて会議を開催するときは、その開催方法）及び目的を示して、組合員に通知を発しなければならない（標準管理規約43条1項）。本問において**組合員総数は90**であるので、総会開催のための招集通知書は、**最低90部が必要**である。

イ　**不適切**　「49以上」➡「48以上」
　　総会の会議（WEB会議システム等を用いて開催する会議を含む）は、組合員の**議決権総数の半数以上を有する組合員が出席**しなければならない（47条1項）。本問の議決権総数は96なので、その半数である48以上の議決権を有する組合員が出席しなければ、総会は成立しない。

ウ　**適切**
　　組合員が**組合員総数の$\frac{1}{5}$以上及び議決権総数の$\frac{1}{5}$以上**に当たる組合員の同意を得て、会議の目的を示して総会の招集を請求した場合には、**理事長**は、所定の日を会日とする**臨時総会の招集の通知を発しなければならない**（44条1項）。本問の組合員数は90なので、その$\frac{1}{5}$は18である。また、本問の議決権総数は96なので、その$\frac{1}{5}$は19.2である。したがって、理事長に対し会議の目的を示して総会の招集を請求するためには、組合員数18以上及び議決権数20（19.2の端数を切り上げ）以上の同意が必要である。

エ　**適切**
　　規約の設定、変更又は廃止の決議をするためには、**組合員総数の$\frac{3}{4}$以上及び議決権総数の$\frac{3}{4}$以上の賛成が必要**である（47条3項1号）。本問の組合員総数は90なので、その$\frac{3}{4}$は67.5となり、議決権総数は96なので、その$\frac{3}{4}$は72となる。したがって、総会で規約変更の決議をするためには、組合員数68以上（67.5の端数を切り上げ）及び議決権数72以上の賛成が必要である。

　したがって、**不適切なものはア・イの二つ**であり、**正解は❷となる。**

管理委託契約書・標準管理規約・その他関連知識

385

91 標準管理規約㉙(総会への出席)・区分所有法

区分所有者の承諾を得て専有部分を占有する者（以下、本問において「占有者」という。）の集会（総会）への出席に関する次の記述のうち、最も不適切なものはどれか。

❶ 区分所有法によれば、占有者は、会議の目的たる事項につき利害関係を有する場合には、集会に出席して意見を述べることができる。

❷ 区分所有法によれば、集会における意見陳述権を有する占有者がいる場合には、集会を招集する者は、集会の日時、場所及び会議の目的たる事項を示して、招集の通知を区分所有者及び当該占有者に発しなければならない。

❸ 標準管理規約によれば、総会における意見陳述権を有する占有者が総会に出席して意見を述べようとする場合には、当該占有者は、あらかじめ理事長にその旨を通知しなければならない。

❹ 標準管理規約によれば、理事会が必要と認めた場合には、占有者は総会に出席することができる。

❶ 適 切

区分所有者の承諾を得て専有部分を占有する者は、会議の目的たる事項（議題）につき利害関係を有する場合、集会に出席して意見を述べることができる（区分所有法44条１項）。

❷ 最も不適切 「区分所有者・占有者に」➡「区分所有者に」

集会を招集する者は、集会の招集の通知を、所定の手続に基づいて、区分所有者に対して発した後遅滞なく、集会の日時、場所および会議の目的たる事項を建物内の見やすい場所に掲示しなければならない（44条２項、35条）。つまり、集会において意見陳述権を有する占有者に対しては、直接、集会招集の通知を発する必要はなく、掲示により知らせれば足りる。

❸ 適 切

占有者が、総会に出席して意見を述べようとする場合、あらかじめ理事長に、その旨を通知しなければならない（標準管理規約45条２項）。

❹ 適 切

組合員のほか、理事会が必要と認めた者は、総会に出席できる（45条１項）。したがって、理事会が必要と認めた場合には、占有者も出席できる。

正解 ❷

92 標準管理規約㉚（議決権行使者）

  CHECK! H30-問30

　甲マンションに居住している組合員Aが死亡し、同居する妻Bと、甲マンションの近隣に住む子Cが共同相続した場合に関する次の記述のうち、標準管理規約によれば、最も適切なものはどれか。

❶ 　総会の招集通知を発するときは、BとCの両方に対して発しなければならない。

❷ 　Cが議決権を行使する者としての届出をしたときは、Bは、議決権を行使することができない。

❸ 　BとCが議決権を行使する者の届出をしなかったときは、BとCは、その相続分に応じて議決権を行使することができる。

❹ 　Cは、甲マンションに現に居住している組合員ではないので、管理組合の役員になることはできない。

Point　議決権行使者として届出➡議決権行使者はその者のみ、他の者は行使不可。

❶ 　**不適切** 　「BとCの両方に」➡「選任された議決権を行使するどちらか1名に」

　　住戸1戸が数人の共有に属する場合、その議決権行使については、これら共有者をあわせて一の組合員とみなす（標準管理規約46条2項）。本肢は、相続によりBとCが共同相続しているので、このケースに該当する。また、議決権を行使する者1名を選任し、その者の氏名を、あらかじめ総会開会までに理事長に届け出なければならず、理事長は、その者に総会の通知をすることとなる（同3項、43条1項参照）。

❷ 　**最も適切**

　　❶解説参照。Cを議決権を行使する者として届出がされると、議決権行使者はCのみとなり、Bはもはや議決権を行使できない（46条3項）。

❸ 　**不適切** 　「その相続分に応じて」➡「あわせて一の組合員とみなす」

　　❶解説参照。「議決権行使については、共有者をあわせて一の組合員とみなす」とされているので、たとえ議決権を行使する者の届出をしなかったとしても、相続分に応じて議決権を行使できない（46条2項・3項）。

❹ 　**不適切** 　「役員になることはできない」➡「役員になることができる」

　　役員（理事・監事）は、総会の決議によって、組合員のうちから選任し、または解任する（35条2項）。Cは、相続により甲マンションの組合員となったので、現に甲マンションに居住していなくとも、管理組合の役員となることができる。

管理委託契約書・標準管理規約・その他関連知識

正解 　**❷**

93 標準管理規約㉛(集会等)・区分所有法

□ □ □ 🖉 CHECK!　　　H30-問33　　　B

次の表は、各項目について、A欄には区分所有法の原則的な内容、B欄には標準管理規約の原則的な内容をそれぞれ記載したものであるが、A欄、B欄の内容の組合せとして、最も不適切なものは次の❶〜❹のうちどれか。

	項目	A欄	B欄
❶	集会(総会)の招集通知の発信日(会議の目的が、建替え決議又はマンション敷地売却決議である場合を除く。)	会日より少なくとも1週間前に発しなければならない	少なくとも会議を開く日の2週間前までに発しなければならない
❷	共用部分の負担の割合	壁その他の区画の内側線で囲まれた部分の水平投影面積による専有部分の床面積の割合	界壁の中心線で囲まれた部分の面積による専有部分の床面積の割合
❸	集会(総会)の議事の普通決議要件	区分所有者及び議決権の各過半数	総組合員の議決権の過半数
❹	集会(通常総会)の開催	少なくとも毎年1回招集しなければならない	毎年1回新会計年度開始以後2ヵ月以内に招集しなければならない

❶ 適　切

A欄：集会の招集の通知は、会日より少なくとも１週間前に、会議の目的たる事項を示して、各区分所有者に**発しなければならない**（区分所有法35条１項本文）。

B欄：総会を招集するには、少なくとも会議を開く日の２週間前（会議の目的が建替え決議またはマンション敷地売却決議であるときは２ヵ月前）までに、会議の日時、場所（WEB会議システム等を用いて会議を開催するときは、その開催方法）および目的を示して、組合員に通知を**発しなければならない**（標準管理規約43条１項）。

❷ 適　切

共用部分の負担の割合については、各区分所有者が共用部分の共有持分に応じて負担する（区分所有法19条、標準管理規約25条２項）。そして、共用部分の共有持分は、各区分所有者の有する専有部分の床面積の割合に応じて算出される（区分所有法14条１項、標準管理規約10条関係コメント①前段）。その際の床面積については、次によるとされている。

A欄：壁その他の区画の**内側線で囲まれた部分の水平投影面積**による（区分所有法14条３項）。

B欄：**界壁の中心線で囲まれた部分の面積**による（標準管理規約コメント10条関係コメント①後段）。

❸ 最も不適切　「B欄：総組合員の」➡「B欄：出席組合員の」

A欄：集会の議事は、区分所有法または規約に別段の定めがない限り、区分所有者および議決権の各過半数で決する（区分所有法39条１項）。

B欄：総会の議事は、**出席組合員**の議決権の過半数で決する（標準管理規約47条２項）。

❹ 適　切

A欄：管理者は、少なくとも**毎年１回**集会を招集しなければならない（区分所有法34条２項）。

B欄：理事長は、通常総会を、**毎年１回**新会計年度開始以後**２ヵ月以内**に招集しなければならない（標準管理規約42条３項）。

管理委託契約書・標準管理規約・その他関連知識

正解　**❸**

94 標準管理規約㉜（総会出席者）・区分所有法

☐☐☐ ✏ CHECK! R2-問32

重要度 **B**

総会に出席することができる者に関する次の記述のうち、区分所有法及び標準管理規約の定めによれば、最も不適切なものはどれか。

❶ 数人の共有に属する場合の住戸で、議決権を行使する者として選任され理事長に届け出た者以外の当該住戸の区分所有者

❷ 修繕積立金の値上げが議題になっている場合の賃借人

❸ 区分所有者から議決権行使の委任状を受け取った当該区分所有者の配偶者

❹ 共同利益背反行為により、賃借人に対する専有部分の引渡し請求訴訟が議題になっている場合の当該賃借人

❶ 適 切

　管理組合の総会は、**総組合員で組織する**（標準管理規約42条１項）。そして、住戸が数人の共有に属する場合、その共有者各人が区分所有者であり、**組合員の資格を有している**（30条）。また、この場合、総会において「**議決権を行使する者**」については、あらかじめ理事長に「**届け出た者１名**」とされている（46条２項・３項、区分所有法40条）。したがって、議決権を行使する者として選任され理事長に届け出た者以外の当該住戸の区分所有者であっても、組合員として総会に出席すること自体は認められる。

❷ 最も不適切 「賃借人は、総会に出席することが認められない」

　区分所有者の承諾を得て専有部分を**占有する者**は、会議の目的につき利害関係を有する場合には、**総会に出席して意見を述べることができる**（標準管理規約45条２項前段、区分所有法44条１項）。しかし、**修繕積立金の支払義務を負うのは賃貸人（区分所有者）であるため、賃借人（占有者）は修繕積立金の値上げに利害関係を有していない。**

❸ 適 切

　組合員は、書面又は**代理人**によって**議決権を行使**できる（標準管理規約46条４項、区分所有法39条２項）。そして、**組合員の配偶者は代理人になれる**（標準管理規約46条５項１号）。したがって、本肢の区分所有者の配偶者は、総会に出席することが認められる。

❹ 適 切

　❷解説のとおり、専有部分の**占有者**は、会議の目的たる事項につき**利害関係を有する**場合には、**総会に出席できる**（45条２項前段、区分所有法44条１項）。賃借人に対する専有部分の引渡し請求訴訟は、賃貸借契約を解除して、**賃借人に立退きを請求する**ものである（60条１項）。したがって、本肢の賃借人は、**利害関係を有している**ため、総会に出席することが認められる。

正解 ❷

管理委託契約書・標準管理規約・その他関連知識

95 標準管理規約㉝(総会の決議要件)

■ ■ ■ □ ✎ CHECK! R 2-問31 **B**

　マンションの共用部分の工事における総会の決議要件に関する次の記述のうち、標準管理規約の定めによれば、最も不適切なものはどれか。

❶ 　各住戸の玄関扉の一斉交換工事には、出席組合員の議決権の過半数の賛成が必要である。

❷ 　マンションの耐震改修工事のために、1階の全ての柱下部を切断し、その箇所に免震部材を挿入する工事には、組合員総数の4分の3以上及び議決権総数の$\frac{3}{4}$以上の賛成が必要である。

❸ 　下水道が完備されたため、不要となった浄化槽を撤去する工事には、組合員全員の合意が必要である。

❹ 　エントランスホールの一部を集会室に変更する工事には、組合員総数の4分の3以上及び議決権総数の$\frac{3}{4}$以上の賛成が必要である。

玄関扉の一斉交換工事➡出席組合員の議決権の過半数の賛成が必要。

❶ **適 切**

玄関扉の一斉交換工事には、出席組合員の議決権の過半数の賛成が必要である（標準管理規約47条2項、同関係コメント⑥カ）。

❷ **適 切**

マンションの耐震改修工事のために、1階の全ての柱下部を切断し、その箇所に免震部材を挿入する工事は、基本的構造部分への加工が大きいので、組合員総数の $\frac{3}{4}$ 以上及び議決権総数の $\frac{3}{4}$ 以上の賛成（特別多数決議）が必要である（47条3項、同関係コメント⑥イ参照）。

❸ **最も不適切** 「組合員全員の合意」➡「出席組合員の議決権の過半数の賛成」

下水道が完備されたため、不要となった浄化槽を撤去する工事は、出席組合員の議決権の過半数の賛成により実施可能と考えられる（47条2項、同関係コメント⑥カ参照）。

❹ **適 切**

エントランスホールの一部を集会室に変更する工事には、組合員総数の $\frac{3}{4}$ 以上及び議決権総数の $\frac{3}{4}$ 以上の賛成（特別多数決議）が必要である（47条3項、同関係コメント⑥カ参照）。

管理委託契約書・標準管理規約・その他関連知識

正解 ❸

96 標準管理規約㉞(建替え経費・修繕積立金)

■■■ CHECK! H28-問12 重要度 A

建物の建替えに係る経費及び修繕積立金に関する次の記述のうち、標準管理規約によれば、最も不適切なものはどれか。

❶ 建替え決議の前に、建物の建替えに係る合意形成に必要となる事項の調査に要する経費に充当するために修繕積立金を取り崩すには、総会の決議を経なければならない。

❷ 分譲会社が分譲時において将来の計画修繕に要する経費に充当するため、一括して購入者より修繕積立基金を徴収している場合には、当該金銭についても修繕積立金として区分経理すべきである。

❸ 建替え決議の後であっても、建物の建替えに係る計画又は設計等に必要がある場合には、その経費に充当するため、総会の決議を経て修繕積立金を取り崩すことができる場合がある。

❹ 建替えに係る調査に必要な経費の支出は、マンションの実態にかかわらず、管理費から支出する旨を管理規約に規定することはできない。

❶ **適 切**

　修繕積立金は、建物の建替えおよびマンション敷地売却に係る合意形成に必要となる事項の調査に要する経費に充当する場合に、取り崩すことができる（標準管理規約28条1項4号）。そして、この場合、総会の決議が必要となる（48条10号）。

❷ **適 切**

　「分譲会社が分譲時において将来の計画修繕に要する経費に充当していくため、一括して購入者より修繕積立基金として徴収している場合」や「修繕時に、既存の修繕積立金の額が修繕費用に不足すること等から、一時負担金が区分所有者から徴収される場合」については、修繕積立金として積み立てられ、区分経理されるべきである（28条関係コメント②）。

❸ **適 切**

　建替え決議または建替えに関する区分所有者全員の合意の後であっても、マンション建替組合の設立の認可またはマンション建替事業の認可を受けるまでの間は、「建物の建替えに係る計画・設計等に必要がある場合には、その経費に充当する」ため、管理組合は、修繕積立金を取り崩すことができる（28条2項）。そして、この場合は、総会の決議が必要となる（48条15号）。

❹ **最も不適切** 「規定できない」➡「規定できる」

　建替え等に係る調査に必要な経費の支出は、各マンションの実態に応じて、管理費から支出する旨を管理規約に規定できる（28条関係コメント⑧）。

管理委託契約書・標準管理規約・その他関連知識

.... **正解** ❹

97 標準管理規約㉟（共用部分の工事）・区分所有法

■■■ ✎ CHECK!　　　　　　　　H30-問29　　　重要度 Ⓐ

　地震等の災害時に備えて管理組合が共用部分の工事を行う場合の次の記述のうち、区分所有法の規定及び標準管理規約によれば、集会（総会）の普通決議で行うことができないものはどれか。

❶　マンションの地下に設けられた駐輪場を、壁と扉を設置して、災害用の備蓄倉庫とすること。

❷　エレベーター設備を、地震時には最寄りの階に停止して、扉が開く性能のものに更新すること。

❸　各住戸の玄関扉を、枠を含めて耐震（対震）性のあるものに更新すること。

❹　マンションの敷地のブロック塀が地震時に倒壊しないよう、必要な箇所に控壁を設置すること。

Point 敷地・共用部分等の形状・効用の著しい変更を伴わない変更➡普通決議でOK！

> 　区分所有法17条１項本文は、「共用部分の変更（その形状または効用の著しい変更を伴わないものを除く）は、区分所有者および議決権の各$\frac{3}{4}$以上の多数による集会の決議で決する」と規定し、それを受けて標準管理規約47条３項２号では、「敷地・共用部分等の変更（その形状または効用の著しい変更を伴わないものおよび耐震改修促進法25条２項に基づく認定を受けた建物の耐震改修を除く）に関する総会の議事は、組合員総数の$\frac{3}{4}$以上および議決権総数の$\frac{3}{4}$以上で決する」と規定している。

　これを前提に、各肢を検討する。

❶ 普通決議で行うことができない

　マンションの地下に設けられた駐輪場を、壁と扉を設置して、災害用の備蓄倉庫とすることは、その形状または効用の著しい変更を伴うため、集会（総会）の普通決議で行うことはできない。

❷ 普通決議で行うことができる

　エレベーター設備を、地震時には最寄りの階に停止して、扉が開く性能のものに更新することは、その形状または効用の著しい変更を伴わないため、集会（総会）の普通決議で行うことができる。

❸ 普通決議で行うことができる

　各住戸の玄関扉を、枠を含めて耐震（対震）性のあるものに更新することは、その形状または効用の著しい変更を伴わないため、集会（総会）の普通決議で行うことができる。

❹ 普通決議で行うことができる

　マンションの敷地のブロック塀が地震時に倒壊しないよう、必要な箇所に控壁を設置することは、その形状または効用の著しい変更を伴わないため、集会（総会）の普通決議で行うことができる。

管理委託契約書・標準管理規約・その他関連知識

正解 ❶

98 標準管理規約㊱（専用庭・駐車場）

□ □ □ CHECK! H30-問32 Ⓐ

専用使用権の設定された１階に面する庭（以下、本問において「専用庭」という。）又はマンションの敷地上の駐車場に関する次の記述のうち、標準管理規約によれば、最も不適切なものはどれか。なお、駐車場は、現在、区分所有者のみが駐車場使用契約により使用しているものとする。

❶ 駐車場使用料は、総会の決議により値上げすることができる。

❷ 専用庭使用料は、総会の決議により値上げすることができる。

❸ 区分所有者が専有部分を譲渡した場合、譲受人は、前区分所有者が管理組合と締結した駐車場使用契約に基づいて、その契約期間中は当該駐車場を使用することができる。

❹ 区分所有者が専有部分を賃貸した場合、賃借人は、専用庭を使用することができるが、駐車場は当然には使用することができない。

Point 　専有部分を他の区分所有者・第三者に譲渡・貸与➡駐車場使用契約は効力を失う。

❶ 適 切

頻出　管理費等・使用料の額・賦課徴収方法に関する事項については、総会の決議を経なければならない（標準管理規約48条6号）。したがって、駐車場使用料は、総会の決議により値上げができる。

❷ 適 切

❶解説参照。専用庭使用料は、総会の決議により値上げができる。

❸ 最も不適切　「駐車場を使用できる」➡「できない」

ひっかけ　区分所有者がその所有する専有部分を、他の区分所有者・第三者に譲渡・貸与したときは、その区分所有者の駐車場使用契約は効力を失う（15条3項）。したがって、契約期間中であっても、前区分所有者が管理組合と締結した駐車場使用契約に基づいて、譲受人が当該駐車場を使用することはできない。

❹ 適 切

❸解説参照。区分所有者から専有部分の貸与を受けた者は、その区分所有者が専用使用権を有している専用庭を使用できる（14条3項）。しかし、その区分所有者が管理組合と締結していた駐車場使用契約は効力を失い、賃借人は、駐車場は当然には使用できない（15条3項）。

正解 ❸

99 標準管理規約㊲（利益相反取引）

CHECK! R元-問31

重要度 B

　理事長が、自己の経営する会社のために管理組合と取引（以下、本問において「当該取引」という。）をしようとする場合における次の記述のうち、標準管理規約によれば、最も不適切なものはどれか。

❶　理事長は、理事会において、当該取引につき重要な事実を開示し、その承認を受けなければならない。

❷　当該取引の承認について、理事長は、理事会の議決に加わることができない。

❸　管理組合が当該取引のための契約を締結するに当たっては、必ず理事長以外の理事が、管理組合を代表しなければならない。

❹　理事長以外の理事は、当該取引が管理組合に著しい損害を及ぼすおそれがあることを発見したときは、直ちに、その事実を監事に報告しなければならない。

Point 管理組合と理事長との利益相反事項➡監事か理事長以外の理事が管理組合を代表。

❶ 適 切

役員（本肢では理事長）が自己または第三者のために管理組合と取引を
しようとするときは、役員は、理事会において、当該取引につき**重要な事**
実を開示し、その承認を受けなければならない（標準管理規約37条の2第
1号）。

❷ 適 切

理事会の決議について特別の利害関係を有する理事は、**議決に加わるこ**
とができない（53条3項）。したがって、当該取引の承認について、理事
長は、議決に加わることはできない。

❸ 最も不適切 「**必ず理事長以外の理事**」➡「**監事または理事長以外の理事**」

管理組合と理事長との利益が相反する事項については、理事長は、**代表**
権を有しない。この場合、**監事または理事長以外の理事**が管理組合を代表
する（38条6項）。

❹ 適 切

理事長以外の理事が、当該取引が管理組合に**著しい損害を及ぼすおそれ**
のある事実があることを発見したときは、**直ちに**、当該事実を**監事に報告**
しなければならない（40条2項）。

正 解 **❸**

100 標準管理規約㊳（理事会）

CHECK! ☐☐☐ H30-問31改

理事会に関する次の取扱いのうち、標準管理規約によれば、最も適切なものは
どれか。ただし、電磁的方法が利用可能である場合とする。

❶ 出席が予定されていた理事が急病になったので、理事会の決議によって、
その配偶者の出席を認め、議決権を代理行使してもらった。

❷ 組合員から、給排水管の改修を伴う浴室の改修工事についての「専有部分
修繕等工事申請書」が提出されたので、理事の過半数の承諾を得て、電磁的
方法により承認の決議をした。

❸ 海外出張のため出席できない理事に対して、理事会の決議によって、議決
権行使書により議決権を行使してもらった。

❹ 不正が明らかになった会計担当理事の役職を解くため、入院中で出席でき
ない理事に対して、理事会の決議によって、委任状により議決権を行使して
もらった。

専有部分の工事申請➡理事の過半数の承諾で書面or電磁的方法での決議可。

❶ **不適切** 「議決権を代理行使してもらった」➡「代理行使できない」

「理事に事故があり、理事会に出席できない場合は、その配偶者または一親等の親族（理事が、組合員である法人の職務命令により理事となった者である場合は、法人が推挙する者）に限り、**代理出席を認める**」旨を定める規約の規定は、有効と解される。しかし、これは、「規約に定めた限り有効」ということであり、本肢のように、理事会の決議による、理事の急病を理由とした**配偶者による議決権の代理行使**を認めてはいない。なお、「規約に定めた」としても、あくまで、やむを得ない場合の代理出席を認めるものであることに留意が必要である。この場合でも、あらかじめ、総会において、それぞれの理事ごとに、理事の職務を代理するにふさわしい資質・能力を有するか否かを審議の上、その職務を代理する者を定めておくべきである（標準管理規約53条関係コメント③）。

❷ **最も適切**

組合員から、給排水管の改修を伴う浴室の改修工事について、専有部分修繕等工事申請書が提出された場合、**理事の過半数の承諾**があるときは、**書面または電磁的方法による決議**によることができる（53条2項、54条1項5号、17条1項・2項）。

❸ **不適切** 「理事会の決議によって」➡「規約の明文で定めることによって」

理事会において、理事がやむを得ず欠席する場合、代理出席によるのではなく、事前に議決権行使書または意見を記載した書面を出せるようにすることが考えられる。これを認める場合、理事会に出席できない理事が、あらかじめ通知された事項について、**書面をもって表決**することを認める旨を、**規約の明文の規定**で定める必要がある（53条関係コメント④）。したがって、理事会の決議によって、欠席の理事が、議決権行使書により議決権を行使できない。

❹ **不適切** 「委任状による議決権行使を認めることはできない」

❶❸解説参照。理事会は、理事の出席が原則であり、理事会の決議によっても、**委任状により議決権を行使できない**（53条関係コメント③④参照）。

管理委託契約書・標準管理規約・その他関連知識

101 標準管理規約㊴（理事会）

 CHECK!　　R4-問31　

　理事会に関する次の記述のうち、標準管理規約によれば、適切なものはいくつあるか。

ア　会計担当理事の会計担当の職を解くことは、出席理事の過半数により決することができる。

イ　WEB会議システムを用いて理事会を開催する場合は、当該理事会における議決権行使の方法等を、規約や細則において定めなければならない。

ウ　理事会の議事録については、議長及び議長の指名する2名の理事会に出席した理事がこれに署名しなければならない。

エ　総会提出議案である収支予算案は、理事の過半数の承諾があるときは、電磁的方法により決議することができる。

❶　一つ

❷　二つ

❸　三つ

❹　なし

ア　適　切

理事会は、理事長、副理事長及び会計担当理事の選任及び解任を行う（標準管理規約51条2項3号）。そして、理事の互選により選任された理事長、副理事長及び会計担当理事については、理事の過半数の一致によりその職を解くことができる（同関係コメント②）。

イ　不適切　「定めなければならない」 ➡ 「定めることも考えられる」

WEB会議システム等を用いて開催する理事会を開催する場合は、当該理事会における議決権行使の方法等を、規約や細則において定めることも考えられる（53条関係コメント⑤）。したがって、規約や細則において定めなければならないわけではない。

ウ　適　切

理事会の議事録には、議事の経過の要領及びその結果を記載し、議長及び議長の指名する2名の理事会に出席した理事がこれに署名しなければならない（53条4項、49条2項）。

エ　不適切　「決議できる」 ➡ 「決議できない」

①専有部分の修繕工事の承認又は不承認、②共用部分等の保存行為の承認又は不承認、③窓ガラス等の改良工事についての承認又は不承認については、理事の過半数の承諾があるときは、書面又は電磁的方法による決議によることができる（53条2項、54条1項5号）。しかし、収支予算案については、書面又は電磁的方法による決議はできない。

したがって、適切なものはア・ウの二つであり、正解は**❷**となる。

管理委託契約書・標準管理規約・その他関連知識

正解 ❷

102 標準管理規約⑩（理事会）

CHECK! □□□ R3-問31 重要度 B

甲マンションにおいて、理事会に出席できない理事の取扱い等に関する次の記述のうち、標準管理規約によれば、最も適切なものはどれか。なお、甲マンションの管理規約は、標準管理規約と同一の定めがあるものとし、そのコメントに基づく別段の定めはないものとする。

❶ 外国に出張中で理事会に出席できない理事がいたが、議長（理事長）一任の委任状の提出を求めた。

❷ 議題が「長期修繕計画の変更案について」と既に決まっていたため、理事会に出席できない理事には議決権行使書の提出を求めた。

❸ 専有部分の改良工事の申請について、理事会に出席できない理事がいたため、電磁的方法による決議をしようとしたとき、監事は電磁的方法について反対したが、理事の過半数の承諾があったので、当該申請について電磁的方法により理事会で決議した。

❹ 病気で入院中の理事がいたので、その理事に代わって、その理事の配偶者に、理事会への出席と決議への参加を求めた。

❶ 不適切 「委任状の提出を求めた」➡「委任状の提出を求めることはできない」

理事会では、理事の代理出席（議決権の代理行使を含む）について、規約において認める旨の明文の規定がない場合は認められていない（標準管理規約53条関係コメント②）。本問では、標準管理規約コメントに基づく別段の定めはないものとするとされているので、理事会に出席できない理事に対し、議長（理事長）一任の委任状の提出を求めることはできない。

❷ 不適切 「議決権行使書の提出を求めた」➡「求めることはできない」

理事がやむを得ず欠席する場合には、代理出席によるのではなく、事前に議決権行使書又は意見を記載した書面を出せるようにすることが考えられる。これを認める場合には、理事会に出席できない理事が、あらかじめ通知された事項について、書面をもって表決することを認める旨を、規約の明文の規定で定めることが必要である（53条関係コメント④）。本問では、標準管理規約コメントに基づく別段の定めはないものとするとされているので、理事会に出席できない理事に、議決権行使書の提出を求めることはできない。

❸ 最も適切

理事会の議題が専有部分の修繕等の申請についての承認決議である場合、理事の過半数の承諾があるときは、書面又は電磁的方法による決議できる（53条2項、53条1項5号）。この際、監事の承諾は不要である。

❹ 不適切 「理事の配偶者に、理事会への参加を求めた」
　　　　　➡「参加を求めることはできない」

「理事に事故があり、理事会に出席できない場合は、その配偶者又は一親等の親族（理事が、組合員である法人の職務命令により理事となった者である場合は、法人が推挙する者）に限り、代理出席を認める」旨を定める規約の規定がある場合、配偶者等の理事会への代理出席を認めることができる（53条関係コメント③）。本問では、標準管理規約コメントに基づく「別段の定めはない」ものとされているので、配偶者に理事会への出席と決議への「参加を求めることはできない」。

正解 ❸

　管理組合の役員の職務に関する次の記述のうち、標準管理規約によれば、最も不適切なものはどれか。

❶　会計担当理事は、管理費等の収納、保管、運用、支出等の会計業務を行う。

❷　理事長は、管理組合が締結した共用部分等に関する損害保険契約に基づく保険金額の請求及び受領について、区分所有者を代理する。

❸　理事長は、その責任と権限の範囲内において、専門委員会を設置し、特定の課題を調査又は検討させ、その結果を具申させることができる。

❹　大規模な災害や突発的な被災では、理事会の開催も困難な場合があることから、そのような場合には、保存行為に限らず、応急的な修繕行為の実施まで理事長単独で判断し実施することができる旨を、規約において定めることもできる。

❶ 適 切

頻出 会計担当理事は、管理費等の収納・保管・運用・支出等の会計業務を行う（標準管理規約40条3項）。

❷ 適 切

理事長は、管理組合が締結した共用部分等に関する**損害保険契約**に基づく保険金額の請求・受領について、**区分所有者を代理する**（24条2項）。

❸ 最も不適切 「**理事長**」 ➡ 「**理事会**」

頻出 理事会は、その責任と権限の範囲内において、専門委員会を設置し、特定の課題を調査・検討させることができる（55条1項）。また、専門委員会は、調査・検討した結果を理事会に具申する（同2項）。

❹ 適 切

大規模な災害や突発的な被災では、**理事会の開催が困難な場合**もあるので、そのような場合は、保存行為に限らず、**応急的な修繕行為の実施**まで、**理事長が単独で判断し実施できる**旨を、規約で定めることもできる（21条関係コメント⑩）。

管理委託契約書・標準管理規約・その他関連知識

正解 **❸**

総会又は理事会の決議に関する次の記述のうち、標準管理規約によれば、最も不適切なものはどれか。

❶ 修繕積立金の保管及び運用方法は、総会の決議事項とされる。

❷ 管理費等及び使用料の額並びに賦課徴収方法は、総会の決議事項とされる。

❸ 役員活動費の額及び支払方法を決めるにあたっては、理事会の決議で足りる。

❹ 災害等により総会の開催が困難である場合に、応急的な修繕工事の実施等を理事会で決議したときには、当該工事の実施に伴い必要となる資金の借入れを決めるにあたっても理事会の決議で足りる。

Point 災害等で総会開催が困難な場合の応急的修繕工事➡理事会の決議。

❶ 適　切

修繕積立金の保管及び運用方法は、総会の決議事項である（標準管理規約48条7号）。

❷ 適　切

管理費等及び使用料の額並びに賦課徴収方法は、総会の決議事項である（48条6号）。

❸ 最も不適切　「理事会の決議」➡「総会の決議」

役員活動費の額及び支払方法は、総会の決議事項である（48条2号）。

❹ 適　切

災害等により総会の開催が困難である場合における応急的な修繕工事の実施等は、理事会の決議で行うことができる（54条1項10号）。そして、理事会は、応急的な修繕工事の実施等の決議をした場合においては、当該決議に係る応急的な修繕工事の実施に充てるための資金の借入れ及び修繕積立金の取崩しについて決議できる（同2項）。

管理委託契約書・標準管理規約・その他関連知識

105 標準管理規約㊸(理事会の決議)・区分所有法

 CHECK!　　　　　R 3-問38　C

次の記述のうち、区分所有法の規定、標準管理規約及び判例によれば、理事会の決議のみで行うことができるものはいくつあるか。

ア　管理組合の業務を委託するマンション管理業者を変更すること。

イ　組合員が利用していないマンションの屋上部分に、携帯電話基地局の設置を認めて、電信電話会社から賃料収益を得る契約を締結すること。

ウ　敷地及び共用の施設での禁煙細則案と、それに伴う規約の改正案を検討するために、別途の予算を要さずに組合員で構成される専門委員会を設置すること。

エ　管理者である理事長が1箇月入院することになったため、理事長と他の理事との職務を交代すること。

❶　一つ

❷　二つ

❸　三つ

❹　四つ

ア　**理事会の決議のみで行うことはできない**

　　組合管理部分に関する**管理委託契約の締結は総会決議事項**である（標準管理規約48条16号）。したがって、「管理組合の業務を委託するマンション管理業者を変更すること」は、理事会の決議のみで行うことは「できない」。

イ　**理事会の決議のみで行うことはできない**

　　管理組合は、**総会の決議**を経て、**敷地及び共用部分等**（駐車場及び専用使用部分を除く）の一部について、**第三者に使用させることができる**（16条2項）。そして、組合員が利用していないマンションの屋上部分は専用使用権がない共用部分である（区分所有法4条1項参照）。したがって、当該部分に、「携帯電話基地局の設置を認めて、電信電話会社から賃料収益を得る契約を締結すること」は、理事会の決議のみで行うことは「できない」。

ウ　**理事会の決議のみで行うことができる**

　　理事会は、規約及び使用細則等の制定、変更又は廃止に関する案を決議する（標準管理規約54条1項2号）。そして、理事会は、その責任と権限の範囲内において、専門委員会を設置し、特定の課題を調査・検討させることができる（55条1項）。また、本肢では「予算を要さずに」とあるので、**収支予算に係る総会の決議は不要である**（48条4号）。したがって、本肢の行為は理事会の決議のみで行うことができる。

エ　**理事会の決議のみで行うことができる**

　　理事長、副理事長および会計担当理事は、**理事会の決議によって、理事のうちから選任し、または解任する**（35条3項）。本肢の「理事長と他の理事との職務を交代すること」とは、現理事長を解任し、新理事長を選任することであるから、理事会の決議のみで行うことができる。

　したがって、**理事会の決議のみで行うことができるものはウ・エの二つ**であり、**正解は❷となる**。

正解 ❷

CHECK!　　R3-問12

管理組合の会計等に関する次の記述のうち、標準管理規約によれば、不適切なものはいくつあるか。

ア　預金口座に係る印鑑等の保管にあたっては、適切な取扱い方法を検討し、その取扱いについて総会の承認を得て細則等に定めておくことが望ましい。

イ　理事会の議決事項の中には、収支決算案、事業報告案、収支予算案及び事業計画案がある。

ウ　災害等により総会の開催が困難である場合に、応急的な修繕工事の実施等を理事会で決議したときには、理事会は、当該工事の実施に充てるための修繕積立金の取崩しについて決議できるが、資金の借入れについては決議できない。

エ　修繕積立金の保管及び運用方法を決めるにあたっては、理事会の決議だけで足り、総会の決議は不要である。

❶　一つ

❷　二つ

❸　三つ

❹　四つ

Point 修繕積立金の保管・運用方法は、総会の決議事項。

ア　適　切

　預金口座に係る印鑑等の保管にあたっては、施錠の可能な場所（金庫等）に保管し、印鑑の保管と鍵の保管を理事長と副理事長に分けるなど、適切な取扱い方法を検討し、その取扱いについて総会の承認を得て細則等に定めておくことが望ましい（標準管理規約62条関係コメント）。

イ　適　切

　理事会の決議事項には、収支決算案、事業報告案、収支予算案及び事業計画案がある（54条1項1号）。

ウ　不適切　「資金の借入については決議できない」➡「決議できる」

　災害等により総会の開催が困難である場合における応急的な修繕工事の実施等は、理事会の決議で行うことができる（54条1項10号）。また、理事会は、上記の応急的な修繕工事の実施等の決議をした場合、当該決議に係る応急的な修繕工事の実施に充てるための資金の借入れ及び修繕積立金の取崩しについて決議できる（同2項）。

エ　不適切　「総会の決議は不要」➡「総会の決議事項である」

　修繕積立金の保管及び運用方法は、総会の決議事項である（48条8号）。

　したがって、不適切なものはウ・エの二つであり、正解は**❷**となる。

正解 ❷

管理組合の会計等における理事長の職務に関する次の記述のうち、標準管理規約によれば、最も不適切なものはどれか。

❶　毎会計年度の収支予算案を通常総会に提出し、その承認を得なければならない。

❷　会計年度の開始後、収支予算案が通常総会で承認を得るまでの間に、通常の管理に要する経費のうち、経常的であり、かつ、収支予算案が通常総会で承認を得る前に支出することがやむを得ないと認められるものについては、理事会の承認を得ずに支出を行うことができる。

❸　収支予算を変更しようとするときは、その案を臨時総会に提出し、その承認を得なければならない。

❹　毎会計年度の収支決算案を監事の会計監査を経て、通常総会に報告し、その承認を得なければならない。

❶ **適 切**

　理事長は、毎会計年度の**収支予算案を通常総会に提出**し、その**承認を得なければならない**（標準管理規約58条1項）。

❷ **最も不適切** 「理事会の承認を得ずに」➡「理事会の承認を得て」

　理事長は、会計年度の開始後、**通常総会で収支予算案の承認を得るまでの間**に、通常の管理に要する経費のうち、**経常的**であり、かつ、通常総会で収支予算案の承認を得る前に支出することが**やむを得ない**と認められるものについては、**理事会の承認を得て**その支出を行うことができる（58条3項1号）。

❸ **適 切**

　理事長は、**収支予算を変更**しようとするときは、その案を**臨時総会に提出**し、その**承認を得なければならない**（58条2項）。

❹ **適 切**

　理事長は、毎会計年度の**収支決算案を監事の会計監査**を経て、**通常総会に報告**し、その承認を得なければならない（59条）。

正 解 ❷

108 標準管理規約㊻（会計等）

CHECK! R4-問13

管理組合の会計等に関する次の記述のうち、標準管理規約によれば、最も不適切なものはどれか。

❶ 理事長は、管理組合の会計年度の開始後、通常総会において収支予算案の承認を得るまでの間に、通常の管理に要する経費のうち、経常的であり、かつ、通常総会において収支予算案の承認を得る前に支出することがやむを得ないと認められるものについては、理事会の承認を得て支出を行うことができ、当該支出は収支予算案による支出とみなされる。

❷ 駐車場使用料収入は、当該駐車場の管理に要する費用に充てるほか、修繕積立金として積み立てる。

❸ 収支決算の結果、管理費に余剰を生じた場合には、その余剰は翌年度における管理費に充当する。

❹ 管理組合の会計処理に関する細則の変更は、総会の特別多数決議を経なければならない。

❶ 適 切

頻出

　理事長は、管理組合の会計年度の開始後、通常総会において収支予算案の承認を得るまでの間に、通常の管理に要する経費のうち、経常的であり、かつ、通常総会において収支予算案の承認を得る前に支出することがやむを得ないと認められるものの支出が必要となった場合には、理事会の承認を得てその支出を行うことができる（標準管理規約58条3項1号）。そして、この規定に基づき行った支出については、収支予算案の承認を得るために開催された通常総会の収支予算案の承認を得たときは、当該収支予算案による支出とみなされる（同4項）。

❷ 適 切

頻出

　駐車場使用料その他の敷地及び共用部分等に係る使用料は、それらの管理に要する費用に充てるほか、修繕積立金として積み立てる（29条）。

❸ 適 切

頻出

　収支決算の結果、管理費に余剰を生じた場合には、その余剰は翌年度における管理費に充当する（61条1項）。

❹ 最も不適切　「特別多数決議」➡「普通決議」

頻出

　使用細則等の制定、変更又は廃止は、総会の決議を経なければならない（48条1号）。この場合、普通決議で足りる（47条2項）。

管理委託契約書・標準管理規約・その他関連知識

正解 **❹**

標準管理規約㊼（会計等）

109

☑ CHECK!

R 2-問12

　管理組合の会計等に関する次の記述のうち、標準管理規約の定めによれば、最も適切なものはどれか。

❶　管理組合は、通常の管理に要する経費の支払いに不足が生じた場合には、理事長は、理事会の決議を経て、業務を行うため必要な範囲内の借入れをすることができる。

❷　管理組合は、収支決算の結果、管理費に余剰を生じた場合には、その余剰は修繕積立金として積み立てなければならない。

❸　管理組合は、管理費等に不足を生じた場合には、総会の決議により、組合員に対して共用部分の共有持分に応じて、その都度必要な金額の負担を求めることができる。

❹　理事長は、毎会計年度の収支決算案について、やむを得ない場合には、通常総会での承認後に会計監査を受けることができる。

❶ **不適切** 「理事会の決議を経て…借入れ」➡「組合員に負担を求める」

　標準管理規約上、管理費に不足を生じた場合に、借入れを認める規定は ない。**管理費等に不足を生じた場合**、管理組合は組合員に対して**管理費等 の負担割合**により、その都度必要な金額の負担を求めることができる（標 準管理規約61条2項）。

❷ **不適切** 「**修繕積立金として積み立て**」➡「**翌年度における管理費に充当**」

頻出

　収支決算の結果、**管理費に余剰を生じた場合**には、その余剰は翌年度に おける**管理費に充当**する（61条1項）。

❸ **最も適切**

　❶解説参照。管理費等に不足を生じた場合には、管理組合は組合員に対 してその都度必要な金額の負担を求めることができるが、これは総会の決 議により、組合員に対して、負担を求めることを禁止した規定ではない（61 条2項、48条参照）。したがって、総会の決議により、組合員に対して共 用部分の共有持分に応じて、その都度必要な金額の負担を求めることも可 能である。

❹ **不適切** 「会計監査後、通常総会に報告し承認を得なければならない」

　理事長は、毎会計年度の収支決算案を監事の会計監査を経て、通常総会 に報告し、その承認を得なければならない（59条）。

管理委託契約書・標準管理規約・その他関連知識

正解 ❸

110 標準管理規約㊽（管理費等）

□□□ ✏ CHECK!　　　　　　　H29-問12

標準管理規約によれば、管理費等に関する次の記述のうち、最も不適切なものはどれか。

❶　管理費等の負担割合を定めるに当たっては、共用部分等の使用頻度等は勘案しない。

❷　管理組合は、目的を問わず、必要な範囲内において借入れをすることができる。

❸　収支決算の結果、管理費に余剰を生じた場合には、その余剰は翌年度における管理費に充当する。

❹　管理費等の額については、各区分所有者の共用部分の共有持分に応じて算出する。

Point 　管理費等の額の負担割合 ➡ 使用頻度等は勘案しない。

❶ 　適 切

（頻出）　　管理費等の額については、各区分所有者の共用部分の共有持分に応じて算出し、当該負担割合を定めるに当たっては、**使用頻度等は勘案しない**（標準管理規約25条2項、同関係コメント①）。

❷ 　最も不適切　「目的を問わず」 ➡「特別の管理に要する経費に充当する場合のみ」

　　管理組合は、特別の管理に要する経費に充当する場合、必要な範囲内において、**借入れできる**（63条、28条1項）。つまり、借入れについて、その「目的」は限定される。

❸ 　適 切

（頻出）　　収支決算の結果、**管理費に余剰を生じた場合**、その余剰は翌年度における管理費に充当する（61条1項）。

❹ 　適 切

（頻出）　　管理費等の額については、各区分所有者の**共用部分の共有持分**に応じて算出する（25条2項）。

正解 **❷**

標準管理規約によれば、管理費等に関する次の記述のうち、最も不適切なものはどれか。

❶ 管理費等に不足を生じた場合には、管理組合は組合員に対して、管理費等の負担割合により、その都度必要な金額の負担を求めることができる。

❷ 管理費等の負担割合を定めるに当たっては、共用部分等の使用頻度等は勘案しない。

❸ 管理費のうち、管理組合の運営に要する費用については、組合費として管理費とは分離して徴収することができる。

❹ 議決権割合の設定方法について、1戸1議決権や価値割合を採用する場合、管理費等の負担もこの割合によらなければならない。

❶ 適 切

頻出

管理費等に不足を生じた場合には、管理組合は組合員に対して、管理費等の負担割合により、その都度必要な金額の負担を求めることができる（標準管理規約61条2項、25条2項）。

❷ 適 切

頻出

管理費等の額については、各区分所有者の共用部分の共有持分に応じて算出するものとし、管理費等の負担割合を定めるに当たっては、**使用頻度等は勘案しない**（25条2項、同関係コメント①）。

❸ 適 切

管理費のうち、管理組合の運営に要する費用については、組合費として管理費とは分離して徴収できる（25条関係コメント②）。

❹ 最も不適切 「管理費等の負担額は、共用部分の共有持分に応じて算出することが考えられる」

ひっかけ

⚠

議決権割合の設定方法について、1戸1議決権や価値割合を採用する場合でも、これとは別に**管理費等の負担額**については、共用部分の共有持分に応じて算出することが考えられる（25条2項、同関係コメント③、46条関係コメント②③）。

管理委託契約書・標準管理規約・その他関連知識

標準管理規約㊿（会計等）

 CHECK!　　　　　H28-問13

管理組合の会計等に関する次の記述のうち、標準管理規約の定めによれば、最も不適切なものはどれか。

❶　管理組合は、その会計処理に関する規約及び細則を変更するには、いずれも総会の決議を経なければならない。

❷　管理組合は、収支決算の結果、管理費に余剰が生じた場合、その余剰を翌年度における管理費に充当する。

❸　管理組合は、計画修繕に要する経費に充てるために借入れをしたときは、管理費をもってその償還に充てるものとする。

❹　管理組合は、不測の事故により必要となる修繕に要する経費に充てるため、修繕積立金を取り崩すことができる。

❶ 適 切

頻出 　管理組合は、規約および使用細則等の制定・変更・廃止には、どちらも総会の決議を経なければならない（標準管理規約48条1号）。

❷ 適 切

　管理組合は、収支決算の結果、**管理費に余剰を生じた場合**、その余剰を**翌年度における管理費に充当する**（61条1項）。

❸ 最も不適切 「**管理費をもって**」➡「**修繕積立金をもって**」

　管理組合は、特別の管理に要する経費に充てるため借入れをしたときは、「**修繕積立金**」をもってその**償還に充てることができる**（28条4項）。つまり、本肢の「**管理費をもってその償還に充てるもの**」とする規定は存在しない。

❹ 適 切

　管理組合は、**不測の事故その他特別の事由により必要となる修繕**に要する経費のため、**修繕積立金を取り崩すことができる**（28条1項2号）。

正 解 **❸**

113 標準管理規約㊶（閲覧請求等）

□□□ ✎ CHECK! R 5-問28

専有部分の占有者等に関する次の記述のうち、標準管理規約によれば、最も適切なものはどれか。

❶ 総会の議題が専有部分でのペットの飼育を禁止にする件であったため、同居しているペットの飼い主である甥を代理人として議決権を行使させた。

❷ 管理費等相当額を家賃に含めて支払っている賃借人は、管理費等の値上げが総会の議題となっている場合でも、利害関係人として管理組合の会計帳簿の閲覧請求をすることができない。

❸ 水漏れ事故により、他の専有部分に対して物理的に又は機能上重大な影響を与えるおそれがあることから、理事長が調査をするために専有部分への立入りを請求しても、賃借人は、賃貸人である区分所有者の承諾がない限り当該専有部分への立入りを拒むことができる。

❹ 区分所有者は、専有部分を第三者に賃貸する場合には、規約及び使用細則に定める事項を賃借人に遵守させる旨を誓約する書面を管理組合に提出しなければならない。

Point 議題が部屋でのペット飼育禁止のため、飼い主の同居甥を代理人に議決権行使可。

❶ 最も適切

　組合員は、書面又は代理人によって議決権を行使することができる（標準管理規約46条4項）。そして、組合員が代理人により議決権を行使しようとする場合、その代理人となれる者は、①その組合員の配偶者（婚姻の届出をしていないが事実上婚姻関係と同様の事情にある者を含む）、②一親等の親族、③その組合員の住戸に同居する親族、④他の組合員、のいずれかである（同5項）。本肢の同居している甥は、上記③に該当し、代理人となることができる。

❷ 不適切 「閲覧請求をすることができない」➡「できる」

　理事長は、会計帳簿、什器備品台帳、組合員名簿及びその他の帳票類を作成して保管し、組合員又は利害関係人の理由を付した書面による請求があったときは、これらを閲覧させなければならない（64条1項）。この「利害関係人」とは、敷地、専有部分に対する担保権者、差押え債権者、賃借人、組合員からの媒介の依頼を受けた宅地建物取引業者等**法律上の利害関係がある者**をいい、単に事実上利益や不利益を受けたりする者、親族関係にあるだけの者等は対象とはならない（64条関係コメント①、49条関係コメント①）。したがって、賃借人は利害関係人として、会計帳簿の閲覧請求をすることができる。

❸ 不適切 「理事長は自ら立ち入ることができる」

　理事長は、災害、事故等が発生した場合であって、緊急に立ち入らないと共用部分等又は他の専有部分に対して**物理的に又は機能上重大な影響を与えるおそれがあるときは、専有部分又は専用使用部分に自ら立ち入り、又は委任した者」に立ち入らせることができる**（23条4項）。したがって、賃貸人である区分所有者の承諾は不要である。また、賃借人は当該専有部分への立入りを拒むこともできない。

❹ 不適切 「賃借人に提出させなければならない」

　区分所有者は、その専有部分を第三者に貸与する場合には、この規約及び使用細則に定める事項をその第三者に**遵守させなければならない**（19条1項）。この場合、区分所有者は、その貸与に係る契約にこの規約及び使用細則に定める事項を遵守する旨の条項を定めるとともに、契約の相手方（賃借人）にこの規約及び使用細則に定める事項を**遵守する旨の誓約書を管理組合に提出させなければならない**（同2項）。

（右側縦書き）管理委託契約書・標準管理規約・その他関連知識

正解 ❶

431

114 標準管理規約⑤(閲覧請求)

 CHECK! H28-問31改

次のうち、標準管理規約によれば、理事長が、組合員又は利害関係人の閲覧請求に応じる必要のないものはどれか。ただし、電磁的方法が利用可能ではない場合とする。

❶ 理由を付さない書面で、管理規約原本の閲覧請求があった場合

❷ 理由を付した書面で、会計帳簿と出金に関する請求書及び領収書の閲覧請求があった場合

❸ 理由を付した書面で、長期修繕計画書の閲覧請求があった場合

❹ 理由を付した書面で、各組合員の総会における議決権行使書及び委任状の閲覧請求があった場合

組合員・利害関係人の閲覧請求と「理由付き書面」について整理しよう。

❶ 応じる必要がある

　区分所有者または利害関係人の書面による請求があった場合、理事長は、①規約原本、②規約変更を決議した総会の議事録、③現に有効な規約の内容を記載した書面（規約原本等）、④現に有効な使用細則等の４つについて閲覧をさせなければならない。そして、請求にあたって、理由を付す必要はない（標準管理規約72条４項）。

❷ 応じる必要がある

　理事長は、会計帳簿、什器備品台帳、組合員名簿およびその他の帳票類を作成して保管し、組合員または利害関係人の理由を付した書面による請求があった場合、これらの閲覧をさせなければならない（64条１項）。そして、この会計帳簿等の保管すべき書面には、請求書や領収書、管理委託契約書、修繕工事請負契約書、駐車場使用契約書、保険証券等が挙げられる（同関係コメント②）。

❸ 応じる必要がある

　理事長は、長期修繕計画書、設計図書および修繕等の履歴情報を保管し、組合員または利害関係人の理由を付した書面による請求があった場合、これらの閲覧をさせなければならない（64条２項）。

❹ 応じる必要はない

　「各組合員の総会における議決権行使書および委任状」の閲覧請求に関する規定は存在しない（64条参照）。したがって、理事長は、これらの閲覧請求に応じる必要はない。

管理委託契約書・標準管理規約・その他関連知識

正解 ❹

115 標準管理規約㊾（団地型）

  CHECK! R3-問29改

　団地の雑排水管等の管理及び更新工事に関する次の記述のうち、標準管理規約（団地型）（令和3年6月22日国住マ第33号）によれば、適切なものはいくつあるか。

ア　全棟の雑排水管の高圧洗浄に要する費用は、その年度の事業計画・予算の承認を得ていれば、管理費から支出することができる。

イ　各棟の雑排水管の立て管及び継手部分の更新工事に要する費用は、各棟修繕積立金から支出することができない。

ウ　新築時から全棟の全住戸に設置されている給湯器ボイラーの一斉取替えに要する費用は、管理組合の普通決議により、団地修繕積立金から支出することができる。

エ　集会所の雑排水管の更新工事に要する費用は、管理組合の普通決議により、団地修繕積立金から支出することができる。

❶　一つ

❷　二つ

❸　三つ

❹　四つ

ア **適 切**

頻出

　「雑排水管及び汚水管」については、配管継手及び立て管までが共用部分とされている（標準管理規約団地型別表第2の1）。そして、共用部分の清掃費については、管理費から支出できる（27条7号）。また、「雑排水管の横枝管」については、専有部分である設備のうち棟の共用部分と構造上一体となった部分に該当するので、その管理を棟の共用部分の管理と一体として行う必要があるときは、管理組合がこれを行うことができる（21条2項）。そして、当該「雑排水管の清掃等に要する費用」については、共用設備の保守維持費として管理費を充当することが可能である（21条関係コメント⑦）。

イ **不適切** 「支出できない」➡「できる」

ひっかけ

　ア解説参照。「各棟の雑排水管及び汚水管」については、配管継手及び立て管までが共用部分とされている。そして、その「更新工事に要する費用」は、「一定年数の経過ごとに計画的に行う修繕」に該当するので、各棟修繕積立金から支出できる（29条1項1号）。

ウ **不適切** 「団地修繕積立金から支出できる」➡「できない」

ひっかけ

　各住戸に設置されている給湯器ボイラーは、専有部分に該当する（別表第2の1）。したがって、「給湯器ボイラーの一斉取替えに要する費用」は、団地修繕積立金から支出することは「できない」。

エ **適 切**

ハイレベル

　「集会所の雑排水管の更新工事に要する費用」は、団地内の附属施設に関する「一定年数の経過ごとに計画的に行う修繕」に該当し、管理組合の普通決議により、団地修繕積立金から支出できる（28条1項1号）。

　したがって、適切なものはア・エの二つであり、正解は**❷**となる。

正 解 **❷**

次の記述のうち、標準管理規約（団地型）の定めによれば、団地総会の決議を必要とせず、棟総会の決議のみで決することができる事項はどれか。

❶ 各棟修繕積立金の保管及び運用方法

❷ 1棟を同一規模の建物に建て替える場合の建替え決議の承認

❸ 各棟の階段及び廊下の補修工事

❹ 建物の一部が滅失した場合の滅失した棟の共用部分の復旧

Point 建物の一部が滅失した棟の共用部分の復旧は、棟総会の決議を経る。

❶ 棟総会の決議のみで決することができない

　団地修繕積立金および**各棟修繕積立金の保管および運用方法**については、団地総会の決議を経なければならない（標準管理規約団地型50条7号）。

❷ 棟総会の決議のみで決することができない

　1棟を同一規模の建物に建て替える場合の建替え決議の承認については、団地総会の決議を経なければならない（50条12号）。

❸ 棟総会の決議のみで決することができない

　各棟の階段および廊下の補修工事は、団地総会の決議を経なければならない（2条6号、21条1項、50条17号）。

❹ 棟総会の決議のみで決することができる

　建物の一部が滅失した場合の滅失した棟の共用部分の復旧は、棟総会の決議を経なければならない（72条3号）。

正解 ❹

117 標準管理規約⑤⑤（団地型）

□ □ □ 🖉 CHECK!　　　　　　　H29-問31

ともに専有部分のある建物であるＡ棟及びＢ棟の２棟からなる団地に関する次の記述のうち、マンション標準管理規約（団地型）及びマンション標準管理規約（団地型）コメントの定めによれば、最も不適切なものはどれか。

❶　Ａ棟の外壁タイル剥離（はくり）の全面補修工事の実施及びそれに充てるためのＡ棟の各棟修繕積立金の取崩しには、Ａ棟の棟総会の決議が必要である。

❷　Ｂ棟の建替えに係る合意形成に必要となる事項の調査の実施及びその経費に充当するためのＢ棟の各棟修繕積立金の取崩しには、Ｂ棟の棟総会の決議が必要である。

❸　Ａ棟の区分所有者Ｃに対し、区分所有法第59条の競売請求の訴えを提起するには、Ａ棟の棟総会の決議が必要である。

❹　Ｂ棟の建物の一部が滅失した場合、その共用部分を復旧するには、Ｂ棟の棟総会の決議が必要である。

① 最も不適切 「A棟の棟総会の決議」➡「団地総会の決議」

　特別の管理の実施や、それに充てるための資金の借入れおよび団地修繕積立金・各棟修繕積立金の取崩しをするにあたっては、団地総会の決議が必要である（標準管理規約団地型50条10号）。

② 適　切

　建物（各棟）の建替えに係る合意形成に必要となる事項の調査の実施・経費に充当する場合の各棟修繕積立金の取崩しは、その棟総会の決議を経なければならない（72条6号）。

③ 適　切

　共同利益背反行為をした区分所有者に対し、競売請求の訴えを提起するには、その棟総会の決議を経なければならない（区分所有法59条、標準管理規約団地型72条2号）。

④ 適　切

　建物の一部が滅失した場合、当該滅失が生じた棟の共用部分の復旧は、その棟総会の決議を経なければならない（72条3号）。

正解 ①

118 標準管理規約⑤（複合用途型）

CHECK! □□□ R元-問32改

複合用途型マンションに関する次の記述のうち、標準管理規約（複合用途型）（令和３年６月22日国住マ第33号）によれば、最も適切なものはどれか。ただし、電磁的方法が利用可能ではない場合とする。

❶ 管理組合は、区分所有者が納入する費用について、全体管理費、住宅一部管理費、店舗一部管理費及び全体修繕積立金の４つに区分して経理しなければならない。

❷ 駐車場使用料は、その管理に要する費用に充てるほか、全体修繕積立金として積み立てる。

❸ 新たに店舗部分の区分所有者となった者は、店舗として使用する場合の営業形態及び営業行為について書面で届け出なければ、組合員の資格を取得することができない。

❹ 管理組合には、その意思決定機関として、住宅部分の区分所有者で構成する住宅部会及び店舗部分の区分所有者で構成する店舗部会を置かなければならない。

Point 住宅部会および店舗部会は、管理組合としての意思決定機関ではない。

❶ **不適切** 「全体管理費、住宅一部管理費、店舗一部管理費、全体修繕積立金、住宅一部修繕積立金、店舗一部修繕積立金の６つに区分」

　管理組合は、区分所有者が納入する費用について、①全体管理費、②住宅一部管理費、③店舗一部管理費、④全体修繕積立金、⑤住宅一部修繕積立金、⑥店舗一部修繕積立金の６つに区分して経理しなければならない（標準管理規約複合用途型32条）。

❷ **最も適切**

　駐車場使用料その他の敷地および共用部分等に係る使用料は、それらの管理に要する費用に充てるほか、全体修繕積立金として積み立てる（33条）。

❸ **不適切** 「このような定めはない」

　組合員の資格は、区分所有者となったときに取得し（34条）、新たに組合員の資格を取得した者は、直ちにその旨を書面により管理組合に届け出なければならない（35条）。本肢のような「新たに店舗部分の区分所有者となった者が、店舗として使用する場合の営業形態および営業行為について書面で届け出なければ、組合員の資格を取得することができない」とする規定はない。

❹ **不適切** 「意思決定機関として」➡「意思決定機関ではない」

　住宅部会および店舗部会は、管理組合としての意思を決定する機関ではないが、それぞれ住宅部分、店舗部分の一部共用部分の管理等について協議する組織として位置づけられる（60条関係コメント①）。

管理委託契約書・標準管理規約・その他関連知識

正解 ❷

119 標準管理規約(57)（単棟型・複合用途型）

□□□ CHECK!　R 3-問30　重要度 C

次の記述のうち、標準管理規約（単棟型）又は標準管理規約（複合用途型）によれば、適切なものはいくつあるか。

ア　窓枠及び窓ガラスの一斉交換工事は、総会の普通決議により行うことができる。

イ　店舗用階段を店舗用エレベーターに変更する工事を行うためには、店舗部会の特別多数決議のみで足りる。

ウ　新築時から全戸に設置されている台所・浴室の換気扇の一斉取替えは、総会の普通決議により行うことができる。

エ　ＩＴ化工事に関し、既存のパイプスペースを利用して光ファイバー・ケーブルを敷設する工事は、総会の普通決議により行うことができる。

❶　一つ

❷　二つ

❸　三つ

❹　四つ

Point　台所・浴室の換気扇は専有部分なので、これらの一斉取替えは、総会普通決議ではできない。

ア　適　切

　　窓枠、窓ガラス、玄関扉等の一斉交換工事、既に不要となったダストボックスや高置水槽等の撤去工事は総会の普通決議により、実施可能と考えられる（標準管理規約47条関係コメント⑥カ）。

イ　不適切　「店舗部会の特別多数決議のみで足りる」
　　　　　　　➡「総会の特別多数決議が必要である」

　　階段室部分を改造したり、建物の外壁に新たに外付けしたりして、エレベーターを新たに設置する工事は、総会の特別多数決議により実施可能と考えられる（標準管理規約複合用途型51条関係コメント⑥ア）。また、住宅部会及び店舗部会は管理組合としての意思を決定する機関ではないので、そもそも店舗部会で特別多数決議できない（60条関係コメント①）。

ウ　不適切　「総会の普通決議により行うことができる」➡「行うことはできない」

　　各住戸に設置されている台所・浴室の換気扇は、専有部分に附属する設備に該当する（標準管理規約別表第2の1）。したがって、台所・浴室の換気扇の一斉取替えは、総会の普通決議により行うことはできない。

エ　適　切

　　IT化工事に関し、光ファイバー・ケーブルの敷設工事を実施する場合、その工事が既存のパイプスペースを利用する等共用部分の形状に変更を加えることなく実施できる場合や、新たに光ファイバー・ケーブルを通すために、外壁、耐力壁等に工事を加え、その形状を変更するような場合でも、建物の躯体部分に相当程度の加工を要するものではなく、外観を見苦しくない状態に復元するのであれば、普通決議により実施可能と考えられる（47条関係コメント⑥エ）。

　したがって、適切なものはア・エの二つであり、正解は❷となる。

管理委託契約書・標準管理規約・その他関連知識

正解　❷

120 標準管理規約⑤⑧（総合）

■ ■ ■ ✎ CHECK! R 4-問32

重要度 B

マンション管理組合総会での議決権行使に関する議長の取扱いについての次の記述のうち、民法、標準管理規約（単棟型）、標準管理規約（団地型）及び標準管理規約（複合用途型）によれば、不適切なものはいくつあるか。

ア 　2住戸を有する区分所有者が、同一議案について1住戸の議決権は反対し、他の1住戸の議決権は賛成する議決権行使書を提出したので、それらの議決権行使を認めた。

イ 　団地総会において、当該団地1号棟の組合員Aが当該団地5号棟の組合員Bを代理人とする委任状を提出したので、BによるAの議決権行使を認めた。

ウ 　全ての議案に「反対」の記載があり、当該区分所有者の署名はなされているが、押印がないため有効な議決権行使書として認めなかった。

エ 　店舗の営業制限が議題になっているため、当該店舗区分所有者からの委任状を提出した弁護士に、弁護士であることを理由に議決権行使を認めた。

❶ 一つ

❷ 二つ

❸ 三つ

❹ 四つ

ア　**不適切**　「議決権の不統一行使は認められていない」

標準管理規約では、議決権を不統一行使できる旨の規定は存在しない（標準管理規約46条参照）。したがって、「同一議案について1住戸の議決権は反対し、他の1住戸の議決権は賛成する議決権行使」は認められない。

イ　**適　切**

組合員は、書面又は代理人によって議決権を行使することができる（標準管理規約団地型48条4項）。そして、組合員が代理人により議決権を行使しようとする場合、その代理人となれる者は、①その組合員の配偶者（婚姻の届出をしていないが事実上婚姻関係と同様の事情にある者を含む）、②一親等の親族、③その組合員の住戸に同居する親族、④他の組合員、のいずれかである（同5項）。さらに、組合員又は代理人は、代理権を証する書面を理事長に提出しなければならない（同6項）。本肢の組合員Bは、上記④の他の組合員に該当し、代理人となることができる。したがって、組合員Aが組合員Bを代理人とする委任状を提出しているので、BによるAの議決権行使は認められる。

ウ　**不適切**　「賛否の記載があり署名があれば有効な議決権行使書として認められる」

書面による議決権の行使とは、総会には出席しないで、総会の開催前に各議案ごとの賛否を記載した書面（議決権行使書）を総会の招集者に提出することである（標準管理規約46条関係コメント⑥）。したがって、賛否（本肢では全ての議案に「反対」）の記載があり、署名がなされているので、区分所有者の意思は明確であり、有効な議決権行使書として認められる。

エ　**不適切**　「弁護士であることを理由に議決権行使を認めた」➡「認められない」

組合員が代理人により議決権を行使しようとする場合、その代理人となれる者は、①その組合員の配偶者（婚姻の届出をしていないが事実上婚姻関係と同様の事情にある者を含む）、②一親等の親族、③その組合員の住戸に同居する親族、④他の組合員、のいずれかである（標準管理規約複合用途型50条5項）。したがって、上記①～④のいずれにも該当しなければ、弁護士であっても代理人となることはできない。よって、弁護士であることを理由に議決権行使は認められない。

したがって、**不適切なものはア・ウ・エの三つ**であり、**正解は❸**となる。

正解 ❸

121 住宅宿泊事業法

CHECK! □□□

R2-問42

重要度 C

　マンションにおける住宅宿泊事業に関する次の記述のうち、「住宅宿泊事業法」及び「住宅宿泊事業施行要領（ガイドライン）」によれば、適切なものはいくつあるか。

ア　　区分所有者は、当該マンションの管理規約に住宅宿泊事業を禁止する旨の規定がなければ、専有部分を住宅宿泊事業の用に供することができる。

イ　　マンションで住宅宿泊事業を行う場合は、住宅宿泊事業者は、標識の掲示場所等の取扱いについて、予め管理組合と相談することが望ましい。

ウ　　住宅宿泊事業者は、住宅の家屋内に、台所、浴室、便所、洗面設備を設けなければならない。

エ　　住宅宿泊事業を営む場合に、住宅に人を宿泊させることができる日数は1年間で90日が上限である。

❶　一つ

❷　二つ

❸　三つ

❹　四つ

ア **不適切** 「住宅宿泊事業の用に供することができる」 ➡ 「できない」

　住宅宿泊事業を営もうとする者は届出が必要となり（住宅宿泊事業法3条1項）、この届出者は、「規約に住宅宿泊事業を禁止する旨の定めがない旨（当該規約に住宅宿泊事業を営むことの定めがない場合、管理組合に届出住宅で住宅宿泊事業を禁止する意思がない旨を含む）」を記載した届出書を知事（保健所設置地市等の長）に提出しなければならない（同2項7号、施行規則4条3項13号）。そして、この「住宅宿泊事業を禁止する意思がない旨」には、「管理組合総会や理事会における住宅宿泊事業を禁止する方針の決議がないこと」が該当するので、規約に禁止する旨の規定がなくても、「総会や理事会で禁止する方針の決議」があれば、専有部分を住宅宿泊事業の用に供することはできない（施行要領2-1(2)①）。

イ **適　切**

　分譲マンション（住宅がある建物が2以上の区分所有者が存する建物で人の居住の用に供する専有部分のあるものである場合）で住宅宿泊事業を行う場合は、標識の掲示場所等の取扱いについて、予め管理組合と相談することが望ましい（2-2(8)①、住宅宿泊事業法13条参照）。

ウ **適　切**

　住宅宿泊事業法において「住宅」とは、次の要件のいずれにも該当する家屋をいう（2条1項1号・2号）。
①　当該家屋内に台所・浴室・便所・洗面設備その他の当該家屋を生活の本拠として使用するために必要なものとして国土交通省令・厚生労働省令で定める設備が設けられていること。
②　現に人の生活の本拠として使用されている家屋・従前の入居者の賃貸借の期間の満了後新たな入居者の募集が行われている家屋その他の家屋であって、人の居住の用に供されていると認められるものとして国土交通省令・厚生労働省令で定めるものに該当すること。
　したがって、住宅宿泊事業者は、住宅の家屋内に、台所・浴室・便所・洗面設備を設けなければならない。

エ **不適切** 「90日」 ➡ 「180日」

　住宅宿泊事業を営む場合に、住宅に人を宿泊させることができる日数は1年間で180日が上限である（2条3項）。

　したがって、適切なものはイ・ウの二つであり、正解は**❷**となる。

正解 **❷**

管理委託契約書・標準管理規約・その他関連知識

TAC PG

第2分冊

会計等・維持保全・適正化法

・管理組合の会計・財務等
・マンションの維持・保全等
・マンション管理適正化法

項目別過去8年問題集

管理業務主任者

TAC出版
TAC PUBLISHING Group

第 4 編

管理組合の会計・財務等

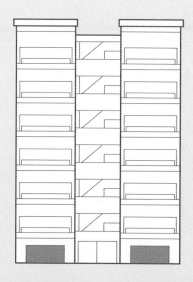

　以下の貸借対照表（勘定式）は、甲管理組合の令和6年3月末日の決算において作成された一般（管理費）会計にかかる未完成の貸借対照表である。貸借対照表を完成させるために、表中の（A）及び（B）の科目と金額の組合せとして最も適切なものは、次の1～4のうちどれか。

一般（管理費）会計貸借対照表
令和6年3月31日現在

(単位：円)

資産の部 科目	金　額	負債・繰越金の部 科目	金　額
現金	100,000	未払金	200,000
普通預金	900,000	預り金	100,000
（　　A　　）		（　　B　　）	
未収入金	100,000	次期繰越剰余金	800,000
資産の部 合計	1,500,000	負債・繰越金の部 合計	1,500,000

	資産の部	科目	金額	負債・繰越金の部	科目	金額
❶	A	前払金	400,000	B	前受金	400,000
❷	A	前払金	600,000	B	前受金	600,000
❸	A	前受金	400,000	B	前払金	400,000
❹	A	前受金	600,000	B	前払金	600,000

Point 前払金は資産の部に、前受金は負債・繰越金の部に計上される勘定科目である。

 まず、（A）は「資産の部」に計上される勘定科目であるから、「前払金」が該当する。そして、資産の部の合計が1,500,000であるから、この1,500,000から現金100,000、普通預金900,000、未収入金100,000を減じた400,000が前払金の額となる。

　次に、（B）は「負債の部」に計上される勘定科目であるから、「前受金」が該当する。そして、負債の部・繰越金の部の合計が1,500,000であるから、この1,500,000から未払金200,000、預り金100,000、次期繰越剰余金800,000を減じた400,000が前受金の額となる。

　したがって、（A）には「前払金400,000」、（B）には「前受金400,000」が入るので、正解は❶となる。

管理組合の会計・財務等

正解 ❶

2 貸借対照表②

CHECK!

R5-問11

重要度 A

　以下の表アは、甲管理組合の令和6年3月末日の決算において作成された一般（管理費）会計に係る未完成の貸借対照表（勘定式）である。表アを完成させるために、表ア中の（A）及び（B）に入る科目と金額の組合せとして最も適切なものは、表イの1～4のうちどれか。

一般（管理費）会計貸借対照表
令和6年3月31日現在

表ア　　　　　　　　　　　　　　　　　　　　　　　　　　　　（単位：円）

資産の部		負債・繰越金の部	
科　目	金　額	科　目	金　額
現金預金	300,000	未払金	200,000
未収入金	100,000		
（　　A　　）		（　　B　　）	
什器及び備品	400,000	次期繰越金	500,000
資産の部合計	1,000,000	負債・繰越金の部合計	1,000,000

表イ　　　　　　　　　　　　　　　　　　　　　　　　　　　　（単位：円）

	A　資産の部		B　負債・繰越金の部	
	科　目	金　額	科　目	金　額
❶	前受金	200,000	前払金	300,000
❷	前払金	200,000	前受金	300,000
❸	前受金	300,000	前払金	200,000
❹	前払金	300,000	前受金	200,000

Point　前払金は資産の部に、前受金は負債・繰越金の部に計上される勘定科目である。

　（A）は「資産の部」の勘定科目であるから、「前払金」が該当する。そして、資産の部の合計1,000,000から、現金預金300,000、未収入金100,000、什器及び備品400,000を減じる。よって、「200,000」が前払金の額となる。

　（B）は「負債・繰越金の部」の勘定科目であるから、「前受金」が該当する。そして、負債・繰越金の部の合計1,000,000から、未払金200,000、次期繰越金500,000を減じる。よって、「300,000」が前受金の額となる。

　したがって、（A）には「前払金 200,000」、（B）には「前受金 300,000」が入るので、正解は❷となる。

管理組合の会計・財務等

正解 ❷

CHECK! R 4-問14

重要度 A

　以下の表アは、甲管理組合の令和6年3月末日の決算において作成された一般（管理費）会計に係る未完成の貸借対照表（勘定式）である。表アを完成させるために、表ア中の（A）及び（B）に入る科目と金額の組合せとして最も適切なものは、表イの1～4のうちどれか。

一般（管理費）会計貸借対照表
令和6年3月31日現在

表ア
（単位：円）

資産の部		負債・繰越金の部	
科　目	金　額	科　目	金　額
現金預金	1,000,000	未払金	300,000
		預り金	200,000
（　A　）		（　B　）	
未収入金	500,000	次期繰越金	1,500,000
什器及び備品	500,000		
資産の部合計	2,100,000	負債・繰越金の部合計	2,100,000

表イ
（単位：円）

	A　資産の部		B　負債・繰越金の部	
	科　目	金　額	科　目	金　額
❶	仮払金	200,000	仮受金	200,000
❷	仮受金	200,000	仮払金	200,000
❸	仮受金	100,000	仮払金	100,000
❹	仮払金	100,000	仮受金	100,000

Point 　　仮払金は資産の部に計上され、仮受金は負債の部に計上される勘定科目である。

　「仮払金」とは、使途や金額が未確定の場合に概算して支払われた金銭について一時的にその支出を計上するための勘定科目である。取引内容が確定すると具体的な費用科目に振り替えるため、「資産の部」に計上される資産科目である。

　一方、「仮受金」とは、入金理由や金額が未確定のまま受け取った金銭について一時的にその入金を計上するための勘定科目である。取引内容が確定すると具体的な収入科目に振り替えるため、「負債の部」に計上される負債科目である。

　まず、（A）は「資産の部」に計上される勘定科目であるから、資産科目である「仮払金」が該当する。そして、資産の部の合計「2,100,000」から「現金1,000,000、未収入金500,000、什器及び備品500,000」を減じた「100,000」が仮払金の額となる。

　次に、（B）は「負債・繰越金の部」に計上される勘定科目であるから、負債科目である「仮受金」が該当する。そして、負債・繰越金の部の合計「2,100,000」から「未払金300,000、預り金200,000、次期繰越金1,500,000」を減じた「100,000」が仮受金の額となる。

　したがって、（A）には「仮払金　100,000」、（B）には「仮受金100,000」が入るので、正解は❹となる。

管理組合の会計・財務等

管理組合の会計

4　仕　訳①

CHECK! □□□ 🖋　　　　R2-問15　　　🅰

　管理組合における以下の①〜③の活動に関し、令和6年3月分の仕訳として最も適切なものは、次の1〜4のうちどれか。ただし、会計処理は、毎月次において発生主義の原則によるものとする。

《管理組合の会計年度：毎年4月1日から翌年3月31日まで》

活動
　令和6年3月中の管理組合の普通預金の入金内訳は、次の①から③の通りである。

①　令和6年2月以前分に係る収入として

管理費収入	100,000円
修繕積立金収入	30,000円
駐車場使用料収入	5,000円
計	135,000円

②　令和6年3月分に係る収入として

管理費収入	150,000円
修繕積立金収入	45,000円
駐車場使用料収入	10,000円
計	205,000円

③　令和6年4月分に係る収入として

管理費収入	1,200,000円
修繕積立金収入	360,000円
駐車場使用料収入	150,000円
計	1,710,000円

3月分収入合計	2,050,000円

（単位：円）

❶

（借方）		（貸方）	
普通預金	2,050,000	管理費収入	1,450,000
		修繕積立金収入	435,000
		駐車場使用料収入	165,000

❷

（借方）		（貸方）	
普通預金	2,050,000	未収入金	135,000
		管理費収入	1,350,000
		修繕積立金収入	405,000
		駐車場使用料収入	160,000

❸

（借方）		（貸方）	
普通預金	2,050,000	管理費収入	250,000
		修繕積立金収入	75,000
		駐車場使用料収入	15,000
		前受金	1,710,000

❹

（借方）		（貸方）	
普通預金	2,050,000	未収入金	135,000
		管理費収入	150,000
		修繕積立金収入	45,000
		駐車場使用料収入	10,000
		前受金	1,710,000

発生主義の原則に基づき、取引内容を検討する。

（1）まず、令和6年3月分収入合計は2,050,000円であるので、借方に「普通預金」2,050,000円を計上する。

（2）次に、入金内訳に基づいて、貸方を検討する。

① 令和6年2月以前分に係る収入

管理費収入100,000円・修繕積立金収入30,000円・駐車場使用料収入5,000円については、2月以前に、借方に未収入金135,000円が計上されている。2月以前には、次の仕訳がされている。

(単位：円)

（借方）		（貸方）	
未収入金	135,000	管理費収入	100,000
		修繕積立金収入	30,000
		駐車場使用料収入	5,000

そして、3月に、この未収分が入金されたため、貸方に「未収入金」135,000円を計上して取り崩す。一方、借方には、3月に入金された「普通預金」135,000円を計上する。3月には、次の仕訳を行う。

(単位：円)

（借方）		（貸方）	
普通預金	135,000	未収入金	135,000

② 令和6年3月分に係る収入

管理費収入150,000円・修繕積立金収入45,000円・駐車場使用料収入10,000円については、3月において、貸方に「管理費収入」150,000円、「修繕積立金収入」45,000円、「駐車場使用料収入」10,000円を計上する。一方、借方には、3月に入金された「普通預金」205,000円を計上する。3月には、次の仕訳を行う。

(単位：円)

（借方）		（貸方）	
普通預金	205,000	管理費収入	150,000
		修繕積立金収入	45,000
		駐車場使用料収入	10,000

③ 令和6年4月分に係る収入

4月分の管理費収入1,200,000円・修繕積立金収入360,000円・駐車場使用料収入150,000円については、3月時点ではまだ発生していないため、「管理費収入」・「修繕積立金収入」・「駐車場使用料収入」を計上することはできない。そこで、入金のあった1,710,000円（1,200,000円＋360,000円＋150,000円）については、貸方に「前受金」1,710,000円を計上する。一方、借方には、3月に入金された「普通預金」1,710,000円を計上する。3月には、次の仕訳を行う。

(単位：円)

（借方）		（貸方）	
普通預金	1,710,000	前受金	1,710,000

（3）以上を整理すると、次の仕訳となる。

(単位：円)

（借方）		（貸方）	
普通預金	2,050,000	未収入金	135,000
		管理費収入	150,000
		修繕積立金収入	45,000
		駐車場使用料収入	10,000
		前受金	1,710,000

したがって、**正解は❹**となる。

管理組合の会計・財務等

甲管理組合における以下の活動に関し、令和6年3月分の仕訳として、最も適切なものはどれか。ただし、会計処理は毎月次において発生主義の原則によって処理されているものとする。

（甲管理組合の会計年度：毎年4月1日から翌年3月31日まで）

活動

令和6年4月1日以降、駐車場1区画につき月額使用料20,000円、敷金として当該使用料の2箇月分にて新規利用者5人に1区画ずつ貸し出すこととし、令和6年3月中に、甲管理組合の普通預金口座に合計300,000円の入金があった。その内訳は以下のとおりである。

令和6年3月中の入金の内訳

敷金	200,000円
令和6年4月分使用料	100,000円
合　計	300,000円

❶

（単位：円）

（借方）		（貸方）	
普通預金	300,000	前受金	300,000

❷

（借方）		（貸方）	
普通預金	300,000	駐車場使用料収入	100,000
		預り金	200,000

❸

（借方）		（貸方）	
普通預金	300,000	前受金	100,000
		預り金	200,000

❹

（借方）		（貸方）	
普通預金	300,000	駐車場使用料収入	300,000

発生主義に基づき、取引内容を検討する。

（1）令和6年3月中に、甲管理組合の普通預金口座に合計300,000円の入金があったので、「借方」に「普通預金」30万円を計上する。

（2）次に、入金の内訳に基づいて、貸方を検討する。

　①　令和6年3月中に入金された敷金20万円は、将来返還が予定された金銭であるため、負債の増加として、「貸方」に「預り金」20万円を計上する。

　②　そして、令和6年4月分の駐車場使用料10万円については、3月時点ではまだ発生していないため、「駐車場使用料収入」として計上しない。そこで、入金された10万円については、収入科目として計上する4月までは負債の増加として、「貸方」に「前受金」10万円を計上する。

　　よって、3月には次の仕訳を行う。

（単位：円）

（借方）		（貸方）	
普通預金	300,000	前受金	100,000
		預り金	200,000

したがって、最も適切なものは、❸となる。

管理組合の会計・財務等

　管理組合における以下の①〜③の活動に関し、令和6年3月分の仕訳として、最も適切なものはどれか。ただし、会計処理は毎月次において発生主義の原則によって処理されているものとする。
（管理組合の会計年度：毎年4月1日から翌年3月31日まで）
活動
　令和6年3月中の管理組合の普通預金の入金の内訳は、次の①〜③の通りである。

① 令和6年2月以前分

管理費収入	250,000円	
修繕積立金収入	70,000円	
駐車場使用料収入	10,000円	
専用庭使用料収入	3,000円	計　333,000円

② 令和6年3月分

管理費収入	350,000円	
修繕積立金収入	100,000円	
駐車場使用料収入	20,000円	
専用庭使用料収入	6,000円	計　476,000円

③ 令和6年4月以降分

管理費収入	2,600,000円	
修繕積立金収入	750,000円	
駐車場使用料収入	70,000円	
専用庭使用料収入	15,000円	計　3,435,000円
		合　計　4,244,000円

（単位：円）

❶

（借方）		（貸方）	
普通預金	4,244,000	未収入金	333,000
		管理費収入	2,950,000
		修繕積立金収入	850,000
		駐車場使用料収入	90,000
		専用庭使用料収入	21,000

❷

（借方）		（貸方）	
普通預金	4,244,000	管理費収入	3,200,000
		修繕積立金収入	920,000
		駐車場使用料収入	100,000
		専用庭使用料収入	24,000

❸

（借方）		（貸方）	
普通預金	4,244,000	管理費収入	600,000
		修繕積立金収入	170,000
		駐車場使用料収入	30,000
		専用庭使用料収入	9,000
		前受金	3,435,000

❹

（借方）		（貸方）	
普通預金	4,244,000	未収入金	333,000
		管理費収入	350,000
		修繕積立金収入	100,000
		駐車場使用料収入	20,000
		専用庭使用料収入	6,000
		前受金	3,435,000

発生主義に基づき、取引内容について検討する。

頻出

（1）まず、令和6年3月に、組合員から管理組合の普通預金に424万4,000円の入金があったので、資産の増加として、借方に普通預金424万4,000円を計上する。

（2）次に、入金の内訳に基づいて、①～③の仕訳を検討する。

① 2月以前分の管理費25万円、修繕積立金7万円、駐車場使用料1万円、専用庭使用料3,000円は、3月に入金されている。そのため、2月以前の時点では、それぞれ未収であり、次の仕訳がされている。

（単位：円）

（借方）		（貸方）	
未収入金	333,000	管理費収入	250,000
		修繕積立金収入	70,000
		駐車場使用料収入	10,000
		専用庭使用料収入	3,000

その後、この未収分が3月に入金された際に、「貸方」に「未収入金」33万3,000円を計上して取り崩す。よって、3月には次の仕訳を行う。

（単位：円）

（借方）		（貸方）	
普通預金	333,000	未収入金	333,000

② 3月には、「管理費」35万円、「修繕積立金」10万円、「駐車場使用料」2万円、「専用庭使用料」6,000円が入金されており、それぞれ貸方に計上する。これに対応する借方には、普通預金47万6,000円を計上する。よって、3月には、次の仕訳を行う。

（単位：円）

（借方）		（貸方）	
普通預金	476,000	管理費収入	350,000
		修繕積立金収入	100,000
		駐車場使用料収入	20,000
		専用庭使用料収入	6,000

③ 4月以降分の、管理費260万円、修繕積立金75万円、駐車場使用料7万円、専用庭使用料1万5,000円については、3月時点においてはまだ発生していないため、それぞれ収入科目としては計上できない。そこで、入金された合計343万5,000円は、収入科目として計上する4月までは負債の増加として、「貸方」に「前受金」343万5,000円を計上する。これに対応する借方には、普通預金343万5,000円を計上する。よって、3月には、次の仕訳を行う。

（単位：円）

（借方）		（貸方）	
普通預金	3,435,000	前受金	3,435,000

以上を整理すると、次の仕訳となる。

（単位：円）

（借方）		（貸方）	
普通預金	4,244,000	未収入金	333,000
		管理費収入	350,000
		修繕積立金収入	100,000
		駐車場使用料収入	20,000
		専用庭使用料収入	6,000
		前受金	3,435,000

したがって、最も適切なものは、❹となる。

管理組合の会計・財務等

正解 ❹

管理組合における以下の①～③の活動に関し、令和6年3月分の仕訳として最も適切なものは、次の1～4のうちどれか。ただし、会計処理は毎月次において発生主義の原則によって処理されているものとする。

（管理組合の会計年度：毎年4月1日から翌年3月31日まで）

活動

令和6年3月中の管理組合の普通預金の入金の内訳は、次の①～③の通りである。

① 令和6年2月以前分

管理費収入	1月分	100,000円		
	2月分	150,000円	計	250,000円
修繕積立金収入	1月分	10,000円		
	2月分	20,000円	計	30,000円

② 令和6年3月分

管理費収入	3月分	250,000円		
修繕積立金収入	3月分	50,000円	計	300,000円

③ 令和6年4月分

管理費収入	4月分	2,500,000円		
修繕積立金収入	4月分	500,000円	計	3,000,000円
			合 計	3,580,000円

（単位：円）

❶

（借方）		（貸方）	
普通預金	3,580,000	未収入金	280,000
		管理費収入	250,000
		修繕積立金収入	50,000
		前受金	3,000,000

❷

（借方）		（貸方）	
普通預金	3,580,000	管理費収入	3,000,000
		修繕積立金収入	580,000

❸

（借方）		（貸方）	
普通預金	3,580,000	管理費収入	500,000
		修繕積立金収入	80,000
		前受金	3,000,000

❹

（借方）		（貸方）	
普通預金	3,580,000	未収入金	280,000
		管理費収入	2,750,000
		修繕積立金収入	550,000

発生主義に基づき、取引内容を検討する。

（1）令和6年3月分収入合計は3,580,000円であるので、「借方」に「普通預金」3,580,000円を計上する。

（2）以下、入金の内訳について検討する。

① 令和6年2月以前分に係る収入

1月分管理費収入100,000円・2月分管理費収入150,000円・1月分修繕積立金収入10,000円・2月分修繕積立金収入20,000円は、2月以前に、それぞれ貸方に収入として計上されている。しかし、**入金されていないため**、借方には未収入金280,000円を計上する。そうすると、**2月時点においては**、次の仕訳が行われている。

（単位：円）

管理組合の会計・財務等

（借方）		（貸方）	
未収入金	280,000	管理費収入	250,000
		修繕積立金収入	30,000

そして、3月に、この未収分が入金されたため、「貸方」に「未収入金」280,000円を計上して取り崩す。一方、「借方」には、3月の入金分として「普通預金」280,000円を計上する。よって、3月には、次の仕訳を行う。

（単位：円）

（借方）		（貸方）	
普通預金	280,000	未収入金	280,000

② 令和6年3月分に係る収入

3月分管理費収入250,000円・3月分修繕積立金収入50,000円は、3月の収入であるため、「貸方」に「管理費収入」250,000円・「修繕積立金収入」50,000円を計上する。一方、「借方」には、3月の入金分として「普通預金」300,000円を計上する。よって、3月には、次の仕訳を行う。

（単位：円）

（借方）		（貸方）	
普通預金	300,000	管理費収入	250,000
		修繕積立金収入	50,000

③ 令和6年4月分に係る収入

4月分管理費収入2,500,000円・4月分修繕積立金収入500,000円は、**次期の収入であって3月時点ではまだ発生していないため**、「管理費収入」・「修繕積立金収入」として計上することはできない。そこで、入金のあった3,000,000円については、「貸方」に「前受金」3,000,000円を計上する。一方、「借方」には、3月の入金分として「普通預金」3,000,000円を計上する。よって、3月には、次の仕訳を行う。

（単位：円）

（借方）		（貸方）	
普通預金	3,000,000	前受金	3,000,000

（3）以上を整理すると、次の仕訳となる。

（単位：円）

（借方）		（貸方）	
普通預金	3,580,000	未収入金	280,000
		管理費収入	250,000
		修繕積立金収入	50,000
		前受金	3,000,000

したがって、**最も適切なものは、❶となる。**

　甲管理組合における以下の活動に関し、令和6年3月分の仕訳として、最も適切なものはどれか。ただし、会計処理は毎月次において発生主義の原則によって処理されているものとする。（甲管理組合の会計年度：毎年4月1日から翌年3月31日まで）

活動

　令和6年3月31日に、組合員から管理費等合計3,000,000円を徴収し、甲管理組合の普通預金口座に入金した。入金の内訳は以下のとおりである。

① 管理費入金内訳

令和6年2月以前分	120,000円	
令和6年3月分	80,000円	
令和6年4月分	2,200,000円	2,400,000円

② 修繕積立金入金内訳

令和6年2月以前分	60,000円	
令和6年3月分	40,000円	
令和6年4月分	500,000円	600,000円

合　計　3,000,000円

（単位：円）

❶

（借方）		（貸方）	
普通預金	3,000,000	管理費収入	2,400,000
		修繕積立金収入	600,000

❷

（借方）		（貸方）	
普通預金	3,000,000	未収入金	180,000
		管理費収入	80,000
		修繕積立金収入	40,000
		前受金	2,700,000

❸

（借方）		（貸方）	
普通預金	3,000,000	未収入金	180,000
		管理費収入	2,280,000
		修繕積立金収入	540,000

❹

（借方）		（貸方）	
普通預金	3,000,000	未収入金	200,000
		修繕積立金収入	100,000
		前受金	2,700,000

発生主義に基づき、取引内容を検討する。

（1）令和6年3月に、組合員から管理費等合計300万円を徴収し、甲管理組合の普通預金口座に入金したので、資産の増加として、「借方」に「普通預金」300万円を計上する。

（2）次に、入金の内訳に基づいて、貸方を検討する。

① 2月以前分の管理費12万円及び修繕積立金6万円は、3月に入金されている。そのため、2月時点では、それぞれ未収であり、次の仕訳がされている。

（単位：円）

（借方）		（貸方）	
未収入金	180,000	管理費収入	120,000
		修繕積立金収入	60,000

その後、3月になって、この未収入金が入金されたので、資産の減少として、「貸方」に「未収入金」18万円を計上して取り崩す。よって、3月には次の仕訳を行う。

（単位：円）

（借方）		（貸方）	
普通預金	180,000	未収入金	180,000

② そして、3月には、3月分の管理費8万円が入金されているため、「貸方」に「管理費収入」8万円を計上する。

同様に、入金された3月分の修繕積立金4万円は、「貸方」に「修繕積立金収入」4万円を計上する。よって、3月には次の仕訳を行う。

（単位：円）

（借方）		（貸方）	
普通預金	120,000	管理費収入	80,000
		修繕積立金収入	40,000

③ さらに、4月分の管理費220万円については、3月時点ではまだ発生していないため、「管理費収入」として計上しない。同様に、4月分の修繕積立金50万円についても、3月時点では「修繕積立金収入」として計上しない。そこで、入金された合計270万円（4月分の管理費220万円＋4月分の修繕積立金50万円）については、収入科目として計上する4月までは負債の増加として、「貸方」に「前受金」270万円を計上する。よって、3月には次の仕訳を行う。

（単位：円）

（借方）		（貸方）	
普通預金	2,700,000	前受金	2,700,000

（3）以上を整理すると、次のような仕訳となる。

（単位：円）

（借方）		（貸方）	
普通預金	3,000,000	未収入金	180,000
		管理費収入	80,000
		修繕積立金収入	40,000
		前受金	2,700,000

したがって、最も適切なものは、❷となる。

管理組合の会計・財務等

正解 ❷

管理組合の活動における以下の取引に関して、令和6年3月分の仕訳として最も適切なものは次のうちどれか。ただし、この管理組合の会計年度は、毎年4月1日から翌年3月31日までとし、期中の取引において、企業会計原則に基づき厳格な発生主義によって経理しているものとする。

（取　引）

令和6年3月に、敷地内駐車場を使用している組合員から、管理組合の普通預金口座に合計1,000,000円の入金があった。入金の内訳は、以下のとおりである。なお、3月分駐車場使用料のうち20,000円については、3月末現在、入金されていない。

（令和6年3月入金の内訳）

3月分駐車場使用料	100,000円
4月分駐車場使用料	850,000円
新規契約分敷金	50,000円
合　計	1,000,000円

❶ （借方）　　　　　　　　　　　　（貸方）　　　　　　　（単位：円）

普通預金	1,000,000	駐車場使用料収入	120,000
未収入金	20,000	前受金	850,000
		預り金	50,000

❷ （借方）　　　　　　　　　　　　（貸方）

普通預金	1,000,000	駐車場使用料収入	100,000
		前受金	850,000
		預り金	50,000

❸ （借方）　　　　　　　　　　　　（貸方）

普通預金	1,000,000	駐車場使用料収入	100,000
		前受金	900,000

❹ （借方）　　　　　　　　　　　　（貸方）

普通預金	1,000,000	駐車場使用料収入	120,000
未収入金	20,000	前受金	900,000

「未収入金」「前受金」「預り金」の処理がポイント！

 発生主義の原則に基づき、取引内容を検討する。

3月の入金の内訳から、当月（3月）分の駐車場使用料10万円が普通預金に入金されている。そして、3月分駐車場使用料については、2万円が入金されていないので、「未収金」2万円が存在する。

① したがって、3月分の駐車場使用料については、次の仕訳となる。

（単位：円）

（借方）		（貸方）	
普通預金	100,000	駐車場使用料収入	120,000
未収入金	20,000		

② 次に、4月分駐車場使用料85万円は、3月時点では、まだ提供していない役務の対価で、「前受金」として計上するので、次の仕訳となる。

（単位：円）

（借方）		（貸方）	
普通預金	850,000	前受金	850,000

③ そして、新規契約分敷金5万円は、「預り金」として計上するので、次の仕訳となる。

（単位：円）

（借方）		（貸方）	
普通預金	50,000	預り金	50,000

④ 以上を整理すると、次のようになる。

（単位：円）

（借方）		（貸方）	
普通預金	1,000,000	駐車場使用料収入	120,000
未収入金	20,000	前受金	850,000
		預り金	50,000

したがって、正解は❶となる。

管理組合の会計・財務等

正解 ❶

467

管理組合の活動における以下の取引に関して、令和6年3月分の仕訳として最も適切なものは次のうちどれか。ただし、この管理組合の会計年度は、毎年4月1日から翌年3月31日までとし、期中の取引においても、企業会計原則に基づき厳格な発生主義によって経理しているものとする。

（取　引）

令和6年3月に、敷地内駐車場の利用者から、管理組合の普通預金に950,000円の入金があった。その内訳は、以下のとおりである。なお、3月分駐車場使用料のうち80,000円については、3月末現在、入金されていない。

（令和6年3月入金の内訳）

2月分駐車場使用料	100,000円
3月分駐車場使用料	240,000円
4月分駐車場使用料	560,000円
新規契約分敷金	50,000円
合　計	950,000円

（単位：円）

❶

（借方）		（貸方）	
普通預金	950,000	未収入金	100,000
		駐車場使用料収入	240,000
		前受金	560,000
		預り金	50,000

❷

（借方）		（貸方）	
普通預金	950,000	未収入金	100,000
未収入金	80,000	駐車場使用料収入	370,000
		前受金	560,000

❸

（借方）		（貸方）	
普通預金	950,000	未収入金	100,000
未収入金	80,000	駐車場使用料収入	320,000
		前受金	560,000
		預り金	50,000

❹

（借方）		（貸方）	
普通預金	950,000	未収入金	100,000
		駐車場使用料収入	290,000
		前受金	560,000

発生主義に基づき、以下、取引内容について検討する。

（1）　まず、令和6年3月には、敷地内駐車場の利用者から、管理組合の普通預金に合計95万円の入金されていたので、資産の増加として、借方に「普通預金」95万円を計上する。

（2）　次に、入金の内訳に基づき、各月分の駐車場使用料・敷金の処理を検討する。

①　元々、2月の駐車場使用料については、10万円が未収であったので、2月の時点では次の仕訳が行われていた。

（単位：円）

（借方）		（貸方）	
未収入金	100,000	駐車場使用料	100,000

　3月には、この未収分が入金されたため、次の仕訳を行う。ただし、借方「普通預金」は（1）で計上済みである。

（単位：円）

（借方）		（貸方）	
普通預金	100,000	未収入金	100,000

②　令和6年3月には、3月分の駐車場使用料のうち24万円が入金されており、また、3月分の駐車場使用料の未入金分である8万円についても、発生主義に基づき、両方をあわせて（24万円＋8万円＝32万円）、当月分の収入として、貸方に「駐車場使用料収入」32万円を計上する。なお、未入金の8万円については、借方に「未収入金」（資産科目）8万円を計上する。

③　4月分の駐車場使用料は、まだ提供されていない役務の対価なので、貸方に「前受金」56万円を計上する。

④　新規契約分敷金5万円は、将来返還することが確定している金銭なので、貸方に「預り金」（負債科目）5万円を計上する。

（3）　以上を整理する。

（単位：円）

（借方）		（貸方）	
普通預金	950,000	未収入金	100,000
未収入金	80,000	駐車場使用料収入	320,000
		前受金	560,000
		預り金	50,000

したがって、正解は❸となる。

管理組合の会計・財務等

11 仕 訳⑧

CHECK! R元-問16

管理組合の活動における以下のア～エの入金状況に関し、令和6年3月分のア～エを合わせた仕訳として、最も適切なものは、次の1～4のうちのどれか。なお、この管理組合の会計は、企業会計の原則に基づき、毎月厳格な発生主義によって経理しているものとする。

《管理組合の会計年度：毎年4月1日から翌年3月31日まで》

ア 令和6年2月末日までに普通預金口座に入金された管理費・修繕積立金
（内訳）
①	令和6年3月分管理費	1,300,000円
②	令和6年3月分修繕積立金	650,000円
	合計	1,950,000円

イ 令和6年3月1日から3月末日までに普通預金口座に入金された管理費
（内訳）
①	令和6年2月以前分	150,000円
②	令和6年3月分	200,000円
③	令和6年4月分	1,200,000円
	合計	1,550,000円

ウ 令和6年3月1日から3月末日までに普通預金口座に入金された修繕積立金
（内訳）
①	令和6年2月以前分	70,000円
②	令和6年3月分	100,000円
③	令和6年4月分	600,000円
	合計	770,000円

エ 令和6年3月末日までに普通預金口座に入金されていない管理費・修繕積立金
（内訳）
①	令和6年3月分管理費	60,000円
②	令和6年3月分修繕積立金	30,000円
	合計	90,000円

〈令和6年3月分の仕訳〉　　　　　　　　　　　　　　　　　　　（単位：円）

❶

（借方）		（貸方）	
普通預金	2,320,000	管理費収入	1,550,000
		修繕積立金収入	770,000

❷

（借方）		（貸方）	
前受金	1,950,000	管理費収入	2,760,000
普通預金	2,320,000	修繕積立金収入	1,380,000
未収入金	90,000	未収入金	220,000

❸

（借方）		（貸方）	
前受金	1,950,000	管理費収入	1,500,000
普通預金	2,320,000	修繕積立金収入	750,000
管理費収入	60,000	前受金	1,800,000
修繕積立金収入	30,000	未収入金	310,000

❹

（借方）		（貸方）	
前受金	1,950,000	管理費収入	1,560,000
普通預金	2,320,000	修繕積立金収入	780,000
未収入金	90,000	前受金	1,800,000
		未収入金	220,000

発生主義に基づき、各入金状況を検討する。

ア　令和6年2月末日までに普通預金口座に入金された管理費・修繕積立金
　　①令和6年3月分の管理費130万円、②令和6年3月分の修繕積立金65万円について、2月時点において、貸方に前受金195万円として計上されている。その後、3月の時点では、2月に計上していた前受金195万円を借方に計上して取り崩すことになる。
　　そして、①令和6年3月分の管理費130万円、②令和6年3月分の修繕積立金65万円については、貸方に管理費収入130万円、修繕積立金収入65万円として計上される。

イ　令和6年3月1日から3月末日までに普通預金口座に入金された管理費
　　①令和6年2月以前分の管理費15万円は、3月以前の時点において、借方に未収入金15万円として計上されている。
　　その後、3月の時点では、3月以前に計上していた未収入金15万円を貸方に計上して取り崩すことになる。
　　②令和6年3月分の管理費20万円は、貸方に管理費収入20万円として計上される。
　　③令和6年4月分の管理費120万円は、貸方に前受金120万円として計上される。
　　そして、3月1日から3月末日までに普通預金口座に入金された155万円は、借方に普通預金155万円として計上される。

ウ　令和6年3月1日から3月末日までに普通預金口座に入金された修繕積立金
　　①令和6年2月以前分の修繕積立金7万円は、3月以前の時点において、借方に未収入金7万円として計上されている。
　　その後、3月の時点では、3月以前に計上していた未収入金7万円を貸方に計上して取り崩すことになる。
　　②令和6年3月分の修繕積立金10万円は、貸方に修繕積立金収入10万円として計上される。
　　③令和6年4月分修繕積立金60万円は、貸方に前受金60万円として計上される。
　　そして、3月1日から3月末日までに普通預金口座に入金された77万円は、借方に普通預金77万円として計上される。

エ　令和6年3月末日までに普通預金口座に入金されていない管理費・修繕積立金
　　①令和6年3月分の管理費6万円、②3月分修繕積立金3万円は、借方に未収入金9万円、貸方に管理費収入6万円、修繕積立金収入3万円として計上される。
　　以上を整理すると、次のような仕訳となる。

（単位：円）

（借方）		（貸方）	
前　受　金	1,950,000	管 理 費 収 入	1,560,000
普　通　預　金	2,320,000	修繕積立金収入	780,000
未　収　入　金	90,000	前　受　金	1,800,000
		未　収　入　金	220,000

したがって、正解は❹となる。

管理組合の会計・財務等

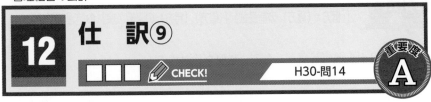

管理組合の活動における以下の取引に関して、令和6年3月分の仕訳として最も適切なものは次のうちどれか。ただし、この管理組合の会計年度は、毎年4月1日から翌年3月31日までとし、期中の取引においても、企業会計原則に基づき厳格な発生主義によって経理しているものとする。

（取　引）

> 令和6年4月20日に、マンション管理業者を通じて、以下の内訳の請求書が管理組合宛に届いたので、同年4月30日に普通預金から振込により支払った。
> （請求書の内訳）
> ① 5月分委託業務費　　　　　　　　　　　1,200,000円
> ② 3月分電話料　　　　　　　　　　　　　　15,000円
> ③ 3月分電気料　　　　　　　　　　　　　175,000円
> ④ 5月分管理事務室用コピー機リース料　　　20,000円
> 　　合　計　　　　　　　　　　　　　　1,410,000円

（単位：円）

❶

（借方）		（貸方）	
通信費	15,000	普通預金	190,000
水道光熱費	175,000		

❷

（借方）		（貸方）	
通信費	15,000	未払金	190,000
水道光熱費	175,000		

❸

（借方）		（貸方）	
通信費	15,000	未払金	190,000
水道光熱費	175,000	委託業務費	1,200,000
前払金	1,220,000	リース料	20,000

❹

（借方）		（貸方）	
委託業務費	1,200,000	普通預金	1,410,000
通信費	15,000		
水道光熱費	175,000		
リース料	20,000		

Point 「未払金」の処理がポイント！

頻出

発生主義の原則に基づき、取引内容を検討する。

① 5月分委託業務費は、3月の時点ではまだ発生していない費用である。また、「4月30日に普通預金から振込により支払った」とあるので、3月の時点では支払われていない。したがって、5月分委託業務費として行うべき、3月分の仕訳はない。

② 3月分電話料は、3月の費用であるから「通信費」として計上する。また、「4月30日に普通預金から振込みにより支払った」とあるので、3月の時点では、「未払金」として計上する。

③ 3月分電気料は、上記②と同様に、3月の費用であるから「水道光熱費」として計上し、また、「4月30日に普通預金から振込みにより支払った」とあるので、3月の時点では、「未払金」として計上する。

④ 5月分リース料は、上記①と同様に、3月の時点ではまだ発生していない費用である。また、「4月30日に普通預金から振込みにより支払った」とあるので、3月の時点では支払われていない。したがって、5月分リース料として行うべき、3月分の仕訳はない。

以上を整理すると、次の仕訳になる。

（単位：円）

（借方）		（貸方）	
通信費	15,000	未払金	190,000
水道光熱費	175,000		

したがって、正解は❷となる。

管理組合の会計・財務等

正解 ❷

13 仕 訳⑩

□□□ ✎ CHECK! R元-問15

重要度 A

　管理組合の活動における以下のア〜エの取引に関し、令和6年3月分のア〜エそれぞれの仕訳として、最も適切なものは、次の1〜4のうちのどれか。なお、この管理組合の会計は、企業会計の原則に基づき、毎月厳格な発生主義によって経理しているものとする。
《管理組合の会計年度：毎年4月1日から翌年3月31日まで》

ア	排水管塗装工事一式		560,000円
	令和6年2月1日	発注した	
	令和6年2月28日	完成した	
	令和6年3月20日	普通預金にて支払った	

イ	防犯カメラ取替（取付費も含む）		450,000円
	令和6年3月1日	発注した	
	令和6年3月15日	取付を完了した	
	令和6年3月20日	普通預金にて支払った	

ウ	高置水槽清掃		100,000円
	令和6年3月1日	発注した	
	令和6年3月21日	清掃を完了した	
	令和6年4月20日	普通預金にて支払う予定	

エ	エレベーター改良工事		6,800,000円
	令和6年3月1日	発注した	
	令和6年3月1日	前払金として3,000,000円を普通預金にて支払った	
	令和6年3月10日	工事に着手した	
	令和6年4月30日	完成する予定	
	令和6年5月20日	普通預金にて残金を支払う予定	

❶　アの取引に関わる令和6年3月分の仕訳

（単位：円）

（借方）		（貸方）	
修繕費	560,000	普通預金	560,000

❷　イの取引に関わる令和6年3月分の仕訳

（借方）		（貸方）	
修繕費	450,000	普通預金	450,000

❸　ウの取引に関わる令和6年3月分の仕訳

（借方）		（貸方）	
清掃費	100,000	未払金	100,000

❹　エの取引に関わる令和6年3月分の仕訳

（借方）		（貸方）	
前払金	3,000,000	普通預金	3,000,000
付属設備	3,800,000	未払金	3,800,000

「未払金」の処理がポイント！

発生主義に基づき、各選択肢について取引内容を検討する。

① 不適切 排水管塗装工事一式については、2月に完成していることから、2月時点で借方に修繕費を計上する。その支払については、2月時点ではなされていないため、貸方に未払金を計上する。2月時点では、次の仕訳がされる。

（単位：円）

（借方）		（貸方）	
修繕費	560,000	未払金	560,000

その後、修繕費は3月20日に普通預金から支払われているため、2月に計上していた未払金を借方に計上して取り崩す。以上より、3月の時点では、借方に未払金、貸方に普通預金を計上する。

（単位：円）

（借方）		（貸方）	
未払金	560,000	普通預金	560,000

② 不適切 防犯カメラの取替は3月15日に取付を完了しているので、借方に什器備品（建物附属設備）を計上する。他方、代金は3月20日に普通預金から支払われているため、貸方に普通預金を計上する。以上より、3月の時点では、次の仕訳を行う。

（単位：円）

（借方）		（貸方）	
什器備品	450,000	普通預金	450,000

③ 最も適切 高置水槽清掃は3月21日に清掃を完了しているので、借方に清掃費を計上する。他方、代金は4月20日に支払う予定となっているので、貸方に未払金を計上する。以上より、3月の時点では、次の仕訳を行う。

（単位：円）

（借方）		（貸方）	
清掃費	100,000	未払金	100,000

④ 不適切 エレベーター改良工事においては、3月1日に前払金300万円を普通預金から支払っているので、借方に前払金を計上し、貸方に普通預金を計上する。

（単位：円）

（借方）		（貸方）	
前払金	3,000,000	普通預金	3,000,000

そして、本件工事の完成は4月20日の予定であり、残金は5月20日に支払う予定となっている。そのため、3月時点において、他に計上する項目はない。

正解 ③

管理組合の活動における以下の取引に関して、令和6年3月分の仕訳として最も適切なものは次のうちどれか。ただし、この管理組合の会計年度は、毎年4月1日から翌年3月31日までとし、期中の取引においても、企業会計原則に基づき厳格な発生主義によって経理しているものとする。

（取　引）

令和6年3月31日に、次の内容の諸費用690,000円を普通預金から振込みにより支払った。
（諸費用支払明細）
① 損害保険料（掛捨保険、令和6年4月1日～令和7年3月31日までの1年分の保険料）　240,000円
② 漏水補修工事費用（令和6年4月実施予定工事の着手金）　200,000円
③ 雑排水管清掃費用（令和6年2月実施完了、2月請求、3月支払分）　100,000円
④ 水道光熱費（令和6年3月分）　150,000円
合　計　690,000円

（単位：円）

❶
（借方）		（貸方）	
前払保険料	240,000	普通預金	690,000
前払金	200,000		
未払金	100,000		
水道光熱費	150,000		

❷
（借方）		（貸方）	
支払保険料	240,000	普通預金	690,000
修繕費	200,000		
未払金	100,000		
水道光熱費	150,000		

❸
（借方）		（貸方）	
支払保険料	240,000	普通預金	690,000
前払金	200,000		
未払金	100,000		
水道光熱費	150,000		

❹
（借方）		（貸方）	
前払保険料	240,000	普通預金	690,000
前払金	200,000		
排水管洗浄費	100,000		
水道光熱費	150,000		

発生主義の原則に基づき、取引内容を検討する。

頻出

(1) まず、令和6年3月31日に、普通預金から諸費用の合計69万円を支払ったので、資産の減少として、貸方に「**普通預金**」**69万円**を計上する。

(2) 次に、借方の記入を検討する。
① 損害保険料の24万円は、令和6年4月1日から令和7年3月31日までの1年分の掛捨保険料であり、また、すべて翌期以降に対応するものであるため、「**前払保険料**」（**資産科目**）を計上する。
② 漏水補修工事費用の20万円は、4月実施予定工事の着手金を3月時点で前払いしたものであるため、**3月時点では、「前払金」（資産科目）を計上する。**
③ 雑排水管清掃費用の10万円は、令和6年2月に実施完了し、発生した費用であるので、2月時点では借方に「排水管洗浄費」（費用科目）、貸方に「未払金」（負債科目）を計上していた。3月には、この未払金が普通預金より支払われたので、借方に「**未払金**」を計上する。
④ 水道光熱費の15万円は、令和6年3月分の費用の発生として、「**水道光熱費**」（**費用科目**）を計上する。

(3) 以上を整理する。

（単位：円）

（借方）		（貸方）	
前払保険料	240,000	普通預金	690,000
前払金	200,000		
未払金	100,000		
水道光熱費	150,000		

したがって、正解は**❶**となる。

管理組合の会計・財務等

正解 ❶

　管理組合における以下の①～③の活動に関し、令和6年3月分の仕訳として最も適切なものは、次の1～4のうちどれか。ただし、会計処理は、毎月次において発生主義の原則によるものとする。

《管理組合の会計年度：毎年4月1日から翌年3月31日まで》

活動

① 　令和6年2月3日に発注し、令和6年2月15日に工事が実施され、令和6年2月20日に工事が完了した排水管更新工事の代金85万円を、令和6年3月20日に普通預金から支払った。

② 　令和6年2月25日に150万円で発注した什器備品としての監視用カメラの取付工事が、令和6年3月2日に完了したという報告があり、代金は令和6年3月末に普通預金から支払った。

③ 　外階段の塗装剥がれに伴う修理として、令和6年3月12日に塗装業を営むA社に300万円にて発注し、工事は令和6年4月1日から5日間にわたって実施され、その支払は工事完了から1週間以内に、普通預金から振込む予定である。

（単位：円）

❶

（借方）		（貸方）	
修繕費	3,000,000	普通預金	850,000
建物付属設備	850,000	前払金	3,000,000
什器備品	1,500,000	未払金	1,500,000

❷

（借方）		（貸方）	
修繕費	3,000,000	普通預金	5,350,000
建物付属設備	850,000		
什器備品	1,500,000		

❸

（借方）		（貸方）	
未払金	850,000	普通預金	2,350,000
什器備品	1,500,000		

❹

（借方）		（貸方）	
修繕費	3,000,000	普通預金	2,350,000
建物付属設備	850,000	未払金	3,000,000
前払金	1,500,000		

「（借方）未払金」の処理がポイント！

 発生主義の原則に基づき、取引内容を検討する。

① 排水管更新工事は2月に完了していることから、2月時点で借方に修繕費850,000円を計上する。しかし、2月時点では代金の支払がされていないため、貸方に「未払金」850,000円を計上する。2月には、次の仕訳がされている。

（単位：円）

（借方）		（貸方）	
建物付属設備	850,000	未払金	850,000

そして、3月20日に、この未払分が普通預金から支払われているため、「借方」に「未払金」850,000円を計上して取り崩す。一方、貸方には、「普通預金」850,000円を計上する。3月には、次の仕訳を行う。

（単位：円）

（借方）		（貸方）	
未払金	850,000	普通預金	850,000

② 監視用カメラの取付工事は3月2日に完了しているので、借方に「什器備品」1,500,000円を計上する。そして、代金は3月末に普通預金から支払われているため、貸方に「普通預金」1,500,000円を計上する。3月には、次の仕訳を行う。

（単位：円）

（借方）		（貸方）	
什器備品	1,500,000	普通預金	1,500,000

③ 外階段の塗装工事は4月1日から5日間にわたって実施される予定である。そして、代金は工事完了から1週間以内に支払う予定である。そうすると、3月には、特に計上すべき項目はない。

以上の①～③を整理すると、3月の仕訳として次のようになる。

（単位：円）

（借方）		（貸方）	
未払金	850,000	普通預金	2,350,000
什器備品	1,500,000		

したがって、正解は**❸**となる。

管理組合の会計・財務等

正解 ❸

479

管理組合の活動における以下の取引に関して、令和6年3月分の仕訳として最も適切なものは次のうちどれか。ただし、この管理組合の会計年度は、毎年4月1日から翌年3月31日までとし、期中の取引において、企業会計原則に基づき厳格な発生主義によって経理しているものとする。

（取　引）

> 　共用部分である外階段の塗装が剥がれてきたため、令和6年2月10日に塗装会社に対して、塗装工事を代金1,500,000円で発注し、発注時に着手金として500,000円を支払い、塗装会社は同年3月中に塗装工事を完成させた。
>
> 　なお、この塗装工事代金の残金1,000,000円は、同年4月末日に振込により支払う約束である。

（単位：円）

❶

（借方）		（貸方）	
未払金	1,000,000	修繕費	1,500,000
前払金	500,000		

❷

（借方）		（貸方）	
未払金	1,000,000	建物	1,500,000
前払金	500,000		

❸

（借方）		（貸方）	
建物	1,500,000	未払金	1,000,000
		前払金	500,000

❹

（借方）		（貸方）	
修繕費	1,500,000	未払金	1,000,000
		前払金	500,000

発生主義の原則に基づき、取引内容を検討する。

① まず、本肢の塗装工事は、**原状回復を目的とする工事**であって、管理組合に将来的に便益をもたらす資産（建物）を取得したわけではないので、「建物」ではなく、「**修繕費**」で計上する。

② 次に、令和6年2月10日に着手金として50万円を普通預金から支払っているので、2月分としては次の仕訳がされていると考えられる。

（単位：円）

（借方）		（貸方）	
前払金	500,000	普通預金	500,000

③ そして、3月中に塗装工事が完了しているので、3月分の費用として「**修繕費**」を計上する。また、残金100万円は4月末に振込により支払う約束となっているので、3月分の仕訳として「**未払金**」を計上する。

さらに、上記②で検討した2月分で計上した「前払金」は、塗装工事が完成したのであるから、**減少させる**必要がある。

④ 以上を整理する。

（単位：円）

（借方）		（貸方）	
修繕費	1,500,000	未払金	1,000,000
		前払金	500,000

したがって、**正解は❹**となる。

管理組合の会計・財務等

正解 ❹

管理組合における以下の①～③の活動に関し、令和6年3月分の仕訳として最も適切なものは、次の1～4のうちどれか。ただし、会計処理は毎月次において発生主義の原則によって処理されているものとする。
（管理組合の会計年度：毎年4月1日から翌年3月31日まで）

活動

① 令和5年12月1日に壁面の補修のためにA社に発注し、令和6年2月末日に完了した塗装工事の代金2,350,000円を令和6年3月15日に普通預金から支払った。

② 令和6年1月10日にB社に1,200,000円で発注した外階段の補修工事について、令和6年3月15日にB社から完了報告があり、工事代金は令和6年4月15日に普通預金から支払われる。

③ 令和6年3月1日にC社に350,000円で発注した備品である除雪機が、令和6年4月1日に納入され、納入後10日以内にその代金が支払われる契約となっている。

❶

（借方）		（貸方）	（単位：円）
未払金	2,350,000	普通預金	2,350,000
修繕費	1,200,000	未払金	1,200,000

❷

（借方）		（貸方）	
修繕費	3,550,000	普通預金	2,350,000
		未払金	1,200,000

❸

（借方）		（貸方）	
未払金	2,350,000	普通預金	3,550,000
修繕費	1,200,000		

❹

（借方）		（貸方）	
修繕費	3,550,000	普通預金	3,550,000
備　品	350,000	未払金	350,000

頻出

発生主義に基づき、取引内容を検討する。

① 壁面の塗装工事は2月に完了したので、2月時点で借方に修繕費2,350,000円を計上する。しかし、代金の支払いがされていないため、貸方に未払金2,350,000円を計上する。そうすると、2月には、次の仕訳が行われている。

（単位：円）

（借方）		（貸方）	
修繕費	2,350,000	未払金	2,350,000

そして、3月に、この未払分を普通預金から支払ったため、「借方」に「未払金」2,350,000円を計上して取り崩す。一方、「貸方」には、「普通預金」2,350,000円を計上する。よって、3月には、次の仕訳を行う。

（単位：円）

（借方）		（貸方）	
未払金	2,350,000	普通預金	2,350,000

② 外階段の補修工事は3月に完了したので、「借方」に「修繕費」1,200,000円を計上する。一方、代金は次期である4月に普通預金から支払われるため、「貸方」に「未払金」1,200,000円を計上する。よって、3月には、次の仕訳を行う。

（単位：円）

（借方）		（貸方）	
修繕費	1,200,000	未払金	1,200,000

③ 除雪機は次期である4月1日に納入され、代金は納入後10日以内に支払われる契約となっている。よって、3月には、特に計上すべき項目はない。

以上を整理すると、次の仕訳となる。

（単位：円）

（借方）		（貸方）	
未払金	2,350,000	普通預金	2,350,000
修繕費	1,200,000	未払金	1,200,000

したがって、最も適切なものは、❶となる。

管理組合の会計・財務等

18 仕 訳⑮

CHECK!　　　　　R 4-問16

重要度 A

管理組合における以下の①〜③の活動に関し、令和 6 年 3 月分の仕訳として、最も適切なものはどれか。ただし、会計処理は毎月次において発生主義の原則によって処理されているものとする。

（管理組合の会計年度：毎年 4 月 1 日から翌年 3 月31日まで）

活動

① 令和 6 年 1 月に防犯カメラ更新工事をA社に3,500,000円で発注し、令和 6 年 2 月末日に更新が完了した。その代金は令和 6 年 3 月15日に普通預金から支払った。

② 給水ポンプに係る機器が故障したので、その修理を令和 6 年 3 月 5 日にB社に 450,000円で発注した。令和 6 年 3 月10日にB社から完了報告があり、その代金は令和 6 年 4 月20日に普通預金から支払う予定である。

③ 6 年周期で実施される避難階段の錆止め塗布について、令和 6 年 3 月15日にC社に1,000,000円で発注し、錆止め塗布は令和 6 年 4 月15日から20日の間に実施し、その工事代金は完了月の月末に支払う契約となっている。

（単位：円）

❶

（借方）		（貸方）	
修繕費	1,450,000	未払金	1,450,000
未払金	3,500,000	普通預金	3,500,000

❷

（借方）		（貸方）	
修繕費	3,950,000	普通預金	3,950,000

❸

（借方）		（貸方）	
未払金	3,500,000	普通預金	3,500,000
修繕費	450,000	未払金	450,000

❹

（借方）		（貸方）	
器具備品	3,500,000	普通預金	3,500,000
修繕費	450,000	未払金	450,000

発生主義に基づき、以下、取引内容について検討する。

① 防犯カメラ更新工事は令和6年2月末日に完了したので、2月の時点において、借方に修繕費350万円を計上する。ただし、その支払は3月15日であり、2月には支払われていない。そこで、貸方には未払金350万円を計上する。そのため、2月には、次の仕訳がされている。

（単位：円）

（借方）		（貸方）	
修繕費	3,500,000	未払金	3,500,000

その後、修繕費の代金を3月15日に「普通預金」から支払った際に、2月に計上していた「未払金」350万円を「借方」に計上して取り崩す。よって、3月には、次の仕訳を行う。

（単位：円）

（借方）		（貸方）	
未払金	3,500,000	普通預金	3,500,000

② 給水ポンプ機器の修理工事は令和6年3月10日に完了したので、3月の費用として、「借方」に「修繕費」45万円を計上する。ただし、その代金は4月20日に普通預金から支払う予定であり、3月には支払われていない。そこで、「貸方」には「未払金」45万円を計上する。よって、3月には、次の仕訳を行う。

（単位：円）

（借方）		（貸方）	
修繕費	450,000	未払金	450,000

③ 錆止め塗布工事は令和6年4月15日から20日の間に実施し、工事代金100万円は工事完了月（4月）の月末に支払う契約となっている。すると、工事の実施と代金の支払は、いずれも次期（令和6年4月）であるから、3月においては、特に計上すべき項目はない。

以上を整理すると、次の仕訳となる。

（単位：円）

（借方）		（貸方）	
未払金	3,500,000	普通預金	3,500,000
修繕費	450,000	未払金	450,000

したがって、最も適切なものは、**❸**となる。

正解 **❸**

管理組合の会計・財務等

仕 訳⑯

CHECK! ■■■ 🖉

H30-問15

管理組合の活動における以下の取引に関して、令和6年3月分の仕訳として最も適切なものは次のうちどれか。ただし、この管理組合の会計年度は、毎年4月1日から翌年3月31日までとし、期中の取引においても、企業会計原則に基づき厳格な発生主義によって経理しているものとする。

（取　引）

外壁の補修工事及び防犯カメラの設置について見積書を取得し、令和6年1月に、総会の決議を経た上で、甲社及び乙社に、それぞれ見積書記載の内容のとおり発注した。甲社及び乙社の見積書の内容は以下のとおりである。

（見積書の内容）

件名	外壁補修工事	防犯カメラ設置
会社名	甲　社	乙　社
金額	250,000円	3,500,000円（取付費含む）
期間	着工予定日 　令和6年3月5日 工事完了、引渡予定日 　令和6年3月15日	着手予定日 　令和6年2月25日 設置完了、引渡予定日 　令和6年3月5日
支払条件	引渡日の1ヵ月後に指定口座に振込	着手時、手付金500,000円 残金は引渡日の10日後に指定口座に振込

それぞれは、見積書の期間のとおり行われ、予定の日に引渡しを受けたので、必要な支払について、見積書の支払条件のとおり、普通預金から振込により支払った。

（単位：円）

❶

（借方）		（貸方）	
什器備品	3,500,000	前払金	500,000
修繕費	250,000	普通預金	3,000,000
		未払金	250,000

❷

（借方）		（貸方）	
什器備品	3,500,000	普通預金	3,500,000
修繕費	250,000	未払金	250,000

❸

（借方）		（貸方）	
修繕費	3,750,000	前払金	500,000
		普通預金	3,250,000

❹

（借方）		（貸方）	
什器備品	3,750,000	前払金	500,000
		普通預金	3,000,000
		未払金	250,000

発生主義に基づき、取引内容を検討する。

① 取引内容から、**外壁補修工事は、3月時点で工事が完了**し、その引渡しが終わっていることから、借方に修繕費を計上する。また、支払いについては、引渡しの1ヵ月後である4月15日に行われていることから、3月の時点では、貸方に未払金を計上する。

この時点では、次の仕訳が行われている。

（単位：円）

（借方）		（貸方）	
修繕費	250,000	未払金	250,000

② **防犯カメラの設置については、着手時である2月25日に手付金50万円が支払われた**ため、2月の時点では、次の仕訳が行われている。

（単位：円）

（借方）		（貸方）	
前払金	500,000	普通預金	500,000

③ **3月時点で設置が完了**し、引渡しが終わっていることから、借方に什器備品を計上するとともに、2月に計上していた「前払金」を貸方に計上して取り崩す。残額の支払いについては、引渡しの10日後である3月15日に行われていることから、貸方に普通預金を計上する。

この時点では、次の仕訳が行われている。

（単位：円）

（借方）		（貸方）	
什器備品	3,500,000	前払金	500,000
		普通預金	3,000,000

以上の①～③を整理すると、次の仕訳になる。

（単位：円）

（借方）		（貸方）	
什器備品	3,500,000	前払金	500,000
修繕費	250,000	普通預金	3,000,000
		未払金	250,000

したがって、**正解は❶**となる。

管理組合の会計・財務等

20 管理費等の滞納処理①（訴訟提起）

■ ■ ■ □ CHECK!　　　　R 2-問10

　マンション甲の管理組合の理事長兼管理者Aが、甲の管理費を滞納する区分所有者Bに対して、滞納管理費の請求訴訟を提起する場合に関する次の記述のうち、民事訴訟法及び裁判所法の規定によれば、誤っているものはどれか。

❶　Aは、裁判所に対して訴えを提起する前に、Bに対して内容証明郵便による催告を行うことが必要である。

❷　Bが行方不明である場合であっても、AがBに対して裁判所に訴えを提起することはできる。

❸　Bの滞納額が140万円を超えない場合は、Aは、簡易裁判所に対して訴えを提起することができる。

❹　Aが、裁判所に訴えを提起した場合に、Bが甲とは別の場所を生活の本拠としているときは、裁判所からのBへの訴状は、Bが生活の本拠としている住所に送達される。

Point 被告が行方不明等の場合 ➡ 公示送達によって行うこと可。

❶ **誤り** 「催告を行うことが必要である」➡「不要である」

頻出 訴えの提起は、訴状を裁判所に提出することにより行う（民事訴訟法133条1項）。訴えの提起の前に、内容証明郵便による催告を行うことは不要である。

❷ **正しい** 裁判所に訴えを提起すると、訴状が被告に送達される（138条1項）。この送達は、原則として被告の住所になされるが（103条1項）、被告が**行方不明等の場合**には、公示送達によって行うことができる（110条1項）。したがって、管理費を滞納している区分所有者が行方不明の場合でも、管理組合は、その者に対して、滞納管理費の支払請求についての訴えを提起することは可能である。

❸ **正しい** 訴訟の目的の価額が140万円以下の請求について、簡易裁判所は、第一審の裁判権を有する（裁判所法33条1項1号）。

❹ **正しい** 送達は、送達を受けるべき者の住所、居所、営業所又は事務所においてする（民事訴訟法103条）。したがって、裁判所からのBへの訴状は、Bが生活の本拠としている住所に送達される。

管理組合の会計・財務等

【少額訴訟制度と通常の訴訟制度との比較】

	少額訴訟		通常の訴訟	
対象事件	金銭支払請求事件のみ			
請求額	60万円以下	簡易裁判所	140万円以下	簡易裁判所
			140万円超	地方裁判所
期日	原則として、1回の期日で審理を終了し、口頭弁論終結後、ただちに判決が言い渡される			
利用回数の制限	同一の簡易裁判所で、同一年内に10回以内			
異議申立て	異議申立て可（控訴・上告不可）		控訴・上告可	

正解 ❶

21 管理費等の滞納処理②

 CHECK! H28-問10改

マンションの管理費の滞納に関する次の記述のうち、民法、民事訴訟法及び区分所有法の規定によれば、正しいものはどれか。

❶ 滞納額140万円の支払いを求める訴えを簡易裁判所に提起する場合には、民事訴訟法上の少額訴訟制度を利用することができる。

❷ 滞納者に対して、普通郵便による督促をした場合、その後6ヵ月を経過するまでの間は、時効は完成猶予により完成しないが、この督促によって時効の完成が猶予されている間にされた再度の督促は、時効の完成猶予の効力を有しない。

❸ 専有部分について賃貸借契約がなされた場合、管理組合は滞納管理費について、規約に別段の定めがなくても、貸主である区分所有者又は賃借人である占有者のいずれに対しても訴えを提起することができる。

❹ 滞納者に対して、訴えを提起したところ、「必ず払います。」との誓約書を提出したため、終局判決の前に訴えを取り下げた場合は、その後、支払いがなされなかったときでも再び訴えを提起することはできない。

❶ 誤り 「少額訴訟制度を利用できる」➡「できない」

　簡易裁判所では、訴訟の目的の価額が60万円以下の金銭の支払請求を目的とする訴えについて、**少額訴訟による審理および裁判を求めることができる**（民事訴訟法368条1項本文）。したがって、滞納額「140万円」の支払いを求める訴えにおいては、少額訴訟制度を利用できない。

❷ 正しい　催告（督促）があったときは、その時から6ヵ月を経過するまでの間は、**時効は完成しない**（民法150条1項）。この催告によって時効の完成が猶予されている間にされた**再度の催告は、時効の完成猶予の効力を有しない**（同2項）。

❸ 誤り 「賃借人である占有者に対して訴えを提起することはできない」

　管理費の支払義務を負うのは、**区分所有者のみである**（区分所有法19条参照）。したがって、滞納管理費の支払請求訴訟は、貸主である区分所有者に対してすることはできるが、賃借人である占有者に対してすることはできない。

❹ 誤り 「取下げ後、再び訴えを提起できない」➡「提起できる」

　訴訟は、訴えの取下げがあった部分については、初めから係属していなかったものとみなされる（民事訴訟法262条1項）。そして、本案について終局判決があった「後」に訴えを取り下げた者は、同一の訴えを提起できない（同2項）。したがって、本肢のように終局判決「前」に訴えを取り下げた場合は、その後に支払いがなされなかったときは、**再び訴えを提起することができる**。

管理組合の会計・財務等

正解 ❷

491

22 管理費等の滞納処理③（少額訴訟）

■■■ ✎ CHECK!　　　　　　H29-問10

重要度 **A**

　管理組合Aが、区分所有者Bに対してマンションの滞納管理費を請求するために、民事訴訟法に定められている「少額訴訟」を利用する場合に関する次の記述のうち、誤っているものはどれか。

❶　AとBは、口頭弁論が続行された場合を除き、第1回口頭弁論期日前又はその期日において、すべての主張と証拠を提出しなければならない。

❷　Bは、所定の時期までは、少額訴訟を通常の訴訟手続に移行させる旨の申述をすることができる。

❸　Aが、同一の年に同一の簡易裁判所において、少額訴訟による審理及び裁判を求めることができる回数には制限がある。

❹　A又はBが、少額訴訟の終局判決に対する不服申立てをするには、地方裁判所に控訴をしなければならない。

❶ **正しい** 少額訴訟では、特別の事情がある場合（期日を続行してでも少額訴訟手続で審理を継続するのが適当なケース等）を除いて、最初にすべき口頭弁論の期日において、審理を完了しなければならない（民事訴訟法370条1項）。そして、当事者は、第1回口頭弁論期日前またはその期日において、すべての攻撃・防御の方法（主張と証拠）を提出しなければならない（同2項本文）。ただし、口頭弁論が続行されたときは、その必要はない（同ただし書）。

❷ **正しい** 被告（少額訴訟を提起されたB）は、少額訴訟を**通常の訴訟手続に移行**させる旨の**申述ができる**（373条1項本文）。ただし、被告が最初にすべき口頭弁論の期日において弁論をし、またはその期日が終了した後は、申述できない（同ただし書）。

❸ **正しい** 同一の**簡易裁判所**では、**同一年内**に最高裁判所規則で定める回数（**10回**）を超えて、少額訴訟による審理・裁判を求めることができない（368条1項ただし書、民事訴訟規則223条）。

❹ **誤り** 「地方裁判所に控訴」 ➡ 「簡易裁判所に異議申立て」

頻出 少額訴訟の終局判決に対しては、**控訴できない**が（民事訴訟法377条）、一定期間内であれば、その判決をした裁判所（**簡易裁判所**）に対して、**異議を申し立てる**ことができる（378条1項本文）。

管理組合の会計・財務等

正解 ❹

23 管理費等の滞納処理④（少額訴訟）

CHECK! ☐☐☐ ✎

R 2-問11

重要度 A

少額訴訟に関する次の記述のうち、民事訴訟法によれば、正しいものはどれか。

❶ 少額訴訟による審理及び裁判を求めることができる回数は、同一人が、同一の簡易裁判所において、同一年に10回までである。

❷ 少額訴訟の終局判決に不服のある当事者は、控訴をすることができる。

❸ 少額訴訟の被告は、いつでも、通常の訴訟手続に移行させる旨の申述をすることができる。

❹ 少額訴訟における被告は、反訴を提起することができる。

❶ **正しい** 同一の簡易裁判所において、同一年内に最高裁判所規則で定める
回数（10回）を超えて少額訴訟による審理・裁判を求めることはできな
い（民事訴訟法368条1項ただし書、民事訴訟規則223条）。

頻出

❷ **誤り** 「控訴できる」➡「簡易裁判所に異議申立てができる」

少額訴訟の終局判決に対しては、**控訴できない**（民事訴訟法377条）。ま
た、少額訴訟の終局判決に対しては、一定期間内に、その判決をした裁判
所（**簡易裁判所**）に異議の申立てができる（378条1項本文）。

❸ **誤り** 「いつでも」

➡「被告が最初にすべき口頭弁論の期日において弁論をし、又はその期
日が終了するまで」

被告は、少額訴訟を通常の訴訟手続に移行させる旨の申述ができる（373
条1項本文）。ただし、被告が最初にすべき口頭弁論の期日において弁論
をし、又はその期日が終了した後は、**申述できない**（同ただし書）。

❹ **誤り** 「反訴を提起することができる」➡「反訴を提起できない」

少額訴訟においては、**反訴を提起できない**（369条）。
頻出

管理組合の会計・財務等

正解 **❶**

495

24 管理費等の滞納処理⑤

CHECK! R4-問10

　管理組合Aが、区分所有者Bに対して滞納管理費の支払を請求するために民事訴訟法上の「少額訴訟」を利用する場合に関する次の記述のうち、適切なものはいくつあるか。

ア　A又はBが、当該少額訴訟の終局判決に対して不服があるときは、管轄の地方裁判所に控訴することができる。

イ　Bは、訴訟が係属している間であれば、いつでも、当該少額訴訟を通常の訴訟手続に移行させる旨の申述をすることができる。

ウ　Bが滞納している管理費の総額が70万円である場合に、Aは、訴訟の目的の価額を60万円として少額訴訟を利用することができる。

エ　Bは、当該少額訴訟において反訴を提起することはできない。

❶　一つ

❷　二つ

❸　三つ

❹　四つ

ア　**不適切**　「控訴できる」➡「異議申立てできるが控訴できない」

　　少額訴訟の終局判決に対しては、控訴ができない（民事訴訟法377条）。また、少額訴訟の終局判決に対しては、判決書又は判決書に代わる調書の送達を受けた日から2週間の不変期間内に、その判決をした簡易裁判所に異議を申し立てることができる（378条1項）。

イ　**不適切**　「いつでも」➡「**被告が最初にすべき口頭弁論の期日において弁論をし、又はその期日が終了するまで**」

　　被告は、訴訟を通常の手続に移行させる旨の申述ができる（373条1項本文）。ただし、被告が最初にすべき口頭弁論の期日において弁論をし、又はその期日が終了した後は、申述できない（同ただし書）。

ウ　**適　切**

　　簡易裁判所では、訴訟の目的の価額が60万円以下の金銭の支払の請求を目的とする訴えについて、少額訴訟による審理及び裁判を求めることができる（368条1項）。そして少額訴訟には、一部請求を制限する規定は存在しない。したがって、滞納額が60万円を超えている場合でも、その請求金額が60万円以下であるならば、少額訴訟を利用できる。よって、Bの管理費の滞納額が70万円である場合に、Aは訴訟の目的の価額を60万円として少額訴訟を利用できる。

エ　**適　切**

　　少額訴訟においては、反訴を提起できない（369条）。

　したがって、適切なものはウ・エの二つであり、正解は**❷**となる。

正解 ❷

25 管理費等の滞納処理⑥

 CHECK! R元-問10

マンションの管理費又はその滞納に関する次の記述のうち、民法、民事訴訟法及び区分所有法の規定によれば、正しいものはどれか。

❶ 競売によって区分所有権を買い受けた者は、通常の売買の場合と異なり、前区分所有者の滞納管理費の支払債務を承継しない。

❷ 区分所有者は、自己の所有する住戸を賃貸し、そこに賃借人が居住するときでも、管理費の支払債務を負う。

❸ 管理者が病気で長期入院した場合においては、その期間の滞納管理費の消滅時効は、完成しない。

❹ 管理者は、滞納管理費に対する支払請求訴訟を提起するためには、管理費の滞納者に対し、あらかじめ書面により滞納管理費に対する支払督促をしておかなければならない。

❶ **誤り** 「承継しない」➡「承継する」

　区分所有者は、規約や集会の決議に基づき他の区分所有者に対して有する債権について、その所有者の**特定承継人に対しても行うことができる**(区分所有法8条、7条)。この特定承継人には、**競売における買受人も含まれる**ので、競売によって区分所有権を**買い受けた者**も、前区分所有者の滞納管理費の支払債務を承継する。

❷ **正しい**　管理費は、マンションの維持・保全のために、区分所有者が**支払義務を負う**。専有部分の賃借人は区分所有者ではないので、管理費の支払義務は負わない。したがって、管理費の支払債務を負うのは、あくまで区分所有者である。

頻出

❸ **誤り** 「消滅時効は完成しない」➡「完成しうる」

　病気による長期入院は、「時効の完成猶予（一定の期間だけ時効が完成しないこと）」や「時効の更新（時効期間が振出しに戻り、新たに進行を開始すること）」にあてはまらないので、消滅時効は完成しうる（民法147条～161条）。

❹ **誤り** 「支払督促をしておかなければならない」➡「必要はない」

⚠
ひっかけ

　訴えの提起は、**訴状を裁判所に提出することにより行う**（民事訴訟法133条1項）。訴えの提起の前に、あらかじめ書面により、支払督促をする必要はない。

管理組合の会計・財務等

正解 ❷

499

26 管理費等の滞納処理⑦

■■■ ✎ CHECK!　　　　　　R4-問11　　Ａ

管理費の滞納に対する法的手続等に関する次の記述のうち、最も適切なものはどれか。

❶　管理費を滞納している区分所有者が、不可抗力により、管理費を支払うことができないときは、債務不履行に係る遅延損害金の賠償については、不可抗力をもって抗弁とすることができる。

❷　管理費を滞納している区分所有者からその区分所有するマンションを購入した買主は、売主の滞納管理費債務を承継するが、当該債務に係る遅延損害金の債務は承継しない。

❸　管理組合は、管理費を滞納している区分所有者に対する訴訟の目的の価額が140万円を超えない場合は、簡易裁判所に訴えを提起することができる。

❹　管理組合が、管理費を滞納している区分所有者に対し、滞納管理費の支払を普通郵便により催告しても、時効の完成猶予の効力は生じない。

❶ **不適切** 「不可抗力をもって抗弁とできる」➡「できない」

　滞納された管理費債務は、金銭の給付を目的とする金銭債務である。本来、債務不履行による損害賠償の義務が発生するためには、履行期に履行しないことが債務者の責めに帰すべき事由に基づくことが必要であるが（民法415条１項ただし書）、金銭債務の債務不履行による遅延損害金の賠償については、特則があり、債務者は、**不可抗力をもって抗弁とすることができない**（419条３項）。

❷ **不適切** 「遅延損害金の債務は承継しない」➡「承継する」

　管理組合等が、管理費を滞納している区分所有者に対して有する**滞納管理費請求権及びその遅延損害金請求権**は、管理費を滞納している区分所有者の**特定承継人**に対しても行うことができる（区分所有法８条、７条１項）。したがって、管理費を滞納している区分所有者から、その区分所有権を買い受けた者は、売主である区分所有者の滞納管理費債務及びその債務にかかる遅延損害金の債務を承継する。

❸ **最も適切**

　簡易裁判所は、訴訟の目的の価額が**140万円を超えない請求**について第一審の裁判権を有する（裁判所法33条１項１号）。したがって、管理組合は、管理費を滞納している区分所有者に対する訴訟の目的の価額が140万円を超えない場合は、簡易裁判所に訴えを提起できる。

❹ **不適切** 「時効の完成猶予の効力は生じない」➡「生じる」

　時効の完成猶予の効力が生じる催告とは、**裁判外**で、債権者が債務者に対して履行を請求することをいう（民法150条１項）。催告は、書面でも口頭でもよく、**何らの方式も必要とされていない**。したがって、滞納管理費の支払を普通郵便により催告した場合、その時から**６ヵ月を経過するまで**の間は、時効の完成が猶予される。

管理組合の会計・財務等

正解 ❸

27 管理費等の滞納処理⑧

  CHECK! H30-問11改

　マンションの管理費の滞納に対する対策及び法的手続に関する次の記述のうち、最も適切なものはどれか。

❶　管理組合が管理費を滞納している区分所有者に書面で督促する場合、内容証明郵便で行わなければ、「催告」に該当せず、時効の完成猶予の効力を生じない。

❷　管理規約に管理費の遅延損害金の定めがない場合には、管理組合は、民法所定の法定利率による遅延損害金を請求することができない。

❸　管理費を滞納している区分所有者が、自己破産の申立てを行い、破産手続開始の決定を受けた場合、管理組合は、先取特権の実行を除き、破産手続に参加しなければ、滞納管理費の回収をすることができない。

❹　管理費を滞納している区分所有者が行方不明の場合は、管理組合は、その者に対して、滞納管理費の支払請求についての訴えを提起することはできない。

❶ **不適切** 「催告は、必ずしも内容証明郵便で行う必要はない」

催告（督促）があったときは、その時から6ヵ月を経過するまでの間は、時効は完成しない（民法150条1項）。この催告によって時効の完成が猶予されている間にされた**再度の催告は、時効の完成猶予の効力を有しない**（同2項）。この催告は、何らかの書面であればよく、必ずしも内容証明郵便で行う必要はない。

❷ **不適切** 「**遅延損害金を請求できない**」➡「**できる**」

金銭債務については、履行遅滞があれば、債務者からの損害の証明がなくても、当然に法定利息相当額の損害があるものとされている（419条2項）。したがって、管理規約に管理費の遅延損害金の定めがない場合でも、管理組合は、民法所定の債務者が遅滞の責任を負った最初の時点における法定利率（3％、3年に1度見直しあり）による遅延損害金を請求できる（同1項、404条2項・3項）。

❸ **最も適切**

管理費を滞納している区分所有者が、自己破産の申立てを行い、破産手続開始の決定を受けた場合、管理組合は、他の債権者とともに、破産手続に参加して滞納管理費の回収をすることになる。ただし、**先取特権**は、一般債権に**優先して弁済**を受けることができるため、管理組合は当該手続への参加は不要である（破産法98条1項）。

❹ **不適切** 「**訴えを提起できない**」➡「**できる**」

裁判所に訴えを提起すると、訴状が被告に送達される（民事訴訟法138条1項）。この送達は、原則として被告の住所等になされるが（103条1項）、被告が**行方不明**等の場合には、公示送達によって行うことができる（110条1項）。したがって、本肢のように、管理費を滞納している区分所有者が行方不明の場合でも、管理組合は、その者に対して、滞納管理費の支払請求についての訴えを提起することは可能である。

正解 ❸

管理費等の滞納処理⑨

 CHECK!　　　　R 4-問 9

管理費の滞納に関する次の記述のうち、民法及び民事訴訟法によれば、最も適切なものはどれか。

❶ 　管理組合が、管理費の滞納者に対し、滞納管理費の支払を内容証明郵便で請求した後、その時から6箇月を経過するまでの間に、再度、滞納管理費の支払を内容証明郵便で請求すれば、あらためて時効の完成猶予の効力が生じる。

❷ 　管理費を滞納している区分所有者が死亡した場合、遺産分割によって当該マンションを相続した相続人が滞納債務を承継し、他の相続人は滞納債務を承継しない。

❸ 　管理費の滞納者が、滞納額25万円の一部であることを明示し、管理組合に対し5万円を支払った場合には、残りの20万円については、時効の更新の効力を有する。

❹ 　管理費の滞納者が行方不明になった場合には、管理組合は、当該滞納者に対し、滞納管理費の支払についての訴えを提起することができない

遺産分割でマンションを相続しなかった他の相続人も、滞納債務を承継する。

❶ **不適切** 「あらためて時効の完成猶予の効力が生じる」➡「生じない」

頻出

内容証明郵便による支払の請求は、消滅時効の完成を6ヵ月間猶予させる催告としての効力が生じる（民法150条1項）。しかし、催告により時効の完成が猶予されている間に再度された催告には、時効完成猶予の効力は生じない（同2項）。

❷ **不適切** 「他の相続人は滞納管理費債務を承継しない」➡「承継する」

管理費を滞納している区分所有者が死亡した場合、その滞納している債務は金銭債務として可分であるから、各相続人の相続分に従って分割され、各相続人は、その分割された債務を相続する（427条、899条）。したがって、遺産分割によってマンションを相続した相続人だけではなく、他の相続人も滞納債務を承継する。

❸ **最も適切**

頻出

権利の承認があったときは、時効は更新され、その時から新たにその進行を始める（152条1項）。管理費の滞納者が、滞納した管理費の一部であることを明示して、管理組合に対して支払をした場合、滞納した管理費全部について権利の存在が明確になることから、残りの滞納管理費について時効の更新の効力が生じる。

❹ **不適切** 「訴えを提起できない」➡「できる」

頻出

裁判所に訴えを提起すると、訴状が被告に送達される（民事訴訟法138条1項）。この送達は、原則として被告の住所等になされるが（103条1項）、被告が行方不明の場合には、公示送達によって行うことができる（110条1項）。したがって、管理費の滞納者が行方不明の場合でも、管理組合は、当該滞納者に対して、滞納管理費の支払についての訴えを提起できる。

管理組合の会計・財務等

正解 **❸**

29 管理費等の滞納処理⑩

CHECK! ☐☐☐

R 3-問10

管理費の滞納が生じたときにとられる通常の民事訴訟によらない法的手段に関する次の記述のうち、最も適切なものはどれか。

❶ 「内容証明郵便による督促」の場合は、簡便な手続であるが、消滅時効の完成猶予をさせる催告としての効力は生じない。

❷ 「支払督促」による場合は、簡易裁判所に申し立てることにより書記官が支払を命ずる簡略な手続であるが、債務者から異議申立てがなされると通常の訴訟に移行してしまう。

❸ 「調停」による場合は、弁護士等の専門家に依頼することはできないが、手続が訴訟に比べ簡明であり、調停委員の意見には強制力があることから、紛争が早期に解決される。

❹ 「少額訴訟」による場合は、通常訴訟に比べ、少ない経済的負担で迅速かつ効果的に解決することができるが、訴訟の目的の価額が60万円以下に制限されるため、滞納額が60万円を超えるときは、制限額以下に分割したとしてもこの手続を利用できない。

Point 支払督促の申立て ➡ 債務者の普通裁判籍の所在地管轄の簡易裁判所の裁判所書記官に対してする。

❶ 不適切 「効力は生じない」➡「効力は生じる」

内容証明郵便による督促の場合も、消滅時効の完成猶予をさせる催告としての効力は生じる（民法150条1項）。

❷ 最も適切

支払督促の申立ては、債務者の普通裁判籍の所在地を管轄する**簡易裁判所の裁判所書記官に対してする**（民事訴訟法383条1項）。そして、**適法な督促異議の申立てがあったときは、督促異議に係る請求については、その目的の価額に従い、支払督促の申立ての時に、支払督促を発した裁判所書記官の所属する簡易裁判所又はその所在地を管轄する地方裁判所に訴えの提起があったものとみなされる**（395条）。

❸ 不適切 「弁護士等の専門家に依頼することはできない…調停委員の意見には強制力がある」➡「弁護士等の専門家に依頼することもできる…調停委員の意見には強制力はない」

調停による場合も、**弁護士等の専門家に依頼できる**。また、拘束力のある調停成立のために当事者の合意を必須としており、調停委員が当事者に対して直接、強制力を持つものではない（民事調停法16条）。

❹ 不適切 「制限額以下に分割したとしてもこの手続を利用できない」
➡「利用できる」

少額訴訟による場合は、通常訴訟に比べ、少ない経済的負担で迅速かつ効果的に解決することができるが、訴訟の目的の価額が60万円以下に制限される（民事訴訟法368条1項）。そして、少額訴訟手続において、一部請求を制限する規定は存在しないので、滞納額が60万円を超える場合に、制限額以下に分割して少額訴訟手続を利用することもできる。

管理組合の会計・財務等

正解 ❷

507

管理費の支払義務①

■ ■ ■ CHECK!

H28-問11改

マンションの管理費の滞納に関する次の記述のうち、最も適切なものはどれか。

❶ 管理費を滞納している区分所有者が、当該住戸を売却した場合、買主は、売買契約の締結時に滞納の事実を知らなかったとしても、当該滞納管理費の支払義務を負う。

❷ 規約に管理費に関する遅延損害金を定める場合は、民法所定の法定利率である年3％（3年に1度見直しあり。）を超えて定めることはできない。

❸ 管理費を滞納している区分所有者が、裁判所に民事再生手続開始の申立てをした場合、当該区分所有者はその申立てにより滞納管理費の支払義務を免れる。

❹ 管理費を滞納している区分所有者が、当該住戸を贈与した場合、受贈者が滞納管理費の支払義務を負い、当該区分所有者はその義務を免れる。

Point 約定利率が法定利率を超えるときは、約定利率による。

❶ **最も適切** 管理費に係る債権は、債務者たる区分所有者の**特定承継人に対**

しても行うことができる（区分所有法8条、7条1項）。この特定承継人（本
肢でいう買主）の責任は、特定承継人が前区分所有者の管理費の滞納の事
実についての**善意・悪意を問わず生ずる**。

❷ **不適切** 「年3%を超えて定めることはできない」 ➡ 「定めることができる」

　金銭の給付を目的とする債務の不履行については、その損害賠償の額は、
法定利率（年3%、3年に1度見直しあり）によって定める。ただし、約
定利率が法定利率を超えるときは、**約定利率による**（民法419条1項、404
条2項・3項）。したがって、規約等で年3%を超える約定利率を定める
ことも可能である。

❸ **不適切** 「申立てにより支払義務を免れる」 ➡ 「支払義務を免れない」

　民事再生手続とは、経済的に窮境にある債務者について、その債権者の
多数の同意を得、かつ、裁判所の認可を受けた**再生計画**を定めること等に
より、当該債務者とその債権者との間の民事上の権利関係を適切に調整し、
もって当該債務者の事業または経済生活の再生を図ることを目的とするも
のである（民事再生法1条）。したがって、破産法上の破産免責手続と異
なり、基本的に再生計画に則って債務の弁済を継続するための手続なので、
**民事再生手続開始の申立てにより滞納管理費の支払義務を免れるものでは
ない**。

❹ **不適切** 「区分所有者はその義務を免れる」 ➡ 「義務を免れない」

　❶解説参照。特定承継人に該当する贈与契約の受贈者のみならず、贈与
者たる区分所有者も、同様に**滞納管理費の支払義務を負う**。

管理組合の会計・財務等

正解 **❶**

509

31 管理費の支払義務②

 CHECK! R5-問39

マンションの管理費の滞納に関する次の記述のうち、民法及び区分所有法によれば、最も不適切なものはどれか。

❶ 管理組合は、管理費が滞納されている場合、管理規約に遅延損害金の定めがないときでも、遅延損害金を請求することができる。

❷ 賃借人が賃貸借契約により管理費を管理組合に支払っていた場合でも、当該賃借人が管理費の支払いを滞納したときは、当該管理組合は、賃貸人である区分所有者に滞納管理費を請求することができる。

❸ 専有部分の売買契約によって、滞納されていた管理費の支払義務は区分所有権を取得した買主に承継されるが、売主自身の支払義務が消滅するわけではない。

❹ 競売手続によってマンションの区分所有権を取得した場合には、買受人は、前区分所有者の滞納管理費の支払義務を承継しない。

❶ 適 切

滞納されている管理費債務は金銭債務である。**金銭債務**については、履行遅滞があれば、債権者からの損害の証明がなくても、当然に法定利率相当額の損害がある（民法419条2項）。したがって、管理規約に遅延損害金の定めがないときでも、管理組合は、債務者が遅滞の責任を負った最初の時点における法定利率による遅延損害金を請求できる。

❷ 適 切

管理組合に対して**管理費の支払義務**を負っているのは、区分所有者である（区分所有法19条）。賃貸借契約に管理組合に対する管理費を賃借人が支払うという条項があったとしても、それにより、管理組合に対する区分所有者としての管理費支払義務がなくなるわけではない。

❸ 適 切

管理組合の管理費を滞納している区分所有者に対する**滞納管理費の債権**は、管理費を滞納している区分所有者から専有部分を取得した**特定承継人**である買主に対しても行うことができる（8条、7条1項）。したがって、買主は、売主である区分所有者の**滞納管理費債務を承継**する。しかし、この承継によっても、区分所有者が管理組合に対して負っている滞納管理費等の支払債務は消滅することはなく、両者は不真正連帯債務の関係となる。

❹ 最も不適切 「競売による所有権の取得の場合も滞納管理費の支払義務を承継する」

滞納管理費の支払債務を承継する区分所有権の取得原因は、売買・贈与等による所有権の承継取得だけでなく、強制執行や担保権の実行としての競売手続による売却の場合も含まれる。

管理組合の会計・財務等

正解 **❹**

32 管理費の支払義務③（管理費債権）

  CHECK! H30-問10

　マンションの管理費の滞納等に関して、管理業務主任者が管理組合の管理者等に対して行った次のア～エの説明のうち、誤っているものの組合せはどれか。

ア　滞納管理費の額が60万円以下のときは、民事訴訟法に定める「少額訴訟」の手続によらなければなりません。

イ　管理費を滞納している区分所有者が死亡した場合、当該区分所有権を取得する相続人が決定していなくても、すべての相続人に対し、その法定相続分に応じて滞納管理費を請求することができます。

ウ　専有部分の売買契約によって、区分所有権を取得した買主は、売主が滞納していた管理費の支払債務を負いますが、売主の支払債務がなくなるわけではありません。

エ　区分所有者が破産手続開始の決定を受けたときは、当該区分所有者は、破産手続開始決定の日の翌日以降の管理費の支払債務を負わなくてよいことになります。

❶　ア・ウ

❷　ア・エ

❸　イ・ウ

❹　イ・エ

Point 区分所有者は、破産手続開始決定日の翌日以降の管理費は支払うべき。

ア　誤り　「少額訴訟の手続によらなければなりません」➡「よることができます」

　　簡易裁判所においては、訴訟の目的の価額が60万円以下の金銭の支払いの請求を目的とする訴えについて、**少額訴訟による審理・裁判を求めることが「できる」**（民事訴訟法368条1項本文）。つまり、少額訴訟手続によるかどうかは、当事者の任意である。

イ　正しい　金銭債務を負っている者が死亡した場合、**金銭債務は、遺産分割手続を待つことなく、相続分に応じて各相続人に承継される**（判例）。したがって、管理者等は、管理費を滞納している区分所有者が死亡した場合、当該区分所有権を取得する相続人が決定していなくても、すべての相続人に対し、その法定相続分に応じて、滞納管理費を請求できる。

ウ　正しい　**管理費債権**は、債務者たる区分所有者の特定承継人に対しても行うことができる（区分所有法8条）。ただし、その場合でも当該区分所有者の管理費債務が消滅するわけではない。したがって、専有部分の売買契約によって、区分所有権を取得した買主は、売主が滞納していた管理費の支払債務を負うが、売主の支払債務自体がなくなるわけではない。

エ　誤り　「負わなくてもよいことになります」➡「負います」

　　管理費を滞納している者が**破産手続開始の決定**を受け、免責許可の決定が確定したときは、原則として、**破産手続開始「前」の原因に基づく債務（管理費）の支払義務を免れる**（破産法253条1項）。したがって、破産手続開始の決定を受けた区分所有者は、破産手続開始決定の日の「翌日以降」の管理費については、支払債務を負う。

　　したがって、誤っているものの組合せはア・エであり、正解は**❷**となる。

管理組合の会計・財務等

33 管理費の支払義務④

CHECK! □ □ □ R3-問11

管理費の滞納に関する次の記述のうち、最も不適切なものはどれか。

❶ 滞納者が、所有している専有部分を売却し、区分所有者でなくなった場合、その専有部分の買受人である区分所有者が滞納管理費債務を承継し、当該滞納者は滞納管理費債務を免れる。

❷ 滞納者が破産手続開始の決定を受けた場合でも、その決定だけでは、当該滞納者は管理費の支払義務を免れるわけではない。

❸ 滞納者が死亡し、その相続人全員が相続放棄した場合には、いずれの相続人も滞納管理費債務を負わない。

❹ 管理規約に管理費について遅延損害金の定めがない場合でも、民法に定める法定利率によって遅延損害金を請求することができる。

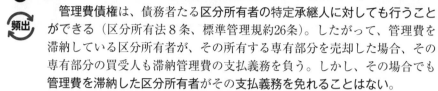
❶ **最も不適切** 「滞納者は滞納管理費債務を免れる」➡「免れない」

管理費債権は、債務者たる区分所有者の特定承継人に対しても行うことができる（区分所有法8条、標準管理規約26条）。したがって、管理費を滞納している区分所有者が、その所有する専有部分を売却した場合、その専有部分の買受人も滞納管理費の支払義務を負う。しかし、その場合でも**管理費を滞納した区分所有者がその支払義務を免れることはない**。

❷ **適　切** 破産手続開始の決定があると、破産手続が開始するが（破産法30条参照）、破産者が破産債権の**支払義務を免れるためには、免責許可の決定を受ける必要がある**（253条1項）。したがって、滞納者が破産手続開始の決定を受けた場合でも、その決定だけでは、当該滞納者は管理費の支払義務を免れない。

❸ **適　切** 管理費を滞納している区分所有者が死亡した場合、その管理費債務は相続人に承継される（民法896条本文）。しかし、相続人が相続を放棄すると、その相続人は、その相続に関しては、**初めから相続人とならなかったものとみなされる**（939条）。したがって、滞納者が死亡し、その相続人全員が相続**放棄**をした場合には、いずれの相続人も滞納管理費の**支払債務を負わない**。

❹ **適　切** 管理費債権は金銭債権である。**金銭債権の債務不履行については、**債権者と債務者との間に**約定がない場合でも、債務者は法定利率による遅延損害金の支払義務を負う**（419条）。したがって、管理規約に管理費について遅延損害金の定めがない場合でも、管理組合は、民法に定める法定利率によって遅延損害金を請求できる。

正解 **❶**

マンションの管理費の滞納に関する次の記述のうち、民法、民事訴訟法及び区分所有法によれば、最も不適切なものはどれか。

❶ 管理費の滞納者が、管理組合に対し、滞納管理費の額と滞納している事実を認めた場合は、その時から、当該債権について時効の更新の効力が生じる。

❷ 管理費の滞納者が死亡した場合は、その相続人が、当該マンションに居住しているか否かにかかわらず、それぞれの相続分に応じて、当該滞納管理費債務を承継する。

❸ 管理費の滞納者に対して訴訟を提起するためには、事前に内容証明郵便による督促を行う必要がある。

❹ 管理費の滞納者が死亡し、その相続人全員が相続放棄した場合は、いずれの相続人も滞納管理費債務を負わない。

Point 滞納者死亡で相続人全員が相続放棄➡相続人は滞納管理費支払債務免除。

❶ 適 切

　時効は、権利の承認があったときは、その時から、新たにその進行を始める（民法152条1項）。「承認」とは、時効の利益を受ける者が、権利の存在を権利者に対して表示することをいい、管理費の滞納者が、管理組合に対し、滞納管理費の額と滞納の事実を認めることは「承認」に該当する。

❷ 適 切

　管理費の滞納者が死亡した場合、**滞納管理費債務は、金銭債務として相続の対象となり、相続分に応じて分割され各相続人に承継される**（判例）。管理費の支払義務を負うのは区分所有者であり、相続人が当該マンションに居住しているか否かは関係がない。

❸ 最も不適切 「**事前に内容証明郵便による督促を行う必要はない**」

　管理費の滞納者に対して訴えを提起する場合、規約又は集会の決議により、管理者に訴訟追行について**授権**する必要がある（区分所有法26条4項）。そして、訴えの提起は、訴状を裁判所に提出することにより行うが（民事訴訟法134条1項）、滞納管理費の支払を求める訴えを提起するために、事前に内容証明郵便による督促を行う必要はない。

❹ 適 切

　管理費の滞納者が死亡した場合、滞納管理費債務は相続人に承継される（民法896条本文）。しかし、相続人が**相続**を**放棄**すると、その相続人は、その相続に関しては、**初めから相続人とならなかったものとみなされる**（939条）。したがって、滞納者が死亡し、その相続人全員が相続**放棄**をした場合には、いずれの相続人も**滞納管理費の支払債務を負わない**。

管理組合の会計・財務等

正解 **❸**

管理費の支払義務⑥

CHECK!　　　　　　　　　　R 3-問 9

管理業務主任者が、管理費の滞納問題について、管理組合の理事会で行った次の説明のうち、最も不適切なものはどれか。

❶　管理費を滞納している区分所有者がその有する専有部分を第三者に賃貸しているときは、現に専有部分に居住している賃借人が、管理組合に対して管理費の支払義務を負います。

❷　専有部分を 2 名の区分所有者が各 2 分の 1 の持分で共有しているときには、管理組合は、そのいずれか一方の区分所有者に対して滞納管理費の全額を請求することができます。

❸　区分所有者が自己破産し、破産手続開始の決定があったときには、管理組合は、滞納管理費債権について、破産手続に参加することができます。

❹　滞納管理費について、マンション管理業者は、地方裁判所においては、管理組合の訴訟代理人になることはできません。

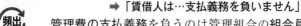

Point 区分所有者が自己破産・破産手続開始決定があった ➡ 管理組合は滞納管理費債権につき破産手続に参加。

❶ **最も不適切** 「賃借人が…支払い義務を負います」

➡ 「賃借人は…支払義務を負いません」

頻出

　管理費の支払義務を負うのは管理組合の組合員である区分所有者であり、**専有部分の賃借人は管理費の支払義務を負わない**（区分所有法19条、標準管理規約25条1項）。したがって、管理費を滞納している区分所有者から専有部分を賃借して、現に専有部分に居住している賃借人は、管理費の支払義務を負わない。

❷ **適　切** 専有部分を共有する者が負う管理費の支払債務は、専有部分という不可分の物を所有することによって発生する債務なので、**不可分債務である**（民法430条、判例）。不可分債務については、**債権者は債務者の1人に対して、その全額の請求できる**（428条、436条）。したがって、管理組合は管理費を滞納している専有部分の各共有者に対して、その全額を請求できる。

❸ **適　切** 滞納管理費債権は、自己破産した区分所有者に対して、破産手続開始前の原因に基づいて生じた財産上の請求権であるので、**破産債権である**（破産法2条5項）。そして、破産債権を有する破産債権者（2条6項）は、破産債権の届出を行うことによって**破産手続に参加できる**（111条）。したがって、管理組合は、区分所有者が自己破産して、破産手続開始の決定があったときには、**滞納管理費債権**について、**破産手続に参加できる**。

❹ **適　切** 地方裁判所では、法令により裁判上の行為ができる代理人のほか、弁護士でなければ訴訟代理人となることはできない（民事訴訟法54条1項）。**マンション管理業者は、法令により裁判上の行為ができる代理人ではないし、弁護士でもないので、滞納管理費について、地方裁判所で、管理組合の訴訟代理人になることはできない。**

管理組合の会計・財務等

正解 ❶

519

　次のうち、消費税法によれば、管理組合が当課税期間において、必ず消費税の課税事業者となるものはどれか。

❶　基準期間における管理組合が運営する売店の売上高は820万円、組合員以外の第三者からの駐車場使用料収入は120万円であり、特定期間の当該売店の売上高は750万円、組合員以外の第三者からの駐車場使用料収入は60万円であったが、特定期間の給与等支払額は1,025万円であった。

❷　基準期間における管理組合の全収入は1,120万円で、その内訳は、管理費等収入が950万円、駐車場使用料収入が145万円（組合員以外の第三者からのもの28万円を含む）、専用庭使用料収入が25万円であったが、基準期間以降についても、同額の収入構成であった。

❸　基準期間における管理組合の課税売上高は890万円、特定期間の課税売上高は1,020万円であったが、特定期間の給与等支払額は650万円であった。

❹　基準期間における管理組合の課税売上高は850万円、特定期間の課税売上高は1,050万円であったが、特定期間の給与等支払額は1,020万円であった。

> 　管理組合の**基準期間**および**特定期間**（原則として、前事業年度開始の日以後6ヵ月の期間）における課税売上高が1,000万円以下の場合には、当課税期間の**消費税の納税義務が免除される**（消費税法9条1項、9条の2第1項）。なお、特定期間については、「1,000万円を超えているか否か」の判定は、課税売上高に代えて、**給与等支払額の合計額**により判定することもできる（9条の2第3項）

　上記を前提に、以下検討する。

❶　課税事業者とならない

　基準期間における収入は、売店の売上高820万円および組合員以外の第三者からの駐車場使用料120万円の計940万円であり、1,000万円を超えていない。また、特定期間においては、同様に、売店の売上高750万円及び組合員以外の第三者からの駐車場使用料60万円の計810万円であり、1,000万円を超えておらず、当課税期間においては、消費税の**課税事業者とならない**。

❷　課税事業者とならない

　基準期間における収入のうち、課税売上高となるのは、駐車場使用料（組合員以外の第三者からのもの）28万円のみであり、1,000万円を超えていない。また、その後の特定期間においても同額の収入構成であったので、当課税期間においては、消費税の**課税事業者とならない**。

❸　課税事業者とならない

　基準期間における課税売上高は、890万円であり、1,000万円を超えていない。また、特定期間については、課税売上高は1,020万円であるが、「1,000万円の判定」を、**課税売上高に代えて、給与等支払額の合計額650万円**によるものとすれば、当課税期間においては、消費税の**課税事業者とならない**。つまり、特定期間の①「課税売上高（1,020万円）」と、②「給与等支払額の合計額（650万円）」のどちらの基準で判断するかは納税者の**選択**によるので、上記②を基準とすれば、課税事業者とはならない。

❹　課税事業者となる

　基準期間における課税売上高は、850万円であり、1,000万円を超えていない。しかし、特定期間においては、**課税売上高と給与等支払額のどちらも**1,000万円を超えているので、当課税期間においては、消費税の**課税事業者となる**。

正解 ❹

37 管理組合の税務②（消費税・法人税）

CHECK! □□□ H28-問16 特 重要度 A

管理組合の活動に係る税務の取扱いに関する次の記述のうち、最も適切なものはどれか。

❶ 法人税法上、人格のない社団である管理組合においても、組合員から徴収する専用使用料収入については課税対象である収入となる。

❷ 消費税法上、管理組合が共用部分である駐車場を有償で使用させる場合、使用者が組合員であっても使用料は課税の対象となる。

❸ 消費税法上、管理組合が金融機関から借入れをした場合に生じる借入金の利子は、課税取引であり消費税の課税対象となる。

❹ 消費税法上、基準期間における課税売上高が1,000万円以下となる場合であっても、特定期間の課税売上高によっては、消費税の納税義務が免除されない場合がある。

Point 組合員から徴収する使用料収入 ➡ 法人税課税対象外。

❶ **不適切** 「課税対象である収入」➡「課税対象とならない」

　管理組合が組合員から徴収する使用料収入については、法人税法上、課税対象とならない。

❷ **不適切** 「課税の対象となる」➡「課税対象とならない」

　管理組合が共用部分である駐車場を有償で使用させた場合、組合員が支払う駐車場使用料は、消費税法上、課税対象とならない。

❸ **不適切** 「課税対象となる」➡「課税対象とならない」

　管理組合が金融機関に支払う借入金の利子は、消費税の課税対象とならない。

❹ **最も適切**

　基準期間（前々年度）の課税売上高が1,000万円以下であっても、**特定期間**（個人事業者にあってはその年の前年1月1日から6月30日までの期間、法人にあっては原則としてその事業年度の前事業年度開始の日以後6月の期間）の課税売上高が1,000万円を超えた場合には、当年度（当事業年度）において**課税事業者**となり、消費税の納税義務が免除されない。

正解 ❹

38 管理組合の税務③（消費税・法人税）

CHECK! □ □ □

H29-問16

重要度 特 A

管理組合の活動に係る税務の取扱いに関する次の記述のうち、最も適切なものはどれか。

❶ 消費税法上、消費税の納税義務者は事業者とされ、法人格を有しない管理組合及び管理組合法人は納税義務者とはならない。

❷ 消費税法上、管理組合が、組合員との駐車場使用契約に基づき収受した使用料は、課税取引として課税対象となる。

❸ 消費税法上、管理組合の支出のうち、火災保険料等の損害保険料は、課税取引として課税対象となる。

❹ 法人税法上、管理組合法人が、その共用部分を携帯電話基地局設置のために通信事業者に賃貸することは、収益事業に該当する。

Point 損害保険料 ➡ 消費税法上は非課税取引となる。

❶ **不適切** 「納税義務者とはならない」 ➡ 「納税義務者となる」

消費税法上、消費税の納税義務者は事業者（法人・個人事業者）とされ（消費税法2条1項4号）、また、法人格を有しない管理組合も、法人とみなされる（3条）。したがって、法人格を有しない管理組合も管理組合法人も、事業者として消費税の納税義務者となる。

❷ **不適切** 「課税対象となる」 ➡ 「課税対象とならない」

頻出

管理組合が、組合員との駐車場使用契約に基づき収受した使用料は、不課税取引に該当するため、消費税法上、課税対象とならない。

❸ **不適切** 「課税対象となる」 ➡ 「課税対象とならない」

頻出

管理組合の支出のうち、火災保険料等の損害保険料は、非課税取引に該当するため、消費税法上、課税対象とならない。

❹ **最も適切**

管理組合法人が、その共用部分を携帯電話基地局の設置のために通信事業者に賃貸することは、収益事業に該当し、法人税が課税される（区分所有法47条13項、法人税法2条6号、4条1項）。

【管理組合の収入に係る消費税の扱い】

管理組合が、マンション敷地・建物共用部分を**管理組合員以外の第三者に使用**させている場合に、第三者から受け取る**使用料** ＊ 課税対象の収入合計額が、基準期間（前々年度・前々事業年度）において、1,000万円を超える管理組合は、納税義務が生じる。	課税取引
管理費等の**預貯金利息**	非課税取引
① 管理組合が受け取る**管理費等**（管理費・修繕積立金・組合費等）、借入金 ② 区分所有者がマンション敷地内の駐車場・専用庭・自転車置場等、建物共用部分であるルーフバルコニー等を使用している場合に、管理組合に支払う使用料（**専用使用料**）	不課税取引

【管理組合の支出に係る消費税の扱い】

管理委託料（管理手数料等）、諸設備保守点検費・検査料、水道光熱費、郵送費、清掃費、植栽管理費、弁護士・設計管理報酬・工事監理料・調査診断料、**振込手数料**等、その他	課税取引
借入金利子、**損害保険料**、債務保証料	非課税取引
会費・入会金（対価性のない場合）、従業員人件費（管理組合が雇用している場合）	不課税取引

正 解 ❹

管理組合の税務④（消費税・法人税）

CHECK! ▢▢▢ 🖊

R2-問14

管理組合の税務の取扱いに関する次の記述のうち、法人税法及び消費税法によれば、最も不適切なものはどれか。

❶ 消費税法上、管理組合が大規模修繕工事のため、金融機関から借入れをする場合には、その借入金の支払利息は、課税されない。

❷ 法人税法上、管理組合が運営する駐車場の組合員のみへの貸付に係る使用料は、収益事業として課税される。

❸ 法人税法上、管理組合がマンションの共用部分を携帯電話の基地局設置のために通信事業者に賃貸する場合には、その賃貸料は、収益事業として課税される。

❹ 消費税法上、その事業年度の基準期間における課税売上高が1,000万円以下となる場合であっても、その事業年度に係る特定期間における課税売上高が1,000万円を超え、かつ、特定期間の給与総額が1,000万円を超えるときは、消費税の納税義務は免除されない。

Point 携帯基地局設置目的の通信事業者からの賃貸料➡課税？

❶ 適 切

頻出

消費税法上、管理組合が金融機関から借入れをする場合、その借入金の支払利息については、課税対象とならない。

❷ 最も不適切 「課税される」➡「課税されない」

頻出

法人税法上、管理組合が運営する駐車場の組合員のみへの貸付にかかる使用料は、収益事業にあたらず、課税対象とならない。

❸ 適 切

法人税法上、管理組合が、マンションの共用部分を携帯電話の基地局設置のために通信事業者に賃貸する場合には、賃貸料は、収益事業に該当し、課税される。

❹ 適 切

頻出

管理組合の**基準期間**及び**特定期間**（原則として、前事業年度開始の日以後6ヵ月の期間）における課税売上高が1,000万円以下の場合には、**消費税の納税義務が免除される**（消費税法9条1項、9条の2第1項）。また、特定期間については、「1,000万円を超えているか否か」の判定は、課税売上高に代えて、給与等支払額の合計額により判定することもできるが、ともに1,000万円を超えるときは、**消費税の納税義務は免除されない**（9条の2第3項）。

管理組合の会計・財務等

正 解 **❷**

第5編

マンションの維持・保全等

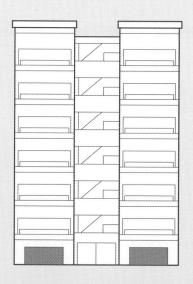

　次の建築基準法第１条の規定の（ア）から（ウ）に入る語句の組合せとして、最も適切なものはどれか。

（目的）

第１条　この法律は、建築物の敷地、構造、設備及び用途に関する（ア）基準を定めて、国民の（イ）、健康及び財産の保護を図り、もって（ウ）の増進に資することを目的とする。

	（ア）	（イ）	（ウ）
❶	標準となる	生命	社会の利便性
❷	最低の	生命	公共の福祉
❸	最低の	生活	社会の利便性
❹	標準となる	生活	公共の福祉

Point 建築基準法は、建築物の敷地、構造、設備及び用途に関する最低基準を定めている。

（目的）

第1条　この法律は、建築物の敷地、構造、設備及び用途に関する（ア：最低の）基準を定めて、国民の（イ：生命）、健康及び財産の保護を図り、もって（ウ：公共の福祉）の増進に資することを目的とする。

したがって、ア：最低の、イ：生命、ウ：公共の福祉となり、正解は❷である。

正解 ❷

建築基準法②(用語の定義)

CHECK!

R 3-問23

建築基準法第2条(用語の定義)に関する次の記述のうち、最も不適切なものはどれか。

❶ 特殊建築物には、病院、劇場、百貨店、工場などのほか、共同住宅も含まれる。

❷ 建築設備とは、建築物に設ける電気、ガス、給水、排水、換気、暖房、冷房、消火、排煙若しくは汚物処理の設備又は煙突、昇降機若しくは避雷針をいう。

❸ 居室とは、居住、執務、作業、集会、娯楽その他これらに類する目的のために継続的に使用する室をいう。

❹ 建築とは、建築物を新築し、増築し、改築し、移転し、大規模の修繕をし、又は大規模の模様替えをすることをいう。

❶ 適 切

　「特殊建築物」とは、学校（専修学校及び各種学校を含む）、体育館、病院、劇場、観覧場、集会場、展示場、百貨店、市場、ダンスホール、遊技場、公衆浴場、旅館、共同住宅、寄宿舎、下宿、工場、倉庫、自動車車庫、危険物の貯蔵場、と畜場、火葬場、汚物処理場その他これらに類する用途に供する建築物をいう（建築基準法2条2号）。

❷ 適 切

　「建築設備」とは、建築物に設ける電気、ガス、給水、排水、換気、暖房、冷房、消火、排煙若しくは汚物処理の設備又は煙突、昇降機若しくは避雷針をいう（2条3号）。

❸ 適 切

　「居室」とは、居住、執務、作業、集会、娯楽その他これらに類する目的のために継続的に使用する室をいう（2条4号）。

❹ 最も不適切 「大規模の修繕と大規模の模様替えは含まれない」

　「建築」とは、建築物を新築し、増築し、改築し、又は移転することをいう（2条13号）。したがって、建築には、大規模の修繕と大規模の模様替えは含まれない。

マンションの維持・保全等

正解 **❹**

建築基準法第2条及び同法施行令第1条の用語の定義に関する次の記述のうち、最も不適切なものはどれか。

❶ 「建築物」とは、土地に定着する工作物のうち、屋根及び柱若しくは壁を有するもの（これに類する構造のものを含む。）などをいい、建築設備を含まない。

❷ 「敷地」とは、一の建築物又は用途上不可分の関係にある二以上の建築物のある一団の土地をいう。

❸ 「主要構造部」とは、壁、柱、床、はり、屋根又は階段をいい、建築物の構造上重要でない部分を除く。

❹ 「大規模の修繕」とは、建築物の主要構造部の一種以上について行う過半の修繕をいう。

❶

最も不適切 「建築設備を含まない」➡「建築設備を含む」

　「建築物」とは、土地に定着する工作物のうち、屋根及び柱若しくは壁を有するもの（これに類する構造のものを含む）、これに附属する門若しくは塀、観覧のための工作物又は地下若しくは高架の工作物内に設ける事務所、店舗、興行場、倉庫その他これらに類する施設（鉄道及び軌道の線路敷地内の運転保安に関する施設並びに跨線橋、プラットホームの上家、貯蔵槽その他これらに類する施設を除く）をいい、**建築設備を含む**ものとする。（建築基準法2条1号）。

❷ 適　切

　「敷地」とは、1の建築物又は用途上不可分の関係にある2以上の建築物のある一団の土地をいう（施行令1条1号）。

❸

適　切

　「主要構造部」とは、**壁、柱、床、はり、屋根又は階段**をいい、**建築物の構造上重要でない間仕切壁、間柱、付け柱、揚げ床、最下階の床、回り舞台の床、小ばり、ひさし、局部的な小階段、屋外階段**その他これらに類する建築物の**部分を除く**ものとする。（建築基準法2条5号）。

❹ 適　切

　「大規模の修繕」とは、建築物の**主要構造部**の一種以上について行う**過半の修繕**をいう（2条14号）。

マンションの維持・保全等

正　解　❶

次の記述のうち、建築基準法によれば、誤っているものはどれか。

❶ 準耐火構造が要求される建築物は、耐火構造で建てることも可能である。

❷ 火炎を遮る設備である防火設備には、ドレンチャー、防火戸などがある。

❸ 建築基準法による「主要構造部」と、建築基準法施行令による「構造耐力上主要な部分」に共通して規定されている部材として、壁、柱などがある。

❹ 建築物の用途・規模などに応じて、内装の仕上げ材料の制限を受ける部位は、壁、天井及び床である。

❶ **正しい** 耐火構造では、建築物の部分（壁等）に通常の火災による火熱が一定時間加えられた場合に、構造耐力上支障のある変形等を生じないものであること等とされている（建築基準法施行令107条）。つまり、一定時間加熱が加わった後、火災が終わった後も変形等を生じないことが求められている。これに対して、準耐火構造では、建築物の部分に通常の火災による火熱が加えられた場合、「加熱開始後一定時間」構造耐力上支障のある変形等を生じないものであること等とされている（107条の2）。つまり、一定時間加熱による変形等を生じなければ、その後、変形等が生じてもよいのである。したがって、耐火構造の方が準耐火構造よりも性能が高いので、準耐火構造が要求される建築物を耐火建築物で建てることも可能である。

❷ **正しい** 火炎を遮る設備である防火設備には、ドレンチャー・防火戸等がある（109条1項）。

❸ **正しい** 「主要構造部」には、壁・柱・床・はり・屋根・階段が該当する（建築基準法2条5号）。また、「構造耐力上主要な部分」には、基礎・基礎ぐい・壁・柱・小屋組・土台・斜材（筋かい・方づえ・火打材その他これらに類するものをいう）・床版・屋根版・横架材（はり・けたその他これらに類するものをいう）が該当する（施行令1条3号）。

（頻出）

❹ **誤り** 「壁、天井及び床」➡「壁及び天井」

　共同住宅等の特殊建築物は、政令で定めるものを除き、政令で定める技術的基準に従って、その壁及び天井の室内に面する部分の仕上げを防火上支障がないようにしなければならない（「内装制限」建築基準法35条の2）。しかし、床については、この制限を受けない。

（ひっかけ）

マンションの維持・保全等

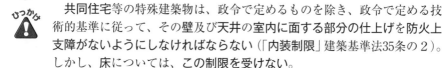

正解 ❹

537

建築物の階数等に関する次の記述のうち、建築基準法によれば、誤っているものはどれか。

❶ 建築物の敷地が斜面又は段地である場合で、建築物の部分によって階数を異にする場合においては、これらの階数のうち最大のものが、その建築物の階数となる。

❷ 昇降機塔、装飾塔、物見塔その他これらに類する建築物の屋上部分の水平投影面積の合計が、当該建築物の建築面積の$\frac{1}{8}$以下のものは階数に算入しない。

❸ 地階の倉庫、機械室その他これらに類する部分の水平投影面積の合計が、当該建築物の建築面積の$\frac{1}{8}$以下のものは階数に算入しない。

❹ 地階とは、床が地盤面下にある階で、床面から地盤面までの高さがその階の天井の高さの$\frac{1}{2}$以上のものをいう。

❶ **正しい** 階数の算定においては、建築物の一部が吹抜きとなっている場合、建築物の敷地が斜面・段地である場合で、建築物の部分によって階数を異にする場合は、これらの階数のうち最大なものを当該建築物の階数とする（建築基準法施行令2条1項8号）。

頻出

❷ **正しい** 建築物の階数について、昇降機塔・装飾塔・物見塔等の建築物の屋上部分で、水平投影面積の合計が、それぞれ当該建築物の建築面積の $\frac{1}{8}$ 以下のものは、当該建築物の階数に算入されない（2条1項8号）。

頻出

❸ **正しい** 建築物の階数について、地階の倉庫・機械室等の建築物の部分で、水平投影面積の合計が、それぞれ当該建築物の建築面積の $\frac{1}{8}$ 以下のものは、当該建築物の階数に算入されない（2条1項8号）。

頻出

❹ **誤り** 「$\frac{1}{2}$ 以上」 ➡ 「$\frac{1}{3}$ 以上」

「地階」とは、床が地盤面下にある階で、床面から地盤面までの高さがその階の天井の高さの $\frac{1}{3}$ 以上のものをいう（1条2号）。

頻出

マンションの維持・保全等

正解 ❹

都市計画区域における建築物の工事のうち、建築基準法によれば、建築物の建築等に関する申請及び確認が必要なものは、次のうちどれか。

❶　防火地域及び準防火地域外において、既存建築物の全部又は一部を除却し、それらの建築物又は建築物の部分を、従前と同様の用途・構造・規模のものに建て替える改築（それに係る部分の床面積の合計が10㎡以内）をする建築工事

❷　木造以外の建築物（階数が1で、床面積の合計が10㎡）の主要構造部の一種以上について行う過半の修繕工事

❸　増築、改築、大規模の修繕又は大規模の模様替えを行わずに、特殊建築物を、用途を変更して他の特殊建築物（その用途に供する部分の床面積の合計が190㎡）とする工事

❹　準防火地域内にある既存建築物と同一敷地内に、床面積の合計が15.0㎡の土地に定着する物置を増築する建築工事

❶ 不　要

　改築とは、建築物の全部若しくは一部を除却し、又はこれらの部分が災害等によって滅失した後引続きこれと用途、規模、構造の著しく異ならない建築物を建てることをいう（建設省住指発1400号）。そして、都市計画区域内の防火地域及び準防火地域「外」において改築を行おうとする場合、その増築、改築又は移転に係る部分の床面積の合計が10㎡以内であるときについては、建築確認は不要となる（建築基準法6条1項4号・2項）。

❷ 不　要

　建築物の主要構造部の一種以上について行う過半の修繕を大規模な修繕という（2条14号）。そして、①特殊建築物で、延べ面積が200㎡を超えるもの、②木造の建築物で3階以上、又は延べ面積が500㎡、高さが13m若しくは軒の高さが9mを超えるもの、③木造以外の建築物で2階以上、又は延べ面積が200㎡を超えるものの大規模な修繕・模様替をしようとする場合、建築確認が必要となるが（6条1項1号・2号・3号）、本肢では「木造以外の建築物（階数が1で、床面積の合計が10㎡）」としており、上記③の建築物に該当しないので、建築確認は不要となる。

❸ 不　要

　建築物の用途を変更して、床面積の合計が200㎡を超える特殊建築物とする場合には、建築確認が必要となる（87条1項、6条1項1号）。本肢では、特殊建築物を用途を変更して、他の特殊建築物（その用途に供する部分の床面積の合計が190㎡）とする場合なので、建築確認は不要となる。

❹ 必　要

　都市計画区域内の準防火地域内において増築を行おうとする場合、建築確認が必要となる（6条1項4号）。ただし、防火地域及び準防火地域「外」において増改築をする場合、その増築、改築又は移転に係る部分の床面積の合計が10㎡以内であるときは建築確認は不要となる（同2項）。

マンションの維持・保全等

正解 ❹

541

7 建築基準法⑦・その他（換気）

建築物の換気に関する次の記述のうち、最も不適切なものはどれか。

❶ 住宅等の居室において、ホルムアルデヒドに関する技術的基準として、機械式換気設備の必要有効換気量の計算に求められる換気回数は、建築基準法によれば、原則として、3時間に1回である。

❷ 換気効率の指標の一つである「空気齢」は、その数値が大きいほど、その地点に供給される空気が汚染されている可能性が高い。

❸ 「自然換気」とは、建物の内外の温度差、外部風を利用して換気する方式のことである。

❹ マンションの換気方式としても採用される「第3種換気方式」とは、自然給気と機械排気を組み合わせた換気方式である。

Point　居室のホルムアルデヒド基準➡0.5回/h以上換気回数を要求。

❶ **最も不適切** 「3時間に1回」➡「2時間に1回」

　住宅等の居室においては、ホルムアルデヒドに関する技術的基準として、「0.5回/h（時間）」以上の換気回数を有する機械換気設備を設置しなければならない（建築基準法28条の2第3号、施行令20条の8第1項1号イ）。したがって、換気回数は2時間で1回である。

❷ **適　切**

　「空気齢」とは、窓や給気口などの開口部から室内に入ってきた空気が、室内のある場所に到達するまでにかかる時間のことをいう。室内の換気の状況を表わすために用いられ、空気齢が小さいほど空気が新鮮であり、空気齢が大きいほど空気が汚染されている可能性があることを表わしている。

❸ **適　切**

　「自然換気」とは、建物内外の温度差・外部風を利用して換気する方式である。

❹ **適　切**

　マンションの換気方式としても採用される、「第3種換気方式」とは、排気は機械換気で強制的に行い、給気は給気口などから自然に行う換気方式である。

マンションの維持・保全等

正解 **❶**

8 建築基準法⑧・その他（換気）

換気設備に関する次の記述のうち、最も不適切なものはどれか。

❶ 全熱交換型の換気は、「第1種換気方式」である。

❷ 建築基準法によれば、居室には、政令で定める技術的基準に従って換気設備を設けた場合を除いて、換気のための窓その他の開口部を設け、その換気に有効な部分の面積は、その居室の床面積に対して、$\frac{1}{20}$以上としなければならない。

❸ 換気効率の指標の一つである「空気齢」は、その数値が小さいほど、その地点に供給される空気が汚染されている可能性が高い。

❹ 建築基準法によれば、建築物の調理室等で火を使用する設備又は器具の近くに排気フードを有する排気筒を設ける場合においては、排気フードは、不燃材料で造らなければならない。

❶ 適 切

頻出
　全熱交換型の換気は、換気の際に失われる室内の顕熱（温度）と潜熱（湿度）を給気した空気に交換できるもので、給気機と排気機を設ける第1種換気方式で用いられる。

❷ 適 切

頻出
　居室には、政令で定める技術的基準に従って換気設備を設けた場合を除いて、換気のための窓その他の開口部を設け、その換気に有効な部分の面積は、その居室の床面積に対して、$\frac{1}{20}$以上としなければならない（建築基準法28条2項）。

❸ 最も不適切　「汚染されている可能性が高い」➡「汚染されている可能性が低い」

ひっかけ
　換気効率の指標の1つである空気齢は、その数値が小さいほど、その地点に供給される空気が汚染されている可能性が低い。

❹ 適 切

頻出
　建築物の調理室、浴室、その他の室でかまど、こんろその他火を使用する設備又は器具を設けたものに設ける換気設備は、火を使用する設備又は器具の近くに排気フードを有する排気筒を設ける場合、排気フードは、不燃材料で造る必要がある（建築基準法施行令20条の3第2項4号）。

マンションの維持・保全等

正 解　**❸**

545

9　建築基準法⑨・その他（換気）

CHECK! 　　　　　R 3-問22　　　C

換気設備に関する次の記述のうち、最も不適切なものはどれか。

❶ 　建築基準法のホルムアルデヒドに関する技術的基準によれば、住宅等の居室における機械換気設備（居室内の空気を浄化して供給する方式を用いるものを除く。）の必要有効換気量は、居室の床面積に天井高さを乗じたものの0.5倍である。

❷ 　全熱交換型の換気は、「第2種換気方式」である。

❸ 　建築基準法によれば、換気設備を設けるべき調理室等に、火を使用する設備又は器具の近くに排気フードを有する排気筒を設ける場合においては、排気フードは、不燃材料で造らなければならない。

❹ 　浴室や便所等の換気に用いる「第3種換気方式」では、必要換気量を確保するために、換気扇の運転時に給気を確保できるよう十分な大きさの給気口を設ける必要がある。

❶ **適切**

必要換気量は、換気回数に居室の床面積と天井高さを乗じて算出される。住宅の居室に設けられる機械換気設備の換気回数は、0.5回/h以上が必要となるので、居室の床面積に天井高さを乗じたものの0.5倍となる（建築基準法28条の2第3号、施行令20条の7第1項2号、20条の8第1項1号イ）。

❷ **最も不適切** 「第2種換気方式」➡「第1種換気方式」

全熱交換型の換気とは、排気時に奪われる空気の熱を、給気した空気に移すことで、換気による温度変化を押さえることができる方式である。この全熱交換型の換気では、給気・排気共に機械を用いる第1種換気方式が該当する。

❸ **適切**

建築物の調理室、浴室、その他の室でかまど、こんろその他火を使用する設備又は器具を設けたものに換気設備を設ける場合において、火を使用する設備又は器具の近くに排気フードを有する排気筒を設けるときは、排気フードは、不燃材料で造らなければならない（建築基準法施行令20条の3第2項4号）。

❹ **適切**

浴室や便所等の換気に用いる「第3種換気方式」では、必要換気量を確保するために、換気扇の運転時に給気を確保できるよう十分な大きさの給気口を設ける必要がある。

マンションの維持・保全等

正解 ❷

547

建築基準法⑩（単体規定）

 CHECK! H29-問18

住宅における居住のための居室に関する次の記述のうち、建築基準法によれば、誤っているものはどれか。

❶ 居室の天井の高さは、一室で天井の高さの異なる部分がない場合においては、2.4m以上でなければならない。

❷ 居室を2階に設ける場合には、採光のための窓その他の開口部を設け、その採光に有効な部分の面積は、当該居室の床面積に対して、原則として$\frac{1}{7}$〜$\frac{1}{10}$以上としなければならない。

❸ 政令で定める技術的基準に従った換気設備を設けない限り、居室には、換気のための窓その他の開口部を設け、その換気に有効な部分の面積は、当該居室の床面積に対して、$\frac{1}{20}$以上としなければならない。

❹ 国土交通大臣が定めるところにより、からぼりその他の空地に面する開口部を設けて直接土に接する外壁、床及び屋根又はこれらの部分に水の浸透を防止するための防水層が設けられていれば、居室を地階に設けることができる。

❶ <u>頻出</u>　**誤り**　「一室で天井の高さの異なる部分がない場合は2.4m以上」➡「2.1m以上」

居室の天井の高さは、2.1m以上でなければならない（建築基準法施行令21条1項）。なお、この高さは、室の床面から測り、一室で天井の高さの異なる部分がある場合は、その平均の高さによる（同2項）。

❷　**正しい**　共同住宅の地上階（本肢では2階）における居室には、採光のための窓その他の開口部を設け、その採光に有効な部分の面積は、その居室の床面積に対して、原則 $\frac{1}{7}$ ～ $\frac{1}{10}$ 以上としなければならない（建築基準法28条1項）。

❸　**正しい**　居室には、原則として、換気のための窓その他の開口部を設け、その換気に有効な部分の面積は、その居室の床面積に対して、$\frac{1}{20}$ 以上としなければならない。ただし、政令で定める技術的基準に従って換気設備を設けた場合は、この必要はない（28条2項）。

❹　**正しい**　住宅の居室等の寝室で地階に設けるものは、壁・床の防湿の措置その他の事項について衛生上必要な一定の技術的基準に適合するものとしなければならない（29条）。そして、この技術的基準として、次のものが必要とされている（施行令22条の2）。

> (1) 居室が、次の①～③のいずれかに該当すること
> ①　からぼりその他の空地に面する開口部が設けられている
> ②　一定の技術的基準に適合する換気設備が設けられている
> ③　居室内の湿度を調節する設備が設けられている
> (2) 直接土に接する外壁・床・屋根またはこれらの部分（「外壁等」）の構造が、次の①②のどちらかに適合すること
> ①　次の（ア）（イ）のどちらか（屋根・屋根の部分では（ア））に適合するもの。ただし、外壁等のうち常水面以上の部分を耐水材料で造り、かつ、材料の接合部やコンクリートの打継ぎをする部分に防水の措置を講ずる場合は、例外となる
> （ア）**外壁等にあっては、直接土に接する部分に、水の浸透を防止するための防水層を設ける**
> （イ）外壁・床では、直接土に接する部分を耐水材料で造り、かつ、直接土に接する部分と居室に面する部分との間に居室内への水の浸透を防止するための空隙（当該空隙に浸透した水を有効に排出するための設備が設けられているものに限る）を設ける
> ②　外壁等の直接土に接する部分から居室内に水が浸透しないものとして、国土交通大臣の認定を受けたもの

正解 ❶

11 建築基準法⑪・その他（アスベスト）

CHECK! ☐☐☐ R2-問22 　　重要度 A

石綿（アスベスト）に関する次の記述のうち、最も不適切なものはどれか。

❶ 微細な浮遊繊維が人体に有害となる石綿（アスベスト）の一つに、クロシドライト（青石綿）がある。

❷ 事業者は、石綿障害予防規則の定めにより、石綿健康診断の結果に基づく石綿健康診断個人票を作成し、これを当該労働者が当該事業場において常時石綿等を取り扱う業務に従事しないこととなった日から40年間保存しなければならない。

❸ 吹付け石綿及び吹付けロックウールでその含有する石綿の重量が当該建築材料の重量の0.1％を超えるものは、建築基準法により、建築材料としての使用は禁止されている。

❹ 建築物などの内外装仕上げに用いられる建築用仕上げ塗材については、過去に石綿を含有するものは製造されたことがない。

Point 代表的アスベスト➡ クリソタイル・アモサイト・クロシドライト

❶ **適 切**

頻出

　日本で使用された代表的な**石綿**（アスベスト）には、蛇紋石族の白石綿（**クリソタイル**）と角閃石族の茶石綿（**アモサイト**）、青石綿（**クロシドライト**）がある。

❷ **適 切**

　事業者は、健康診断の結果に基づき、**石綿健康診断個人票を作成**し、これを当該労働者が当該事業場において**常時石綿等を取り扱う業務に従事しないこととなった日から40年間保存**しなければならない（石綿障害予防規則41条）。

❸ **適 切**

頻出

　吹付け石綿又は吹付けロックウールでその含有する石綿の重量が当該建築材料の重量の0.1%を超えるものは使用できない（国土交通省告示1172号）。

❹ **最も不適切**　「**製造されたことがない**」➡「**製造されたことがある**」

　建築物の内外装の仕上げに用いられる**建築用仕上げ塗材**について、過去に石綿を含有するものが**製造されたことがある**。

マンションの維持・保全等

正解 ❹

551

12 建築基準法⑫（建蔽率・容積率等）

 CHECK!　　　　　H28-問17

建蔽率、容積率などに関する次の記述のうち、建築基準法によれば、誤っているものはどれか。

❶ 建蔽率とは、建築物の建築面積（同一敷地内に2以上の建築物がある場合においては、その建築面積の合計）の敷地面積に対する割合をいう。

❷ 建築面積の算定には、地階の面積はすべて含まれない。

❸ 容積率とは、建築物の延べ面積の敷地面積に対する割合をいう。

❹ 容積率の上限値には、前面道路の幅員による制限が加わる場合がある。

❶ **正しい** 「建蔽率」とは、建築物の建築面積（同一敷地内に2以上の建築物がある場合においては、その建築面積の合計）の敷地面積に対する割合をいう（建築基準法53条1項）。

❷ **誤り** 「すべて含まれない」
➡ 「地階でも地盤面上1m超のものの面積は含まれる」

頻出

建築面積の算定は、原則として、建築物（地階で地盤面上1m以下にある部分を除く）の外壁、またはこれに代わる柱の中心線（軒・ひさし・はね出し縁等で当該中心線から水平距離1m以上突き出たもの（建蔽率の算定の基礎となる建築面積を算定する場合に限り、倉庫等の用途に供する建築物において専ら貨物の積卸し等の業務のために設ける軒等で安全上・防火上・衛生上支障がないものとして一定の軒等（以下「特例軒等」という）のうち当該中心線から突き出た距離が水平距離1m以上5m未満のものであるものを除く）がある場合、その端から水平距離で1m後退した線（建蔽率の算定の基礎となる建築面積を算定する場合に限り、特例軒等のうち当該中心線から水平距離5m以上突き出たものにあっては、その端から水平距離5m以内で当該特例軒等の構造に応じて一定距離後退した線））で囲まれた部分の水平投影面積による（施行令2条1項2号）。したがって、地階でも地盤面上1mを超えるものの面積は含まれる。

❸ **正しい** 「容積率」とは、建築物の延べ面積の敷地面積に対する割合をいう（建築基準法52条1項）。

❹ **正しい** 前面道路（前面道路が2以上ある場合、幅員が最大のもの）の幅員が12m未満である容積率は、当該前面道路の幅員の数値に、さらに所定の区分に従い、一定の数値（法定乗数）を乗じたもの以下でなければならない（52条2項）。したがって、容積率の上限値には、前面道路の幅員による制限が加わる場合がある。

頻出

【建築面積に算入されない部分】

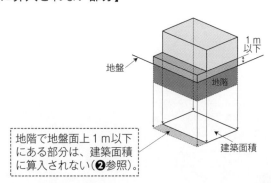

1m
以下

地盤

地階

地階で地盤面上1m以下にある部分は、建築面積に算入されない（❷参照）。

建築面積

マンションの維持・保全等

正解 ❷

　建築物の容積率に関する次の記述のうち、建築基準法によれば、最も適切なものはどれか。

❶　容積率の限度が前面道路の幅員によって定まる場合において、当該前面道路が２以上あるときは、それらの幅員のうち最小のものが、容積率の算定の基礎となる数値として採用される。

❷　容積率を算定する場合において、宅配ボックス設置部分の床面積は、その敷地内の全ての建築物の各階の床面積の合計に$\frac{1}{100}$を乗じて得た面積を限度として、延べ面積には算入されない。

❸　エレベーターの昇降路の部分の床面積は、容積率の算定の基礎となる延べ面積に算入される。

❹　容積率に関する制限を受ける地域、地区又は区域が２以上にわたる場合において、その敷地面積の過半を占める地域、地区又は区域の限度が適用される。

Point 12m未満の前面道路➡①指定容積率と②道路幅員×法定乗数のうち、小が限度。

❶ **不適切** 「最小のもの」 ➡ 「最大のもの」

　前面道路（前面道路が２以上あるときは、その幅員の最大のもの）の幅員が12ｍ未満の場合は、①指定容積率と②当該前面道路の幅員の数値に一定の数値（法定乗数）を乗じたもののうち、小さいほうが限度となる（建築基準法52条２項）。

❷ **最も適切**

　宅配ボックス（配達された物品（荷受人が不在その他の事由により受け取ることができないものに限る）の一時保管のための荷受箱をいう）を設ける部分の床面積は、その敷地内の全ての建築物の各階の床面積の合計に $\frac{1}{100}$ を乗じて得た面積を限度として、延べ面積には算入されない（施行令２条１項４号ヘ、３項６号）。

❸ **不適切** 「算入される」 ➡ 「算入されない」

　次の建築物の部分の床面積は、一定の場合を除き、延べ面積に算入されない（建築基準法52条６項）。

① 　エレベーターの昇降路の部分

② 　共同住宅または老人ホーム等の共用の廊下または階段の用に供する部分

③ 　住宅または老人ホーム等に設ける機械室等の部分（給湯設備等の一定の建築設備を設置するためのものであって、市街地の環境を害するおそれがないものとして一定の基準に適合するものに限る）で、特定行政庁が交通上、安全上、防火上及び衛生上支障がないと認めるもの

❹ **不適切** 「過半を占める地域」

　　　　➡「各部分の面積の敷地面積に対する割合を乗じて得たものの合計」

　建築物の敷地が容積率に関する制限を受ける地域、地区または区域の２以上にわたる場合、当該容積率は、当該各地域、地区または区域内の容積率の限度にその敷地の当該地域、地区または区域内にある各部分の面積の敷地面積に対する割合を乗じて得たものの合計以下でなければならない（「加重平均」52条７項）。

マンションの維持・保全等

正解 ❷

建築基準法による「日影による中高層の建築物の高さの制限」（以下、本問において「日影規制」という。）に関する次の記述のうち、正しいものはどれか。

❶ 日影規制の対象区域とは、同法別表第4に掲げる地域又は区域の全部又は一部で、地方公共団体の条例で指定する区域をいう。

❷ 日影規制の対象となる用途地域には、中高層住居専用地域は含まれるが、近隣商業地域、準工業地域は含まれない。

❸ 同法によれば、日影は、冬至日の日本標準時による午前8時から午後5時までの間において、平均地盤面に生ずるもので判断する。

❹ 建築物が日影規制の対象区域外にあれば、高さが10mを超える建築物でも日影規制は適用されない。

Point 　日影規制➡一定の地域・区域の全部・一部で地方公共団体の条例で指定。

❶

ハイ
レベル

正しい　日影規制の対象区域は、「別表第4⒤欄の各項の地域・区域の全部・一部で地方公共団体の条例で指定する区域」である（建築基準法56条の2第1項）。なお、別表4⒤欄の各項の地域・区域とは、住居系のすべての用途地域（第一種・第二種低層住居専用地域、田園住居地域、第一種・第二種中高層住居専用地域、第一種・第二種・準住居地域）と、近隣商業地域、準工業地域、そして、用途地域の指定のない区域のことである（別表4⒤）。

❷

ひっかけ
⚠

誤り　「含まれない」➡「含まれる」

　❶解説参照。日影規制の対象となる用途地域には、**中高層住居専用地域**のみならず、**近隣商業地域および準工業地域も含まれる**（56条の2第1項、別表4⒤）。

❸

ハイ
レベル

誤り　「日本標準時」➡「真太陽時」
　　　　「午後5時まで」➡「午後4時まで」
　　　　「平均地盤面」➡「平均地盤面から所定の高さの水平面」

　日影は、冬至日の「真太陽時」による午前8時から午後「4時」までにおいて、「平均地盤面から所定の高さの水平面」に生ずるもので判断する（56条の2第1項）。

❹

誤り　「適用されない」➡「適用される」

　建築物が日影規制の対象区域外にある場合でも、高さが10m超の建築物で、冬至日において、対象区域内の土地に日影を生じさせるものは、当該対象区域内にある建築物とみなして、日影規制の規定が適用される（56条の2第4項）。

マンションの維持・保全等

正解 ❶

557

15 **建築基準法⑮（用途制限）**

CHECK! R元-問18

　用途地域内の建築制限に関する次の記述のうち、建築基準法の規定によれば、正しいものはどれか。ただし、特定行政庁の許可は受けないものとし、用途地域以外の地域、地区等は考慮しないものとする。

❶　共同住宅は、工業地域に建築することができる。

❷　倉庫業を営む倉庫は、第一種中高層住居専用地域に建築することができる。

❸　旅館は、第二種中高層住居専用地域に建築することができる。

❹　病院は、田園住居地域に建築することができる。

❶ **正しい** 共同住宅は、工業専用地域「以外」の用途地域で建築できる。したがって、**工業地域**でも**建築できる**（建築基準法48条、別表第2、以下同じ）。

❷ 誤り 「建築できる」➡「**原則建築できない**」

倉庫業を営む倉庫は、第一種低層住居専用地域、第二種低層住居専用地域、第一種中高層住居専用地域、第二種中高層住居専用地域、第一種住居地域、第二種住居地域、田園住居地域では、原則として**建築できない**。

❸ 誤り 「建築できる」➡「**原則建築できない**」

旅館は、その用途に供する部分の床面積の合計が3,000㎡以下の場合、第一種低層住居専用地域、第二種低層住居専用地域、第一種中高層住居専用地域、**第二種中高層住居専用地域**、田園住居地域、工業地域、工業専用地域では、原則として**建築できない**。また、旅館の用途に供する部分の床面積が3,000㎡超の場合、上記に加え、第一種住居地域でも、原則として建築できない。

❹ 誤り 「建築できる」➡「**原則建築できない**」

病院は、第一種低層住居専用地域、第二種低層住居専用地域、**田園住居地域**、工業地域、工業専用地域では、原則として**建築できない**。

マンションの維持・保全等

16 建築基準法⑯(維持保全)・標準管理委託契約書

CHECK! ☐☐☐ H29-問26 重要度 A

マンションの維持保全とマンション管理業者に関する次の記述のうち、最も不適切なものはどれか。

❶ 建築基準法によれば、マンション管理業者は、マンションの維持保全に関し、同法に規定されている義務を負い、当該マンションの所有者と管理組合にはその義務がない。

❷ 標準管理委託契約書によれば、マンション管理業者は、管理組合の長期修繕計画に改善の必要があると判断した場合には、書面をもって当該管理組合に助言する。

❸ 標準管理委託契約書によれば、マンション管理業者は、管理組合がマンションの維持又は修繕(大規模修繕を除く修繕又は保守点検等。)を当該マンション管理業者以外の業者に行わせる場合、当該工事に関する見積書の受理、発注補助、実施の確認を行う。

❹ 標準管理委託契約書によれば、マンション管理業者が、長期修繕計画案の作成業務を行う場合は、本契約とは別個の契約とする。

❶ 最も不適切 「管理業者は義務を負い、所有者・管理組合には義務がない」
　　　　　　 ⮕「管理業者は義務なし、所有者・管理者には義務あり」

　建築物の所有者・管理者・占有者は、その建築物の敷地・構造・建築設備を、常時適法な状態に維持するように努めなければならない（建築基準法8条1項）。したがって、**管理業者**は、マンションの維持保全に関する建築基準法上の努力義務を負わないが、当該マンションの**所有者・管理者（管理組合）・占有者は負う**。

❷ 適　切

　管理業者は、管理組合の**長期修繕計画の見直し**のため、管理事務を実施する上で把握した当該マンションの劣化等の状況に基づき、当該計画の修繕工事の内容・実施予定時期・工事の概算費用等に、**改善の必要がある**と判断した場合、**書面をもって管理組合に助言**する（マンション標準管理委託契約書別表1の1(3)一）。

❸ 適　切

　管理業者は、管理組合がマンションの維持・修繕（大規模修繕を除く修繕・保守点検等）を、**外注**により当該管理業者以外の業者に行わせる場合は、その**見積書の受理・発注補助・実施の確認**を行う（別表1の1(3)三）。

❹ 適　切

　管理業者が、長期修繕計画案の作成業務および建物・設備の劣化状況などを把握するための調査・診断を実施し、その結果に基づき行う当該計画の見直し業務を実施する場合は、本契約とは**別個の契約**とする（別表1の1(3)二）。

マンションの維持・保全等

17 建築基準法⑰（建築設備等の報告・検査等）

建築基準法第12条に規定する建築設備等の報告、検査等に関する次の記述のうち、誤っているものはどれか。

❶ 排煙設備の排煙風量測定の定期報告の時期は、5年の間隔をおいて特定行政庁が定める時期（建築基準法施行規則で別途定めるものを除く。）とする。

❷ 防火設備の定期報告の時期は、種類、用途、構造等に応じて、おおむね6月から1年まで（ただし、国土交通大臣が定める検査の項目については、1年から3年まで）の間隔をおいて特定行政庁が定める時期（建築基準法施行規則で別途定めるものを除く。）とする。

❸ 非常用の照明装置に白熱灯を用いる場合には、避難上必要となる最も暗い部分の水平床面においての照度が1ルクス以上であることを確認する。

❹ 昇降機を含む特定建築設備等について、一級建築士若しくは二級建築士又は建築設備等検査員資格者証の交付を受けている者は、建築基準法施行規則で定める定期検査を行うことができる。

Point 建築設備・防火設備の定期報告時期 ⇒ 原則おおむね6月～1年間隔で特定行政庁が定める。

❶ **誤り** 「排煙風量測定の定期報告の間隔は5年」⇒「1年から3年」

定期報告の時期は、建築設備または防火設備（「建築設備等」）の種類・用途・構造等に応じて、原則として、おおむね6ヵ月～1年（国土交通大臣が定める検査の項目は、1年～3年）の間隔をおいて特定行政庁が定める時期である（建築基準法12条3項、施行規則6条1項）。そして、排煙設備の排煙風量測定は、「国土交通大臣が定める検査の項目」に該当するため、その定期報告の時期は、1年～3年の間隔をおいて、特定行政庁が定める（国土交通省告示508号）。

❷ **正しい** ❶解説のとおり。防火設備の定期報告の時期は、原則として、おおむね6ヵ月～1年の間隔をおいて、特定行政庁が定める（建築基準法12条3項、施行規則6条1項）。

❸ **正しい** 照明は、直接照明とし、床面において1ルクス以上の照度を確保できるようにする必要がある（施行令126条の5第1号イ）。したがって、本肢のように、非常用の照明装置に白熱灯を用いる場合、避難上必要となる最も暗い部分の水平床面において、（低照度測定用照度計によって測定する）照度が1ルクス以上であるよう、定期検査でも確認する必要がある（建築基準法12条3項、国土交通省告示508号）。

❹ **正しい** 昇降機を含む特定建築設備等で、①安全上・防火上・衛生上特に重要であるものとして政令で定めるもの（国等の建築物に設けるものを除く）、および②①以外の特定建築設備等で特定行政庁が指定するもの（国等の建築物に設けるものを除く）の所有者は、当該設備等について、定期に、一級建築士・二級建築士・建築設備等検査員資格者証の交付を受けている者（「建築設備等検査員」）に検査をさせて、その結果を特定行政庁に報告しなければならない（建築基準法12条3項）。つまり、一級建築士・二級建築士・建築設備等検査員資格者証の交付を受けている者は、昇降機を含む特定建築設備等について、建築基準法施行規則で定める定期検査を行うことができる。

マンションの維持・保全等

正解 ❶

次の記述のうち、建築士法の規定によれば、正しいものはどれか。

❶ 「設計図書」とは、建築物の建築工事の実施のために必要な現寸図を含む図面をいい、仕様書は含まれない。

❷ 「構造設計」とは、建築設備の各階平面図及び構造詳細図その他の建築設備に関する設計図書で国土交通省令で定めるものの設計をいう。

❸ 「工事監理」とは、その者の責任において、工事を設計図書と照合し、当該工事が設計図書のとおりに実施されているかいないかを確認することをいう。

❹ 建築士事務所に属する一級建築士は、2年ごとに、登録講習機関が行う講習を受けなければならない。

工事監理とは、設計図書どおりに実施されているかを確認すること。

❶ **誤り** 「現寸図を含む」➡「現寸図その他これに類するものを除く」

ハイレベル

「設計図書」とは、建築物の建築工事の実施のために必要な図面（現寸図その他これに類するものを除く）および仕様書をいう（建築士法2条6項）。

❷ **誤り** 「建築設備の各階平面図および構造詳細図」➡「基礎伏図、構造計算書」

ハイレベル

「構造設計」とは、基礎伏図、構造計算書その他の建築物の構造に関する設計図書で、国土交通省令で定めるものの設計をいう（2条7項）。本肢の説明は、「設備設計」のものである。

❸ **正しい** 「工事監理」とは、その者の責任において、工事を設計図書と照合し、それが設計図書のとおりに実施されているかいないかを確認することをいう（2条8項）。

❹ **誤り** 「2年ごと」➡「3年ごと」

建築士事務所に属する**一級建築士**は、**3年ごと**に、登録講習機関が行う**講習を受けなければならない**（22条の2第1号、施行規則17条の36）。

マンションの維持・保全等

正解 **❸**

19 耐震診断の指針

 CHECK! H28-問23

「建築物の耐震診断及び耐震改修の促進を図るための基本的な方針」(平成18年国土交通省告示第184号)に示された建築物の耐震診断の指針(以下、本問において「本指針」という。)に関する次の記述のうち、誤っているものはどれか。

❶ 本指針は、建築物に対するものであり、敷地に関する基準等は含まれていない。

❷ 構造耐力上主要な部分の地震に対する安全性の評価に用いられる指標にはIsとqがあり、Isは建築物の各階の構造耐震指標をいい、qは建築物の各階の保有水平耐力に係る指標をいう。

❸ 鉄筋コンクリート造のマンションでは、構造耐力上主要な部分が地震の振動及び衝撃に対して倒壊し、又は崩壊する危険性が低いと判断されるのは、Isが0.6以上の場合で、かつ、qが1.0以上の場合である。

❹ 国土交通大臣が本指針の一部又は全部と同等以上の効力を有すると認める方法によって耐震診断を行う場合においては、当該方法によることができる。

❶ **誤り** 「敷地に関する基準等は含まれていない」➡「含まれている」

建築物の耐震診断は、当該建築物の構造耐力上主要な部分の配置、形状、寸法、接合の緊結の度、腐食、腐朽または摩損の度、材料強度等に関する実地調査、当該建築物の「敷地」の状況に関する実地調査等の結果に基づき、安全性を評価する（指針第1）。つまり、建築物だけではなく、「敷地」に関する基準等も定められている（指針第1-3）。

❷ **正しい** 構造耐力上主要な部分の地震に対する安全性の評価に用いられる指標にはIs（値）とq（値）があり、「Is」は建築物の各階の構造耐震指標をいい、「q」は建築物の各階の保有水平耐力に係る指標をいう（指針第1-2）。

❸ **正しい** 鉄筋コンクリート造のマンションでは、構造耐力上主要な部分が地震の振動および衝撃に対して倒壊し、または崩壊する危険性が低いと判断されるのは、「Is」が0.6以上の場合で、かつ、「q」が1.0以上の場合である（別表6）。

❹ **正しい** ❶解説参照。ただし、国土交通大臣がこの指針の一部または全部と同等以上の効力を有すると認める方法によって耐震診断を行う場合、当該方法によることも差し支えない（指針第1）。

マンションの維持・保全等

正解 ❶

567

20 長期優良住宅の普及の促進に関する法律

□ □ □ CHECK! H29-問25 重要度 B

長期優良住宅の普及の促進に関する法律によれば、次の記述のうち、誤っているものはどれか。

❶ 同法の目的には、長期にわたり良好な状態で使用するための措置がその構造及び設備について講じられた優良な住宅の普及を促進することが含まれる。

❷ 同法における「建築」とは、住宅を新築することをいい、増築し、又は改築することを含まない。

❸ 長期優良住宅建築等計画の認定の申請に係る共同住宅の1戸の床面積の合計(共用部分の床面積を除く。)には、一定の基準がある。

❹ 所管行政庁から長期優良住宅建築等計画の認定を受けた者は、国土交通省令で定めるところにより、認定長期優良住宅の建築及び維持保全の状況に関する記録を作成し、これを保存しなければならない。

❶ **正しい** 長期優良住宅普及促進法の目的とは、現在・将来の国民の生活の基盤となる良質な住宅が建築され、**長期にわたり良好な状態で使用される**ことが住生活の向上・環境への負荷の低減を図る上で重要となっていることに鑑み、そのように**使用するための措置が構造・設備について講じられた優良な住宅の普及を促進するためのものである**。そして、①国土交通大臣が策定する基本方針について定めるとともに、②所管行政庁による長期優良住宅建築等計画の認定を行い、③当該認定を受けた長期優良住宅建築等計画に基づき建築・維持保全が行われている住宅についての住宅性能評価に関する措置等を講じることで、豊かな国民生活の実現とわが国の経済の持続的・健全な発展に寄与することである（長期優良住宅の普及の促進に関する法律1条）。

❷ **誤り** 「含まない」➡「含む」

　本法において「建築」とは、住宅を新築・増築・改築することをいう（2条2項）。

❸ **正しい** 所管行政庁は、長期優良住宅建築等計画の認定の申請があった場合、当該申請に係る長期優良住宅建築等計画が所定の基準に適合すると認めるときは、その認定ができる（6条1項）。この場合の認定基準は、共同住宅では、原則として、1戸の床面積の合計（共用部分の床面積を除く）が40㎡以上とされている（同項2号、施行規則4条2号）。

❹ **正しい** 所管行政庁から長期優良住宅建築等計画の認定を受けた者（「認定計画実施者」）は、認定長期優良住宅の建築・維持保全の状況に関する記録を作成し、これを保存しなければならない（長期優良住宅の普及の促進に関する法律11条1項）。

マンションの維持・保全等

正解 ❷

569

次の記述のうち、バリアフリー法によれば、誤っているものはどれか。

❶ 共同住宅は特定建築物であり、特定建築物には、これに附属する建築物特定施設を含む。

❷ 建築主等は、特定建築物（特別特定建築物を除く。）の建築をしようとするときは、当該特定建築物を建築物移動等円滑化基準に適合させるために必要な措置を講ずるよう努めなければならない。

❸ 建築物移動等円滑化基準では、主として高齢者、障害者等が利用する階段は、回り階段以外の階段を設ける空間を確保することが困難であるときを除き、主たる階段は回り階段でないこととしている。

❹ 建築物移動等円滑化基準では、主として高齢者、障害者等が利用する駐車場を設ける場合には、そのうち1以上に、車いす使用者が円滑に利用することができる駐車施設を3以上設けなければならない。

❶ **正しい** 「特定建築物」とは、学校・病院・劇場・観覧場・集会場・展示場・百貨店・ホテル・事務所・共同住宅・老人ホームその他の多数の者が利用する政令で定める建築物またはその用途で利用する部分をいい、**これらに附属する建築物特定施設を含む**（バリアフリー法２条16号）。

❷ **正しい** 建築主等は、**特定建築物（特別特定建築物を除く）の建築**（用途の変更をして特定建築物にすることを含む）をするときは、当該特定建築物を建築物移動等円滑化基準に適合させるために必要な措置を講ずるよう努めなければならない（16条１項）。

❸ **正しい** 建築物移動等円滑化基準では、主として高齢者、障害者等が利用する階段について、「**主たる階段は、回り階段でないこと。ただし、回り階段以外の階段を設ける空間を確保することが困難であるときは、この限りでない**」とされている（施行令12条６号）。

❹ **誤り** 「3以上設けなければならない」 ➡ 「1以上」
建築物移動等円滑化基準では、主として高齢者、障害者等が利用する**駐車場を設ける場合には、「そのうち１以上に、車いす使用者が円滑に利用することができる駐車施設（車いす使用者用駐車施設）を１以上設けなければならない**」とされている（17条１項）。

マンションの維持・保全等

正解 ❹

571

「バリアフリー法」に関する次の記述のうち、誤っているものはどれか。

❶ この法律の基本理念の一つとして、この法律に基づく措置は、全ての国民が年齢、障害の有無その他の事情によって分け隔てられることなく共生する社会の実現に資することを旨として、行われなければならないと示されている。

❷ 建築主等とは、建築物の建築をしようとする者又は建築物の所有者をいい、管理者や占有者は含まれない。

❸ 共同住宅は、特別特定建築物には該当しない。

❹ 建築物特定施設には、廊下や階段などが含まれる。

❶ 正しい バリアフリー法に基づく措置は、高齢者、障害者等にとって日常生活又は社会生活を営む上で障壁となるような社会における事物・制度・慣行・観念その他一切のものの除去に資すること及び全ての国民が**年齢・障害の有無その他の事情によって分け隔てられることなく共生する社会の実現に資する**ことを旨として、行われなければならない（バリアフリー法1条の2）。

❷ 誤り 「管理者や占有者は含まれない」➡「含まれる」

建築主等とは、建築物の建築をしようとする者又は建築物の所有者・管理者・占有者をいう（2条14号）。

❸ 正しい 「**特別特定建築物**」とは、不特定かつ多数の者が利用し、又は主として高齢者、障害者等が利用する特定建築物であって、移動等円滑化が特に必要なものとして政令で定めるものをいい、**共同住宅はこれに含まれない**（2条17号、施行令5条）。また、**特定建築物**とは、学校・病院・劇場・観覧場・集会場・展示場・百貨店・ホテル・事務所・共同住宅・老人ホームその他の多数の者が利用する政令で定める建築物又はその部分をいう（バリアフリー法2条16号）。

❹ 正しい 「**建築物特定施設**」とは、出入口・廊下・階段・エレベーター・便所・敷地内の通路・駐車場その他の**建築物又はその敷地に設けられる施設**で政令で定めるものをいう（2条18号）。

正解 ❷

23 住生活基本法

CHECK!　　H30-問24改

住生活基本法に基づき、2021年に閣議決定された「住生活基本法（全国計画）」に関する次の記述のうち、誤っているものはどれか。

❶ 高齢者、障害者等が健康で安心して暮らせる住まいの確保に関し、基本的な施策の1つに、「エレベーターの設置を含むバリアフリー性能やヒートショック対策等の観点を踏まえた良好な温熱環境を備えた住宅の整備、リフォームの促進」が示されている。

❷ 脱炭素社会に向けた住宅循環システムの構築と良質な住宅ストックの形成に関し、基本的な施策の1つに、「耐震性・省エネルギー性能・バリアフリー性能等を向上させるリフォームや建替えによる、良好な温熱環境を備えた良質な住宅ストックへの更新」が示されている。

❸ 立地・管理状況の良好な空き家の多様な利活用の推進に関し、基本的な施策の1つに、「空き家・空き地バンクを活用しつつ、古民家等の空き家の改修・DIY等を進め、セカンドハウスやシェア型住宅等、多様な二地域居住・多地域居住を推進」が示されている。

❹ 新技術の開発や新分野への進出等による生産性向上や海外展開の環境整備を通じた住生活産業の更なる成長に関し、基本的な施策の1つに、「住生活産業の市場規模をさらに拡大するための、新築住宅の供給住戸の増大に資する支援の推進」が示されている。

Point 　住生活基本計画には①全国計画と②都道府県計画がある。

❶　**正しい**　高齢者、障害者等が健康で安心して暮らせる住まいの確保に関し、基本的な施策の１つに、「エレベーターの設置を含むバリアフリー性能やヒートショック対策等の観点を踏まえた良好な温熱環境を備えた住宅の整備、リフォームの促進」が示されている（住生活基本計画（全国計画）第２目標4(1)）。

❷　**正しい**　脱炭素社会に向けた住宅循環システムの構築と良質な住宅ストックの形成に関し、基本的な施策の１つに、「耐震性・省エネルギー性能・バリアフリー性能等を向上させるリフォームや建替えによる、良好な温熱環境を備えた良質な住宅ストックへの更新」が示されている（第３目標6(2)）。

❸　**正しい**　立地・管理状況の良好な空き家の多様な利活用の推進に関し、基本的な施策の１つに、「空き家・空き地バンクを活用しつつ、古民家等の空き家の改修・DIY等を進め、セカンドハウスやシェア型住宅等、多様な二地域居住・多地域居住を推進」が示されている（第３目標7(2)）。

❹　**誤り**　「本肢の内容は示されていない」

　新技術の開発や新分野への進出等による生産性向上や海外展開の環境整備を通じた住生活産業の更なる成長に関し、基本的な施策としては、次のものが挙げられている（第３目標8(2)）。

> ①　AIによる設計支援やロボットを活用した施工の省力化等、住宅の設計・施工等に係る生産性や安全性の向上に資する新技術開発の促進
> ②　住宅の維持管理において、センサーやドローン等を活用した住宅の遠隔化検査等の実施による生産性・安全性の向上
> ③　官民一体となって我が国の住生活産業が海外展開しやすい環境の整備

　しかし、本肢の「住生活産業の市場規模をさらに拡大するための、新築住宅の供給住戸の増大に資する支援の推進」という内容は、上記の中に示されていない。

マンションの維持・保全等

　　　　　　　　　　　　　　　　　　　　　　　　　　　　　　　正解 ❹

地震保険に関する法律①

CHECK!　　　　　H29-問43

次の記述のうち、「地震保険に関する法律」によれば、正しいものの組合せはどれか。

ア　　地震保険は、地震若しくは噴火又はこれらによる津波を直接又は間接の原因とする火災、損壊、埋没又は流失による損害（政令に定めるものに限る。）をてん補することを内容とする損害保険である。

イ　　地震保険は、火災保険等特定の損害保険に附帯して締結され、地震保険単独での締結はできない。

ウ　　地震保険は、居住の用に供する建物のみを保険の目的とし、生活用動産を保険の目的とすることはできない。

エ　　地震等により損害を受けた場合に支払われる保険金額は、損害の区分によって異なり、損害の区分として政令に定められているのは「全損」と「一部損」の２つである。

❶　ア・イ

❷　ア・エ

❸　イ・ウ

❹　ウ・エ

ア
頻出

正しい 「地震保険契約」とは、次の要件を備える損害保険契約（火災に係る共済契約を含む）をいう（地震保険に関する法律2条2項）。

> ① 居住の用に供する建物・生活用動産のみを保険の目的とすること
> ② 地震・噴火またはこれらによる津波（「地震等」）を直接・間接の原因とする火災・損壊・埋没・流失による損害（政令で定めるものに限る）を、政令で定める金額によりてん補すること（2号）
> ③ 特定の損害保険契約に附帯して締結されること
> ④ 附帯される損害保険契約の保険金額の$\frac{30}{100}$以上$\frac{50}{100}$以下の額に相当する金額（政令で定める金額が上限）を保険金額とすること

イ
頻出

正しい ア③解説のとおり。地震保険契約は、特定の損害保険契約に附帯して締結される必要がある（2条2項3号）。

ウ **誤り** 「生活用動産を保険の目的とすることはできない」➡「できる」

ア①解説のとおり。地震保険契約は、居住の用に供する建物または生活用動産の2つのみを、保険の目的とする必要がある（2条2項1号）。

エ **誤り** 「全損と一部損の2つ」➡「全損・大半損・小半損・一部損の4つ」

地震等により損害を受けた場合の支払保険金額は、損害の区分によって異なり、損害の区分として政令に定められているのは「全損」「大半損」「小半損」「一部損」の4つである（施行令1条）。

したがって、正しいものの組合せはア・イであり、正解は❶となる。

マンションの維持・保全等

25 地震保険に関する法律②

  CHECK!　　　　R 4-問42

　次の記述のうち、地震保険に関する法律によれば、適切なものの組合せはどれか。

ア　　地震保険契約は、居住の用に供する建物又は生活用動産のみを保険の目的とする。

イ　　地震保険契約は、特定の損害保険契約に附帯して締結する必要がある。

ウ　　地震保険契約は、地震による津波を間接の原因とする流失による損害は、てん補の対象としない。

エ　　地震保険契約では、保険の対象である居住用建物が全損になったときに保険金が支払われ、一部損では保険金は支払われない。

❶　ア・イ

❷　ア・ウ

❸　イ・エ

❹　ウ・エ

Point 　地震保険契約は、特定の損害保険契約に附帯して締結する必要がある。

ア　適　切

　「地震保険契約」とは、次の①～④に掲げる要件を備える損害保険契約（火災に係る共済契約を含む）をいう（地震保険に関する法律2条2項）。

① 居住の用に供する建物又は生活用動産のみを保険の目的とすること
② 地震若しくは噴火又はこれらによる**津波**（「地震等」という）を直接又は間接の原因とする火災、損壊、埋没又は**流失**による損害（政令で定めるものに限る）を政令で定める金額によりてん補すること
③ 特定の損害保険契約に附帯して締結されること
④ 附帯される損害保険契約の保険金額の100分の30以上100分の50以下の額に相当する金額（その金額が政令で定める金額を超えるときは、当該政令で定める金額）を保険金額とすること

本肢は、上記①に該当し、適切である。

イ　適　切

　ア③解説のとおり、地震保険契約は、特定の損害保険契約に附帯して締結する必要がある（2条2項3号）。

ウ　不適切　「対象としない」➡「対象とする」

　ア②解説のとおり、地震による津波を間接の原因とする流失による損害も、てん補の対象となる（2条2項2号）。

エ　不適切　「一部損では保険金は支払われない」
　　　　　　➡「一部損でも保険金は支払われる」

　地震等により損害を受けた場合に支払われる保険金額は、損害の区分によって異なり、損害の区分として政令に定められているのは「**全損**」「**大半損**」「**小半損**」「**一部損**」の4つである（施行令1条）。したがって、保険の対象である居住用建物が一部損になったときでも、保険金は支払われる。

　したがって、適切なものの組合せはア・イであり、正解は**❶**となる。

正　解　❶

地震保険に関する法律③

　マンションの損害保険に関する次の記述のうち、区分所有法、地震保険に関する法律及び標準管理規約によれば、最も不適切なものはどれか。

❶　地震若しくは噴火又はこれらによる津波を直接又は間接の原因とする火災、損壊、埋没、流失による損害（政令で定めるものに限る。）をてん補する地震保険契約は、火災保険契約等特定の損害保険契約に附帯して締結される。

❷　共用部分に係る損害保険料は、各区分所有者が、その有する専有部分の床面積の割合に応じて負担するが、規約でこれと異なる定めをすることができる。

❸　理事長（管理者）は、共用部分に係る損害保険契約に基づく保険金額の請求及び受領について、区分所有者を代理する。

❹　共用部分について、損害保険契約をするか否かの決定を、理事会の決議により行う旨を規約で定めることはできない。

❶ **適 切**

　「地震保険契約」とは、次の要件を備える損害保険契約（火災に係る共済契約を含む）をいう（地震保険に関する法律2条2項2号）。

---

　① 居住の用に供する建物または生活用動産のみを保険の目的とすること。

　② 地震若しくは噴火またはこれらによる津波（「地震等」という）を直接・間接の原因とする火災、損壊、埋没又また流失による損害（政令で定めるものに限る）を政令で定める金額によりてん補すること。

　③ **特定の損害保険契約に附帯して締結される**こと。

　④ 附帯される損害保険契約の保険金額の$\frac{30}{100}$以上$\frac{50}{100}$以下の額に相当する金額（政令で定める金額が上限）を保険金額とすること。

　上記③の解説のとおり、地震保険契約は、特定の損害保険契約に附帯して締結される必要がある（同2項3号）。

❷ **適 切**

　共用部分に係る損害保険料は、各区分所有者が、その有する**専有部分の床面積の割合に応じて負担する**が、規約で異なる定めができる（区分所有法19条、14条1項・4項）。

❸ **適 切**

　区分所有法に定める**管理者である理事長**は、共用部分に係る損害保険契約に基づく保険金額の請求・受領について、区分所有者を代理する（標準管理規約38条2項、24条2項、区分所有法26条2項）。

❹ **最も不適切** 「理事会の決議により…定めることはできない」➡「できる」

　共用部分に係る損害保険契約の締結は、共用部分の管理に関する事項にあたり、**集会の決議**で決するものであるが、規約で別段の定めができる（18条1項・2項・4項）。標準管理規約においては、区分所有者は、共用部分について、管理組合による損害保険契約の締結をあらかじめ**承認**しており（標準管理規約24条1項）、集会の決議は**不要**であるが、理事会の決議により行う旨を規約により**定めることはできる**。

マンションの維持・保全等

━━━━━━━━━━━━━━━━━━━━━━ 正 解 ❹

27 エレベーター設備①

CHECK!　　H28-問19　C

エレベーターの安全装置に関する次の記述のうち、最も不適切なものはどれか。

❶ 戸開走行保護装置とは、駆動装置又は制御器に故障が生じ、かご及び昇降路のすべての出入口の戸が閉じる前にかごが昇降したときなどに、自動的にかごを制止する装置をいう。

❷ 地震時等管制運転装置とは、地震等の加速度を検知し、自動的に、かごを昇降路の避難階の出入口の戸の位置に停止させ、かごと昇降路の各出入口の戸を開くことなどができる装置をいう。

❸ 火災時管制運転装置とは、防災センター等の火災管制スイッチの操作や自動火災報知器からの信号により、エレベーターを一斉に避難階に呼び戻す装置をいう。

❹ 建築基準法によれば、戸開走行保護装置及び地震時等管制運転装置の設置義務がある。

① **適 切**

　「戸開走行保護装置」とは、①駆動装置または制御器に故障が生じ、かごの停止位置が著しく移動した場合、②駆動装置または制御器に**故障**が生じ、かごおよび昇降路のすべての出入口の戸が閉じる前にかごが昇降した場合に、**自動的にかごを制止する**装置をいう（建築基準法施行令129条の10第3項1号）。

② **最も不適切** 「避難階」➡「最寄り階」

　「地震時等管制運転装置」とは、地震等の加速度を検知し、自動的に、かごを「昇降路の出入口の戸」の位置に**停止**させ、かつ、当該かごの出入口の戸および昇降路の出入口の**戸を開き**、またはかご内の人がこれらの戸を開くことができるようにする装置をいう（129条の10第3項2号）。これは、地震時に「**最寄り階**」で停止して開扉する装置をいい、「避難階」まで移動して開扉するものではない。

　なお、避難階とは、直接地上に通ずる出入口のある階をいい（13条1号）、通常は1階がこれに該当することに注意。

マンションの維持・保全等

③ **適 切**

　「火災時管制運転装置」とは、**②**解説の「地震時等管制運転装置」と異なり、防災センター等の火災管制スイッチの操作や自動火災報知器からの信号により、エレベーターを一斉に「**避難階**」に呼び戻し、開扉する安全装置をいう。

④ **適 切**

　エレベーターには、建築基準法上、戸開走行保護装置および地震時等管制運転装置の設置義務がある（129条の10）。

正解 **②**

28 エレベーター設備②

■ ■ ■ ✎ CHECK! R4-問24 Ａ

エレベーターに関する次の記述のうち、建築基準法によれば、最も不適切なものはどれか。

❶ 地震時等管制運転装置とは、地震等の加速度を検知して、自動的に、かごを昇降路の出入口の戸の位置に停止させ、かつ、当該かごの出入口の戸及び昇降路の出入口の戸を開き、又はかご内の人がこれらの戸を開くことができることとする安全装置をいう。

❷ 乗用エレベーターには、駆動装置又は制御器に故障が生じ、かご及び昇降路のすべての出入口の戸が閉じる前にかごが昇降したときなどに、自動的にかごを制止する安全装置を設けなければならない。

❸ 火災時などの災害時に消防隊が人の救助活動及び消火活動に利用するための非常用エレベーターは、高さ40mを超える建築物に設置が義務付けられている。

❹ 非常用エレベーターの乗降ロビーの床面積は、非常用エレベーター1基について10㎡以上としなければならない。

Point 非常用エレベーターの乗降ロビー床面積➡1基について10㎡以上必要。

❶ 適 切

　地震時等管制運転装置とは、地震等の加速度を検知して、自動的に、かごを昇降路の出入口の戸の位置に停止させ、かつ、当該かごの出入口の戸及び昇降路の出入口の戸を開き、又はかご内の人がこれらの戸を開くことができることとする安全装置をいう（建築基準法施行令129条の10第3項2号）。

❷ 適 切

　乗用エレベーターには、駆動装置又は制御器に故障が生じ、かご及び昇降路のすべての出入口の戸が閉じる前にかごが昇降したときなどに、自動的にかごを制止する安全装置を設けなければならない（129条の10第3項1号）。

❸ 最も不適切 「高さ40mを超える建築物」➡「高さ31mを超える建築物」

　高さ31mを超える建築物（政令で定めるものを除く）には、非常用の昇降機を設けなければならない（建築基準法34条2項）。

❹ 適 切

　非常用エレベーターの乗降ロビーの床面積は、非常用エレベーター1基について10㎡以上としなければならない（施行令129条の13の3第3項7号）。

マンションの維持・保全等

正解 ❸

585

29 消防法・消防用設備等①（防火管理者）

防火管理者に関する次の記述のうち、消防法の規定によれば、誤っているものはどれか。

❶　居住者が50人以上である共同住宅では、防火管理者を選任する必要がある。

❷　高さ20mを超える建築物では、統括防火管理者を選任する必要がある。

❸　甲種防火対象物である共同住宅についての防火管理者の資格を有する者には、当該共同住宅において防火管理上必要な業務を遂行することができる管理的又は監督的な地位にあるもので、総務大臣の登録を受けたものが行う甲種防火対象物の防火管理に関する講習の課程を修了した者が含まれる。

❹　防火管理者の業務の中には、消防の用に供する設備、消防用水又は消火活動上必要な施設の点検及び整備がある。

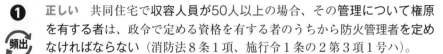

❶ **正しい** 共同住宅で収容人員が50人以上の場合、その管理について権原を有する者は、政令で定める資格を有する者のうちから防火管理者を定めなければならない（消防法8条1項、施行令1条の2第3項1号ハ）。

頻出

❷ **誤り** 「高さ20mを超える」➡「高さ31mを超える」

　高さ31mを超える建築物で、その管理について権原が分かれているもののうち消防長若しくは消防署長が指定するものの管理権原者は、統括防火管理者を協議して定めなければならない（消防法8条の2第1項）。

頻出

❸ **正しい** 甲種防火対象物である共同住宅で防火管理者の資格を有する者は、総務大臣の登録を受けたものが行う甲種防火対象物の防火管理に関する講習の課程を修了した者で、当該防火対象物において防火管理上必要な業務を適切に遂行することができる管理的・監督的な地位にあるものが含まれる（8条1項、施行令3条1項1号イ）。

❹ **正しい** 防火管理者の業務は、次のとおりである（消防法8条1項）。

頻出

> ① 防火対象物についての消防計画の作成
> ② 当該消防計画に基づく消火・通報・避難訓練の実施
> ③ 消防用設備等の点検・整備
> ④ 火気の使用・取扱いに関する監督
> ⑤ 避難又は防火上必要な構造・設備の維持管理、収容人員の管理
> ⑥ その他防火管理上必要な業務

マンションの維持・保全等

正解 ❷

30 消防法・消防用設備等②（防火管理者）

■ ■ ■ 〆 CHECK! R3-問24 **A**

防火管理者に関する次の記述のうち、消防法によれば、最も不適切なものはどれか。ただし、本問において共同住宅とは消防法施行令別表第一（五）項ロに掲げる防火対象物とする。

❶ 高さ40mの共同住宅で100人が居住している場合に、その管理について権原が分かれているものの管理について権原を有する者は、統括防火管理者を協議して定めなければならない。

❷ 法第8条第1項の管理について権原を有する者は、政令で定める資格を有する者のうちから防火管理者を定め、政令で定めるところにより、消防計画に基づく消火、通報及び避難の訓練の実施を行わせなければならない。

❸ 法第8条第1項の管理について権原を有する者は、管理的又は監督的な地位にある者のいずれもが遠隔の地に勤務していることその他の事由により防火管理上必要な業務を適切に遂行することができない場合であっても、防火管理業務を外部へ委託することはできない。

❹ 法第8条第1項の管理について権原を有する者は、政令で定める資格を有する者のうちから防火管理者を定め、政令で定めるところにより、避難又は防火上必要な構造及び設備の維持管理を行わせなければならない。

❶ 適切

　高さ31mを超える建築物（高層建築物）で、その管理について権原が分かれているもの又は地下街でその管理について権原が分かれているもののうち消防長若しくは消防署長が指定するものの管理権原者は、統括防火管理者を協議して定めなければならない（消防法8条の2第1項)。

❷ 適切

　防火対象物で政令で定めるものの管理権原者は、政令で定める資格を有する者のうちから防火管理者を定め、政令で定めるところにより、①防火対象物について消防計画の作成、②当該消防計画に基づく消火・通報・避難の訓練の実施、③消防用設備等の点検・整備、④火気の使用・取扱いに関する監督、⑤避難・防火上必要な構造・設備の維持管理や収容人員の管理その他防火管理上必要な業務を行わせなければならない（8条1項)。

❸ 最も不適切 　「外部へ委託できない」➡「外部へ委託できる」

　共同住宅その他総務省令で定める防火対象物で、管理的又は監督的な地位にある者のいずれもが遠隔の地に勤務していることその他の事由により防火管理上必要な業務を適切に遂行することができないと消防長又は消防署長が認める場合は、第三者に防火管理者の業務を委託できる（施行令3条2項)。

❹ 適切

　❷解説参照。管理権原者は、防火管理者に避難・防火上必要な構造・設備の維持管理を行わせなければならない（消防法8条1項)。

マンションの維持・保全等

正解 **❸**

589

　消防法に規定する防火管理者が行わなければならない業務に関する次の記述のうち、最も不適切なものはどれか。

❶ 防火管理者として選任された旨の都道府県知事への届出

❷ 消防計画に基づく消火、通報及び避難の訓練の実施

❸ 消防の用に供する設備等の点検及び整備

❹ 避難又は防火上必要な構造及び設備の維持管理

Point 管理権原者は防火管理者を定め、避難や防火上必要な構造・設備の維持管理等の業務を行わせる。

❶ **最も不適切** 「防火管理者が行わなければならない業務」➡「管理権原者が届け
出なければならない」

学校、病院、工場、事業場、興行場、百貨店その他多数の者が出入し、
勤務し、又は居住する防火対象物で政令で定めるものの**管理について権原
を有する者**（管理権原者）は、防火管理者を定めたときは、遅滞なくその
旨を**所轄消防長又は消防署長に届け出なければならない**（消防法8条2
項）。

❷ **適 切**

管理権原者は、政令で定める資格を有する者のうちから防火管理者を定
め、政令で定めるところにより、① 当該防火対象物についての消防計画
の作成、② 当該消防計画に基づく消火・通報・避難の訓練の実施、③ 消
防用に供する設備、消防用水又は消火活動上必要な施設の点検・整備、④
火気の使用・取扱いに関する監督、⑤ 避難又は防火上必要な構造及び設
備の維持管理並びに収容人員の管理、⑥ その他防火管理上必要な業務を
行わせなければならない（8条1項）。

❸ **適 切**

❷解説参照。防火管理者は、消防の用に供する設備、消防用水又は消火
活動上必要な施設の点検及び整備を行わなければならない（8条1項）。

❹ **適 切**

❷解説参照。防火管理者は、避難又は防火上必要な構造及び設備の維持
管理を行わなければならない（8条1項）。

マンションの維持・保全等

正解 **❶**

32 消防法・消防用設備等④

　消防法第8条の規定内容に関する次の記述の（　ア　）、（　イ　）に入る語句の組み合わせとして、正しいものはどれか。

　共同住宅で居住者の数が（　ア　）人以上の場合、管理についての権原を有する者は防火管理者を定め、（　イ　）を作成させ、当該計画に基づく消火・避難訓練の実施、消防設備・施設の点検整備などのほか、防火管理上必要な業務を行わせなければならない。

	（　ア　）	（　イ　）
❶	100	消防計画
❷	100	避難計画
❸	50	消防計画
❹	50	避難計画

頻出 消防法8条等に基づき完成させた文章は、次のとおりとなる。

> 　共同住宅で居住者の数が（ア　50）人以上の場合、管理について権原を有する者は、**防火管理者を定め、（イ　消防計画）を作成させ、**当該計画に基づく消火・避難訓練の実施、消防設備・施設の点検整備などのほか、**防火管理上必要な業務を行わせなければならない**（消防法8条1項、施行令3条1項、1条の2第3項1号ハ）。

　したがって、（ア）には「50」が、（イ）には「消防計画」が入り、本問の正解は❸となる。

【**防火管理者の区分・業務**（建物全体の防火管理をする場合）】

	収容人員	延べ面積	区　分	防火管理講習
特定防火対象物	30人以上	300㎡以上	甲種防火対象物	甲種
		300㎡未満	乙種防火対象物	乙種
	30人未満	——	選任不要	——
非特定防火対象物	50人以上	**500㎡以上**	**甲種防火対象物**	**甲種**
		500㎡未満	乙種防火対象物	乙種
	50人未満	——	選任不要	——

正解 ❸

マンションの維持・保全等

33 消防法・消防用設備等⑤（住宅用防災機器）

CHECK!　　　　R 2-問21

重要度 **A**

　住戸内に設置する住宅用防災機器に関する次の記述のうち、消防法によれば、誤っているものはどれか。

❶　住宅用防災機器の設置は、新築住宅、既存住宅を問わず義務化されている。

❷　就寝の用に供する居室には、住宅用防災機器を設置しなければならない。

❸　共同住宅用スプリンクラー設備を設置した場合には、住宅用防災機器を設置しないことも可能である。

❹　住宅用防災機器の設置場所は、天井面に限られ、壁面に設置してはならない。

❶ **正しい**　住宅の用途に供される防火対象物の関係者は、住宅用防災機器の
設置及び維持に関する基準に従って、住宅用防災機器を設置・維持しなけ
頻出 ればならない（消防法9条の2第1項）。この住宅用防災機器の設置・維
持の義務は新築住宅に限定しておらず、既存住宅についても対象となる。

❷ **正しい**　住宅用防災警報器又は住宅用防災報知設備の感知器は、就寝の用
に供する居室に設置する必要がある（施行令5条の7第1項1号イ）。

❸ **正しい**　スプリンクラー設備（総務省令で定める閉鎖型スプリンクラーヘ
ッドを備えているものに限る）又は自動火災報知設備を、技術上の基準に
頻出 従い設置したときその他の当該設備と同等以上の性能を有する設備を設置
した場合において総務省令で定めるときは、当該設備の有効範囲内の住宅
の部分について**住宅用防災警報器又は住宅用防災報知設備を設置しないこ
とができる**（5条の7第1項3号）。

❹ **誤り**　「壁面に設置してはならない」➡「壁面に設置できる」
　住宅用防災警報器又は住宅用防災報知設備の感知器は、天井又は壁の屋
ひっかけ 内に面する部分（天井のない場合にあっては、屋根又は壁の屋内に面する
部分）に、火災の発生を未然に又は早期に、かつ、**有効に感知することが
できる**ように設置する（5条の7第1項2号）。したがって、壁面に設置
することもできる。

マンションの維持・保全等

正解 ❹

消防法第９条の２に規定する住宅用防災機器である住宅用防災警報器に関する次の記述のうち、最も不適切なものはどれか。

❶ 住宅用防災警報器とは、住宅における火災の発生を未然に又は早期に感知して報知する警報器をいう。

❷ 消防法の規定により住宅用防災警報器を設置する必要がある場合には、その住宅用防災警報器は、天井又は壁の屋内に面する部分に設置しなければならない。

❸ 住宅用防災警報器は、市町村の火災予防条例による別段の定めがある場合を除き、台所にのみ設置すればよい。

❹ 住宅の関係者には、住宅用防災警報器を設置する義務に加えて、適切に維持する義務が課せられている。

Point 住宅用防災警報器は、就寝の用に供する居室に設置する必要がある。

❶ 適 切

　住宅用防災警報器とは、住宅における火災の発生を未然に又は早期に感知して報知する警報器をいう（消防法施行令5条の6第1号）。

❷ 適 切

　住宅用防災警報器は、天井又は壁の屋内に面する部分（天井のない場合には、屋根又は壁の屋内に面する部分）の次のいずれかの位置に設置しなければならない（住宅用防災機器の設置及び維持に関する条例の制定に関する基準を定める省令7条2号）。

① 壁又ははりから0.6m以上離れた天井の屋内に面する部分
② 天井から下方0.15m以上0.5m以内の位置にある壁の屋内に面する部分

❸ 最も不適切 「台所にのみ設置」➡「就寝の用に供する居室等に設置」

　住宅用防災警報器は、次の住宅の部分に設置する必要がある（消防法施行令5条の7第1項1号）。

① 就寝の用に供する居室
② 上記①の住宅の部分が存する階（避難階を除く）から直下階に通ずる階段（屋外階段を除く）の上端
③ 居室が存する階において火災の発生を未然に又は早期に、かつ、有効に感知することが住宅における火災予防上特に必要であると認められる住宅の部分として総務省令で定める部分

❹ 適 切

　住宅の用途に供される防火対象物の関係者は、住宅用防災機器の設置及び維持に関する基準に従って、住宅用防災機器を設置・維持しなければならない（消防法9条の2第1項）。

マンションの維持・保全等

次の消防用設備等のうち、消防法によれば、「消火活動上必要な施設」に該当するものはどれか。

❶　屋外消火栓設備

❷　非常コンセント設備

❸　非常警報設備

❹　誘導灯

❶ **該当しない**

　「屋外消火栓設備」は、消防の用に供する設備のうち消火設備に該当する（消防法17条1項、施行令7条1項・2項9号）。

❷ **該当する**

　「非常コンセント設備」は、消火活動上必要な施設に該当する（消防法17条1項、施行令7条6項）。

❸ **該当しない**

　「非常警報設備」は、消防の用に供する設備のうち警報設備に該当する（消防法17条1項、施行令7条1項・3項4号）。

❹ **該当しない**

　「誘導灯」は、消防の用に供する設備のうち避難設備に該当する（消防法17条1項、施行令7条1項・4項2号）。

正解 ❷

共同住宅の消防用設備等の設置の特例を認める「特定共同住宅等における必要とされる防火安全性能を有する消防の用に供する設備等に関する省令」に関する次の記述のうち、誤っているものはどれか。

❶　特定共同住宅等は、二方向避難型、開放型、二方向避難・開放型、その他の4つの構造類型に分けられる。

❷　特定共同住宅等には、1階が飲食店、2階以上が住戸になっている建物は含まれない。

❸　特定共同住宅等に、「通常用いる消防用設備等」に代えて設置できる「必要とされる防火安全性能を有する消防の用に供する設備等」は、特定共同住宅等の構造類型、階数により決められている。

❹　特定共同住宅等における、「必要とされる防火安全性能を有する消防の用に供する設備等」は、火災時に安全に避難することを支援する性能を有する消防用設備に限られている。

Point 特定共同住宅等とは、共同住宅等・小規模福祉施設等のみの複合用途防火対象物。

❶ **正しい** 特定共同住宅等は、本肢のとおり、①二方向避難型、②開放型、③二方向避難・開放型、④その他、の4つの構造類型に分けられる（共住省令2条8号～11号）。

❷ **正しい** 特定共同住宅等とは、「共同住宅等」および「共同住宅等と小規模福祉施設等のみの複合用途防火対象物」であって、火災の発生や延焼のおそれが少ないものとして、その位置・構造・設備について消防庁長官が定める基準に適合するものをいう。そして、これには共同住宅等・小規模福祉施設等以外の部分が存する複合用途の建物は含まれない（2条1号）。したがって、「1階が飲食店、2階以上が住戸になっている建物」（「ゲタばきマンション」等）は、特定共同住宅等には含まれない。

❸ **正しい** 特定共同住宅等に、「通常用いる消防用設備等」に代替して設置できる「必要とされる防火安全性能を有する消防の用に供する設備等」は、特定共同住宅等の構造類型・階数により規制が緩和されて規定されている（3条1項）。

❹ **誤り** 「限られている」➡「限られていない」

特定共同住宅等における「必要とされる防火安全性能を有する消防の用に供する設備等」には、次の3種類がある（3条、4条、5条）。

> ① 初期拡大抑制性能……火災の拡大を初期に抑制する性能（住宅用消火器・消火器具）を有する消防用設備
>
> ② 避難安全支援性能……火災時に安全に避難することを支援する性能（共同住宅用自動火災報知設備）を有する消防用設備
>
> ③ 消防活動支援性能……消防隊による活動を支援する性能（共同住宅用連結送水管）を有する消防用設備

そして、本肢は上記のうち②に該当し、他には①③があるので、火災時に安全に避難することを支援する性能を有する消防用設備に限られていない。

マンションの維持・保全等

正解 ❹

601

消防法・消防用設備等⑨

CHECK!　H30-問23

次の記述のうち、「特定共同住宅等における必要とされる防火安全性能を有する消防の用に供する設備等に関する省令」によれば、誤っているものはどれか。

❶　「特定共同住宅等」には、ホテルも含まれる。

❷　住居専用のマンションにおいて、住宅用消火器及び消火器具は、火災の拡大を初期に抑制する性能を主として有する「通常用いられる消防用設備等」に代えて用いることのできる設備等に含まれる。

❸　住居専用のマンションにおいて、共同住宅用自動火災報知設備は、火災時に安全に避難することを支援する性能を主として有する「通常用いられる消防用設備等」に代えて用いることのできる設備等に含まれる。

❹　住居専用のマンションにおいて、共同住宅用連結送水管は、消防隊による活動を支援する性能を主として有する「通常用いられる消防用設備等」に代えて用いることのできる設備等に含まれる。

❶ **誤り** 「ホテルも含まれる」➡「含まれない」

　「特定共同住宅等」とは、「共同住宅等（住居専用マンションを含む）」および「共同住宅等と小規模福祉施設等のみの複合用途防火対象物」であって、火災の発生や延焼のおそれが少ないとして、その位置・構造・設備について消防庁長官が定める**基準に適合するもの**をいう（特定共同住宅等における必要とされる防火安全性能を有する消防の用に供する設備等に関する省令2条1号）。

　これには、ホテルは含まれない。

❷ **正しい**　特定共同住宅等（住居専用マンションを含み、大規模な福祉施設等を除く）において、**住宅用消火器・消火器具**は、火災の拡大を初期に抑制する性能を主として有する「通常用いられる消防用設備等」に**代えて用いる**ことのできる設備等に含まれる（3条1項）。

❸ **正しい**　特定共同住宅等（住居専用マンションを含み、大規模な福祉施設等を除く）において、**共同住宅用自動火災報知設備**は、火災時に安全に避難することを支援する性能を主として有する「通常用いられる消防用設備等」に**代えて用いる**ことのできる設備等に含まれる（4条1項）。

❹ **正しい**　特定共同住宅等（住居専用マンションを含み、大規模な福祉施設等を除く）において、**共同住宅用連結送水管**は、消防隊による活動を支援する性能を主として有する「通常用いられる消防用設備等」に**代えて用いる**ことのできる設備等に含まれる（5条1項）。

マンションの維持・保全等

　　　　　　　　　　　　　　　　　　　　　　　　　　　　　　　正解 ❶

603

各種の法令①（総合）

  CHECK!

H28-問44

各種の法令に関する次の記述のうち、誤っているものはどれか。

❶ 「バリアフリー法」において、特定建築物とは、学校、病院、劇場その他多数の者が利用する政令で定める建築物をいい、共同住宅はこれに含まれない。

❷ 「自動車保管場所確保法」によれば、自動車の保有者が確保しなければならない当該自動車の保管場所は、自動車の使用の本拠の位置との間の距離が、2㎞を超えないものでなければならない。

❸ 「警備業法」によれば、18歳未満の者は、警備員となってはならない。

❹ 「身体障害者補助犬法」によれば、住宅を管理する者（国等を除く。）は、その管理する住宅に居住する身体障害者が当該住宅において身体障害者補助犬を使用することを拒まないよう努めなければならない。

❶ **誤り** 「共同住宅は含まれない」 ➡ 「含まれる」

　　「高齢者、障害者等の移動等の円滑化の促進に関する法律」によれば、**特定建築物**とは、学校・病院・劇場・観覧場・集会場・展示場・百貨店・ホテル・事務所・共同住宅・老人ホームその他の多数の者が利用する政令で定める建築物またはその部分をいう。

　　なお、これらに附属する階段・エレベーター等の「**建築物特定施設**」を含むことに注意（バリアフリー法2条16号）。

❷ **正しい** 「自動車の保管場所の確保等に関する法律」によれば、自動車の保有者は、道路上の場所以外の場所において、**当該自動車の保管場所を確保しなければならず**（自動車保管場所確保法3条）、当該保管場所は、自動車の使用の本拠の位置との間の距離が、**2 kmを超えないもの**（＝2 km以下）でなければならない（施行令1条1号）。

❸ **正しい** 「警備業法」によれば、18歳未満の者は、**警備員となってはならない**（警備業法14条1項）。

❹ **正しい** 「身体障害者補助犬法」によれば、**住宅を管理する者**（国等を除く）は、その管理する住宅に居住する身体障害者が当該住宅において**身体障害者補助犬を使用**することを拒まないよう**努めなければならない**（身体障害者補助犬法11条）。

　　なお、**国等**は、その管理する施設を身体障害者が利用する場合、原則として、身体障害者補助犬を同伴することを**拒んではならない**（7条1項）。

マンションの維持・保全等

正解 **❶**

各種の法令②（総合）

CHECK!

R元-問44

各種の法令に関する次の記述のうち、誤っているものはどれか。

❶ 「個人情報保護法」によれば、個人情報取扱事業者であるマンション管理業者が、管理費を滞納している組合員の氏名及び滞納額が記載されたリストを、その管理事務を受託する管理組合に提出するときは、当該組合員の同意を得なければならない。

❷ 「身体障害者補助犬法」によれば、身体障害者補助犬を同伴して同法の定める施設等（住宅を除く。）の利用又は使用する身体障害者は、その身体障害者補助犬に、その者のために訓練された身体障害者補助犬である旨を明らかにするための表示をしなければならない。

❸ 「消防法」によれば、共同住宅等の一定の防火対象物の管理について権原を有する者は、防火管理者を定め、遅滞なく所轄消防長又は消防署長に届け出なければならない。

❹ 「バリアフリー法」によれば、国民は、高齢者、障害者等の円滑な移動及び施設の利用を確保するために必要な協力をするよう努めなければならない。

❶ 誤り 「同意を得なければならない」➡「同意を得る必要はない」

「個人情報の保護に関する法律」によれば、個人情報取扱事業者は、原則として、あらかじめ本人の同意を得ないで、個人データを第三者に提供してはならない（個人情報保護法27条1項）。しかし、例外として、人の生命、身体または財産の保護のために必要がある場合で、本人の同意を得ることが困難であるときには、本人の同意は不要である（同2号）。管理業者が、「管理費を滞納している組合員の氏名および滞納額が記載されたリスト」を管理組合に提出することは、この例外にあたり、当該組合員の同意は不要である。

❷ 正しい 「身体障害者補助犬法」によれば、身体障害者補助犬法の規定する施設等（住宅を除く）の利用等を行う場合において、身体障害者補助犬を同伴し、または使用する身体障害者は、厚生労働省令で定めるところにより、その身体障害者補助犬に、その者のために訓練された身体障害者補助犬である旨を明らかにするための表示をしなければならない（身体障害者補助犬法12条1項）。

❸ 正しい 「消防法」によれば、一定の防火対象物で、政令で定めるものの管理について権原を有する者は、政令で定める資格を有する者のうちから防火管理者を定めたときは、遅滞なくその旨を所轄消防長または消防署長に届け出なければならない（消防法8条2項前段）。

❹ 正しい 「高齢者、障害者等の移動等の円滑化の促進に関する法律」によれば、国民は、高齢者、障害者等の自立した日常生活および社会生活を確保することの重要性について理解を深めるとともに、これらの者が公共交通機関を利用して移動するために必要となる支援、これらの者の高齢者障害者等用施設等の円滑な利用を確保する上で必要となる適正な配慮その他のこれらの者の円滑な移動および施設の利用を確保するために必要な協力をするよう努めなければならない（バリアフリー法7条）。

マンションの維持・保全等

正解 **❶**

607

各種の法令に関する次の記述のうち、誤っているものはどれか。

❶ 「自動車保管場所確保法」によれば、自動車を夜間（日没時から日出時までの時間をいう。）に道路上の同一の場所に引き続き8時間以上駐車してはならない。

❷ 警備業法によれば、警備業者は、警備業務を行うに当たって用いようとする服装の色、型式を変更したときは、当該変更に係る公安委員会に届け出なければならない。

❸ 郵便法によれば、郵便受箱を設置すべき高層建築物に設置する郵便受箱の郵便物の差入口の大きさは、縦2センチメートル以上、横16センチメートル以上のものでなければならない。

❹ 「耐震改修法」によれば、建築物の所有者は、所管行政庁に対し、当該建築物について地震に対する安全性に係る基準に適合している旨の認定を申請することができるが、昭和56年の建築基準法施行令改正以前の耐震基準（旧耐震基準）に基づく建物は対象外である。

❶ **正しい** 「自動車の保管場所の確保等に関する法律」によれば、何人も、自動車が夜間（日没時から日出時までの時間をいう）に道路上の同一の場所に引き続き「8時間」以上駐車するような行為をしてはならない（自動車保管場所確保法11条2項2号）。

❷ **正しい** 警備業者は、警備業務を行おうとする都道府県の区域を管轄する公安委員会に、当該公安委員会の管轄区域内において警備業務を行うに当たって用いようとする服装の色、型式その他内閣府令で定める事項を記載した届出書を提出しなければならない（警備業法16条2項）。また、警備業務を行うに当たって用いようとする服装の色、型式等を変更したときは、当該「変更に係る公安委員会」に届け出なければならない（同3項、11条1項）。

❸ **正しい** 「郵便法」によれば、階数が3以上であり、かつ、その全部又は一部を住宅、事務所又は事業所の用に供する建築物で総務省令で定めるもの（高層建築物）には、総務省令の定めるところにより、その建築物の出入口又はその付近に郵便受箱を設置するものとする（郵便法43条）。そして、郵便受箱は、郵便物の差入口の大きさが、縦2cm以上、横16cm以上のものであることが必要である（施行規則11条4号）。

❹ **誤り** 「旧耐震基準に基づく建物は対象外である」➡「対象となる」

「建築物の耐震改修の促進に関する法律」によれば、建築物の所有者は、国土交通省令で定めるところにより、所管行政庁に対し、当該建築物について地震に対する安全性に係る基準に適合している旨の認定を申請できる（耐震改修法22条1項）。当該認定の対象となる建築物は、昭和56年の建築基準法施行令改正以後のものに限定されておらず、改正以前の旧耐震基準に基づく建物であっても、耐震診断で耐震性があると認められたものや耐震改修済みのもの等は対象となる。

正解 ❹

609

各種の法令

41 各種の法令④（総合）

CHECK! ☐☐☐

R3-問42

重要度 A

各種の法令に関する次の記述のうち、最も適切なものはどれか。

❶ 「景観法」によれば、景観計画区域内において、マンション等の建築物の外観を変更することとなる修繕若しくは模様替又は色彩の変更を行おうとする者は、あらかじめ、国土交通省令で定めるところにより、行為の種類、場所、設計又は施行方法、着手予定日その他国土交通省令で定める事項を景観行政団体の長に届け出なければならない。

❷ 「動物の愛護及び管理に関する法律（昭和48年法律第105号）」によれば、動物の所有者又は占有者は、その所有し、又は占有する動物の逸走を防止するために必要な措置を講じなければならず、これに違反した場合は、同法により一定の罰則が科せられる。

❸ 「個人情報保護法」によれば、取り扱う個人情報によって識別される特定の個人の数の合計が、過去6月以内のいずれの日においても5,000を超えない管理組合は、同法の個人情報取扱事業者に該当しない。

❹ 「浄化槽法」によれば、浄化槽管理者は、使用されている浄化槽については、3年に1回、保守点検及び清掃をしなければならない。

Point 浄化槽管理者は、毎年１回浄化槽の保守点検・浄化槽の清掃をする。

❶ 最も適切

　景観計画区域内において、建築物の新築、増築、改築若しくは移転、外観を変更することとなる修繕若しくは模様替又は色彩の変更をしようとする者は、あらかじめ、行為の種類、場所、設計又は施行方法、着手予定日その他一定の事項を景観行政団体の長に届け出なければならない（景観法16条１項１号）。

❷ 不適切　「罰則が課せられる」➡「罰則は課せられない」

　動物の所有者又は占有者は、その所有し、又は占有する動物の逸走を防止するために必要な措置を講ずるよう努めなければならない（動物の愛護及び管理に関する法律７条３項）。この規定は**努力義務**であり、違反しても罰則は課せられない。

❸ 不適切　「個人情報取扱事業者に該当しない」➡「該当する」

頻出

　「個人情報取扱事業者」とは、個人情報データベース等を事業の用に供している者をいう。そして、個人情報データベース等を事業の用に供している者であれば、保有する個人情報の件数が**5,000人を超えていない場合でも、個人情報取扱事業者に該当する**（個人情報保護法16条２項）。

❹ 誤り　「３年に１回」➡「１年に１回」

頻出

　浄化槽管理者は、環境省令で定めるところにより、**毎年１回**（環境省令で定める場合にあっては、環境省令で定める回数）、浄化槽の保守点検及び浄化槽の清掃をしなければならない（浄化槽法16条２項）。

正解 ❶

611

上水の給水設備に関する次の記述のうち、最も不適切なものはどれか。

❶ 水道法によれば、簡易専用水道とは、水道事業の用に供する水道及び専用水道以外の水道であって、水道事業の用に供する水道から供給を受ける水のみを水源とし、その供給を受けるために設けられる水槽の有効容量の合計が20㎥を超えるものをいう。

❷ 建築基準法により、共同住宅の給水タンクに保守点検用のマンホールを設置する必要がある場合には、そのマンホールは、直径60cm以上の円が内接することができるものとしなければならない。

❸ 給水管でのウォーターハンマーを防止するために、管内流速が過大とならないように流速は毎秒1.5〜2.0m以下が標準とされている。

❹ 流しの水栓の開口部にあっては、あふれ面と水栓の開口部との垂直距離を保つ等、水の逆流防止のための有効な措置を講ずる。

❶ **最も不適切** 「20㎥を超える」 ➡ 「10㎥を超える」

　簡易専用水道とは、水道事業の用に供する水道及び専用水道以外の水道であって、水道事業の用に供する水道から供給を受ける水のみを水源とし、その供給を受けるために設けられる水槽の有効容量の合計が「10㎥」を超えるものをいう（水道法3条7項、施行令2条）。

❷ **適　切**

　給水タンク等を建築物の内部、屋上又は最下階の床下に設ける場合においては、内部の保守点検を容易かつ安全に行うことができる位置に、**直径60cm以上の円が内接することができるマンホール**を設ける必要がある。

❸ **適　切**

　給水管でのウォーターハンマーを防止するために、管内流速が過大とならないようにするため、給水管内の流速は、**1.5～2.0m/s以下が標準**とされる。

❹ **適　切**

　水槽、流しその他水を入れ、又は受ける設備に給水する飲料水の配管設備の水栓の開口部にあっては、これらの設備のあふれ面と水栓の開口部との垂直距離を適当に保つことその他の有効な水の逆流防止のための措置を講じなければならない（建築基準法施行令129条の2の4第2項2号）。

マンションの維持・保全等

正解 ❶

43 水道法・給水設備②

□ □ □ ✎ CHECK! R5-問18

給水方式及び給水設備に関する次の記述のうち、不適切なものはいくつあるか。

ア 水道直結増圧方式では、建物内の水が水道管に逆流しないように、逆流防止装置を設置する。

イ 建築基準法により、給水タンクに保守点検用のマンホールを設置する必要がある場合には、そのマンホールは、直径45cm以上の円が内接することができるものとしなければならない。

ウ 水道直結直圧方式は、使用水量変動などによる水圧条件が最も低下する時期にでも給水可能なように計画する。

❶ 一つ

❷ 二つ

❸ 三つ

❹ なし

Point 水道直結増圧方式では、逆流防止装置の設置が必要。

ア **適切**

　水道直結増圧方式では、建物内の水が水道管に逆流しないように、逆流防止装置の設置が必要である。

イ **不適切** 「45cm以上」➡「60cm以上」

　給水タンクに保守点検用のマンホールを設置する必要がある場合には、そのマンホールは、直径60cm以上の円が内接することができるものとしなければならない（建設省告示1597号）。

ウ **適切**

　水道直結直圧方式は、使用水量変動などによる水圧条件が最も低下する時期にでも給水可能なように計画する。

　したがって、**不適切**なものは、イの1つであり、**正解は❶**となる。

正解 ❶

水道法・給水設備③

44

CHECK! ☐☐☐ 　H28-問21

次の記述のうち、水道法及び「水質基準に関する省令」によれば、誤っているものはどれか。

❶　「給水装置」とは、需要者に水を供給するために水道事業者の施設した配水管から分岐して設けられた給水管及びこれに直結する給水用具をいう。

❷　「水質基準に関する省令」では、水道水の水質基準として、26の検査項目が示されている。

❸　「水質基準に関する省令」では、塩素は検査項目に含まれていない。

❹　「水質基準に関する省令」では、一般細菌の基準値は、「1 mLの検水で形成される集落数が100以下」である。

❶ **正しい** 水道法において、給水装置とは、需要者に水を供給するために水道事業者の施設した配水管から分岐して設けられた**給水管およびこれに直結する給水用具**をいう（水道法3条9項）。

❷ **誤り** 「26の検査項目」➡「51の検査項目」

ハイレベル

　「水質基準に関する省令」では、水道水の水質基準として、51の検査項目が示されている（34条の2第1項、施行規則55条3号、水質基準に関する省令）。

❸ **正しい** 「水質基準に関する省令」では、「塩素」は検査項目に含まれていない。

ひっかけ ⚠

❹ **正しい** 「水質基準に関する省令」では、一般細菌の基準値は、「1mLの検水で形成される**集落数が100以下**」である。

マンションの維持・保全等

正解 ❷

給水装置に関する次の記述のうち、水道法によれば、正しいものはどれか。

❶　水道水を受水槽に受けて給水しているマンションにおいては、水道事業者の施設した配水管から分岐して設けられた給水管及びこれに直結している受水槽の給水用具までが給水装置に該当する。

❷　水道事業者は、当該水道によって水の供給を受ける者の給水装置の構造及び材質が、政令で定める基準に適合していないときであっても、その者に対する給水を停止することはできない。

❸　「給水装置の構造及び材質の基準に関する省令」では、一定のものを除く給水装置は、厚生労働大臣が定める耐圧に関する試験により1.0メガパスカルの静水圧を1分間加えたとき、水漏れ、変形、破損その他の異常を生じないこととしている。

❹　「給水装置の構造及び材質の基準に関する省令」では、給水装置から金属等が浸出し、汚染されることを防止するために、「水質基準に関する省令」に定められる51種類の水質基準項目について、浸出液の濃度が基準値以下であることを確認しなければならないとしている。

❶ 正しい 水道法上の「給水装置」とは、需要者に水を供給するために水道事業者の施設した配水管から分岐して設けられた給水管およびこれに直結する給水用具をいう（水道法3条9項）。

❷ 誤り 「停止できない」➡「できる」

水道事業者は、当該水道によって水の供給を受ける者の給水装置の構造・材質が、政令で定める基準に適合していないときは、供給規程の定めるところにより、その者の給水契約の申込みを拒み、またはその者が給水装置をその基準に適合させるまでの間、その者に対する給水を停止できる（16条）。

❸ 誤り 「1.0メガパスカル」➡「1.75メガパスカル」

「給水装置の構造および材質の基準に関する省令」によれば、一定のものを除く給水装置は、厚生労働大臣が定める耐圧に関する試験により1.75メガパスカルの静水圧を1分間加えたとき、水漏れ・変形・破損その他の異常を生じないとされている（同省令1条1項1号）。

❹ 誤り 「水質基準に関する省令に定められる水質基準項目」は、「給水装置の構造および材質の基準に関する省令に定められる浸出性能基準項目」と異なる

「給水装置の構造および材質の基準に関する省令」では、給水装置から金属等が浸出し（溶け出し）、飲用水が汚染されることを防止するために、浸出性能試験を行い、同省令に定められる44種類の浸出性能基準項目について、浸出液の濃度が基準値以下であること等を確認しなければならないとしている。この基準は、水道により供給される水の「水質基準に関する省令」に定められる51種類の水質基準項目とは異なる（同省令2条1項、別表第1）。

マンションの維持・保全等

正解 ❶

給排水衛生設備に関する次の記述のうち、最も不適切なものはどれか。

❶ 飲料水の給水タンク等の天井が蓋を兼ねていない場合に当該給水タンク等に設けるマンホールは、外部から内部の保守点検を容易かつ安全に行うことができる小規模な給水タンク等を除き、直径60cm以上の円が内接できるものとする。

❷ 飲料水の給水タンクの局部震度法による設計用標準震度は、同じ耐震クラスでは、地階よりも屋上の方が大きい。

❸ ガス瞬間式給湯器の能力表示は、一般に「号」で表され、1号は、流量毎分1Lの水の温度を25℃上昇させる能力を表している。

❹ 排水横管の必要最小こう配は、管径が大きくなるほど大きくなる。

❶ 適 切

飲料水の給水タンク等の天井が蓋を兼ねていない場合に当該給水タンク等に設ける**マンホール**は、外部から内部の保守点検を容易、かつ安全に行うことができる小規模な給水タンク等を除き、**直径60cm以上の円が内接できることが必要**である。

❷ 適 切

飲料水の給水タンクの局部震度法による**設計用標準震度**は、耐震クラスを「S・A・B（S＞A＞B）」に分けて定められているが、同じ耐震クラス（たとえば、マンションで要求されているのが「A」クラスの場合）では、**地階（0.6）よりも屋上（1.5）の方が大きい**（建築設備耐震設計・施工指針）。

❸ 適 切

ガス瞬間式給湯器の能力表示には、一般に「号」が用いられ、1号は、流量1L／毎分の水の温度を25℃上昇させる能力をいう。

❹ 最も不適切 「管径が大きくなるほど大きく」➡「管径が大きくなるほど小さく」

排水横管で必要とされる最小こう配は、管径が大きくなるほど小さく、逆に管径が小さくなるほど大きくなる。

マンションの維持・保全等

・・ **正解** ❹

給排水衛生設備に関する次の記述のうち、給排水衛生設備基準・同解説（公益社団法人 空気調和・衛生工学会）によれば、最も不適切なものはどれか。

❶ 　排水口空間とは、間接排水管の管端と、一般排水系統に直結している水受け容器又は排水器具のあふれ縁との間の鉛直距離をいう。

❷ 　インバートますとは、雨水中に含まれる土砂などを阻集するために、泥だめを設けたますをいう。

❸ 　逆サイホン作用とは、水受け容器中に吐き出された水、使用された水、又はその他の液体が給水管内に生じた負圧による吸引作用のため、給水管内に逆流することをいう。

❹ 　伸頂通気管とは、最上部の排水横管が排水立て管に接続した点よりも更に上方へ、その排水立て管を立ち上げ、これを通気管に使用する部分をいう。

❶ 適 切

 「排水口空間」とは、間接排水管の管端と、一般排水系統に直結している水受け容器又は排水器具のあふれ縁との間の鉛直距離をいう。

❷ 最も不適切

「インバートます」とは汚水ますのことで、汚物がスムーズに流れるように、底面に半円筒状のインバート（溝）が設けられている。本肢の記述は、「雨水排水ます」の説明である。

❸ 適 切

「逆サイホン作用」とは、洗面器や流しなどの水受け容器中に吐き出された水、使用された水、又はその他の液体が給水管内に生じた負圧による吸引作用により給水管内に逆流する現象をいう。

❹ 適 切

「伸頂通気管」とは、最上部の排水横枝管が排水立て管に接続した点よりも更に上方へ、その排水立て管を立ち上げて、これを通気管に使用する部分をいう。

マンションの維持・保全等

正解 **❷**

48 排水設備①（排水通気設備）

CHECK! R3-問21

建築基準法及び給排水衛生設備規準・同解説（公益社団法人 空気調和・衛生工学会）によれば、排水通気設備に関する次の記述のうち、最も不適切なものはどれか。

❶ 衛生器具の排水トラップは、二重トラップとならないように設けることとする。

❷ 通気弁は、吸気機能だけを有する弁で、排水通気管内が負圧になる部分のみに設ける。

❸ 特殊継手排水システムは、超高層共同住宅に対応するために、伸頂通気管と通気立て管を併設し、許容排水流量を大きくした排水通気方式である。

❹ 排水立て管の管径は、どの階においても最下部の管径と同一とする。

❶ **適 切**

衛生器具の排水トラップは、二重トラップとならないように設ける必要がある。

❷ **適 切**

通気弁は、**吸気機能だけを有する弁**で、排水通気管内が**負圧になる部分のみに設ける。**

【通気弁（負圧）・正圧緩和器（正圧）】

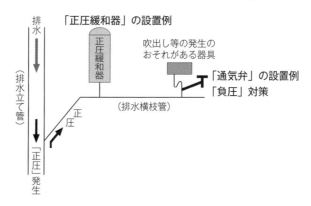

❸ **最も不適切** 「**通気立て管を併設し**」 ➡ 「**通気立て管を併設せずに**」

特殊継手排水システムは、超高層共同住宅に対応するために、**通気立て管を「併用せず」**に、伸頂通気管で通気を行い、特殊な継手を用いることで、**許容排水流量を大きくした**排水通気方式をいう。

❹ **適 切**

排水立て管の管径は、どの階においても**最下部の管径と同一**とする必要がある。

マンションの維持・保全等

. . . . 　**正解** ❸

625

雨水排水設備に関する次の記述のうち、最も適切なものはどれか。

❶ 1 ㎜の雨が1 ㎡の面積に降ったときの量は、10 L である。

❷ 敷地雨水管の流速は、毎秒2 m以上になるように設計する。

❸ 敷地雨水管の起点や合流箇所、方向を変える箇所などに設置する雨水ます に設ける泥だまりは、100㎜以上とする。

❹ 敷地に降る雨の排水設備を設計する場合には、その排水設備が排水すべき 敷地面積に、当該敷地に接する建物外壁面積の50％を加えて計算する。

❶ **不適切** 「10L」➡「1 L」

　1㎤＝1mLである。したがって、1㎜の雨が1㎡の面積に降った場合は、「0.1cm×100cm×100cm」＝「1,000㎤」＝「1,000mL」＝1 Lとなる。

❷ **不適切** 「毎秒2ｍ以上」➡「毎秒1.0～1.2ｍ」

　敷地雨水管の管内平均流下速度は、一般に1.0～1.2ｍ／秒となるように設計する。

❸ **不適切** 「100㎜以上」➡「150㎜以上」

 　敷地雨水管の起点や合流箇所、方向を変える箇所などに設置する雨水排水ますに設ける泥だまりの深さは、150㎜以上とする。

❹ **最も適切**

 　敷地から排出すべき雨には、敷地に直接降る雨以外に、建物の屋根や外壁などに降って敷地に流れ込む雨も含まれる。そのため、本肢の排水設備を設計する場合、その設備が排水すべき敷地面積に、当該敷地に接する建物外壁面積の「50%」を加えて計算する。

マンションの維持・保全等

正解 ❹

50 排水設備③（雨水排水設備）

 CHECK!　R元-問23

雨水排水設備に関する次の記述のうち、最も不適切なものはどれか。

❶ 雨水排水管径の算定に用いる降水量は、各地域ごとの平均降水量を採用する。

❷ 雨水排水ますは、敷地雨水管の起点や合流箇所、方向を変える箇所、配管距離が長い箇所などの継手の代わりに設置し、敷地雨水管の掃除口の役目を果たすものである。

❸ 雨水排水ますには、雨水中に混在する泥などが排水管に流れ込まないようにするために、150mm以上の泥だまりを設ける。

❹ 雨水排水管を一般排水系統の敷地排水管と接続させる場合においては、排水管や下水道からの臭気の侵入を防ぐため、雨水排水系統にトラップますを設置する。

❶ **最も不適切** 「平均降水量」➡「最大降水量」

雨水排水管径の算定に用いる降水量は、各地域ごとの最大降水量を採用する。

❷ **適 切**

雨水排水ますは、敷地雨水管の起点や合流箇所、方向を変える箇所、配管距離が長い箇所等の継手の代わりに設置し、敷地雨水管の掃除口の役目を果たすものである。

❸ **適 切**

頻出

雨水排水ますには、雨水中に混在する泥などが排水管に流れ込まないようにするために、150mm以上の泥だまりを設ける必要がある。

❹ **適 切**

雨水排水管を一般排水系統の敷地排水管と接続させる場合、排水管や下水道からの臭気の侵入を防ぐため、雨水排水系統にトラップますを設置しなければならない。

マンションの維持・保全等

正 解 ❶

排水設備に関する次の記述のうち、最も適切なものはどれか。

❶ 排水槽には、汚水槽、雑排水槽、湧水槽、雨水槽がある。

❷ 屋外排水桝の清掃においては、ゴミ堆積物は引き上げ、汚泥は下水道などに流して処理をする。

❸ 排水ポンプは運転用と予備用の2台を設置し、予備用のポンプについては常時休止させておき、非常時以外は使用しない。

❹ 雑排水と雨水は、各階で同じ排水立て管に接続してよい。

❶ 最も適切

　排水槽には、貯留する排水の種類に応じて、①汚水槽（汚水のみ、または汚水と雑排水両方を貯留）、②雑排水槽（雑排水のみ貯留）、③湧水槽（地下での湧水のみ、または湧水と雨水の両方を貯留）、④雨水槽（雨水のみ貯留）、の４種類がある。

❷ 不適切 　「汚泥は下水道などに流して処理」
　　　　　　　 → 「汚泥は吸引させるようにし、下水道などに流さないように処理」

　「屋外排水桝」には、深さ150㎜以上の「泥だめ」を設けなければならない。また、枡の清掃では、ゴミ堆積物を引き上げるとともに、汚泥は吸引させるようにし、下水道・し尿浄化槽に流さないように処理をしなければならない。

❸ 不適切 　「予備用のポンプについては常時休止させ、非常時以外は使用しない」
　　　　　　　 → 「通常は１台ずつ交互に自動運転できるようにする」

　排水ポンプは、運転用と予備用の２台を設置し、通常は１台ずつ交互に自動運転とする。予備用も使用するのは、予備用を長期間使用しないでいると、ポンプやモーターのシャフトが錆びつき、いざ使用をするときに運転できなくなるからである。

❹ 不適切 　「各階で同じ排水立て管に接続してよい」 → 「接続してはならない」

　雨水排水立て管は、単独の排水系統とする必要があり、汚水管・雑排水管、通気管と兼用したり、接続させたりしてはならない（国土交通省告示243号）。

マンションの維持・保全等

正解 ❶

浄化槽に関する次の記述のうち、最も不適切なものはどれか。

❶　建築基準法によれば、屎尿浄化槽の漏水検査は、満水して12時間以上漏水しないことを確かめなければならない。

❷　建築基準法によれば、地下浸透方式を除く合併処理浄化槽の汚物処理性能に関して、放流水に含まれる大腸菌群数の個数についての技術的基準がある。

❸　「建築物の用途別による屎尿浄化槽の処理対象人員算定基準（JIS A 3302)」によれば、「共同住宅」と「住宅」の算定基準は異なる。

❹　浄化槽の主たる処理方法は、生物膜法と活性汚泥法に大別される。

Point　浄化槽の主な処理方法⇒生物膜法と活性汚泥法に大別される。

❶ **最も不適切** 「12時間」⇒「24時間」

改良便槽・屎尿浄化槽・合併処理浄化槽は、満水して24時間以上漏水しないことを確かめなければならない（建築基準法施行令33条）。

❷ **適　切**

地下浸透方式を除く合併処理浄化槽の汚物処理性能に関しては、放流水に含まれる大腸菌群数の個数についての技術的基準（放流水に含まれる大腸菌群数が、1㎤につき3,000個以下とする性能を有するものであること）がある（32条1項2号）。

❸ **適　切**

「建築物の用途別による屎尿浄化槽の処理対象人員算定基準（JIS A 3302）」によれば、「共同住宅」と「住宅」について、処理対象人員の算定基準（算定式）は異なる。なお、処理対象人員1人あたりの汚水量・BOD量の参考値・1日の排水時間は、すべて同一とする。

❹ **適　切**

浄化槽の主たる処理方法は、生物膜法（砕石などの接触材・ろ材の表面に、生物による膜を形成し、その生物膜を利用して浄化を行うもの）と活性汚泥法（汚水に空気を入れて、バクテリアを増殖させてできる微生物の固まりである活性汚泥に、汚水中の有機物を吸着させることによって浄化を行うもの）の2つに大別される。

マンションの維持・保全等

正　解 **❶**

53 電気設備①(住宅用分電盤)

 CHECK! H30-問22

住宅用分電盤に関する次の記述のうち、最も不適切なものはどれか。

❶ 分電盤内に設置されている漏電遮断器（漏電ブレーカー）及び配線用遮断器（安全ブレーカー）は、電力会社の所有物である。

❷ 電気設備の技術上必要な事項を規定した民間規格である内線規程（以下、本問において「内線規程」という。）によれば、単相3線式電路に施設する漏電遮断器は、中性線欠相保護機能付きのものとすることが望ましいとされている。

❸ 内閣府等が推奨している感震遮断機能付住宅用分電盤は、安全確保を行うことを目的に、揺れを感知すると警報を発し、一定時間を経過してから電気が遮断されるものである。

❹ 内線規程によれば、「地震時等に著しく危険な密集市街地」の住宅などには、感震遮断機能付住宅用分電盤を施設することが勧告的事項とされている。

Point 住宅用分電盤内の①サービスブレーカー②漏電遮断器③安全ブレーカーの各所有者を要確認。

❶ 最も不適切 「電力会社の所有物」 ➡ 「消費者（需要者）の所有物」

住宅用分電盤内には、次の３つのものが配置されている。

---
①サービスブレーカー（アンペアブレーカーともいわれ、契約電力会社
　によっては不設置の場合もある）
②漏電遮断器
③安全ブレーカー

これらのブレーカー等には、電気容量のチェックや、屋内配線の安全確保等の役割がある。

このうち、①の**サービスブレーカー**は、電力会社の所有物である。他方、②の漏電遮断器および③の**安全ブレーカー**は、消費者（需要者）の所有物である。

❷ 適 切

電気設備の技術上必要な事項を規定した民間規格である内線規程（以下「内線規程」）によれば、単相３線式電路に施設する漏電遮断器は、中性線欠相保護機能付きのものとすることが望ましいとされている。

❸ 適 切

内閣府等が推奨している感震遮断機能付住宅用分電盤は、**強い地震を感知すると警報を発し**、一定時間を経過してから感震ブレーカーが信号を送って、主幹ブレーカーを強制遮断して**電気が遮断される**ものである。

❹ 適 切

内線規程によれば、「地震時等に著しく危険な密集市街地」の住宅などでは、感震遮断機能付住宅用分電盤を施設することが「勧告的事項」とされている。なお、このことは、当該市街地以外においても「推奨的事項」とされていることに注意。

マンションの維持・保全等

正解 ❶

電気設備②（ＬＥＤランプ）

■ ■ ■ CHECK! H29-問24

照明用ＬＥＤランプに関する次の記述のうち、最も不適切なものはどれか。

❶ ＬＥＤランプから放射される全光束は、ルーメン単位で表される。

❷ 白色光のＬＥＤランプは、一部の発光方式を除き、紫外線をほとんど放出しないため、照らされた物の退色を軽減できる。

❸ ＬＥＤランプには、微量ながら水銀が含まれているので、破損に注意して処分しなければならない。

❹ 直管形のＬＥＤランプを従来の蛍光灯照明器具に設置すると、発熱・発煙などの事故が起きる場合がある。

❶ **適 切**

　光源となるLEDランプがすべての方向に放出する、明るさの基準となる光の量を「全光束（ぜんこうそく）」といい、全光束は、ルーメン単位で表される。

❷ **適 切**

ハイレベル

　LEDランプには、もともと白色光を発するものは存在しないため、複数の発光方式による色の組合せにより、疑似白色を作り出す。そして、白色光のLEDランプは、一部の発光方式を除き、**紫外線をほとんど放出しない**ため、LEDランプにより照らされた物の**退色を軽減**することができる。

❸ **最も不適切**　「LEDランプには水銀は含まれていない」

ひっかけ ⚠️

　LEDランプには、水銀は一切含まれていない。これに対し、蛍光灯には、微量ながら中に水銀蒸気が入っており、割れると水銀蒸気が大気中に放出されるため、破損に注意して処分しなければならない。

❹ **適 切**

　直管形のLEDランプを従来の蛍光灯照明器具に設置すると、想定外の高い電圧が印加（いんか）（加わること）され、器具からの**発熱・発煙などの事故**が起きることもある。

マンションの維持・保全等

正解 **❸**

637

電気設備③（ＬＥＤランプ）

CHECK!　　　　　　　　　　　　R元-問25

　ＬＥＤランプ（エル・イー・ディー・ランプ）に関する次の記述のうち、最も不適切なものはどれか。

❶　ＬＥＤランプは、同じ光束の場合において、白熱灯や蛍光灯よりも発熱量が少ない。

❷　ＬＥＤランプは、電気用品安全法の規制の対象外となっている。

❸　ＬＥＤランプは、消防法により設置が義務付けられる避難口誘導灯の光源に用いることができる。

❹　ＬＥＤランプを、建築基準法により設置が義務付けられる非常用の照明装置の光源に用いる場合は、常温下で床面において水平面照度で２ルクス以上を確保することができるものとしなければならない。

❶ 適 切

　LEDランプは、同じ光束の場合において、白熱灯や蛍光灯よりも発熱量が少ない。

❷ 最も不適切 「対象外となっている」➡「対象とされている」

　LEDランプは、電気用品安全法の規制の対象とされている（電気用品安全法施行令別表2 九⑽）。

❸ 適 切

　消防法により設置が義務付けられている避難口誘導灯の光源には、LEDランプを用いることもできる（消防法施行令26条参照）。

❹ 適 切

　非常用の照明装置は、常温下で床面において水平面照度で1ルクス（蛍光灯またはLEDランプを用いる場合には、2ルクス）以上を確保できるものとしなければならない（国土交通省告示600号第四第1号）。

マンションの維持・保全等

正 解 ❷

639

電気設備④

CHECK!　　R 5-問20

B

電気設備に関する次の記述のうち、最も不適切なものはどれか。

❶　建築物への電力の供給は、供給電圧により、「低圧」、「高圧」、「特別高圧」の3種類に分けられる。

❷　単相3線式では、電圧線と中性線を使用することで、100ボルトの電気機械器具が利用できる。

❸　停電時の予備電源として蓄電池を用いる非常用の照明装置にあっては、充電を行うことなく30分間継続して点灯し、必要な照度を確保できるものでなければならない。

❹　建築基準法により、設置が義務付けられる非常用の照明装置の照明器具にLEDランプを用いる場合は、常温下で床面において水平面照度で1ルクス以上を確保することができるものとしなければならない。

Point 建築物への電力の供給 ➡ 供給電圧により「低圧」「高圧」「特別高圧」に分類される。

❶ 適 切

　建築物への電力の供給は、供給電圧により、「低圧」「高圧」「特別高圧」の3種類に分類される。

❷ 適 切

　単相3線式では、上下2本の電圧線を使用することで200ボルトの電気機械器具が利用でき、上下どちらかの電圧線と中性線を使用することで、100ボルトの電気機械器具が利用できる。

❸ 適 切

　停電時の予備電源として蓄電池を用いる非常用の照明装置にあっては、充電を行うことなく30分間継続して点灯し、必要な照度を確保できるものでなければならない（建設省告示1830号）。

❹ 最も不適切 「1ルクス以上」➡「2ルクス以上」

　非常用の照明装置の照明器具にLEDランプを用いる場合は、常温下で床面において水平面照度で2ルクス以上を確保することができるものとしなければならない（建設省告示1830号）。

マンションの維持・保全等

正解 **❹**

住戸セントラル給湯方式の熱源機器及び配管に関する次の記述のうち、最も不適切なものはどれか。

❶ 自然冷媒ヒートポンプ給湯機とは、貯湯タンクを設ける必要がなく、冷媒として二酸化炭素を用い水を昇温させた後、湯を直接、必要箇所へ供給できる給湯機である。

❷ 潜熱回収型ガス給湯機とは、燃焼ガス排気部に給水管を導き、燃焼時に熱交換して昇温してから、燃焼部へ水を送り再加熱するものである。

❸ さや管ヘッダ式配管工法とは、住戸の入口近くにヘッダを設置し、床下などに各衛生器具と一対一で対応させたさや管を敷設しておき、後からさや管内に樹脂管を通管して配管する工法である。

❹ ガス給湯機の能力表示における1号とは、毎分流量1ℓの水の温度を25℃上昇させる能力をいう。

① **最も不適切** 「貯湯タンクを設ける必要がなく」 ➡ 「貯湯タンクに貯湯する」

（頻出）　自然冷媒ヒートポンプ給湯機とは、冷媒として二酸化炭素を用い水を昇温させ、貯湯タンクに貯湯して給湯する給湯機である。

② **適 切**

（頻出）　潜熱回収型ガス給湯機とは、燃焼ガス排気部に給水管を導き、燃焼時に熱交換して昇温してから、燃焼部へ水を送り再加熱するものである。

③ **適 切**

（頻出）　さや管ヘッダ式配管工法とは、住戸の入口近くにヘッダを設置し、床下などに各衛生器具と一対一で対応させたさや管を敷設しておき、後からさや管内に樹脂管を通管して配管する工法である。

④ **適 切**

（頻出）　ガス給湯機の能力表示における1号とは、毎分流量1ℓの水の温度を25℃上昇させる能力をいう。

マンションの維持・保全等

正 解 **①**

58 ガス設備・給湯設備②

■■■ ✎ CHECK! R 5-問19

重要度 A

ガス設備及び給湯設備に関する次の記述のうち、最も不適切なものはどれか。

❶ 潜熱回収型ガス給湯機の潜熱回収で発生する酸性の凝縮水は、確実に機器内で中和処理し、排水系統に排出する。

❷ 湯待ち時間とは、給湯栓を開放してから湯が出てくるまでの時間のことである。

❸ 深夜電力温水器とは、夜間の電力を使用して加熱した水をタンク内にためておいて給湯するものである。

❹ 密閉燃焼式のガス機器の強制給排気方式（FF方式）とは、ファンにより屋外より燃焼用空気を取り入れ、自然換気力により排気する方式をいう。

Point 深夜電力温水器➡夜間電力を使用し加熱の水をタンク内に貯めて給湯するもの。

❶ 適 切

頻出 潜熱回収型ガス給湯機とは、燃焼ガス排気部に給水管を導き、燃焼時に**熱交換**して昇温してから、燃焼部へ水を送り**再加熱**するものであるが、酸性の凝縮水が発生するので、機器内で**中和処理**し、排水系統に排出する必要がある。

❷ 適 切

湯待ち時間とは、給湯栓を開放してから湯が出てくるまでの時間のことをいう。

❸ 適 切

深夜電力温水器とは、夜間の電力を使用して加熱した水をタンク内に貯めておいて給湯するものをいう。

❹ 最も不適切 「**自然換気力により排気する方法**」➡「**ファンにより排気する方法**」

 密閉燃焼式のガス機器の強制給排気方式（ＦＦ方式）とは、ファンにより屋外より**燃焼用空気**を取り入れ、ファンにより排気をする方法をいう。

マンションの維持・保全等

正解 ❹

59 長期修繕計画作成ガイドライン①

■■■ ✎ CHECK!　　　R 2-問26　　　A

　国土交通省策定 令和3年9月による長期修繕計画作成ガイドライン（以下、本問において「本ガイドライン」という。）によれば、次の記述のうち、「ガイドラインの目的」として最も不適切なものはどれか。

❶　本ガイドラインは、適切な内容の長期修繕計画の作成を促すことを目的としている。

❷　本ガイドラインは、長期修繕計画に基づいた修繕積立金の額の設定を促すことを目的としている。

❸　本ガイドラインは、マンションの計画修繕工事の適時適切かつ円滑な実施を図ることを目的としている。

❹　本ガイドラインは、外部の専門的知識を有する者による専門委員会を設置し、長期修繕計画における基本方針を決定させることを促すことを目的としている。

Point 目的：長期修繕計画に基づいた修繕積立金額の設定を促す。

❶ **適 切**

　長期修繕計画作成ガイドラインは、マンションにおける長期修繕計画の作成又は見直し及び修繕積立金の額の設定に関して、基本的な考え方等と長期修繕計画標準様式を使用しての作成方法を示すことにより、適切な内容の長期修繕計画の作成及びこれに基づいた修繕積立金の額の設定を促し、マンションの計画修繕工事の適時適切かつ円滑な実施を図ることを目的としている（長期修繕計画作成ガイドライン1章総則1）。

❷ **適 切**

　❶解説参照。長期修繕計画に基づいた修繕積立金の額の設定を促すことを目的としている。

❸ **適 切**

　❶解説参照。マンションの計画修繕工事の適時適切かつ円滑な実施を図ることを目的としている。

❹ **最も不適切**

　外部の専門的知識を有する者による専門委員会を設置し、長期修繕計画における基本方針を決定させることを促すことを目的とはしていない。

マンションの維持・保全等

正解 **❹**

60 長期修繕計画作成ガイドライン②

 CHECK! R 4-問26

次の長期修繕計画作成ガイドライン本文のうち、「はじめに（２）長期修繕計画標準様式、長期修繕計画作成ガイドライン及び同コメントの必要性及び位置づけ　②長期修繕計画標準様式、長期修繕計画作成ガイドライン及び同コメントの必要性」の（ア）～（ウ）に入る語句の組合せとして、最も適切なものはどれか。

建物等の劣化に対して適時適切に修繕工事等を行うために作成する長期修繕計画は、

- i　計画期間
- ii　推定修繕工事項目
- iii　（ア）
- iv　推定修繕工事費
- v　収支計画

を含んだもので作成し、これに基づいて

- vi　（イ）

の算出を行います。

長期修繕計画標準様式、長期修繕計画作成ガイドライン及び同コメントは、長期修繕計画の標準的な様式を示し、長期修繕計画を作成・見直しするための基本的な考え方と長期修繕計画標準様式を使用しての作成方法を示すことで、計画の内容及び修繕積立金額の設定等について（ウ）で合意形成を行いやすくするために作成したものです。

	（ア）	（イ）	（ウ）
❶	修繕周期	修繕積立金の額	区分所有者間
❷	修繕周期	見直し期間	理事会
❸	推定修繕施工者	修繕積立金の額	理事会
❹	推定修繕施工者	見直し期間	区分所有者間

建物等の劣化に対して適時適切に修繕工事等を行うために作成する長期修繕計画は、

　　i　　計画期間

　　ii　　推定修繕工事項目

　　iii　（**ア：修繕周期**）

　　iv　　推定修繕工事費

　　v　　収支計画

を含んだもので作成し、これに基づいて

　　vi　（**イ：修繕積立金の額**）

の算出を行います。

　長期修繕計画標準様式、長期修繕計画作成ガイドライン及び同コメントは、長期修繕計画の標準的な様式を示し、長期修繕計画を作成・見直しするための基本的な考え方と長期修繕計画標準様式を使用しての作成方法を示すことで、計画の内容及び修繕積立金額の設定等について（**ウ：区分所有者間**）で合意形成を行いやすくするために作成したものです。

　したがって、（ア）には修繕周期、（イ）には修繕積立金の額、（ウ）には区分所有者間が入り、正解は❶となる。

マンションの維持・保全等

61 長期修繕計画作成ガイドライン③

CHECK! ☐☐☐ R元-問27 **A**

国土交通省による「長期修繕計画作成ガイドライン」によれば、次の用語の定義として、最も不適切なものはどれか。

❶ 推定修繕工事とは、長期修繕計画において、計画期間内に見込まれる修繕工事及び改修工事をいう。

❷ 修繕積立金とは、計画修繕工事に要する費用に充当するための積立金をいう。

❸ 計画修繕工事とは、長期修繕計画に基づいて計画的に実施する修繕工事及び改修工事をいう。

❹ 大規模修繕工事とは、建物の全体又は複数の主要構造部について、計画修繕工事とは別に実施される、大規模な修繕工事及び改修工事をいう。

❶ 適　切

頻出

　「推定修繕工事」とは、長期修繕計画において、計画期間内に見込まれる修繕工事（補修工事（経常的に行う補修工事を除く）を含む）および改修工事をいう（長期修繕計画作成ガイドライン１章総則４第13号）。

❷ 適　切

頻出

　「修繕積立金」とは、計画修繕工事に要する費用に充当するための積立金をいう（１章総則４第16号）。

❸ 適　切

頻出

　「計画修繕工事」とは、長期修繕計画に基づいて計画的に実施する修繕工事および改修工事をいう（１章総則４第14号）。

❹ 最も不適切　「複数の主要構造部…計画修繕工事とは別に実施」

　　　　　　　➡「複数の部位…大規模な計画修繕工事」

ハイ
レベル

　「大規模修繕工事」とは、建物の全体または複数の部位について行う大規模な計画修繕工事（全面的な外壁塗装等を伴う工事）をいう（１章総則４第15号）。

マンションの維持・保全等

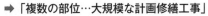

正解 **❹**

62 長期修繕計画作成ガイドライン④

長期修繕計画作成ガイドラインに用いられている用語の定義について、最も不適切なものはどれか。

❶ 推定修繕工事とは、長期修繕計画において、計画期間内に見込まれる修繕工事（補修工事（経常的に行う補修工事を除く。）を含む。以下本問において同じ。）及び改修工事をいう。

❷ 計画修繕工事とは、長期修繕計画に基づいて計画的に実施する修繕工事及び改修工事をいう。

❸ 修繕工事費とは、計画修繕工事の実施に要する費用をいう。

❹ 修繕積立金とは、推定修繕工事に要する費用に充当するための積立金をいう。

Point 推定修繕工事 ➡ 計画期間内に見込まれる修繕工事（補修工事を含む）・改修工事。

❶ 適 切

頻出 　「推定修繕工事」とは、長期修繕計画において、計画期間内に見込まれる修繕工事（補修工事（経常的に行う補修工事を除く）を含む）及び改修工事をいう（長期修繕計画作成ガイドライン1章総則4第13号）。

❷ 適 切

頻出 　「計画修繕工事」とは、長期修繕計画に基づいて計画的に実施する修繕工事及び改修工事をいう（1章総則4第14号）。

❸ 適 切

　「修繕工事費」とは、計画修繕工事の実施に要する費用をいう（1章総則4第18号）。

❹ 最も不適切 「推定修繕工事に要する費用」 ➡ 「計画修繕工事に要する費用」

頻出 　「修繕積立金」とは、「計画修繕工事」に要する費用に充当するための積立金をいう（1章総則4第16号）。

マンションの維持・保全等

正 解 **❹**

653

長期修繕計画の対象の範囲に関する次の記述のうち、長期修繕計画作成ガイドラインによれば、最も不適切なものはどれか。

❶　単棟型のマンションの場合は、管理規約に定めた組合管理部分である敷地を全て対象とする。

❷　単棟型のマンションの場合は、専有部分を全て対象としない。

❸　団地型のマンションの場合は、一般的に、団地全体の土地、附属施設及び団地共用部分を対象とする。

❹　団地型のマンションの場合は、一般的に、各棟の共用部分を対象とする。

Point 長期修繕計画の対象範囲に、共用部分の修繕・改修工事に伴い修繕工事が必要な専有部分も含む。

① 適 切

頻出

　単棟型のマンションの場合、管理規約に定めた組合管理部分である**敷地、建物の共用部分及び附属施設**（共用部分の修繕工事又は改修工事に伴って**修繕工事が必要となる専有部分を含む**）について、**長期修繕計画の対象と**する（長期修繕計画作成ガイドライン2章1節2一）。

② 最も不適切 「専有部分をすべて対象としない」

ひっかけ

　　　　　　➡「修繕工事が必要となる専有部分も含まれる」

　❶解説参照。長期修繕計画の対象の範囲に、共用部分の修繕工事又は改修工事に伴って修繕工事が必要となる専有部分も含まれる。

③ 適 切

　団地型のマンションの場合は、多様な所有・管理形態（管理組合、管理規約、会計等）があるが、一般的に、**団地全体の土地、附属施設及び団地共用部分並びに各棟の共用部分**について、長期修繕計画の**対象とする**（2章1節2一）。

④ 適 切

　❸解説参照。団地型のマンションの場合は、**各棟の共用部分**について、長期修繕計画の**対象**とする。

マンションの維持・保全等

正解 ❷

マンションの大規模修繕

64 長期修繕計画作成ガイドライン⑥

  R2-問27 **B**

国土交通省策定による長期修繕計画作成ガイドラインによれば、次の記述のうち、「長期修繕計画の作成の前提条件」として、適切なものはいくつあるか。

ア 推定修繕工事は、建物及び設備の性能・機能を新築時と同等水準に維持、回復させる修繕工事を基本とする。

イ 区分所有者の要望など必要に応じて、建物及び設備の性能を向上させる改修工事を設定する。

ウ 計画期間において、法定点検等の点検及び経常的な補修工事を適切に実施する。

エ 計画修繕工事の実施の要否、内容等は、事前に調査・診断を行い、その結果に基づいて判断する。

❶ 一つ

❷ 二つ

❸ 三つ

❹ 四つ

Point 推定修繕工事 ➡ 建物・設備の性能・機能を新築時と同等に維持・回復。

ア　適　切

推定修繕工事は、建物及び設備の性能・機能を新築時と同等水準に維持、回復させる修繕工事を基本とする（長期修繕計画作成ガイドライン2章1節2二①）。

イ　適　切

区分所有者の要望など必要に応じて、建物及び設備の性能を向上させる改修工事を設定する（2章1節2二②）。

ウ　適　切

計画期間において、法定点検等の点検及び経常的な補修工事を適切に実施する（2章1節2二③）。

エ　適　切

計画修繕工事の実施の要否・内容等は、事前に調査・診断を行い、その結果に基づいて判断する（2章1節2二④）。

したがって、適切なものはア〜エの四つであり、正解は❹となる。

正解 ❹

65 長期修繕計画作成ガイドライン⑦

  CHECK!

R5-問21

重要度 B

長期修繕計画作成ガイドラインに関する次の記述のうち、適切なものはいくつあるか。

ア 単棟型のマンションの長期修繕計画は、管理規約に定めた組合管理部分である敷地も対象とする。

イ 建物及び設備の調査・診断を長期修繕計画の見直しのために単独で行う場合は、長期修繕計画に必要とされるすべての項目について漏れのないように行う。

ウ 計画修繕工事の実施の要否、内容等は、事前に調査・診断を行い、その結果に基づいて判断する。

エ 長期修繕計画は、将来実施する計画修繕工事の内容、時期、費用等を確定するものである。

❶ 一つ

❷ 二つ

❸ 三つ

❹ 四つ

ア　**適　切**

　　単棟型のマンションの場合、管理規約に定めた**組合管理部分**である敷地、建物の共用部分及び附属施設（共用部分の修繕工事又は改修工事に伴って修繕工事が必要となる専有部分を含む）を対象とする（長期修繕計画作成ガイドライン２章１節２一）。

イ　**適　切**

　　建物及び設備の調査・診断を長期修繕計画の見直しのために**単独**で行う場合は、長期修繕計画に必要とされる**すべての項目**について漏れのないように行う（２章２節４コメント）。

ウ　**適　切**

　　長期修繕計画の作成に当たっては、**計画修繕工事の実施の要否、内容等**は、事前に調査・診断を行い、その結果に基づいて判断する（２章１節２二④）。

エ　**不適切**　「確定するものである」 ➡ 「確定するものではない」

　　長期修繕計画は、将来実施する**計画修繕工事の内容、時期、費用等**を確定するものではない（２章１節２三）。

　　したがって、適切なものはア～ウの３つであり、正解は❸となる。

マンションの維持・保全等

正解 ❸

66 長期修繕計画作成ガイドライン⑧

■■■ ✎ CHECK!　　　R 4-問27

長期修繕計画の作成における管理組合の役割に関する次の記述のうち、長期修繕計画作成ガイドラインによれば、適切なものはいくつあるか。

ア　　管理組合は、分譲会社から交付された設計図書、数量計算書等のほか、計画修繕工事の設計図書、点検報告書等の修繕等の履歴情報を整理し、区分所有者等の求めがあれば閲覧できる状態で保管することが必要である。

イ　　管理組合は、長期修繕計画の見直しに当たっては、必要に応じて専門委員会を設置するなど、検討を行うために管理組合内の体制を整えることが必要である。

ウ　　管理組合は、長期修繕計画の作成及び修繕積立金の額の設定に当たって、総会の開催に先立ち説明会等を開催し、その内容を区分所有者に説明するとともに、長期修繕計画について総会で決議することが必要である。

エ　　管理組合は、長期修繕計画を管理規約等と併せて、区分所有者等から求めがあれば閲覧できるように保管することが必要である。

❶　一つ

❷　二つ

❸　三つ

❹　四つ

Point 　管理組合は長期修繕計画を管理規約等と併せ、区分所有者等が閲覧できるよう保管。

ア　適　切

　　管理組合は、分譲会社から交付された**設計図書、数量計算書等**のほか、**計画修繕工事の設計図書、点検報告書等の修繕等の履歴情報を整理**し、区分所有者等の求めがあれば閲覧できる状態で保管することが必要である（長期修繕計画作成ガイドライン2章1節3三）。

イ　適　切

　　管理組合は、**長期修繕計画の見直し**に当たっては、必要に応じて**専門委員会を設置**するなど、検討を行うために**管理組合内の体制を整える**ことが必要である（2章2節2）。

ウ　適　切

　　管理組合は、**長期修繕計画の作成及び修繕積立金の額の設定**に当たって、総会の開催に先立ち**説明会等を開催**し、その内容を区分所有者に説明するとともに、長期修繕計画について総会で**決議**することが必要である（2章3節1）。

エ　適　切

　　管理組合は、**長期修繕計画を管理規約等と併せて**、区分所有者等から求めがあれば閲覧できるように保管することが必要である（2章3節2）。

　したがって、**適切なものはア～エの四つ**であり、正解は**❹**となる。

マンションの維持・保全等

正解 ❹

67 長期修繕計画作成ガイドライン⑨

■ ■ ■ 🖉 CHECK!　　　　R5-問24

長期修繕計画作成ガイドラインに関する次の記述のうち、最も不適切なものはどれか。

❶ 長期修繕計画の構成は、マンションの建物・設備の概要等、調査・診断の概要、長期修繕計画の内容、修繕積立金の額の設定の4項目を基本とする。

❷ 長期修繕計画においては、会計状況、設計図書等の保管状況等の概要について示す必要がある。

❸ 長期修繕計画においては、維持管理の状況として、法定点検等の実施、調査・診断の実施、計画修繕工事の実施、長期修繕計画の見直し等について示す必要がある。

❹ 外壁の塗装や屋上防水などを行う大規模修繕工事の周期は部材や工事の仕様等により異なるが、一般的に12～15年程度である。

Point 長期修繕計画の構成は、「5項目」を基本とする。

❶ 最も不適切 「4項目を基本とする」➡「5項目を基本とする」

　長期修繕計画の構成は、①マンションの建物・設備の概要等、②調査・診断の概要、③長期修繕計画の作成・修繕積立金の額の設定の考え方、④長期修繕計画の内容、⑤修繕積立金の額の設定の「5項目」を基本とする（長期修繕計画作成ガイドライン3章1節1）。

❷ 適切

　長期修繕計画においては、敷地、建物・設備及び附属施設の概要（規模、形状等）、関係者、管理・所有区分、維持管理の状況（法定点検等の実施、調査・診断の実施、計画修繕工事の実施、長期修繕計画の見直し等）、会計状況、設計図書等の保管状況等の概要について示すことが必要である（3章1節3）。

❸ 適切

　❷解説参照。長期修繕計画においては、維持管理の状況（法定点検等の実施、調査・診断の実施、計画修繕工事の実施、長期修繕計画の見直し等）について示すことが必要である。

❹ 適切

　外壁塗装の塗替や屋上防水の補修・修繕についての修繕周期は、一般的に12〜15年程度とされている（「修繕周期の例」3章1節7コメント）。

正解 ❶

68 長期修繕計画作成ガイドライン⑩

■■■ ✐ CHECK!　　　R4-問25　　　Ⓐ

長期修繕計画の作成に関する次の記述のうち、長期修繕計画作成ガイドラインによれば、最も不適切なものはどれか。

❶ 長期修繕計画の対象の範囲は、単棟型のマンションの場合、管理規約に定めた組合管理部分である敷地、建物の共用部分及び附属施設（共用部分の修繕工事又は改修工事に伴って修繕工事が必要となる専有部分を含む。）である。

❷ 計画期間の設定の際は、新築マンションの場合は30年以上で、かつ大規模修繕工事が2回含まれる期間以上とする必要があり、既存マンションの場合は20年以上の期間とする必要がある。

❸ 推定修繕工事費の算定における単価の設定の際は、新築マンション、既存マンションのどちらの場合であっても、修繕工事特有の施工条件等を考慮する。

❹ 長期修繕計画は、計画的に見直す必要があり、また、その際には、併せて、修繕積立金の額も見直す必要がある。

❶ 適 切

頻出

　長期修繕計画の対象の範囲は、単棟型のマンションの場合、管理規約に定めた組合管理部分である敷地、建物の共用部分及び附属施設（共用部分の修繕工事又は改修工事に伴って修繕工事が必要となる専有部分を含む）である（長期修繕計画作成ガイドライン2章1節2一）。

❷ 最も不適切 「既存マンションの場合は20年以上の期間」➡「30年以上の期間」

⚠
ひっかけ

　長期修繕計画の計画期間は、30年以上で、かつ大規模修繕工事が2回含まれる期間以上とすることが最低限必要であるとされている（3章1節5）。この規定は、新築マンション、既存マンションのどちらの場合でも同じである。

❸ 適 切

　推定修繕工事費の算定における単価の設定の際は、修繕工事特有の施工条件等を考慮し、部位ごとに仕様を選択して、新築マンションの場合、設計図書、工事請負契約による請負代金内訳書等を参考として、また、既存マンションの場合、過去の計画修繕工事の契約実績、その調査データ、刊行物の単価、専門工事業者の見積価格等を参考として設定する（3章1節8二）。

❹ 適 切

　長期修繕計画は、不確定な事項を含んでいるので、5年程度ごとに調査・診断を行い、その結果に基づいて見直すことが必要である。なお、見直しには一定の期間（おおむね1～2年）を要することから、見直しについても計画的に行う必要がある。また、長期修繕計画の見直しと併せて、修繕積立金の額も見直す必要がある（3章1節10）。

マンションの維持・保全等

正解 ❷

69 長期修繕計画作成ガイドライン⑪

  CHECK! R5-問23

推定修繕工事項目の設定に関する次の記述のうち、長期修繕計画作成ガイドラインによれば、不適切な記述のみを全て含むものは次の1～4のうちどれか。

ア 既存マンションにおける推定修繕工事項目は、新築時の設計図書に基づき設定すれば足りる。

イ 推定修繕工事項目の設定にあたって、修繕周期が計画期間に含まれないため推定修繕工事費を計上していない項目がある場合、その旨を明示する。

ウ 建物及び設備の性能向上に関する項目は、区分所有者等の要望など必要に応じて、追加することが望ましい。

❶ ア

❷ ア・ウ

❸ イ・ウ

❹ ア・イ・ウ

ア **不適切** 「新築時の設計図書に基づき設定すれば足りる」 ➡ 「保管されている設計図書、修繕等の履歴、現状の調査・診断の結果等に基づいて設定する」

　　推定修繕工事項目の設定は、既存マンションの場合、現状の長期修繕計画を踏まえ、保管されている設計図書、修繕等の履歴、現状の調査・診断の結果等に基づいて設定する（長期修繕計画作成ガイドライン3章1節6）。

イ **適　切**

　　マンションの形状、仕様等により該当しない項目、又は修繕周期が計画期間に含まれないため推定修繕工事費を計上していない項目は、その旨を明示する（3章1節6）。

ウ **適　切**

　　区分所有者等の要望など必要に応じて、建物及び設備の性能向上に関する項目を追加することが望ましい（3章1節6）。

したがって、不適切なものはアであり、正解は**❶**となる。

正解 ❶

　国土交通省策定による長期修繕計画作成ガイドラインによれば、「修繕積立金の額の設定方法」に関する次の記述のうち、最も不適切なものはどれか。

❶　修繕積立金の積立ては、長期修繕計画の作成時点において、計画期間に積み立てる修繕積立金の額を均等にする積立方式を基本とする。

❷　長期修繕計画及び修繕積立金の額を一定期間（5年程度）ごとに見直しを行う規定を管理規約に定めることが望まれる。

❸　修繕積立基金又は一時金の負担がある場合は、これらを修繕積立金会計とは区分して管理する。

❹　専用庭等の専用使用料及び駐車場等の使用料から、それらの管理に要する費用に充当した残金を修繕積立金会計に繰り入れる。

Point 使用料 ➡ **管理費用に充てるほか修繕積立金として積立て。**

❶ 適 切

頻出 修繕積立金の積立ては、長期修繕計画の作成時点において、計画期間に積み立てる「均等にする積立方式（均等積立方式）」を基本とする（長期修繕計画ガイドライン3章2節1）。

❷ 適 切

長期修繕計画及び修繕積立金の額を一定期間（5年程度）ごとに見直しを行う規定を管理規約に定めることも望まれる（2章1節3一）。

❸ 最も不適切 「**修繕積立金会計とは区分して管理する**」

➡「**修繕積立金会計に繰り入れる**」

頻出 購入時に将来の計画修繕工事に要する経費として**修繕積立基金**を負担する場合又は修繕積立金の総額の不足などから**一時金を負担する場合**は、これらを**修繕積立金会計に繰り入れる**（3章2節2）。

❹ 適 切

専用庭等の**専用使用料**及び**駐車場等の使用料**は、これらの管理に要する費用に充てるほか、**修繕積立金として積み立てる**（2章1節3二②）。

マンションの維持・保全等

71 長期修繕計画作成ガイドライン⑬

CHECK! ☐☐☐ R5-問22 重要度 B

長期修繕計画作成ガイドラインに関する次の記述のうち、最も不適切なものはどれか。

❶ 修繕積立金は、不測の事故や自然災害（台風、大雨、大雪等）による被害の復旧など、特別な事由による修繕工事に要する経費に充当する場合に取り崩すことができる。

❷ 修繕積立金は、マンションの建替えを目的とした調査等に要する経費に充当する場合に取り崩すことができる。

❸ 修繕積立基金又は一時金の負担がある場合は、これらを修繕積立金会計とは区分して管理する。

❹ 長期修繕計画の作成に要する経費は、管理組合の財産状態等に応じて管理費又は修繕積立金のどちらからでも充当することができる。

Point マンション建替え目的の調査等に要する経費に充当する場合、修繕積立金を取り崩す。

❶ 適 切

　修繕積立金の使途は、標準管理規約28条に定められた事項に要する経費に充当する場合に限る（長期修繕計画作成ガイドライン2章1節3ニ④、表）。そして標準管理規約28条において、「**不測の事故その他特別の事由により必要となる修繕**」が定められている。したがって、不測の事故や自然災害（台風、大雨、大雪等）による被害の復旧など、特別な事由による修繕工事に要する経費に充当する場合に修繕積立金を**取り崩す**ことができる。

❷ 適 切

　❶解説参照。標準管理規約28条において、「**建物の建替え及びマンション敷地売却に係る合意形成に必要となる事項の調査**」が定められている。したがって、マンションの建替えを目的とした調査等に要する経費に充当する場合に修繕積立金を取り崩すことができる。

❸ 最も不適切 「**修繕積立金会計とは区分して管理する**」➡「**修繕積立金会計に繰り入れる**」

　購入時に将来の計画修繕工事に要する経費として**修繕積立基金**を負担する場合又は修繕積立金の総額の不足などから**一時金**を負担する場合は、これらを**修繕積立金会計に繰り入れる**（3章2節2）。

❹ 適 切

　長期修繕計画の作成（又は見直し）に要する経費及びそのために事前に行う調査・診断に要する経費は、管理組合の財産状態等に応じて**管理費又は修繕積立金のどちらからでも充当できる**（2章1節3ニコメント（注）、標準管理規約32条関係コメント④）。なお、計画的に行うためには長期修繕計画に費用を計上し、修繕積立金から充当することが必要である。

マンションの維持・保全等

正解 ❸

671

72 長期修繕計画作成ガイドライン⑭

CHECK! R元-問28改 **A**

国土交通省による「長期修繕計画作成ガイドライン」によれば、次の記述のうち、最も不適切なものはどれか。

❶ 新築マンションの場合においては、分譲会社が提示した長期修繕計画（案）と修繕積立金の額について、購入契約時の書面合意により分譲会社からの引渡しが完了した時点で決議したものとすることができる。

❷ 長期修繕計画の見直しに当たっては、必要に応じて専門委員会を設置するなど、検討を行うために管理組合内の体制を整えることが必要である。

❸ 長期修繕計画の見直しは、大規模修繕工事実施の直前又は直後に行うことにより、大規模修繕工事と大規模修繕工事の中間の時期に単独で行うことは不要となる。

❹ 計画修繕工事を実施する際は、その基本計画の検討時において、建物及び設備の現状、修繕等の履歴などの調査・診断を行い、その結果に基づいて内容や時期等を判断する。

❶ 適 切

　新築マンションの場合は、分譲会社が提示した**長期修繕計画（案）**と修繕積立金の額について、「**購入契約時の書面合意により分譲会社からの引渡しが完了した時点で決議したものとする**」か、または「**引渡し後速やかに開催する管理組合設立総会**において、長期修繕計画および修繕積立金の額の承認に関しても決議する」ことがある（長期修繕計画ガイドライン2章2節1）。

❷ 適 切

　長期修繕計画の見直しに当たっては、**必要に応じて専門委員会を設置する**など、検討を行うために管理組合内の体制を整えることが必要である（2章2節2）。

❸ 最も不適切　「**中間の時期に……不要となる**」

　　　　　　➡「**直前または直後とその中間程度**」

　長期修繕計画の見直しは、「**大規模修繕工事と大規模修繕工事の「中間」の時期に単独で行う場合**」、「**大規模修繕工事の直前に基本計画の検討に併せて行う場合**」、または、「**大規模修繕工事の実施の直後に修繕工事の結果を踏まえて行う場合**」がある。したがって、**その時期**は、おおよそ大規模修繕工事の直前または直後とその中間程度となる（3章1節10コメント）。

❹ 適 切

　計画修繕工事を実施する際は、その**基本計画の検討時**において、建物および設備の現状、修繕等の履歴などの調査・診断を行い、その結果に基づいて**内容や時期等を判断する**（2章1節2二④コメント）。

マンションの維持・保全等

73 長期修繕計画作成ガイドライン⑮

☐☐☐ CHECK! R 3-問27

重要度 **A**

　長期修繕計画の見直しに関する以下のア～ウの記述のうち、長期修繕計画作成ガイドラインによれば、適切なものを全て含む組合せは、次の1～4のうちどれか。

ア　　大規模修繕工事と大規模修繕工事の中間の時期に単独で、長期修繕計画の見直しを行う。

イ　　大規模修繕工事の直前に基本計画の検討に併せて、長期修繕計画の見直しを行う。

ウ　　大規模修繕工事の実施の直後に修繕工事の結果を踏まえて、長期修繕計画の見直しを行う。

❶　　ア

❷　　ア・ウ

❸　　イ・ウ

❹　　ア・イ・ウ

ア　適　切

　　長期修繕計画の見直しは、大規模修繕工事と大規模修繕工事の中間の時期に単独で行う場合、大規模修繕工事の直前に**基本計画の検討に併せて行う場合**、又は、大規模修繕工事の実施の直後に修繕工事の結果を踏まえて行う場合がある（長期修繕計画ガイドライン 3 章 1 節10）。

イ　適　切

　　ア解説参照。長期修繕計画の見直しは、大規模修繕工事の**直前に基本計画の検討に併せて行う**場合がある。

ウ　適　切

　　ア解説参照。長期修繕計画の見直しは、大規模修繕工事の実施の**直後に修繕工事の結果を踏まえて行う**場合がある。

　したがって、適切なものの組合せはア・イ・ウであり、正解は❹となる。

マンションの維持・保全等

正　解　❹

74 修繕積立金ガイドライン①

 CHECK! R4-問28

修繕積立金の額の目安を確認する場合に、長期修繕計画の計画期間（以下、本問において「計画期間」という。）全体における修繕積立金の専有面積当たりの月額単価の算出方法の式として、修繕積立金ガイドラインによれば、最も適切なものはどれか。ただし、機械式駐車場に係る修繕積立金は考慮しないものとする。

a：計画期間当初における修繕積立金の残高（円）

b：計画期間全体で集める修繕積立金の総額（円）

c：計画期間全体における専用使用料等からの繰入額の総額（円）

d：マンションの建築延床面積（㎡）

e：マンションの総専有床面積（㎡）

f：長期修繕計画の計画期間（ヵ月）

g：計画期間全体における修繕積立金の平均額（円／㎡・月）

❶ $g = (a + b) \div d \div f$

❷ $g = (a + b) \div e \div f$

❸ $g = (a + b + c) \div d \div f$

❹ $g = (a + b + c) \div e \div f$

計画期間全体における修繕積立金の平均額の算出方法（㎡当たり月単価）の算出式は、次のようになる（修繕積立金ガイドライン3(2)①)。

（算出式）計画期間全体における修繕積立金の平均額（円/㎡・月）

$Z = (A + B + C) \div X \div Y$

A：計画期間当初における修繕積立金の残高（円）：本問のa

B：計画期間全体で集める修繕積立金の総額（円）：本問のb

C：計画期間全体における**専用使用料等からの繰入額の総額**（円）：本問のc

X：マンションの総専有床面積（㎡）：本問のe

Y：長期修繕計画の計画期間（ヵ月）：本問のf

Z：計画期間全体における修繕積立金の平均額（円/㎡・月）：本問のg

　したがって、**計画期間全体における修繕積立金の平均額の算出方法（㎡当たり月単価）の算出式は、$g = (a + b + c) \div e \div f$となり、❹が正解となる。**

マンションの維持・保全等

正解 ❹

修繕積立金ガイドライン②

CHECK!　　　R5-問25

修繕積立金の二つの積立方式に関する次の記述のうち、修繕積立金ガイドラインによれば、最も不適切なものはどれか。

❶ 均等積立方式は、将来にわたり定額負担として設定するため、将来の増額を組み込んでおらず、安定的な修繕積立金の積立てができる。

❷ 均等積立方式であっても、その後の長期修繕計画の見直しにより増額が必要になる場合もある。

❸ 段階増額積立方式は、修繕資金需要に応じて積立金を徴収する方式であり、当初の負担額は小さく、多額の資金の管理の必要性が均等積立方式と比べて低い。

❹ 段階増額積立方式は、将来の増額が決まっているため、修繕積立金が不足することはない。

❶ 適 切

　　均等積立方式は、将来にわたり定額負担として設定するため、将来の増額を組み込んでおらず、安定的な修繕積立金の積立てができる（修繕積立金ガイドライン4）。

❷ 適 切

　　均等積立方式であっても、その後の長期修繕計画の見直しにより増額が必要になる場合もある（ガイドライン4）。

❸ 適 切

　　段階増額積立方式は、修繕資金需要に応じて積立金を徴収する方式であり、当初の負担額は小さく、多額の資金の管理の必要性が均等積立方式と比べて低い（ガイドライン4）。

❹ 最も不適切 「修繕積立金が不足することはない」➡「修繕積立金が不足する場合がある」

　　段階増額積立方式は、将来の負担増を前提としており、計画どおりに増額しようとする際に区分所有者間の合意形成ができず修繕積立金が不足する場合がある（ガイドライン4）。

マンションの維持・保全等

正 解 **❹**

76 劣化現象とその原因

  CHECK!

H30-問26

鉄筋コンクリート造のマンションに生じる劣化現象とその推測される原因に関する次の記述のうち、最も不適切なものはどれか。

❶ コンクリートの表面に白い粉状のものが付着していたので、鉄筋に塩害が生じていると判断した。

❷ コンクリート柱の表面に水平な茶色のシミが出ている亀裂が、等間隔で数本確認されたので、内部の鉄筋に錆が生じていると判断した。

❸ モルタル塗り面を鋼球型テストハンマーで叩くと、高く硬い音がしたので、浮きが無いと判断した。

❹ 北側外部に面した壁の室内側表面の壁紙に黒いしみのようなものが見えたので、カビが生じていると判断した。

❶ 最も不適切 「鉄筋に塩害」➡「エフロレッセンス」

　コンクリートの表面に付着している白い粉状のものは、コンクリート中に含まれる石灰等が水に溶けて表面にしみ出したものである「エフロレッセンス（白華現象）」と判断すべきである。

❷ 適　切

　コンクリート柱の表面に水平な茶色のシミが出ている亀裂が、等間隔で数本確認された現象は、内部の鉄筋に錆が生じて膨張したために生じたものと考えられる。

❸ 適　切

　モルタル塗り面を鋼球型テストハンマーで叩いた場合、浮きの生じていない健全部は、高く硬い音がする。なお、モルタル塗り面で浮きが生じている部分は、低くこもった音がする。

❹ 適　切

　北側外部に面した壁の室内側表面の壁紙に見える黒いしみのようなものは、湿気によるカビが原因であると考えられる。

マンションの維持・保全等

　　　　正　解　❶

77 消費生活用製品安全法

CHECK!

重要度 B

消費生活用製品安全法等に基づく長期使用製品安全点検制度に関する次の記述のうち、最も不適切なものはどれか。

❶ 本制度は、消費生活用製品のうち、長期間の使用に伴い生ずる劣化により安全上支障が生じ、一般消費者の生命又は身体に対して特に重大な危害を及ぼすおそれが多いと認められる製品の適切な保守を促進するために設けられたものである。

❷ 特定保守製品には、屋内式及び屋外式の石油給湯機及び石油ふろがまが含まれる。

❸ 特定保守製品には、製造年月を始期とし、経年劣化により安全上支障が生じるおそれが著しく少ないことを確認した時期を終期とした設計標準使用期間などを表示しなければならない。

❹ 特定保守製品取引事業者とは、特定保守製品の取得者に対し適切な保守の必要性や所有者情報の提供の必要性などを理解させるために、正当な理由のない限り説明義務のある事業者をいい、特定保守製品の付属する建物の販売を行う事業者は含まれない。

Point 消費生活用製品安全法の目的と、これに基づく長期使用製品安全点検制度を要確認。

❶ **適 切** 消費生活用製品安全法（以下「安全法」）の目的は、消費生活用製品による一般消費者の生命・身体に対する危害の防止を図るため、特定製品の製造や販売を規制するとともに、特定保守製品の適切な保守を促進し、併せて製品事故に関する情報の収集および提供等の措置を講じ、一般消費者の利益を保護することである（安全法1条）。これに基づく「長期使用製品安全点検制度」は、消費生活用製品のうち、**長期間の使用に伴い生ずる劣化により安全上支障が生じ**、一般消費者の生命・身体に対して**特に重大な危害を及ぼすおそれが多いと認められる製品の適切な保守を促進**するために設けられた。

❷ **適 切** 特定保守製品とは、長期間の使用に伴い生ずる劣化（経年劣化）により**安全上支障が生じ**、一般消費者の生命・身体に対して**特に重大な危害**を及ぼすおそれが多いと認められる製品で、使用状況等からその適切な保守を促進することが適当として政令で定める、次のものをいう（2条4項、施行令3条、別表第3）。

> ① 石油給湯機　　② **石油ふろがま**

❸ **適 切** 特定製造事業者等は、その製造・輸入に係る特定保守製品を販売する時までに、当該特定保守製品に次の事項を**表示**しなければならない（安全法32条の4第1項）。

> ① 特定製造事業者等の氏名・名称・住所　　② 製造年月
> ③ **設計標準使用期間**　　④ 点検期間の始期・終期
> ⑤ 点検その他の保守に関する問合せを受けるための連絡先
> ⑥ 特定保守製品を特定するに足りる事項として主務省令で定める事項

　③の「設計標準使用期間」とは、**標準的な使用条件**の下で使用した場合に**安全上支障がなく使用**できる**標準的な期間**として設定される期間をいい（32条の3第1号）、**製造年月を始期**とし、経年劣化により**安全上支障が生じるおそれが著しく少ない**ことを確認した時期を終期として設定する（長期使用製品安全表示制度ガイドライン3・3（1））。

❹ **最も不適切** 「特定保守製品の付属する建物の販売を行う事業者は含まれない」
　➡「含まれる」

　特定保守製品取引事業者とは、特定保守製品または「特定保守製品の付属する建物」の取引を行う者をいい、たとえば、特定保守製品そのものを売買する小売販売事業者・不動産販売事業者・建物建築請負事業者が該当する（長期使用製品安全点検制度ガイドライン4・1）。そして、当該事業者には、特定保守製品の取得者に対し、適切な保守の必要性や所有者情報の提供の必要性などを理解させるために、**正当な理由のない限り説明義務がある**（安全法32条の5第1項）。

マンションの維持・保全等

正解 ❹

683

音に関する次の記述のうち、最も不適切なものはどれか。

❶　人間が聴き取ることのできる周波数帯は、約20ヘルツから20,000ヘルツである。

❷　加齢性難聴は、低い周波数から始まり、次第に高い周波数でもみられるようになる。

❸　人間が聴き取ることのできる最小の音圧は、周波数によってかなり変化する。

❹　固体伝搬音とは、建物の躯体構造を伝わる振動によって居室内の壁面や天井面等から発生する音のことである。

❶ 適 切

　人間が音として聴き取ることのできる周波数帯（「可聴領域」）は、約20ヘルツから20,000ヘルツである。

❷ 最も不適切　「低い周波数から次第に高い周波数」
　　　　　　 ➡「高い周波数から次第に低い周波数」

　加齢性難聴は、年齢とともに「高い」周波数から始まり、徐々に「低い」周波数に及んでいく。

❸ 適 切

　人間が音として聴き取ることのできる最小の音圧（「最小可聴値」）は、周波数によって大きく変化する。

❹ 適 切

　「固体伝搬音」とは、人や物が床や壁に衝突等した場合に、建物の躯体構造を伝わる振動によって居室内の壁面や天井面等から発生する音のことである。

マンションの維持・保全等

正解 ❷

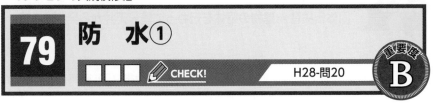

79 防 水①

■■■ ✎ CHECK!　　　　　　H28-問20　　　B 重要度

マンションの屋上、バルコニー等の防水に関する次の記述のうち、最も適切なものはどれか。

❶　メンブレン防水とは、被膜を形成して防水層を作る工法の総称で、アスファルト防水を含めない。

❷　アスファルト防水以外のシート防水、塗膜防水などに用いられる防水材の日本工業規格（JIS）のすべてが、1990年代になってから制定されたものである。

❸　防水施工に関わる者には、国による技能検定制度があり、技能検定に合格した者は、技能士と称することができる。

❹　日本建築学会の建築工事標準仕様書・同解説（JASS 8）に示されている仕様であれば、シート防水層、塗膜防水層は、仕上げの種類にかかわらず通常の歩行に耐えうる。

メンブレン防水 ➡ 被膜を形成して防水層を作る工法。

❶ 不適切 「アスファルト防水を含めない」 ➡ 「含める」

「メンブレン防水」とは、被膜を形成して防水層を作る工法の総称である。アスファルト防水、改質アスファルトシート防水、シート防水、塗膜防水といった種類がある。

❷ 不適切 「すべてが、1990年代になってから制定」
➡ 「ほとんどが、1970年前後に制定」

アスファルト防水は1900年代初期の頃から使われており、シート防水や塗膜防水は1960年代から使われている。また、現在使用されている**防水材料に関する日本工業規格（JIS）も、ほとんどが1970年前後に制定**されている。

❸ 最も適切

防水施工に関わる者には、国による技能検定試験がある。この技能検定試験に合格した者は、**技能士（防水施工技能士）**と称することができる。

❹ 不適切 「**通常の歩行に耐えうる**」
➡ 「**通常の歩行に耐えられるものはごくわずか**」

日本建築学会の建築工事標準仕様書・同解説（JASS 8）によれば、シート防水層・塗膜防水層は、ほとんどが**軽歩行や非歩行用**の仕上げであり、通常の歩行に耐えられるものはごくわずかである。

マンションの維持・保全等

　マンションの屋上にコンクリート保護層のあるアスファルト防水が施工されている場合、建築改修工事監理指針によれば、改修工事の計画として最も適切なものは、次のうちどれか。

❶　冬季（期）の工事において、外気温の著しい低下が予想されるときは、既存保護層及び防水層を撤去し、塗膜防水を施工する。

❷　最上階住戸の断熱性能の向上を目的として、既存保護層（立上り部等を除く）は撤去しないで、新たに、粘着層付改質アスファルトシートを用いた常温粘着工法による改質アスファルトシート防水を施工する。

❸　工事費用を削減し、居住者に対する施工時の環境を改善するため、既存保護層及び防水層を撤去し、新たに熱工法によるアスファルト防水を施工する。

❹　施工期間を短縮するため、既存保護層（立上り部等を除く）は撤去しないで、下地調整を行った後、その上にウレタンゴム系塗膜防水を施工する。

Point ウレタンゴム系塗膜防水の施工法➡既存保護層の撤去なしで施工期間の短縮OK。

❶ **不適切** 「既存保護層・防水層を撤去し、塗膜防水を施工」
➡「原則として施工を中止する」

　防水層の施工の良否は、施工時の気象条件に大きく左右されるため、冬期の工事において、外気温の著しい低下が予想されるときは、原則として施工を中止する。

❷ **不適切** 「断熱性能の向上を目的」➡「工事費用の削減や施工期間の短縮を目的」
　既存保護層（立上り部等を除く）は撤去しないで、新たに、粘着層付改質アスファルトシートを用いた常温粘着工法による改質アスファルトシート防水を施工する工法があるが、これは、**工事費用の削減や施工期間の短縮を目的**とする防水の改修工法の一種であって、最上階住戸の断熱性能の向上を目的とするものではない。

❸ **不適切** 「工事費用の削減、居住者に対する施工時の環境の改善にはならない」
　既存保護層・防水層を撤去し、新たに熱工法によるアスファルト防水を施工する工法は、既存保護層・防水層を「**撤去**」をする点で、**工事費用の削減にはならず**、また、撤去の際に騒音・振動等が発生するため、居住者に対する**施工時の環境の改善にもつながらない。**

❹ **最も適切**

　既存保護層（立上り部等を除く）は撤去しないで、下地調整を行った後、その上にウレタンゴム系塗膜防水を施工する工法は、**既存保護層（立上り部等を除く）**の撤去をしない点で、**施工期間の短縮につながる。**

マンションの維持・保全等

正解 ❹

マンションの屋上の防水に関する次の記述のうち、最も不適切なものはどれか。

❶ メンブレン防水とは、被膜を形成して防水層を作る工法の総称である。

❷ シート防水に用いられる、プラスチック系の材料等で作られたシートは、変形能力が大きく下地の動きに追従する。

❸ 建築改修工事監理指針によれば、外気温の著しい低下が予想されるときは、塗膜防水を施工しなければならない。

❹ ウレタン系塗膜防水工法は、突出物の多い屋上の改修工事の際に、施工が容易なため採用されることが多い。

Point ウレタン系塗膜防水工法は、突出物の多い屋上の改修工事の際に施工が容易。

❶ **適　切**

頻出 「メンブレン防水」とは、被膜を形成して防水層を作る工法の総称である。

❷ **適　切**

頻出 シート防水に用いられる、プラスチック系の材料等で作られたシートは、変形能力が大きく下地の動きに対する追従性が高い。

❸ **最も不適切** 「塗膜防水を施工しなければならない」➡「原則として施工を中止する」

頻出 建築改修工事監理指針によれば、防水層の施工の良否は、施工時の気象条件に大きく左右されるため、冬期の工事において、外気温の著しい低下が予想されるときは、原則として施工を中止する。

❹ **適　切**

ウレタン系塗膜防水工法は、突出物の多い屋上の改修工事の際に、施工が容易なため採用されることが多い。

マンションの維持・保全等

正　解 **❸**

82 窓サッシの改修工法

 CHECK! H28-問28

窓サッシの改修工法に関する次の記述のうち、最も不適切なものはどれか。

❶ カバー工法、持出し工法は、既存サッシ枠を残して、その上に新規のサッシ枠を取り付けるので、開口寸法は既存のものよりも小さくなる工法である。

❷ ノンシール工法は、比較的大型の窓サッシに採用され、既存躯体（くたい）との間には、タイト材を使用するので、外部側のシーリング充填作業が省略できる工法である。

❸ はつり工法は、既存サッシ枠回りの躯体をはつり取り、新規のサッシ枠を取り付けるので、振動、粉じんが多く周囲への影響が大きい工法である。

❹ 引抜き工法は、既存サッシ枠を油圧工具又はジャッキ等で撤去するので、はつり工法に比較して、騒音が発生しにくい工法である。

窓サッシの各改修方法をここで確認しよう！

❶ 適 切

カバー工法・持出し工法では、いずれも**既存サッシ枠を残し、その上に新規のサッシ枠を取り付ける**。そのため、開口寸法は既存のものよりも小さくなる工法である。

❷ 最も不適切 「比較的大型の窓」➡「比較的小型の窓」

ノンシール工法は、主にマンションのトイレ・浴室等の比較的「小型」の窓サッシに採用できるかぶせ工法である。なお、新規サッシと既存躯体との間を、タイト材を使用してふさぐため、外部側のシーリング充填作業が省略できるという点は正しい。

❸ 適 切

はつり工法は、既存サッシ枠周辺の躯体を除去し、新規のサッシ枠を取り付ける工法である。はつり（作業）を行うために、騒音・振動・粉塵が多く出るため、居住者および近隣への影響が大きい。

❹ 適 切

引抜き工法は、既存サッシ枠を油圧工具・ジャッキ等で引き抜き、そこに新規のサッシ枠を取り付ける工法である。はつり工法に比較して、騒音が発生しにくい工法である。

マンションの維持・保全等

正解 ❷

83 塗装部分の汚れ・付着物の除去

CHECK!　□□□　R4-問21改

重要度 C

マンションの塗装部分の汚れや付着物の除去方法に関する次の記述のうち、「建築保全標準・同解説　ＪＡＭＳ４－ＲＣ　補修・改修設計規準」（一般社団法人日本建築学会）によれば、最も不適切なものはどれか。

❶ 塵埃（じんあい）については、ブラシを用いて水洗いした。

❷ カビについては、ワイヤブラシでかき落とした後に、水洗いした

❸ 油脂類については、中性洗剤洗いをした後に、水洗いした。

❹ 鉄錆（てっさび）については、ディスクグラインダーを用いて除去するか、シュウ酸希釈液を用いてこれを除去した後に、ただちに水洗いした。

Point カビは、ワイヤブラシでかき落とした後に塩素系漂白剤等で殺菌処理をする。

❶ 適 切

塵埃について、ブラシを用いて水洗いしたり、高圧水洗することは適切である。

❷ 最も不適切 「水洗いをした」➡「塩素系漂白剤等で殺菌処理をする」

カビについては、ワイヤブラシでかき落とした後に、アルコール拭き又は塩素系漂白剤等で殺菌処理をする。水洗いをするだけでは足りない。

❸ 適 切

油脂類について、中性洗剤洗いをした後に、水洗いしたり、溶剤拭きをすることは適切である。

❹ 適 切

鉄錆について、ディスクグラインダー・ワイヤブラシ等を用いて除去するか、シュウ酸希釈液を用いてこれを除去した後に、ただちに水洗いしたことは適切である。

マンションの維持・保全等

正解 ❷

鉄筋コンクリート造のマンションの耐震改修の方法として、最も不適切なものはどれか。

❶ 給水方法を高置水槽方式から直結増圧方式に変更し、屋上の高置水槽を撤去する。

❷ 地震時にエキスパンションジョイント部のカバーが落下することを防止するため、そのカバーを両端で躯体に固定する。

❸ 構造耐力上主要な独立柱に炭素繊維シートを巻き付ける。

❹ 耐震設計において考慮していなかった非構造の腰壁が、構造耐力上主要な柱と接続している部分に、縁を切るためのスリットを入れる。

❶ 適 切

　給水方法を高置水槽方式から直結増圧方式に変更し、屋上の高置水槽を撤去すれば、建築物の自重が軽量化され、地震力が小さくなるため、耐震改修として適切といえる。

❷ 最も不適切　「両端で躯体に固定する」➡「両端では躯体に固定しない」

　エキスパンションジョイントとは、温度変化による伸縮や地震時の振動性状の違いなどによる影響を避けるために、建築物をいくつかのブロックに分割して隙間を設け、上部にカバーをかけた接合部をいう。隙間の変化に追随できるように、カバーを両端では躯体に固定してはならない。一端を固定し、他端は非固定でかかり代を十分に確保する方法などがある。

❸ 適 切

　構造耐力上主要な独立柱に炭素繊維シートを巻き付けることは、柱の靭性を向上させることになるため、耐震改修の方法として適切である。

❹ 適 切

　腰壁や垂れ壁が構造耐力上主要な柱と接続している部分に、縁を切るためのスリットを入れることは、腰壁や垂れ壁によって柱が拘束されて短柱化してせん断破壊を生ずるのを防ぐことになるため、耐震改修の方法として適切である。

マンションの維持・保全等

正 解　**❷**

697

地震に関する次の記述のうち、最も適切なものはどれか。

❶ 　地震の規模を表すマグニチュードは、その値が1増えるごとにエネルギーが約10倍になる。

❷ 　日本では、地震による揺れの強さを表す震度を7階級としている。

❸ 　日本では、現在でも、震度の判定は体感及び目視によっている。

❹ 　地震波にはP波とS波があり、P波の方がS波より速く伝わる性質がある。

❶ **不適切** 「約10倍」➡「約32倍」

　マグニチュードとは、地震自体の大きさ（規模）を表す指標である。マグニチュードは、その値が1増えるごとに地震のエネルギーが約32倍になる。

❷ **不適切** 「7階級」➡「10階級」

　震度とは、地震による揺れの強さを示す指標である。日本では、震度の階級を10階級（0、1、2、3、4、5弱、5強、6弱、6強、7）で示している。

❸ **不適切** 「体感および目視」➡「計測震度計」

　震度は、かつては体感および周囲の状況から推定していたが、平成8年（1996年）4月以降は、「計測震度計」により、自動的に観測している。

❹ **最も適切**

　地震波には、第1波であるP波と第2波であるS波がある。P波の方がS波よりも伝播速度が速い。

マンションの維持・保全等

正解 ❹

マンションの廊下及び屋内階段に関する次の記述のうち、建築基準法によれば、正しいものはどれか。なお、避難上の安全の検証は行わず、国土交通大臣が定めた構造方法については考慮しないものとする。

❶　その階の住戸面積の合計が100㎡を超える場合の廊下の幅は、廊下の両側に居室がある場合には1.5m以上、その他の場合には1.0m以上としなければならない。

❷　直上階の居室の床面積の合計が200㎡を超える地上階に設ける階段のけあげは24cm以下、踏面は20cm以上でなければならない。

❸　回り階段の踏面の寸法は、階段の幅の中央において測るものとする。

❹　階段の幅は、階段に設ける手すりの幅が10cm以下である場合、手すりの幅がないものとみなして算定する。

Point 住室床面積合計100㎡超 ➡ 両側居室の廊下幅1.6m以上、その他の廊下幅1.2m以上。

❶ **誤り** 「1.5m以上、…1.0m以上」 ➡ 「1.6m以上、…1.2m以上」

　その階の住戸面積の合計が100㎡を超える場合の廊下の幅は、廊下の両側に居室がある場合には1.6m以上、その他の場合には1.2m以上としなければならない（建築基準法施行令119条）。

❷ **誤り** 「けあげは24㎝以下、踏面は20㎝以上」
　　　　➡ 「けあげは20㎝以下、踏面は24㎝以上」

ひっかけ ⚠

　直上階の居室の床面積の合計が200㎡超の地上階に設ける階段のけあげは20㎝以下、踏面は24㎝以上でなければならない（23条1項（三））。

❸ **誤り** 「中央において」 ➡ 「狭い方の端から30㎝の位置において」

ひっかけ ⚠

　回り階段の部分における踏面の寸法は、踏面の狭い方の端から30㎝の位置において測るものとする（23条2項）。

❹ **正しい** 階段・踊場に、手すりや階段の昇降を安全に行うための設備でその高さが50㎝以下のもの（手すり等）が設けられた場合における階段・踊場の幅は、手すり等の幅が10㎝を上限として、「ない」ものとみなして算定する（23条3項）。

ハイレベル

マンションの維持・保全等

建築構造④(階段)

直上階の居室の床面積の合計が200㎡を超える地上階における共同住宅の共用階段に関する次の記述のうち、(a)～(d)に入る数値の組み合わせとして、建築基準法によれば、正しいものはどれか。ただし、この階段は、屋外階段ではないものとする。

階段の踊場は、高さ(a)m以内ごとに設けなければならない。その踊場と階段の幅は(b)cm以上、蹴上げの寸法は(c)cm以下、踏面の寸法は(d)cm以上でなければならない。

	(a)	(b)	(c)	(d)
❶	4	120	20	24
❷	3	120	24	20
❸	4	100	20	24
❹	3	100	24	20

Point 直上階の居室床面積合計が200㎡超の地上階における共同住宅共用廊下の階段等の寸法を確認しよう！

　直上階の居室の床面積の合計が200㎡超の地上階における共同住宅の共用廊下については、階段およびその踊場の幅は120cm以上、蹴上げの寸法は20cm以下、踏面の寸法は24cm以上としなければならない（建築基準法施行令23条1項（三））。階段の高さが4m超のものにあっては高さ4m以内ごとに踊場を設けなければならない（24条1項）。

　したがって、（a）には4、（b）には120、（c）には20、（d）には24が入るので、❶が正解となる。

マンションの維持・保全等

正解 ❶

88 建築構造⑤（マンションの構造等）

CHECK! □□□ R元-問21

A 重要度

マンションの構造・部材に関する次の記述のうち、最も適切なものはどれか。

❶ 建築基準法に定める「主要構造部」には、最下階の床は含まれない。

❷ 鉄筋に対するコンクリートのかぶり厚さが同じ場合において、鉄骨鉄筋コンクリート造は、鉄筋コンクリート造に比べ、耐火性が劣る。

❸ 1つの建築物で高さが部分的に異なる場合において、原則として、各部分の高さに応じて異なる構造方法による基礎を併用しなければならない。

❹ 全ての地域において、平成29年4月1日以降に申請する性能評価に基づく大臣認定によって新築される地上4階建て以上の免震建築物については、長周期地震動による影響を検討する必要はない。

1つの建物で異なる基礎を併用した場合、建物の不同沈下の原因となりやすい。

❶ 最も適切

　主要構造部とは、壁、柱、床、はり、屋根または階段をいい、建築物の構造上重要でない間仕切壁、間柱、付け柱、揚げ床、**最下階の床**、回り舞台の床、小ばり、ひさし、局部的な小階段、屋外階段その他これらに類する建築物の部分を除くものとする（建築基準法2条5号）。

❷ 不適切　「耐火性が劣る」➡「耐火性に優れている」

　鉄筋に対するコンクリートのかぶり厚さが同じ場合、鉄骨鉄筋コンクリート造は、鉄筋コンクリート造に比べて、**耐火性に優れている**。

❸ 不適切　「併用しなければならない」➡「併用は避けるべきである」

　1つの建物で異なる構造方法による基礎を併用した場合、建物の不同沈下の原因となりやすく、コンクリートのひび割れを生じさせることがあるため併用は避けるべきである。

❹ 不適切　「影響を検討する必要はない」➡「影響を検討する必要がある」

　長周期地震動とは、周期（揺れが1往復するのにかかる時間）が長い大きな揺れのことをいい、固有周期の長い高層建築物や免震建物への影響が大きいため、その影響を検討する必要がある。

マンションの維持・保全等

正解 ❶

89 建築構造⑥（マンションの構造等）

☐☐☐ ✐ CHECK! R3-問19

重要度 A

マンションの構造・部材に関する次の記述のうち、最も不適切なものはどれか。

❶ 免震装置を設置することにより、建築物がゆっくりと水平移動し、建築物に作用する地震力を低減する構造形式を免震構造という。

❷ 建築基準法に定める「主要構造部」には、建築物の構造上重要でない間仕切壁は、含まれない。

❸ 建築基準法によれば、1つの建築物で高さが部分的に異なる場合には、原則として、各部分の高さに応じて異なる構造方法による基礎を併用しなければならない。

❹ 建築基準法によれば、特定の要件を満たす場合を除いて、各戸の界壁は小屋裏又は天井裏に達していなければならない。

Point 免震構造 ➡ 免震層を配置し、地震力に対しゆっくりと水平移動し地震力を低減する。

❶ **適　切**

　免震構造とは、積層ゴムなどの**免震層を配置**することにより、地震力に対して建築物が**ゆっくりと水平移動**し、建築物に作用する**地震力を低減**する構造形式をいう。

❷ **適　切**

　主要構造部とは、壁、柱、床、はり、屋根又は階段をいい、建築物の構造上重要でない間仕切壁、間柱、付け柱、揚げ床、最下階の床、回り舞台の床、小ばり、ひさし、局部的な小階段、屋外階段その他これらに類する建築物の部分は除かれる（建築基準法2条5号）。

❸ **最も不適切**　「**併用しなければならない**」 ➡ 「**併用してはならない**」

　建築物には、1つの建築物で高さが部分的に異なる場合でも、原則として、異なる構造方法による基礎を併用してはならない（施行令38条2項）。

❹ **適　切**

　長屋又は共同住宅の各戸の界壁は、原則として、小屋裏又は天井裏に達することが必要である（建築基準法30条1項2号）。

正解 ❸

　竣工後25年の時点で、コア採取によりコンクリートの中性化深さを測定したところ20mmであった場合に、この中性化が、かぶり厚さ40mmの鉄筋に到達するまで、竣工後25年時点から要する年数として、最も適切なものはどれか。

❶　中性化深さは経過年数（t）に比例するので、鉄筋に到達するまで約25年かかる。

❷　中性化深さは経過年数の二乗（t^2）に比例するので、鉄筋に到達するまで約10年かかる。

❸　中性化深さは経過年数の平方根（$\sqrt{t}$）に比例するので、鉄筋に到達するまで約75年かかる。

❹　中性化深さは経過年数の立方根（$\sqrt[3]{t}$）に比例するので、鉄筋に到達するまで約175年かかる。

中性化深さは、経過年数の平方根（√t）に比例する。これを式で表すと以下のようになる。

$$d＝a\sqrt{t}$$

　　d：中性化深さ（㎜）　a：中性化速度係数　t：経過時間（年）

　本肢では、中性化速度係数が不明であるので、まず、これを求めていく。竣工後25年の時点で測定された中性化深さが20mmであるので、これを上記の計算式に当てはめると

　　$20＝a\sqrt{25}$　$20＝5a$　a（中性化速度係数）＝4となる。

　そして、かぶり厚さ40mmの鉄筋に中性化深さが到達するまでの計算式は以下のようになる。

　　$40＝4\sqrt{t}$　$10＝\sqrt{t}$　$t＝100$　つまり、かぶり厚さ40㎜の鉄筋に中性化深さが到達するまで100年となる。

　本肢では、竣工後25年経過時点からの年数を問われているので、100年－25年となり、鉄筋に到達するまで約75年かかることとなり、**正解は❸**である。

マンションの維持・保全等

正解　❸

709

91 建築構造⑧（コンクリートのひび割れ）

コンクリートのひび割れの補修に関する次の記述のうち、「コンクリートのひび割れ調査、補修・補強指針2013」（公益社団法人 日本コンクリート工学会）によれば、最も不適切なものはどれか。

❶ 外気温の変動による挙動が小さいひび割れ幅0.1mmの補修に、ポリマーセメントペーストによるひび割れ被覆工法を適用した。

❷ 外気温の変動による挙動が小さいひび割れ幅0.5mmの補修に、アクリル樹脂系注入材による注入工法を適用した。

❸ 外気温の変動による挙動が大きいひび割れ幅0.5mmの補修に、ポリマーセメントペーストによる注入工法を適用した。

❹ 外気温の変動による挙動が大きいひび割れ幅1.0mmの補修に、可撓性エポキシ樹脂による充填工法を適用した。

❶ **適 切**

　外気温の変動による**挙動が小さいひび割れ幅0.1mmの補修**に、ポリマーセメントペーストによる**ひび割れ被覆工法**を適用したことは適切である。

❷ **適 切**

　外気温の変動による**挙動が小さいひび割れ幅0.5mmの補修**に、アクリル樹脂系注入材による**注入工法**を適用したことは適切である。

❸ **最も不適切**　「ポリマーセメントペースト」
　　　　　　　　➡「**シーリング材や可撓性エポキシ樹脂**」

　外気温の変動による**挙動が大きいひび割れ幅0.5mmの補修**には、シーリング材や可撓性エポキシ樹脂による**注入工法**を適用する。ちなみに、「ポリマーセメントペースト」は挙動が小さいひび割れの場合に適用する（❶解説参照）。

❹ **適 切**

　外気温の変動による**挙動が大きいひび割れ幅1.0mmの補修**に、可撓性エポキシ樹脂による**充填工法**を適用したことは適切である。

マンションの維持・保全等

正解 ❸

711

92 建築構造⑨(コンクリートのひび割れ)

■■■ CHECK!　　　　　R5-問16　　　重要度 B

　鉄筋コンクリート造のマンションの劣化等調査方法に関する次の記述のうち、「コンクリートのひび割れ調査、補修・補強指針2022」(公益社団法人 日本コンクリート工学会)によれば、最も不適切なものはどれか。

❶ クラックスケールにより、コンクリートのひび割れ幅を測定した。

❷ 反発度法により、コンクリートの圧縮強度を推定した。

❸ 電磁誘導法により、コンクリートの塩化物イオン濃度を推定した。

❹ 赤外線サーモグラフィにより、外壁のタイルの浮きを探査した。

❶ 適 切

　クラックスケールは、コンクリート壁、床等に発生したひび割れの幅を測定する器具である。

❷ 適 切

　反発度法とは、コンクリート表面をリバウンドハンマー等によって打撃し、その反発度から圧縮強度を推定する方法をいう。

❸ 最も不適切　「塩化物イオン濃度を推定した」

　　　　　　⇒「コンクリート中の鉄筋位置、かぶりなどを測定する」

ひっかけ

　電磁誘導法は、コイルが巻かれたプローブ（探針）に一次交流電流を流して交流磁場を発生させ、その磁場中に鉄筋が存在した場合に生じる二次電流から、発生した電圧の変化を把握し、**コンクリート中の鉄筋位置、かぶりなどを測定する方法**である。塩化物イオン濃度を推定する方法ではない。

❹ 適 切

　赤外線サーモグラフィは、建物の外壁タイルやモルタル仕上げ等の浮き部と健全部における熱の伝わり方の違いによって生じる表面の温度差を測定し可視化することで、**タイルやモルタル仕上げ等の浮きの有無**や程度を調査する方法である。

マンションの維持・保全等

・・・・・・・・・・・・・・・・・・・・・・・・・・・・・・・・・・・・・・・　**正 解 ❸**

93 建築構造⑩（壁面タイルの剥落による事故の危険性のある範囲）

CHECK! ☐☐☐ R5-問17

重要度 C

マンションの壁面タイル（高さh）の剥落（はくらく）による事故の危険性のある範囲（R）として、「建築保全標準・同解説　ＪＡＭＳ　２－ＲＣ　点検標準仕様書」（一般社団法人　日本建築学会）によれば、最も適切なものはどれか。ただし、壁面直下の通路では人が常時往来し、かつ強固な構造の屋根等の落下物防御施設や植込み等による立入を制限するものはないものとする。

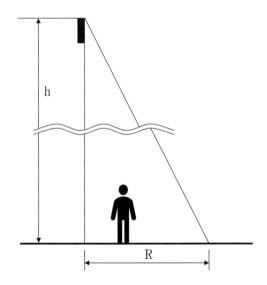

❶　$R = \dfrac{h}{2}$

❷　$R = \dfrac{h}{3}$

❸　$R = \dfrac{h}{4}$

❹　$R = \dfrac{h}{5}$

「建築保全標準・同解説 JAMS 2 - RC 点検標準仕様書」によれば、マンションの壁面タイルの剥落による事故の危険性のある範囲は、**壁面タイルの高さの$\frac{1}{2}$**とされている。

したがって、**R＝$\frac{h}{2}$**であり、**正解は❶**となる。

マンションの維持・保全等

正解 ❶

鉄筋コンクリートに関する次の記述のうち、最も不適切なものはどれか。

❶　中性化とは、硬化したコンクリートが空気中の炭酸ガス（CO_2）の作用によって次第にアルカリ性を失って中性に近づく現象をいう。

❷　中性化の進行を遅らせるためには、モルタル塗り等の仕上げが有効である。

❸　アルカリ骨材反応とは、アルカリ反応性骨材と鉄筋が長期にわたって反応し、その鉄筋が発錆（はっせい）し膨張することにより、コンクリートにひび割れを生じたり崩壊したりする現象をいう。

❹　アルカリ骨材反応を抑制するためには、「コンクリート中のアルカリ総量の抑制」、「抑制効果のある混合セメントの使用」、「安全と認められる骨材の使用」の抑制対策のうち、いずれか1つについて確認をとらなければならない。

❶ 適　切

　中性化とは、 pH12〜13程度の強アルカリ性の性質を持つ硬化したコンクリートが、空気中の炭酸ガス（CO_2）の作用によって表面部分から次第にアルカリ性を失い、中性に近づく現象をいう。

❷ 適　切

　中性化の進行を遅らせるためには、モルタル塗り等の仕上げが有効である。なお、表面からアルカリ性を増す塗材を塗布含浸させたり、表面保護材を塗布したりすることによっても、中性化の進行を遅らせることができる。

❸ 最も不適切 「アルカリ反応性骨材と反応するのは、鉄筋ではなくセメント中のアルカリ分」

頻出

　アルカリ骨材反応とは、セメント中のアルカリ分と、アルカリシリカ反応性鉱物を含有する骨材とが反応し、膨張を起こす現象のことをいう。

❹ 適　切

ハイレベル

　アルカリ骨材反応を抑制するためには、「コンクリート中のアルカリ総量の抑制」や「抑制効果のある混合セメントの使用」、さらに「安全と認められる骨材の使用」といった抑制対策のうち、いずれか1つについて確認をとらなければならない。

マンションの維持・保全等

正解 ❸

95 建築構造⑫(鉄筋コンクリート)

■■■ ✎ CHECK! R 3-問18

鉄筋コンクリートに関する次の記述のうち、最も不適切なものはどれか。

❶ 建築基準法によれば、特定の要件を満たす部材を除いて、布基礎の立上り部分を除いた基礎においては、鉄筋に対するコンクリートのかぶり厚さは、捨コンクリートの部分を除き、6 cm以上としなければならない。

❷ コンクリートは、通常の使用範囲において温度上昇に伴う膨張の程度が鉄筋とほぼ等しい。

❸ 硬化したコンクリートが、空気中の二酸化炭素の作用によって次第にアルカリ性を失って中性に近づく現象を中性化という。

❹ アルカリ骨材反応とは、アルカリ反応性骨材と鉄筋が長期にわたる化学反応により、その鉄筋が発錆し膨張することで、コンクリートにひび割れを生じたり崩壊したりする現象をいう。

Point コンクリートと鉄筋は、通常の使用範囲において温度上昇に伴う熱膨張率がほぼ等しい。

❶ 適 切

頻出

　鉄筋に対するコンクリートのかぶり厚さは、耐力壁以外の壁又は床にあっては2cm以上、耐力壁、柱又ははりにあっては3cm以上、直接土に接する壁、柱、床若しくははり又は布基礎の立上り部分にあっては4cm以上、基礎（布基礎の立上り部分を除く）にあっては捨コンクリートの部分を除いて6cm以上としなければならない（建築基準法施行令79条1項）。

❷ 適 切

　鉄筋コンクリート造の素材であるコンクリートと鉄筋は、通常の使用範囲において温度上昇に伴う熱膨張率がほぼ等しく、相性がよい。

❸ 適 切

頻出

　硬化したコンクリートが、空気中の二酸化炭素の作用によって次第にアルカリ性を失って中性に近づく現象を中性化という。

❹ 最も不適切 「アルカリ反応性骨材と反応するのは、鉄筋ではなくセメント中の
アルカリ成分」

頻出

　アルカリ骨材反応とは、「セメント中のアルカリ成分」と、アルカリシリカ反応性鉱物を有する骨材とが反応し、膨張を起こす現象のことをいう。鉄筋が発錆して膨張するのではない。

マンションの維持・保全等

正解 ❹

96 建築構造⑬（鉄骨鉄筋コンクリート造）

鉄骨鉄筋コンクリート造に関する次の記述のうち、最も不適切なものはどれか。

❶ 鉄骨鉄筋コンクリート造は、力学的には、鉄骨造と鉄筋コンクリート造それぞれの長所を生かした構造である。

❷ 鉄骨鉄筋コンクリート造は、高層建物に適しており、柱間のスパンを大きく取ることが可能となる。

❸ 建築基準法によれば、国土交通大臣が定めた構造方法を用いる部材及び国土交通大臣の認定を受けた部材を用いる場合を除き、鉄骨のかぶり厚さは、鉄筋のかぶり厚さと同様に3cm以上としなければならない。

❹ 建築基準法によれば、構造部分については、柱の防火被覆など一部の規定を除き、鉄骨造の規定が準用される。

鉄骨に対するコンクリートのかぶり厚さ⇒5cm以上。

❶ 適 切

鉄骨鉄筋コンクリート造とは、鉄筋コンクリートで被覆した鉄骨の骨組みを主要な構造部材とする構造である。**力学的には、鉄骨造と鉄筋コンクリート造、それぞれの長所を生かした構造**である。

❷ 適 切

鉄骨鉄筋コンクリート造は、中層～高層の建物に適しており、柱と柱の間を大きく開ける**大スパン構造**とすることも可能である。

❸ 最も不適切 「3cm以上」⇒「5cm以上」

国土交通大臣が定めた構造方法を用いる部材、および国土交通大臣の認定を受けた部材を用いる場合を除き、**鉄骨に対するコンクリートのかぶり厚さは、5cm以上**としなければならない（建築基準法施行令79条の3）。

なお、鉄筋に対するコンクリートのかぶり厚さは、次の表のように、部位別に必要な厚さが決められている（79条1項）。

建 築 物 の 部 分			かぶり厚さ（cm以上）
壁	耐力壁以外	一 般	2
		土に接する部分	4
	耐力壁	一 般	3
		土に接する部分	4
床	一 般		2
	土に接する部分		4
柱・梁	一 般		3
	土に接する部分		4
基 礎	布基礎の立上り		4
	捨コンクリートを除いた基礎		6

❹ 適 切

鉄骨鉄筋コンクリート造の建築物、または**建築物の構造部分**については、「柱の防火被覆など一部の規定を除いた**鉄骨造の規定**」と、「柱の帯筋比の規定を除いた鉄筋コンクリート造の規定」の両方が**準用**される（79条の4）。

正解 ❸

補強コンクリートブロック造の塀に関する次の記述のうち、建築基準法によれば、誤っているものはどれか。ただし、国土交通大臣が定める基準に従った構造計算によって構造耐力上安全であることの確認はしていないものとする。

❶ 塀の高さは3m以下とする。

❷ 塀の高さが1.2mを超える場合には、長さ3.4m以下ごとに、所定の基準に従った控壁を設ける。

❸ 塀の高さが1.2mを超える場合には、塀の基礎の丈は35cm以上とし、根入れの深さは30cm以上とする。

❹ 同法第12条に基づく定期調査報告の対象となる塀についての劣化及び損傷の状況は、目視、下げ振り等により確認する。

❶ **誤り** 「3m以下」➡「2.2m以下」

　補強コンクリート造ブロック造の塀の高さは、2.2m以下としなければならない（建築基準法施行令62条の8第1号）。

❷ **正しい**　塀の高さが1.2mを超える場合、長さ3.4m以下ごとに、所定の基準に従った**控壁**（径9㎜以上の鉄筋を配置した控壁で基礎の部分において壁面から高さの$\frac{1}{5}$以上突出したもの）を設けなければならない（62条の8第5号）。

❸ **正しい**　塀の高さが1.2mを超える場合、塀の**基礎の丈は35㎝以上**とし、**根入れの深さは30㎝以上**としなければならない（62条の8第7号）。

❹ **正しい**　建築基準法12条に基づく定期調査報告の対象となる**塀**についての**劣化・損傷の状況**は、**目視・下げ振り**（鉛直を調べる道具）等により確認する（国土交通省告示703号）。

マンションの維持・保全等

正解 ❶

第6編

マンション管理適正化法

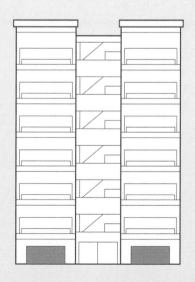

「マンション」の定義に関する次の記述のうち、マンション管理適正化法の規定によれば、正しいものはどれか。

❶ 2以上の区分所有者が存する建物であって、人の居住の用に供する専有部分のある建物は、「マンション」に当たらない。

❷ 2以上の区分所有者が存する建物であって、人の居住の用に供する専有部分のある建物の附属施設は、「マンション」に当たらない。

❸ 一団地内において、2以上の区分所有者が存する建物であってその専有部分のすべてを事務所又は店舗の用に供する建物と、専有部分のない建物であって居住の用に供する建物のみからなる、数棟の建物の所有者の共有に属する附属施設は、「マンション」に当たる。

❹ 一団地内において、2以上の区分所有者が存する建物であって人の居住の用に供する専有部分のある建物を含む、数棟の建物の所有者の共有に属する土地は、「マンション」に当たる。

「マンション」➡ 2以上の区分所有者＋「居住用専有部分・その敷地・附属施設」

❶ 誤り 「マンションに当たらない」➡「マンションに当たる」

マンションとは、次のものをいう（マンション管理適正化法2条1号）。

> ① 　2以上の区分所有者が存する建物で、人の居住の用に供する専有部分のあるものならびにその敷地および附属施設
> ② 　一団地内の土地または附属施設（これらに関する権利を含む）が当該団地内にある①の建物を含む数棟の建物の所有者（専有部分のある建物にあっては、区分所有者）の共有に属する土地および附属施設

①より、2以上の区分所有者が存する建物で、人の居住の用に供する専有部分のある建物は、マンションに当たる。

❷ 誤り 「マンションに当たらない」➡「マンションに当たる」

上記❶解説①より、2以上の区分所有者が存する建物で、人の居住の用に供する専有部分のある建物の附属施設は、マンションに当たる。

❸ 誤り 「マンションに当たる」➡「マンションに当たらない」

本肢前半のように、「すべてを事務所または店舗の用に供する建物」は上記❶解説①の定義に該当せず、マンションに当たらない。また、本肢後半のように、「専有部分のない建物で、人の居住の用に供する建物」も、この定義に該当せず、マンションに当たらない。

❹ 正しい 上記❶解説②より、「一団地内の2以上の区分所有者が存する建物で、人の居住の用に供する専有部分のある建物を含む、数棟の建物の所有者の共有に属する土地」は、マンションに当たる。

頻出

マンション管理適正化法

正解 **❹**

マンション管理適正化法第２条に規定する用語の意義に関する次の記述のうち、マンション管理適正化法によれば、誤っているものはどれか。

❶ マンションとは、２以上の区分所有者が存する建物で人の居住の用に供する専有部分のあるもの並びにその敷地及び附属施設をいうが、この場合、専有部分に居住する者がすべて賃借人であるときも含まれる。

❷ 管理者等とは、区分所有法第25条第１項の規定により選任された管理者又は区分所有法第49条第１項の規定により置かれた理事をいう。

❸ 管理事務とは、マンションの管理に関する事務であって、管理組合の会計の収入及び支出の調定及び出納並びに専有部分を除くマンションの維持又は修繕に関する企画又は実施の調整を含むものをいう。

❹ マンション管理業とは、管理組合から委託を受けて、基幹事務を含むマンションの管理事務を行う行為で業として行うものであり、当該基幹事務すべてを業として行うものをいうが、「業として行う」に該当するためには、営利目的を要し、また、反復継続的に管理事務を行っている必要がある。

❶ **正しい** 「**マンション**」とは、次のものをいう（マンション管理適正化法2条1号）。

> ① 2以上の区分所有者が存する建物で、人の居住の用に供する専有部分のあるものならびにその敷地および附属施設
> ② 一団地内の土地または附属施設（これらに関する権利を含む）が当該団地内にある①の建物を含む数棟の建物の所有者（専有部分のある建物にあっては、区分所有者）の共有に属する土地および附属施設

　本肢のように、専有部分に居住する者がすべて賃借人であっても、上記①の要件を満たせば、マンションに含まれる。

❷ **正しい** 「**管理者等**」とは、区分所有法25条1項の規定により選任された「管理者」または区分所有法49条1項の規定により置かれた「理事」をいう（2条4号）。

❸ **正しい** 「**管理事務**」とは、マンションの管理に関する事務であって、**基幹事務**〔①管理組合の会計の収入・支出の調定、②管理組合の出納事務、③マンション（専有部分を除く）の維持・修繕に関する企画・実施の調整〕を含むものをいう（2条6号）。

❹ **誤り** 「営利目的を要し」➡「営利目的か否かを問わない」

　「**マンション管理業**」とは、管理組合から委託を受けて管理事務を行う行為で「業として行う」もの（区分所有者等が当該マンションについて行うものを除く）をいう（2条7号）。そして、「業として行う」とは、反復継続して管理事務を行うことをいい、「営利目的」か否かは問わない。

マンション管理適正化法

3 **用語の定義③**

☐☐☐ ✎ CHECK! R 5-問47

重要度 **B**

　マンション管理適正化法第2条に規定される用語に関する次の記述のうち、マンション管理適正化法によれば、適切なものはいくつあるか。

ア　　マンションとは、2以上の区分所有者が存する建物で人の居住の用に供する専有部分のあるもの並びにその敷地及び附属施設をいうが、この場合、専有部分に居住する者が全て賃借人であるときは含まれない。

イ　　マンション管理業とは、管理組合から委託を受けて、基幹事務すべてを含むマンションの管理事務を行う行為で業として行うものであり、当該基幹事務の一部のみを業として行う場合はマンション管理業に該当しない。

ウ　　マンション管理業者とは、国土交通省に備えるマンション管理業者登録簿に登録を受けてマンション管理業を営む者をいう。

エ　　管理業務主任者とは、管理業務主任者試験に合格した者で、国土交通大臣の登録を受けた者をいう。

❶　　一つ

❷　　二つ

❸　　三つ

❹　　四つ

ア　**不適切**　「全て賃借人であるときは含まれない」➡「含まれる」

　　マンションとは、①2以上の区分所有者が存する建物で人の居住の用に供する専有部分のあるもの並びに②その敷地及び附属施設をいう（マンション管理適正化法2条1号イ）。この場合、専有部分に居住する者が全て賃借人であるときでも「含まれる」。

イ　**適　切**

　　マンション管理業とは、管理組合から委託を受けて、**基幹事務すべてを含む**マンションの管理事務を行う行為で業として行うものであり、当該基幹事務の一部のみを業として行う場合はマンション管理業に該当しない（2条6号・7号）。

ウ　**適　切**

　管理業者とは、国土交通省に備える管理業者登録簿に登録を受けてマンション管理業を営む者をいう（2条8号、44条）。

エ　**不適切**　「国土交通大臣の登録を受けた者」➡「国土交通大臣の登録を受け、管理業務主任者証の交付を受けた者」

　管理業務主任者とは、管理業務主任者試験に合格した者で、国土交通大臣の登録を受け、「管理業務主任者証の交付」を受けた者をいう（2条9号、60条1項）。

　したがって、適切なものはイ・ウの二つであり、正解は**❷**となる。

マンション管理適正化法

正解 ❷

4 推進計画等

CHECK! ☐☐☐ ✎

R5-問46

重要度 **B**

マンション管理適正化法に関する次の記述のうち、適切なものはいくつあるか。

ア　都道府県等は、マンション管理適正化推進計画に基づく措置の実施に関して特に必要があると認めるときは、関係地方公共団体、管理組合、マンション管理業者に対し、調査を実施するため必要な協力を求めることができる。

イ　管理組合は、マンション管理適正化指針の定めるところに留意して、マンションを適正に管理するよう自ら努めなければならないとされているが、マンションの区分所有者等の役割については規定されていない。

ウ　市長は、区域内のマンションにおいて管理組合の運営がマンション管理適正化指針に照らして著しく不適切であることを把握したときは、当該管理組合の管理者等に対し、マンション管理適正化指針に即したマンションの管理を行うよう勧告することができる。

エ　管理組合の管理者等は、管理計画の認定を受けるために申請する当該管理計画の中には、当該マンションの修繕その他の管理に係る資金計画を必ず記載しなければならない。

❶　一つ

❷　二つ

❸　三つ

❹　四つ

ア　適　切

　都道府県等は、マンション管理適正化推進計画に基づく措置の実施に関して特に必要があると認めるときは、関係地方公共団体、管理組合、管理業者に対し、調査を実施するため必要な協力を求めることができる（マンション管理適正化法3条の2第6項）。

イ　不適切　「区分所有者等の役割については規定されていない」 ➡ 「規定されている」

　管理組合は、マンション管理適正化指針（管理組合がマンション管理適正化推進計画が作成されている都道府県等の区域内にある場合は、マンション管理適正化指針及び都道府県等マンション管理適正化指針）の定めるところに留意して、マンションを適正に管理するよう自ら努めるとともに、国及び地方公共団体が講ずるマンションの管理の適正化の推進に関する施策に協力するよう努めなければならない（5条1項）。他方、区分所有者等は、マンションの管理に関し、管理組合の一員としての役割を適切に果たすよう努めなければならない（同2項）。

ウ　適　切

　知事（市又はマンション管理適正化推進行政事務を処理する町村の区域内では、それぞれの長）は、管理組合の運営がマンション管理適正化指針に照らして著しく不適切であることを把握したときは、当該管理組合の管理者等に対し、マンション管理適正化指針に即したマンションの管理を行うよう勧告できる（5条の2第2項）。

エ　適　切

　管理組合の管理者等は、管理計画の認定を受けるために申請する当該管理計画の中には、当該「マンションの修繕その他の管理に係る資金計画」等を必ず記載しなければならない（5条の3第2項）。

　したがって、適切なものはア・ウ・エの三つであり、正解は**❸**となる。

マンション管理適正化法

5 管理計画認定

CHECK! □□□ R 4-問46 重要度 C

次の記述のうち、マンション管理適正化法によれば、不適切なものはいくつあるか。

ア 国土交通大臣は、住生活基本法第15条第１項に規定する全国計画との調和が保たれたマンションの管理の適正化の推進を図るための基本的な方針を定めなければならない。

イ 都道府県等は、あらかじめマンション管理適正化推進計画を作成したうえで、管理組合の管理者等（管理者等が置かれていないときは、当該管理組合を構成するマンションの区分所有者等。）に対し、マンションの管理の適正化を図るために必要な助言及び指導をしなければならない。

ウ 管理組合の管理者等は、国土交通省令で定めるところにより、当該管理組合による管理計画を作成し、計画作成都道府県知事等の認定を申請することができる。

エ 計画作成都道府県知事等は、認定管理者等が認定管理計画に従って管理計画認定マンションの管理を行っていないと認めるときは、直ちに、当該認定管理計画の認定を取り消すことができる。

❶ 一つ

❷ 二つ

❸ 三つ

❹ 四つ

ア **適 切**

　　国土交通大臣は、住生活基本法15条１項に規定する全国計画との調和が保たれたマンションの管理の適正化の推進を図るための基本的な方針を定めなければならない（マンション管理適正化法３条１項・３項）。

イ **不適切** 「あらかじめマンション管理適正化推進計画を作成したうえで…しなければならない」➡「マンション管理適正化指針に即し…できる」

　　都道府県等は、「マンション管理適正化指針に即し」、管理組合の管理者等（管理者等が置かれていないときは、当該管理組合を構成する区分所有者等）に対し、マンションの管理の適正化を図るために必要な助言及び指導をすることが「できる」（５条の２）。「あらかじめマンション管理適正化推進計画を作成する」ということではない。

ウ **適 切**

　　管理組合の管理者等は、国土交通省令で定めるところにより、当該管理組合による管理計画を作成し、計画作成知事等の認定を申請できる（５条の３第１項）。

エ **不適切** 「管理計画認定マンションの管理を行っていないと認めるときは、直ちに」➡「改善命令に違反したとき」

　　計画作成知事等は、認定管理者等が認定管理計画に従って管理計画認定マンションの管理を行っていないと認めるときは、当該認定管理者等に対し、相当の期限を定めて、その改善に必要な措置を命ずることができる（５条の９）。認定管理者等がこの「改善命令に違反したとき」等の場合には、当該認定管理計画の認定を取り消すことができる（５条の10第１項１号）。「直ちに」ではない。

　　したがって、不適切なものはイ・エの二つであり、正解は**❷**となる。

マンション管理適正化法

正解 **❷**

次の管理業務主任者の設置に関する規定の（ア）～（ウ）に入る語句の組合せとして、マンション管理適正化法によれば、最も適切なものはどれか。

（管理業務主任者の設置）
マンション管理適正化法第56条第1項
　マンション管理業者は、その（ア）ごとに、（ア）の規模を考慮して国土交通省令で定める数の成年者である専任の管理業務主任者を置かなければならない。ただし、人の居住の用に供する独立部分（区分所有法第1条に規定する建物の部分をいう。以下同じ。）が国土交通省令で定める数以上である第2条第1号イに掲げる建物の区分所有者を構成員に含む管理組合から委託を受けて行う管理事務を、その業務としない（ア）については、この限りでない。

（法第56条第1項の国土交通省令で定める管理業務主任者の数）
マンション管理適正化法施行規則第61条
　国土交通省令で定める管理業務主任者の数は、マンション管理業者が管理事務の委託を受けた管理組合の数を（イ）で除したもの（1未満の端数は切り上げる。）以上とする。

（法第56条第1項の国土交通省令で定める人の居住の用に供する独立部分の数）
マンション管理適正化法施行規則第62条
　国土交通省令で定める人の居住の用に供する独立部分の数は、（ウ）とする。

	（ア）	（イ）	（ウ）
❶	事務所	10	3
❷	営業所	30	6
❸	営業所	10	3
❹	事務所	30	6

最も適切な語句の組合せを入れると、次のとおりとなる。

（管理業務主任者の設置）

　管理業者は、その（ア 事務所）ごとに、（ア 事務所）の規模を考慮して国土交通省令で定める数の成年者である専任の管理業務主任者を置かなければならない。ただし、人の居住の用に供する独立部分（区分所有法1条に規定する建物の部分をいう。以下同じ）が国土交通省令で定める数以上である2条1号イに掲げる建物の区分所有者を構成員に含む管理組合から委託を受けて行う管理事務を、その業務としない（ア 事務所）については、この限りでない（マンション管理適正化法56条1項）。

（法第56条第1項の国土交通省令で定める管理業務主任者の数）

　国土交通省令で定める管理業務主任者の数は、管理業者が管理事務の委託を受けた管理組合の数を（イ 30）で除したもの（1未満の端数は切り上げる）以上とする（施行規則61条）。

（法第56条第1項の国土交通省令で定める人の居住の用に供する独立部分の数）

　国土交通省令で定める人の居住の用に供する独立部分の数は、（ウ 6）とする（62条）。

　したがって、語句の組合せとして最も適切なものは、「ア 事務所」「イ 30」「ウ 6」であり、正解は❹となる。

マンション管理適正化法

正解 ❹

管理業務主任者に関する次の記述のうち、マンション管理適正化法によれば、誤っているものはどれか。

❶ 管理業務主任者とは、管理業務主任者試験に合格した者で、管理事務に関し2年以上の実務の経験を有するもの又は国土交通大臣がその実務の経験を有するものと同等以上の能力を有すると認めたものであり、国土交通大臣の登録を受けた者をいう。

❷ 専任の管理業務主任者は、原則として、マンション管理業（マンション管理適正化法第2条第7号に規定するものをいう。以下同じ。）を営む事務所に常勤して、専らマンション管理業に従事する必要があるが、当該事務所がマンション管理業以外の業種を兼業している場合等で、当該事務所において一時的にマンション管理業の業務が行われていない間に他の業種に係る業務に従事することは差し支えない。

❸ 管理業務主任者試験に合格した者で、管理事務に関し2年以上の実務の経験を有するものは、国土交通大臣の登録を受けることができるが、マンション管理適正化法第65条第1項第2号に該当することにより登録を取り消され、その取消しの日から2年を経過しない者は登録を受けることはできない。

❹ マンション管理業者（法人である場合においては、その役員）が管理業務主任者であるときは、その者が自ら主として業務に従事するマンション管理業を営む事務所については、その者は、その事務所に置かれる成年者である専任の管理業務主任者とみなされる。

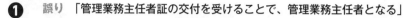

Point 主任者⇒①合格＋②「2年以上の実務」「同等以上の能力」で登録＋③主任者証の交付

❶ **誤り** 「管理業務主任者証の交付を受けることで、管理業務主任者となる」

ひっかけ

管理業務主任者とは、管理業務主任者試験の合格者で、管理事務に関し、①「2年以上の実務の経験を有するもの」または②「国土交通大臣が実務経験を有するものと同等以上の能力を有すると認めたもの」であり、国土交通大臣の登録および管理業務主任者証の交付を受けた者をいう（マンション管理適正化法2条9号、59条1項本文、施行規則68条）。つまり、登録を受けただけの者は、管理業務主任者ではない。

❷ **正しい** 「専任」とは、原則として、マンション管理業を営む事務所に常勤（管理業者の通常の勤務時間を勤務すること）して、専らマンション管理業に従事する状態をいう。ただし、当該事務所がマンション管理業以外の業種を兼業している場合等で、当該事務所において一時的にマンション管理業の業務が行われていない間に他の業種に係る業務に従事することは差し支えないとする（適正化法56条1項、国総動第309号第三1）。

ハイレベル

❸ **正しい** 管理業務主任者試験に合格した者で、管理事務に関し2年以上の実務の経験を有する者は、国土交通大臣の登録ができるが（❶解説参照）、「偽りその他不正の手段」により登録を取り消され、その取消日から2年を経過していない者は、管理業務主任者の登録を受けることはできない（59条1項5号、65条1項2号）。

❹ **正しい** 管理業者（法人の場合、その役員）が管理業務主任者であるときは、その者が自ら主として業務に従事するマンション管理業を営む事務所については、その事務所に置かれる成年者である専任の管理業務主任者とみなされる（56条2項）。

マンション管理適正化法

正解 ❶

管理業務主任者に関する次の記述のうち、マンション管理適正化法によれば、正しいものはどれか。

❶ マンション管理業者の従業者である管理業務主任者は、その事務を行うに際し、管理業務主任者証を携帯しているため、マンション管理業者の従業者であることを証する証明書の携帯は省略することができる。

❷ 管理業務主任者が、管理業務主任者として行う事務に関し、不正又は著しく不当な行為をし、その情状が特に重いときは、国土交通大臣は、当該管理業務主任者の登録を取り消さなければならない。

❸ 管理業務主任者は、登録を受けている事項のうち、その住所に変更があった場合には、遅滞なく、その旨を国土交通大臣に届け出るとともに、管理業務主任者証を添えて提出し、その訂正を受けなければならない。

❹ 管理業務主任者は、管理業務主任者証の亡失によりその再交付を受けた後において、亡失した管理業務主任者証を発見したときは、速やかに、発見した管理業務主任者証を廃棄しなければならない。

❶ 誤り 「従業者証明書の携帯は省略できる」➡「省略できない」

　　管理業者は、使用人その他の従業者に、その従業者であることを証する証明書を携帯させなければ、その業務に従事させてはならない（マンション管理適正化法88条1項）。一方、**管理業務主任者**には、管理業務主任者証の提示義務があり（63条）、また、管理業者の従業者であれば、別個に従業者証明書の提示義務がある（88条2項）。したがって、従業者証明書の携帯は省略できない。

❷ 正しい　管理業務主任者が、「管理業務主任者として行う事務に関し、不正または著しく不当な行為」をし、その「情状が特に重い」ときは、国土交通大臣は、当該管理業務主任者の登録を取り消さなければならない（64条1項3号、65条1項4号）。

❸ 誤り 「住所変更があった場合には、管理業務主任者証を提出し、訂正を受ける」
　　　　➡「遅滞なく、その旨を国交大臣に届け出るのみでよい」

 ひっかけ

　　管理業務主任者は、住所変更の場合、遅滞なく、国土交通大臣に届け出なければならない（59条2項、62条1項、施行規則72条1項1号）。なお、**管理業務主任者証の記載事項（氏名）**に変更があったときは、当該届出に管理業務主任者証を添えて提出し、その訂正を受けなければならないが（適正化法62条2項、60条1項）、住所は記載事項ではないため、この手続は不要である（施行規則74条1項）。

❹ 誤り 「**廃棄**」➡「**返納**」

　　管理業務主任者は、**管理業務主任者証**を、亡失によって**再交付**を受けた後に、亡失した管理業務主任者証を発見したときは、速やかに、その**発見した方**の管理業務主任者証を「**返納**」しなければならない（77条4項）。

マンション管理適正化法

正解 ❷

9 管理業務主任者④・主任者証

□□□ ✏ CHECK! R2-問46 A

管理業務主任者及び管理業務主任者証に関する次の記述のうち、マンション管理適正化法の規定によれば、誤っているものはいくつあるか。

ア 管理業務主任者証の交付を受けようとする者（試験合格日から1年以内の者を除く。）は、登録講習機関が行う講習を、交付の申請の日の90日前から30日前までに受講しなければならない。

イ 管理業務主任者証の有効期間は、3年である。

ウ 管理業務主任者の登録を受けた者は、登録を受けた事項に変更があったときは、遅滞なく、その旨を国土交通大臣に届け出なければならない。

エ 管理業務主任者は、国土交通大臣から管理業務主任者としてすべき事務を行うことを禁止する処分を受けたときは、速やかに、管理業務主任者証を国土交通大臣に提出しなければならない。

❶ 一つ

❷ 二つ

❸ 三つ

❹ 四つ

ア　誤り　「90日前から30日前までに」➡「6ヵ月前までに」

　　管理業務主任者証の交付を受けようとする者は、一定の場合（試験合格日から1年以内に交付を受けようとする者）を除き、国土交通大臣の登録を受けた登録講習機関が国土交通省令で定めるところにより行う講習で、交付の申請の日前「6ヵ月」以内に行われるものを受講しなければならない（マンション管理適正化法60条2項）。

イ　誤り　「3年」➡「5年」

　　管理業務主任者証の有効期間は、「5」年であるとする（60条3項）。

ウ　正しい　管理業務主任者の登録を受けた者は、登録を受けた事項に変更があったときは、遅滞なく、その旨を国土交通大臣に届け出なければならない（62条1項）。

エ　正しい　管理業務主任者は、事務禁止の処分を受けた場合には、速やかに、管理業務主任者証を国土交通大臣に「提出」しなければならない（60条5項）。

　　したがって、誤っているものはア・イの二つであり、正解は**❷**となる。

マンション管理適正化法

正解　❷

10 管理業務主任者⑤・主任者証

 CHECK! R3-問48 **B**

　管理業務主任者及び管理業務主任者証に関する次の記述のうち、マンション管理適正化法によれば、適切なものはいくつあるか。

ア　管理業務主任者証の有効期間は、5年である。

イ　管理業務主任者が、管理業務主任者証がその効力を失ったにもかかわらず、速やかに、管理業務主任者証を国土交通大臣に返納しない場合は、10万円以下の過料に処せられる。

ウ　管理業務主任者証の有効期間は、申請により更新することができる。

エ　管理業務主任者が、管理業務主任者として行う事務に関し、不正又は著しく不当な行為をし、その情状が特に重いときは、国土交通大臣は、当該管理業務主任者の登録を取り消さなければならない。

❶　一つ

❷　二つ

❸　三つ

❹　四つ

ア 適 切

　管理業務主任者証の有効期間は、5年である（マンション管理適正化法 60条3項）。

イ 適 切

　管理業務主任者が、管理業務主任者証がその効力を失ったにもかかわらず、速やかに、管理業務主任者証を国土交通大臣に返納しない場合は、10万円以下の過料に処せられる（60条4項、113条2号）。

ウ 適 切

　管理業務主任者証の有効期間は、申請により更新できる（61条1項）。この更新を希望する者は講習を受けなければならないが、このことを要件として考慮する必要はないので、適切となる。

エ 適 切

　管理業務主任者が、管理業務主任者として行う事務に関し、**不正又は著しく不当な行為**（指示処分の対象）をし、その**情状が特に重い**ときは、国土交通大臣は、当該管理業務主任者の**登録を取り消さなければならない**（65条1項4号、64条1項3号）。

　したがって、**適切なものはア～エの四つ**であり、正解は**❹**となる。

マンション管理適正化法

正解 ❹

CHECK! R 2-問49

重要度 A

マンション管理業の登録に関する次の記述のうち、マンション管理適正化法の規定によれば、正しいものはどれか。

❶ マンション管理業者が更新の登録の申請を行った場合において、従前の登録の有効期間の満了の日までにその申請に対する処分がなされないときは、当該マンション管理業者の従前の登録は、当該有効期間の満了によりその効力を失う。

❷ 登録を受けていた個人が死亡した場合に、その相続人は、当該個人が死亡した日から30日以内にその旨を国土交通大臣に届け出なければならない。

❸ マンション管理業を営もうとする者は、その役員のうちに、破産手続開始の決定を受けた後、復権を得てから2年を経過しない者がいる場合には、マンション管理業の登録を受けることができない。

❹ マンション管理業を営もうとする者は、その役員のうちに、マンション管理適正化法の規定により、罰金の刑に処せられ、その刑の執行が終わった日から2年を経過しない者がいる場合には、マンション管理業の登録を受けることができない。

Point 　　個人管理業者が死亡➡相続人は事実を知った時から30日以内に届出。

❶ 誤り 「有効期間の満了によりその効力を失う」
　　➡「有効期間満了後も処分がなされるまでなお効力を有する」

頻出　　管理業者から更新の登録の申請があった場合、当該管理業者の登録の有効期間の満了日までにその申請に対する処分がなされないときは、従前の登録は、有効期間の満了後もその処分がなされるまでの間はなお「効力を有する」（マンション管理適正化法44条4項）。そして、更新の登録がなされた場合、その登録の有効期間は、従前の登録の有効期間の満了日の翌日から起算する（同5項）。

❷ 誤り 「死亡した日」➡「死亡の事実を知った時」

頻出　　個人の管理業者が死亡した場合、その相続人は、「その事実を知った時」から30日以内に、その旨を国土交通大臣に届け出なければならない（50条1項1号）。

❸ 誤り 「復権を得てから2年を経過しない…登録を受けることができない」
　　➡「復権を得れば、2年を経過しなくても…登録を受けることができる」

　　法人である管理業者の役員が、破産手続開始の決定を受けて復権を得ない場合には、当該法人は登録を受けることができない（47条1号）。しかし、復権を得れば、2年を経過しなくても、当該法人は登録を受けることができる。

❹ 正しい 法人である管理業者の役員が、マンション管理適正化法の規定に違反して罰金の刑に処せられ、その執行を終わり、又は執行を受けることがなくなった日から2年を経過しない場合には、当該法人は登録を受けることができない（47条10号・6号）。

マンション管理適正化法

正解 ❹

12 管理業の登録②

□ □ □ ✏ CHECK!　　　R3-問50

マンション管理業の登録に関する次の記述のうち、マンション管理適正化法によれば、適切なものを全て含む組合せはどれか。

ア　マンション管理業の更新の登録を受けようとする者は、登録の有効期間満了の日の90日前から30日前までの間に登録申請書を提出しなければならない。

イ　マンション管理業者が更新の登録の申請を行った場合において、従前の登録の有効期間の満了の日までにその申請に対する処分がなされないときは、当該マンション管理業者の従前の登録は、当該有効期間の満了後もその処分がなされるまでの間は、なお効力を有する。

ウ　マンション管理業を営もうとする者は、法人でその役員のうちに、「暴力団員による不当な行為の防止等に関する法律」第2条第6号に規定する暴力団員又は同号に規定する暴力団員でなくなった日から5年を経過しない者がいた場合は、マンション管理業の登録を受けることができない。

エ　マンション管理業者が、マンション管理業を廃止した場合においては、その日から2週間以内に、その旨を国土交通大臣に届け出なければならない。

❶　ア・イ

❷　ア・ウ

❸　ア・イ・ウ

❹　イ・ウ・エ

ア 適 切

　マンション管理業の**更新の登録**を受けようとする者は、登録の有効期間満了の日の**90日前から30日前までの間**に登録申請書を提出しなければならない（マンション管理適正化法44条3項、施行規則50条2項）。

イ 適 切

　管理業者が**更新の登録の申請**を行った場合、従前の登録の有効期間の満了の日までにその申請に対する処分がなされないときは、当該管理業者の従前の登録は、当該有効期間の満了後もその処分がなされるまでの間は、**なお効力を有する**（適正化法44条4項）。

ウ 適 切

　マンション管理業を営もうとする者は、法人でその役員のうちに、「暴力団員による不当な行為の防止等に関する法律」2条6号に規定する暴力団員又は同号に規定する暴力団員でなくなった日から5年を経過しない者がいた場合は、マンション管理業の**登録を受けることはできない**（47条7号）。

エ 不適切　「2週間以内」➡「30日以内」

　管理業者が、マンション管理業を廃止した場合は、その日から「**30日以内**」に、その旨を国土交通大臣に届け出なければならない（50条1項5号）。

　したがって、適切なものをすべて含む組合せはア～ウであり、正解は**❸**となる。

マンション管理適正化法

正解 ❸

13 管理業者の登録等

□ □ □ ✏ CHECK! R元-問50

マンション管理業者の登録等に関する次の記述のうち、マンション管理適正化法によれば、最も不適切なものはどれか。

❶ マンション管理業の更新の登録を受けようとする者は、登録の有効期間満了の日の90日前から30日前までの間に登録申請書を提出しなければならないが、当該有効期間の満了の日までにその申請に対する処分がなされないときは、従前の登録は、当該有効期間の満了後もその処分がなされるまでの間は、なお効力を有する。

❷ マンション管理業の登録申請書に記載すべき事務所とは、本店又は支店（商人以外の者にあっては、主たる事務所又は従たる事務所）のほか、継続的に業務を行うことができる施設を有する場所で、マンション管理業に係る契約の締結又は履行に関する権限を有する使用人を置く事務所をいう。

❸ 国土交通大臣は、マンション管理適正化法施行規則により算定した、マンション管理業の登録を受けようとする者の資産額が1,000万円以上でない場合においては、その登録を拒否しなければならない。

❹ マンション管理業者がマンション管理業を廃止した場合においては、マンション管理業者であった個人又はマンション管理業者であった法人を代表する役員は、その日から30日以内に、その旨を国土交通大臣に届け出なければならない。

❶ 適 切

　管理業者の登録の有効期間の満了後も、引き続きマンション管理業を営もうとする者は、更新の登録を受けなければならない（マンション管理適正化法44条3項）。そして、**更新の登録を受けようとする者は、登録の有効期間満了の日の90日前から30日前までの間に登録申請書を提出しなければならない**が（施行規則50条）、当該管理業者の登録の有効期間の満了日までにその申請に対する処分がなされないときは、従前の登録は、有効期間の満了後もその処分がなされるまでの間はなお効力を有する（適正化法44条4項）。

❷ 適 切

　マンション管理業の登録申請書に記載すべき事務所とは、①本店または支店（商人以外の者にあっては、主たる事務所または従たる事務所）のほか、②継続的に業務を行うことができる施設を有する場所で、マンション管理業に係る契約の締結または履行に関する権限を有する使用人を置く事務所をいう（施行規則52条）。

❸ 最も不適切 「1,000万円以上」➡「300万円以上」

　国土交通大臣は、マンション管理適正化法施行規則により算定した、マンション管理業の登録を受けようとする者の**基準資産額**が「**300万円**」以上を有しない場合、マンション管理業の登録要件を満たさないので、その**登録を拒否**しなければならない（適正化法47条13号、施行規則54条）。

❹ 適 切

　管理業者が、マンション**管理業を廃止**した場合、当該管理業者であった個人または管理業者であった法人を代表する役員は、その日から**30日以内**に、その旨を国土交通大臣に届け出なければならない（適正化法50条1項5号）。

マンション管理適正化法

━━━━━━━━━━━━━━━━━━━

正 解 **❸**

14 重要事項の説明①

□ □ □ ✎ CHECK!　　　H30-問48改

マンション管理業者が行うマンション管理適正化法第72条の規定に基づく重要事項の説明等に関する次の記述のうち、マンション管理適正化法によれば、正しいものはいくつあるか。なお、電子情報処理組織を使用する方法等については考慮しないものとする。

ア　マンション管理業者は、管理受託契約を更新しようとする場合において、従前の管理受託契約に比して管理事務の内容及び実施方法の範囲を拡大し、管理事務に要する費用の額を同一とし又は減額しようとする場合、あらかじめ、重要事項の説明会を開催する必要はない。

イ　管理業務主任者は重要事項を記載した書面に記名をすべきこととされているが、この場合において「記名」されるべき管理業務主任者は、原則として、重要事項について十分に調査検討し、それらの事項が真実に合致し誤り及び記載漏れがないかどうか等を確認した者であって、実際に当該重要事項説明書をもって重要事項説明を行う者である。

ウ　マンション管理業者は、いわゆる「団地組合」が形成されており、その内部に複数の別の管理組合が存在している場合でこれらの組合からそれぞれ委託を受けて管理事務を行っている場合にあっては、重要事項の説明は、それぞれの管理組合の管理者等及び区分所有者等に対して行わなければならない。

エ　マンション管理業者は、管理組合から管理事務の委託を受けることを内容とする契約を締結しようとするときは、当該契約締結の1週間前までに、重要事項の説明会を開催しなければならない。

❶　一つ

❷　二つ

❸　三つ

❹　四つ

ア　**正しい**　管理業者は、管理受託契約を**更新**する場合、従前の管理受託契約に比して**管理事務の内容および実施方法の範囲**を「拡大」し、管理事務に要する費用の額を「同一」または「減額」しようとする場合は、従前の管理受託契約と同一条件で更新する扱いとなる。したがって、新規扱いではないので、重要事項の説明会を開催する必要はない（マンション管理適正化法72条2項参照）。

イ　**正しい**　管理業務主任者は、重要事項説明書に記名をすべきこととされているが（72条5項）、この場合に「記名」されるべき管理業務主任者は、原則として、重要事項について十分に調査検討し、それらの事項が**真実**に合致し、誤りおよび記載漏れの有無等を確認した者であって、実際に当該重要事項説明書を用いて重要事項説明を行う者である（国総動第309号第一2(2)イ）。

ウ　**正しい**　管理業者は、「団地組合」が形成されており、その内部に**複数の別の管理組合が存在している**場合で、これらの組合からそれぞれ委託を受けて管理事務を行っている場合には、重要事項説明は、**それぞれの管理組合の管理者等および区分所有者等に対して行わなければならない**（適正化法72条1項、国総動第309号第一4）。

エ　**誤り**　「契約締結の1週間前までに」➡「あらかじめ」

　　管理業者は、管理組合から管理事務の委託契約を締結しようとする場合、「**あらかじめ**」、説明会を開催し、区分所有者等及び管理者等に対し、管理業務主任者をして、重要事項について説明をさせなければならない（適正化法72条1項前段）。

　したがって、正しいものはア～ウの三つであり、正解は**❸**となる。

正解　**❸**

マンション管理業者が行うマンション管理適正化法第72条の規定に基づく重要事項の説明等に関する次の記述のうち、マンション管理適正化法によれば、最も適切なものはどれか。なお、電子情報処理組織を使用する方法等については考慮しないものとする。

❶ マンション管理業者は、新規に管理受託契約を締結しようとする場合において、当該マンション管理業者が管理者等に選任されているときは、重要事項の説明会を開催する必要はない。

❷ マンション管理業者は、重要事項並びに説明会の日時及び場所を記載した書面を作成し、管理組合を構成するマンションの区分所有者等及び当該管理組合の管理者等の全員に対し交付するときは、管理業務主任者をして、当該書面に記名させなければならない。

❸ マンション管理業者は、管理者等の置かれた管理組合と、従前の管理受託契約と同一の条件で管理受託契約を更新しようとするときは、当該管理者等に対して、管理業務主任者をして、重要事項について記載した書面を交付して説明すれば足りる。

❹ マンション管理業者は、当初の管理受託契約に係る変更契約を締結しようとする場合においては、同一の条件でない管理受託契約に変更するときであっても、管理組合の管理者等に対して、管理業務主任者をして、重要事項について記載した書面を交付して説明すれば足りる。

Point 新規契約か契約の更新かで、重要事項説明会の必要性や書面交付の相手を判断！

❶ **不適切** 「説明会を開催する必要はない」➡「説明会の開催は必要」

　管理業者は、新規に、管理組合と管理受託契約を締結しようとする場合、あらかじめ、一定の説明会を開催し、当該管理組合を構成する区分所有者等および当該管理組合の**管理者等**に対し、管理業務主任者をして、重要事項について説明をさせなければならない（マンション管理適正化法72条1項前段）。管理業者が管理者等に選任されているときでも、重要事項の説明会を開催する必要がある。

❷ **最も適切**

　管理業者は、一定の場合を除き、説明会の日の1週間前までに、管理組合を構成する区分所有者等および当該管理組合の**管理者等の全員**に対し、**重要事項ならびに説明会の日時および場所を記載した書面を交付**しなければならない（72条1項後段）。この場合、**管理業務主任者**をして、当該書面に記名させなければならない（同5項）。

❸ **不適切** 「管理者等に重要事項説明書を交付・説明すれば足りる」
　　　　➡「原則、区分所有者等全員にも説明書の交付は必要」

　管理業者は、従前の管理受託契約と同一の条件で管理組合との管理受託契約を更新しようとする場合、一定の場合を除き、あらかじめ、当該管理組合を構成する「区分所有者等全員」に対し、**重要事項説明書**を「**交付**」しなければならない（72条2項）。この場合、当該管理組合に「**管理者等が設置**」のときは、管理業者は、一定の場合を除き、当該「**管理者等**」に対し、**管理業務主任者**をして、重要事項を記載した書面を「**交付して説明**」をさせなければならない（同3項）。

❹ **不適切** 「管理者等に重要事項説明書を交付・説明すれば足りる」
　　　　➡「原則、区分所有者等全員にも説明書を交付し説明が必要」

　管理業者は、当初の管理受託契約に係る**変更契約**を締結しようとする場合は、「**新規**」契約の扱いとなる。したがって、同一の条件でない管理受託契約に変更するときは、一定の場合を除き、管理組合の「管理者等」に対してだけではなく、「区分所有者等全員」に対しても、管理業務主任者をして、重要事項説明書を交付して説明する必要がある。

マンション管理適正化法

正解 ❷

755

16 重要事項の説明③

□□□ ✏ CHECK! R4-問47 **A**

次のマンション管理適正化法第72条の（ア）～（ウ）に入る語句の組合せとして、最も適切なものはどれか。

（重要事項の説明等）
第72条　マンション管理業者は、管理組合から管理事務の委託を受けることを内容とする契約（新たに建設されたマンションの分譲に通常要すると見込まれる期間その他の管理組合を構成するマンションの区分所有者等が変動することが見込まれる期間として国土交通省令で定める期間中に契約期間が満了するものを除く。以下「管理受託契約」という。）を締結しようとするとき（次項に規定するときを除く。）は、あらかじめ、国土交通省令で定めるところにより説明会を開催し、当該管理組合を構成するマンションの区分所有者等及び当該管理組合の管理者等に対し、（ア）をして、管理受託契約の内容及びその履行に関する事項であって国土交通省令で定めるもの（以下「重要事項」という。）について説明をさせなければならない。この場合において、マンション管理業者は、当該説明会の日の（イ）までに、当該管理組合を構成するマンションの区分所有者等及び当該管理組合の管理者等の全員に対し、重要事項並びに説明会の日時及び場所を記載した書面を交付しなければならない。
2　マンション管理業者は、従前の管理受託契約と同一の条件で管理組合との管理受託契約を更新しようとするときは、あらかじめ、当該管理組合を構成するマンションの区分所有者等全員に対し、重要事項を記載した書面を交付しなければならない。
3　前項の場合において当該管理組合に管理者等が置かれているときは、マンション管理業者は、当該管理者等に対し、（ア）をして、重要事項について、これを記載した書面を交付して説明をさせなければならない。ただし、当該説明は、（ウ）から重要事項について説明を要しない旨の意思の表明があったときは、マンション管理業者による当該（ウ）に対する重要事項を記載した書面の交付をもって、これに代えることができる。
4　～　7　（略）

	（ア）	（イ）	（ウ）
❶	管理業務主任者	前日	認定管理者等
❷	管理業務主任者	一週間前	監事
❸	従業者	前日	監事
❹	管理業務主任者	一週間前	認定管理者等

Point 認定管理者等から重説不要の意思表明➡認定管理者等への書面交付をもってこれに代える。

最も適切な語句を入れると、次のとおりとなる。

（重要事項の説明等）

72条　管理業者は、管理組合から管理事務の委託を受けることを内容とする契約（新たに建設されたマンションの分譲に通常要すると見込まれる期間その他の管理組合を構成する区分所有者等が変動することが見込まれる期間として国土交通省令で定める期間中に契約期間が満了するものを除く。以下「管理受託契約」という）を締結しようとするとき（次項に規定するときを除く）は、あらかじめ、国土交通省令で定めるところにより説明会を開催し、当該管理組合を構成する区分所有者等及び当該管理組合の管理者等に対し、（ア 管理業務主任者）をして、管理受託契約の内容及びその履行に関する事項であって国土交通省令で定めるもの（以下「重要事項」という）について説明をさせなければならない（マンション管理適正化法72条1項前段）。この場合において、管理業者は、当該説明会の日の（イ 一週間前）までに、当該管理組合を構成する区分所有者等及び当該管理組合の管理者等の全員に対し、重要事項並びに説明会の日時及び場所を記載した書面を交付しなければならない（同1項後段）。

2　管理業者は、従前の管理受託契約と同一の条件で管理組合との管理受託契約を更新しようとするときは、あらかじめ、当該管理組合を構成する区分所有者等全員に対し、重要事項を記載した書面を交付しなければならない（72条2項）。

3　前項の場合において当該管理組合に管理者等が置かれているときは、管理業者は、当該管理者等に対し、（ア 管理業務主任者）をして、重要事項について、これを記載した書面を交付して説明をさせなければならない。ただし、当該説明は、（ウ 認定管理者等）から重要事項について説明を要しない旨の意思の表明があったときは、管理業者による当該（ウ 認定管理者等）に対する重要事項を記載した書面の交付をもって、これに代えることができる（72条3項）。

4　〜　7　（略）

したがって、語句の組合せとして最も適切なものは、「ア 管理業務主任者」「イ 一週間前」「ウ 認定管理者等」であり、正解は❹となる。

マンション管理適正化法

正解 ❹

17 重要事項の説明④

■ ■ ■ CHECK! R3-問47改

マンション管理業者がマンション管理適正化法第72条の規定に基づく重要事項を記載した書面の交付、説明を行う場合における次の記述のうち、マンション管理適正化法によれば、適切なものはいくつあるか。なお、電子情報処理組織を使用する方法等については考慮しないものとする。

ア　マンション管理業者は、新たに建設されたマンションが分譲された場合、当該マンションの人の居住の用に供する独立部分の引渡しの日のうち最も早い日から1年の間に契約期間が満了する管理組合との管理受託契約を締結しようとするときであっても、当該管理組合を構成するマンションの区分所有者等及び当該管理組合の管理者等に対し、重要事項を記載した書面を交付し、管理業務主任者をして、説明をさせなければならない。

イ　マンション管理業者は、重要事項説明会の開催日の1週間前までに説明会の開催の日時及び場所について、管理組合を構成するマンションの区分所有者等及び管理組合の管理者等の見やすい場所に掲示しなければならない。

ウ　マンション管理業者は、重要事項説明会を開催するときは、できる限り説明会に参加する者の参集の便を考慮して開催の日時及び場所を定め、管理事務の委託を受けた管理組合ごとに開催するものとする。

エ　法第72条第3項の規定によれば、マンション管理業者は、従前の管理受託契約と同一の条件で管理組合との管理受託契約を更新しようとする場合において、当該管理組合に管理者等が置かれているときは、当該管理者等に対し、管理業務主任者をして、重要事項について、これを記載した書面を交付して説明をさせなければならない。

❶　一つ

❷　二つ

❸　三つ

❹　四つ

ア　**不適切**　「説明をさせなければならない」➡「説明をすることは不要」

　　管理業者は、管理受託契約を締結するに当たって、①「新たに建設されたマンションの分譲に通常要すると見込まれる期間（**最初の購入者に引き渡し後1年間**）で満了する委託契約の場合（完成売りマンション）や②すでに建設されたマンションの再分譲に通常要すると見込まれる期間（再分譲後の最初の購入者に引き渡し後1年間）で満了する委託契約の場合（リノベマンション）は、あらかじめ説明会を開催して**重要事項の説明をすることは「不要」**となる（マンション管理適正化法72条1項かっこ書、施行規則82条）。したがって、上記①より、新たに建設されたマンションが分譲され、住戸部分の「引渡日のうち最も早い日から1年以内」に当該契約期間が満了する場合には、重要事項の説明は不要となる。

イ　**適　切**

　　管理業者は、重要事項説明会の開催日の1週間前までに説明会の開催の日時・場所について、管理組合を構成する**区分所有者等**及び管理組合の**管理者等**の見やすい場所に掲示しなければならない（83条2項）。

ウ　**適　切**

　　管理業者は、重要事項説明会を開催するときは、できる限り説明会に参加する者の参集の便を考慮して開催の日時・場所を定め、管理事務の委託を受けた**管理組合ごと**に開催する（83条1項）。

エ　**適　切**

　　管理業者は、従前の管理受託契約と**同一の条件**で管理組合との管理受託契約を更新しようとする場合、当該管理組合に**管理者等**が「設置」のときは、当該管理者等に対し、管理業務主任者をして、重要事項について、これを記載した**書面を交付**して説明をさせなければならない（適正化法72条2項・3項）。

　　したがって、**適切なものはイ〜エの三つ**であり、**正解は❸**となる。

マンション管理適正化法

18 重要事項の説明⑤

□□□ ✐ CHECK!　　　　　　　　H28-問50改

マンション管理業者Ａ（以下、本問において「Ａ」という。）が、管理組合から管理事務を受託する際に、マンション管理適正化法第72条の規定に基づく重要事項の説明を行う場合に関する次の記述のうち、マンション管理適正化法の規定に違反するものはどれか。なお、電子情報処理組織を使用する方法等については考慮しないものとする。

❶　Ａは、人の居住の用に供する独立部分（区分所有法第１条に規定する建物の部分をいう。）の数が５戸であるマンションの管理組合Ｂと管理受託契約を新たに締結しようとするときに、重要事項の説明会を開催したが、管理業務主任者ではないＡの事務所の代表者をして重要事項について説明させた。

❷　Ａは、管理受託契約の更新について、管理者の置かれていない管理組合Ｃに申し出たが、当該管理受託契約の有効期間が満了する日までに更新に関する協議がととのう見込みがなかったため、当該管理受託契約と契約内容が同一で契約期間を３月間に短縮した暫定契約を締結することとしたが、一定の場合を除き、区分所有者の全員に対し重要事項を記載した書面を交付したのみで、重要事項の説明会を開催しなかった。

❸　Ａは、契約期間を３月間とする暫定契約を、管理者の置かれている管理組合Ｄと締結していたが、その後、当該暫定契約の有効期間が満了する日までに管理組合Ｄとの協議をととのえ、あらためて当該暫定契約前の契約と、契約内容及び契約期間１年間を同一とする管理受託契約を締結することとしたが、区分所有者及び管理者の全員に対し重要事項を記載した書面を交付したのみで、重要事項の説明会を開催しなかった。

❹　Ａは、管理受託契約の更新について、管理組合法人Ｅに申し出て、従前の管理受託契約と同一の条件で契約を更新することとなったが、区分所有者及び理事の全員に対し重要事項を記載した書面を交付する際に、専任ではない管理業務主任者をして当該書面に記名をさせた。

❶ **違反しない**

　管理業者は、人の居住の用に供する独立部分が５以下の管理組合から委託を受けた場合の管理事務については、管理業務主任者に代えて、当該管理業者の事務所を代表する者またはこれに準ずる地位にある者に、**管理業務主任者としてすべき事務を行わせることができる**（マンション管理適正化法78条）。

❷ **違反しない**

　管理業者は、従前の管理受託契約と「同一の条件」で、管理組合との管理受託契約を更新する場合、当該管理組合に管理者等が「不設置」のときは、一定の場合を除き、区分所有者等全員に対し、**重要事項説明書を交付するだけで足り、説明会の開催・説明は不要である**（72条２項）。

　なお、当該管理組合に**管理者等が「設置」**のときは、一定の場合を除き、その管理者等に対し、管理業務主任者に、重要事項について記載した**書面を交付して説明させなければならない**（72条２項・３項）。その場合、書面の交付は区分所有者等全員にも必要となる。

❸ **違反する** 「説明会を開催しなかった」 ➡ 「説明会の開催は必要」

　❷解説より、契約の内容が従前の管理委託契約と同一の条件であれば、更新契約に該当し、区分所有者等に対する重要事項説明会の開催は不要である（72条２項・３項）。もっとも、「同一の条件」とは、従前の管理受託契約に比して更新後の契約期間を「短縮」しようとする場合であり、本肢のように３ヵ月を１年に延長するものは除かれるので、「同一の条件」に該当するとはいえない（同１項かっこ書）。したがって、本肢の場合は、更新契約とはいえず、新規契約として**重要事項説明会の開催が必要**となる。

❹ **違反しない**

　管理業者は、重要事項説明書を作成するときは、**管理業務主任者**をして、当該書面に記名させなければならない（72条５項）。そして、この管理業務主任者は、**専任でも専任以外でもよい**。

マンション管理適正化法

19 重要事項の説明⑥

□□□ ✎ CHECK!　　R 5-問48

重要度 B

マンション管理業者が行うマンション管理適正化法第72条の規定に基づく重要事項の説明等に関する次の記述のうち、マンション管理適正化法によれば、適切なものはいくつあるか。

ア　マンション管理業者は、管理受託契約を締結しようとするときは、その契約締結日の1週間前までに、説明会を開催し、管理組合を構成するマンションの区分所有者等及び当該管理組合の管理者等に対し、管理業務主任者をして、重要事項について説明をさせなければならない。

イ　マンション管理業者は、従前の管理受託契約と同一の条件で管理組合との管理受託契約を更新しようとするときは、あらかじめ、当該管理組合を構成するマンションの区分所有者等全員に対し、重要事項を記載した書面を交付しなければならない。

ウ　マンション管理業者が、重要事項を記載した書面の交付に代えて、当該書面に記載すべき事項を電子情報処理組織を使用する方法その他の情報通信の技術を利用する方法により提供する場合において、管理組合を構成するマンションの区分所有者等又は当該管理組合の管理者等の承諾を得る必要はない。

エ　管理業務主任者は、重要事項の説明をするときは、相手方からの請求の有無にかかわらず、管理業務主任者証を提示しなければならない。

❶　一つ

❷　二つ

❸　三つ

❹　四つ

ア　**不適切**　「契約締結日の1週間前まで」➡「あらかじめ」

　　管理業者は、管理受託契約を締結しようとするときは、「あらかじめ」、説明会を開催し、管理組合を構成する区分所有者等及び当該管理組合の管理者等に対し、管理業務主任者をして、重要事項について説明をさせなければならない（マンション管理適正化法72条1項前段）。

イ　**適　切**

　　管理業者は、従前の管理受託契約と同一の条件で管理組合との管理受託契約を更新しようとするときは、あらかじめ、当該管理組合を構成する区分所有者等全員に対し、重要事項を記載した書面を交付しなければならない（72条2項）。

ウ　**不適切**　「承諾を得る必要はない」➡「承諾を得る必要がある」

　　管理業者が、重要事項を記載した書面の交付に代えて、当該「書面に記載すべき事項を電子情報処理組織を使用する方法その他の情報通信の技術を利用する方法」により提供する場合、管理組合を構成する区分所有者等又は当該管理組合の管理者等の「承諾を得る」必要がある（72条6項）。

エ　**適　切**

　　管理業務主任者は、重要事項の説明をするときは、相手方からの請求の有無にかかわらず、管理業務主任者証を提示しなければならない（72条4項）。

　　したがって、適切なものはイ・エの二つであり、正解は**❷**となる。

正解 ❷

20 重要事項の説明⑦・書面の交付①

 CHECK! R 2-問50改

マンション管理業者が行うマンション管理適正化法第72条の規定に基づく重要事項の説明等及び同法第73条の規定に基づく契約の成立時の書面の交付に関する次の記述のうち、マンション管理適正化法によれば、誤っているものはどれか。なお、電子情報処理組織を使用する方法等については考慮しないものとする。

❶ マンション管理業者は、管理組合から管理事務の委託を受けることを内容とする契約を締結したときは、当該管理組合の管理者等に対し、遅滞なく、管理業務主任者をして、契約の成立時の書面を交付して説明をさせなければならない。

❷ マンション管理業者は、契約の成立時に交付すべき書面を作成するときは、管理業務主任者をして、当該書面に記名させなければならない。

❸ マンション管理業者は、管理組合から管理事務の委託を受けることを内容とする契約を新たに締結しようとするときは、あらかじめ、説明会を開催し、当該管理組合を構成するマンションの区分所有者等及び当該管理組合の管理者等に対し、管理業務主任者をして、重要事項の説明をさせなければならない。ただし、当該マンションの分譲に通常要すると見込まれる期間その他の管理組合を構成するマンションの区分所有者等の変動が見込まれる期間として国土交通省令で定める期間中に契約期間が満了するものではないこととする。

❹ マンション管理業者は、重要事項の説明会を開催するときは、できる限り説明会に参加する者の参集の便を考慮して開催の日時及び場所を定め、管理事務の委託を受けた管理組合ごとに開催するものとする。

❶ **誤り**　「**交付義務があるのは管理業者である**」

頻出　管理業者は、管理組合から管理事務の委託を受けることを内容とする契約を締結したときは、当該管理組合の管理者等（当該管理業者が当該管理組合の管理者等である場合又は当該管理組合に管理者等が置かれていない場合には、当該管理組合を構成する区分所有者等全員）に対し、一定の場合を除き、遅滞なく、**契約の成立時の書面（73条書面）を交付**しなければならない（マンション管理適正化法73条1項）。

❷ **正しい**　管理業者は、交付すべき「**73条書面**」を**作成**するときは、**管理業務主任者**をして、当該書面に**記名**させなければならない（73条2項）。

頻出

❸ **正しい**　管理業者は、管理組合から管理事務の委託を受けることを内容とする契約（新たに建設されたマンションの**分譲に通常要すると見込まれる期間その他の管理組合を構成する区分所有者等の変動が見込まれる期間**として国土交通省令で定める期間中（**1年間**）に契約期間が満了するものを除く）を締結しようとする場合、あらかじめ、説明会を開催し、当該管理組合を構成する区分所有者等及び当該管理組合の管理者等に対し、**管理業務主任者**をして、**重要事項について説明**をさせなければならない（72条1項前段、施行規則82条）。

頻出

❹ **正しい**　「**72条書面（新規）**」の説明会については、できる限り説明会に参加する者の参集の便を考慮して開催の日時及び場所を定め、管理事務の委託を受けた管理組合ごとに開催するものとする（83条1項、89条2項参照）。

正解 **❶**

　マンション管理業者であるAが、管理組合であるBに、マンション管理適正化法第73条の規定に基づき、同条第1項各号に定める事項を記載した書面（以下、本問において「契約の成立時の書面」という。）の交付を行う場合に関する次の記述のうち、マンション管理適正化法によれば、正しいものはどれか。なお、Bには管理者が置かれており、当該管理者はAではないものとする。なお、電子情報処理組織を使用する方法等については考慮しないものとする。

❶　Aは、Bと新たに管理受託契約を締結したが、一定の場合を除き、その契約の成立時の書面をBの管理者にのみ交付した。

❷　Aは、Bと従前の管理受託契約と同一の条件で契約を更新したが、当該更新契約に係る契約の成立時の書面を新たに交付せずに、Bの管理者に対して、従前の管理受託契約を締結した際の契約の成立時の書面の写しのみを交付した。

❸　Aは、Bと新たに管理受託契約を締結したが、Bが新築マンションの管理組合であり、当該契約が当該マンションの分譲に通常要すると見込まれる期間その他の管理組合を構成するマンションの区分所有者等の変動が見込まれる期間として国土交通省令で定める期間中に契約期間が満了するものであったので、Bの管理者に対し、契約の成立時の書面を交付しなかった。

❹　Aは、Bと新たに管理受託契約を締結したことから、契約の成立時の書面を作成したが、その際に、Aの従業者である管理業務主任者Cの記名ではなく、Cの管理業務主任者証の写しを添付してBの管理者に交付した。

❶ **正しい**　管理業者は、管理組合と、新規に管理事務の委託契約を締結した場合で、当該管理組合に、**当該管理業者以外の管理者等が設置されている**ときは、**管理者等**に対し、一定の場合を除き、遅滞なく、一定の事項を記載した**書面を交付しなければならない**（マンション管理適正化法73条1項）。本問では管理者が置かれているので、「管理者のみに交付した」ことは正しい。

❷ **誤り**　「契約成立時の書面の写しのみを交付」➡「写しのみの交付は認められない」

❶解説のとおり、「**従前の管理受託契約と同一の条件**で管理組合との管理受託契約を**更新**した」場合でも、**契約成立時の書面交付**は、一定の場合を除き、当初契約と同様に、更新契約の際にも行う必要がある（73条1項、国総動第309号第二1）。なお、更新契約の際には、当該契約または前回の更新契約（当初契約等）から**変更のない部分**については、当初契約等で交付した書面の当該部分のコピーを貼り付けることにより、今回の更新契約において交付すべき契約成立時の書面としても差し支えないが（第二2）、本肢のように、従前の交付した書面の写しのみを交付して代替することはできない。

❸ **誤り**　「契約成立時の書面を交付しなかった」➡「原則、交付は必要」

❶解説のとおり、「**新規に管理委託契約を締結した**」場合は、一定の場合を除き、管理業者は、一定の事項を記載した**書面を交付しなければならない**（適正化法73条1項）。これに対し、新たに建設されたマンションの**分譲に通常要すると見込まれる期間**その他の管理組合を構成する区分所有者等の変動が見込まれる期間として国土交通省令で定める期間中（1年間）に契約期間が満了する管理受託契約を締結しようとする場合、管理業者は、説明会を開催して、「**重要事項の説明**」をしなくてもよい（72条1項かっこ書、施行規則82条）。

❹ **誤り**　「管理業務主任者の記名をせず、管理業務主任者証の写しを添付」
　　　➡「管理業務主任者の記名が必要」

管理業者が契約成立時の書面を作成する場合、**管理業務主任者による記名**が必要とされる（適正化法73条2項）。したがって、本肢のように、「管理業務主任者の記名ではなく、管理業務主任者証の写しを添付して管理者に交付する」ことで代替することはできない。

マンション管理適正化法

・・・・・・・・・・・・・・・・・・・・・・・・・・・・・・・・・・・・・　**正解**　**❶**

マンション管理業者が行うマンション管理適正化法に基づく契約の成立時の書面の交付に関する次の記述のうち、最も不適切なものはどれか。

❶ 法第73条第 1 項の規定によれば、マンション管理業者は、管理組合から管理事務の委託を受けることを内容とする契約を締結したときは、当該管理組合の管理者等（当該マンション管理業者が当該管理組合の管理者等である場合又は当該管理組合に管理者等が置かれていない場合にあっては、当該管理組合を構成するマンションの区分所有者等全員）に対し、遅滞なく、契約の成立時の書面を交付しなければならない。

❷ マンション管理業者は、法第73条第 1 項の規定に基づく書面の交付に代えて、当該書面に記載すべき事項を、電子情報処理組織を使用する方法その他の情報通信の技術を利用する方法により提供する場合においては、管理組合の管理者等又は管理組合を構成するマンションの区分所有者等の承諾を得る必要はない。

❸ 法第73条第 1 項の規定によれば、マンション管理業者が、管理組合から管理事務の委託を受けることを内容とする契約を締結した場合において、管理事務の一部の再委託に関する定めがあるときは、契約の成立時に交付する書面にその内容を記載しなければならない。

❹ マンション管理業者が、法第73条第 1 項の規定に違反して、虚偽の記載のある書面を交付したときは、30万円以下の罰金に処せられる。

Point 契約書面の交付に代え電子情報処理組織を使用して提供 ➡ 承諾が必要。

❶ 適 切

　管理業者は、管理組合から管理事務の委託を受けることを内容とする契約を締結したときは、当該管理組合の管理者等（当該管理業者が当該管理組合の管理者等である場合又は当該管理組合に管理者等が置かれていない場合には、当該管理組合を構成する区分所有者等全員）に対し、一定の場合を除き、遅滞なく、契約の成立時の書面を交付しなければならない（マンション管理適正化法73条1項）。

❷ 最も不適切 「承諾を得る必要はない」➡「承諾を得る必要がある」

　管理業者は、契約書面の交付に代えて、当該書面に記載すべき事項を、電子情報処理組織を使用する方法その他の情報通信の技術を利用する方法により提供する場合は、管理組合の管理者等又は管理組合を構成する区分所有者等の承諾を得る必要がある（73条3項）。

❸ 適 切

　管理業者が、管理組合から管理事務の委託を受けることを内容とする契約を締結した場合、「管理事務の一部の再委託に関する定めがあるとき」は、一定の場合を除き、契約書面にその内容を記載しなければならない（73条1項4号）。

❹ 適 切

　管理業者は、法73条1項の規定に違反して、虚偽の記載のある契約書面を交付したときは、30万円以下の罰金に処せられる（109条1項6号、73条1項）。

マンション管理適正化法

・・・・・・・・・・・・・・・・・・・・・・・ **正 解 ❷**

23 管理事務の報告①

□ □ □ CHECK!　H29-問47改

マンション管理業者が行う、マンション管理適正化法第77条の規定に基づく管理事務の報告に関する次の記述のうち、マンション管理適正化法によれば、正しいものはどれか。なお、電子情報処理組織を使用する方法等については考慮しないものとする。

❶　マンション管理業者は、管理事務の委託を受けた管理組合に管理者等が置かれているときは、管理業務主任者（マンション管理適正化法第2条第9号に規定する者をいう。以下同じ。）をして、当該管理者等に対し、当該管理事務に関する報告をさせるとともに、説明会を開催し、区分所有者等に対しても、同様に報告をさせなければならない。

❷　管理事務報告書には、報告の対象となる期間、管理組合の会計の収入及び支出の状況のほか、管理受託契約の内容に関する事項を記載しなければならない。

❸　マンション管理業者による管理事務に関する報告の説明会の開催が必要な場合、当該説明会の参加者の参集の便を十分に考慮した結果であれば、説明会を開催する日時及び場所の掲示を開始する時期は、開催日まで1週間を下回ってもよい。

❹　マンション管理業者は、管理組合の管理者等に対し、管理事務に関する報告を行う際に、管理業務主任者を同席させていれば、管理業務主任者ではない従業者に当該報告をさせることができる。

Point 管理業者が管理事務報告書に記載して報告する事項 ➡ 3つと覚えよう。

❶ **誤り** 「説明会を開催し、区分所有者等に対しても、同様に報告」➡「不要」

管理業者は、管理組合に管理者等が「置かれている」場合、当該「管理者等」に対し、**管理業務主任者をして、当該管理事務の報告をさせなければならない**（マンション管理適正化法77条1項）。本肢のように、「説明会を開催し、区分所有者等に対して報告」するのは、管理者等が「置かれていない」場合である。

❷ **正しい** 管理業者は、**管理事務報告書**には、次の事項を記載して作成し、管理事務に関する報告を行う（77条1項・2項、施行規則88条、89条1項）。

頻出

> ① 報告の対象となる期間
> ② 管理組合の会計の収入・支出の状況
> ③ ①②以外に、管理受託契約の内容に関する事項

❸ **誤り** 「1週間を下回ってもよい」➡「1週間前までに」

管理業者は、管理組合に**管理者等**が「置かれていない」場合、管理事務の報告の説明会を開催する必要がある（適正化法77条2項）。この場合、説明会開催日の「1週間前まで」に、説明会の開催の「日時・場所」について、区分所有者等の見やすい場所に掲示しなければならない（施行規則89条3項）。そして、説明会は、「できる限り説明会の参加者の参集の便を考慮して開催の日時・場所を定め、管理事務の委託を受けた管理組合ごとに開催する」が（同2項）、その考慮の上でも、1週間を下回ってはならない。

❹ **誤り** 「管理業務主任者ではない従業者に報告させることができる」➡「できない」

❶解説のとおり、管理業者は、管理組合の管理者等に対し、「管理業務主任者をして」、当該管理事務の**報告**をさせなければならない（適正化法77条1項）。本肢のように、「管理業務主任者を同席させ、管理業務主任者ではない従業者に報告させる」ことはできない。

マンション管理適正化法

CHECK! ☐☐☐ 🖉 　　　H28-問48改

　マンション管理業者Ａ（以下、本問において「Ａ」という。）が、管理受託契約を締結している管理組合Ｂ（以下、本問において「Ｂ」という。）に、マンション管理適正化法第77条の規定に基づく管理事務の報告を行う場合に関する次の記述のうち、マンション管理適正化法及び民間事業者等が行う書面の保存等における情報通信の技術の利用に関する法律によれば、最も適切なものはどれか。なお、電子情報処理組織を使用する方法等については考慮しないものとする。

❶　Ａは、Ｂの事業年度終了後、遅滞なく、管理事務報告書を作成し、Ｂの管理者の承諾を得ずに、当該報告書を電磁的方法により当該管理者に交付した。

❷　Ａは、Ｂに管理者が置かれていないため、管理事務の報告のための説明会の開催に代えて、管理事務報告書をＡの事務所に備え置き、Ｂの区分所有者等の求めに応じてこれを閲覧させた。

❸　Ａは、毎月、マンションの管理の適正化の推進に関する法律施行規則（以下、「マンション管理適正化法施行規則」という。）第87条第５項に規定するＢのその月の会計の収入及び支出の状況に関する書面を作成し、Ｂの管理者に交付していたことから、Ｂの事業年度に係る会計の収入及び支出の状況については管理事務の報告を行わなかった。

❹　Ａの従業者である管理業務主任者Ｃは、管理事務の報告を行う際に、Ｂの管理者から提示を求められなかったが、携帯していた管理業務主任者証を提示した。

❶ 不適切 「承諾を得ずに報告書を交付」 ➡ 「承諾を得た上で交付」

　管理業者は、管理組合に管理者等が設置されている場合、管理事務に関する報告を行うときは、管理組合の事業年度終了後、一定の場合を除き、遅滞なく、当該期間における**管理事務の報告書を作成しなければならない**（マンション管理適正化法77条1項）。この報告書には、①報告の対象となる期間、②管理組合の会計の収入・支出の状況、③管理受託契約の内容に関する事項の3つを記載する必要があり（施行規則88条1号～3号）、**電磁的方式で交付することができる**（88条2項、民間事業者書面保存法6条1項）。

❷ 不適切 「説明会の開催に代えて、管理事務報告書を閲覧」
　　　　➡ 「閲覧の扱いはできず、説明会の開催が必要」

　管理業者は、管理組合に管理者等が不設置の場合、定期に、説明会を開催し、当該管理組合の区分所有者等に対し、管理業務主任者に、管理事務に関する報告をさせなければならない（適正化法77条2項）。つまり、本肢のように「説明会の開催」に代えて、管理事務報告書を閲覧させるという扱いはできない。

❸ 不適切 「報告を行わなかった」 ➡ 「報告は必要」

　管理業者は、毎月、管理事務の委託を受けた管理組合の対象月における「会計の収入・支出の状況に関する書面（5項書面）」を作成し、翌月末日までに、当該書面を当該管理組合の管理者等に交付していたとしても（施行規則87条5項）、事業年度に係る「管理組合の会計の収入・支出の状況」の報告は必要である（適正化法77条）。

❹ 最も適切

　管理業者は、管理事務の委託を受けた管理組合に管理者等が設置されている場合、定期に、当該管理者等に対し、管理業務主任者をして、当該管理事務に関する報告をさせなければならない（77条1項）。この説明をするときは、**管理業務主任者**は、説明の相手方に対し、**管理業務主任者証を提示しなければならない**（同3項）。つまり、本肢のように、管理者から求められなくても提示する必要がある。

マンション管理適正化法

25 管理事務の報告③

■ ■ ■ ✎ CHECK!　　　H30-問50改

マンション管理業者が行うマンション管理適正化法第77条の規定に基づく管理事務の報告に関する次の記述のうち、マンション管理適正化法によれば、誤っているものはいくつあるか。なお、電子情報処理組織を使用する方法等については考慮しないものとする。

ア　マンション管理業者は、管理事務の委託を受けた管理組合に管理者等が置かれていないときは、定期に、説明会を開催し、当該管理組合を構成するマンションの区分所有者等に対し、管理業務主任者をして、当該管理事務に関する報告をさせなければならない。

イ　管理業務主任者は、管理事務の報告を行うときは、その相手方から求められなければ、管理業務主任者証を提示する必要はない。

ウ　マンション管理業者は、管理事務の委託を受けた管理組合に管理者等が置かれているときは、管理事務の報告を行う場合、一定の場合を除き、報告の対象となる期間、管理組合の会計の収入及び支出の状況のほか、管理受託契約の内容に関する事項を記載した管理事務報告書を作成し、管理業務主任者をして、これを管理者等に交付して説明をさせなければならない。

エ　マンション管理業者は、管理事務の委託を受けた管理組合に管理者等が置かれていないときは、管理事務に関する報告の説明会の開催日の１週間前までに、当該説明会の開催の日時及び場所について、当該管理組合を構成するマンションの区分所有者等の見やすい場所に掲示しなければならない。

❶　一つ

❷　二つ

❸　三つ

❹　四つ

管理事務の報告を説明⇒請求の有無にかかわらず主任者証を提示！

ア **正しい** 管理業者は、管理事務の委託を受けた管理組合に**管理者等が不設置**の場合、定期に、**説明会を開催**し、「**区分所有者等**」に対し、管理業務主任者をして、当該管理事務に関する**報告をさせなければならない**（マンション管理適正化法77条2項）。

イ **誤り** 「**求められなければ、管理業務主任者証を提示する必要はない**」
　　⇒「**求められるか否かにかかわらず提示が必要**」

 管理業務主任者は、管理事務の報告を説明する場合、請求の有無にかかわらず、説明の相手方に対し、**管理業務主任者証を提示しなければならない**（77条3項）。

ウ **正しい** 管理業者は、管理組合に**管理者等が設置**されている場合、定期に、「**管理者等**」に対し、管理業務主任者をして、管理事務に関する**報告をさせなければならない**（77条1項）。この報告を行う場合、管理事務を委託した管理組合の事業年度終了後、一定の場合を除き、遅滞なく、当該期間における管理受託契約に係るマンションの管理の状況について、次の事項を記載した**管理事務報告書を作成**し、管理業務主任者をして、これを「**管理者等**」に**交付して説明**をさせなければならない（施行規則88条）。

① 報告の対象となる期間
② 管理組合の会計の収入・支出の状況
③ ①②のほか、管理受託契約の内容に関する事項

エ **正しい** 管理業者は、**管理者等が不設置**の場合、管理組合から委託を受けた管理事務に関する報告の説明会を開催する日の「**1週間前**」までに、開催日時・場所について、**区分所有者等の見やすい場所に掲示**しなければならない（89条3項）。

したがって、**誤っているものはイの一つ**のみであり、**正解は❶**となる。

マンション管理適正化法

正解 ❶

26 管理業務の報告④

■ ■ ■ ✏ CHECK!　　　　R元-問49改

マンション管理業者が行うマンション管理適正化法第77条の規定に基づく管理事務の報告に関する次の記述のうち、マンション管理適正化法によれば、最も適切なものはどれか。なお、電子情報処理組織を使用する方法等については考慮しないものとする。

❶ マンション管理業者は、管理事務の委託を受けた管理組合に管理者等が置かれている場合であっても、当該管理者等に報告するとともに、説明会を開催し、当該管理組合を構成する区分所有者等全員に対して、管理業務主任者をして、当該管理事務の報告をさせなければならない。

❷ マンション管理業者は、管理組合の同意があれば、当該管理組合の管理者等に対し、管理業務主任者以外の者をして報告させることができる。

❸ 管理事務報告書には、報告の対象となる期間、管理組合の会計の収入及び支出の状況並びにその他管理受託契約の内容に関する事項を記載しなければならない。

❹ 管理事務の報告の説明会が開催される場合においては、説明会の参加者の参集の便を考慮して、説明会の開催日の２週間前までに、当該説明会を開催する日時及び場所の掲示をしなければならない。

❶ **不適切** 「説明会を開催し、区分所有者等全員に管理事務の報告」
　　　➡「このような規定はない」

　管理業者は、管理事務の委託を受けた管理組合に「管理者等が設置」の場合は、定期に、当該管理者等に対し、「管理業務主任者」をして、当該管理事務に関する**報告**をさせなければならない（マンション管理適正化法77条1項）。これに対し、管理組合に「**管理者等が不設置**」の場合は、定期に、説明会を開催し、当該管理組合を構成する区分所有者等に対し、管理業務主任者をして、当該管理事務に関する**報告**をさせなければならない（同2項）。したがって、本肢では、「説明会を開催し、区分所有者等全員に管理事務の報告」をさせる必要はない。

❷ **不適切** 「管理組合の同意があれば、管理業務主任者以外の者に報告させる」
　　　➡「このような規定はない」

　❶解説のとおり、管理業者は、管理組合に「**管理者等が設置**」の場合は、当該「**管理者等**」に対し、管理業務主任者をして、当該管理事務に関する**報告**をさせなければならない（77条1項）。「管理組合の同意があれば、管理業務主任者以外の者をして報告させることができる」という規定はない。

❸ **最も適切**

（**頻出**）

　管理業者は、管理事務に関する報告を行う場合、管理事務を委託した管理組合の事業年度が終了したときは、一定の場合を除き、遅滞なく、当該期間における管理事務報告書を作成しなければならない（77条1項・2項、施行規則88条、89条1項）。そして、この報告書には、①「報告の対象となる期間」、②管理組合の会計の収入・支出の状況、③管理受託契約の内容に関する事項を記載する必要がある（88条1号〜3号）。

❹ **不適切** 「2週間」➡「1週間」

　管理業者は、管理事務の委託を受けた管理組合に**管理者等が不設置**の場合、管理事務の報告の説明会を開催する必要がある（適正化法77条2項）。この説明会は、できる限り説明会に参加する者の参集の便を考慮して（施行規則89条2項）、説明会開催日の「**1週間**」前までに、説明会の開催の日時および場所について、区分所有者等の見やすい場所に掲示しなければならない（同3項）。

マンション管理適正化法

・・・・・・・・・・・・・・・・・・・・・・・・・・・・・・・・・・・・　**正解** ❸

27 マンション管理業者の業務①

■ ■ ■ 　 CHECK!　　　　　　R5-問50　　　　A

マンション管理業者に関する次の記述のうち、マンション管理適正化法によれば、最も適切なものはどれか。

❶ マンション管理業者は、公衆の見やすい場所に、その登録番号等を記載した標識を掲示しなければならないが、当該マンション管理業者が複数の事務所を有する場合は、そのうち主たる事務所にのみ掲示すればよい。

❷ 国土交通大臣は、マンション管理業者の役員が、「暴力団員による不当な行為の防止等に関する法律」第2条第6号に規定する暴力団員であることが判明した場合は、当該マンション管理業者に対し、1年以内の期間を定めて、その業務の全部又は一部の停止を命ずることができる。

❸ マンション管理業者は、契約の成立時の書面を交付するときは、管理組合に管理者等（当該マンション管理業者が当該管理組合の管理者等である場合を除く。）が置かれている場合には、当該管理組合の管理者等に対してのみ交付すればよい。

❹ マンション管理業者は、毎月、管理事務の委託を受けた管理組合のその月における会計の収入及び支出の状況に関する書面を作成し、当該管理組合の管理者等に交付していれば、マンション管理適正化法第77条に規定する管理事務の報告を行うときは、当該管理組合の事業年度に係る会計の収入及び支出の状況については報告を省略することができる。

Point 管理業者は、事務所ごとに公衆の見やすい場所に、標識を掲げなければならない。

❶ **不適切** 「主たる事務所にのみ掲示」➡「事務所ごとに掲示」

管理業者は、その「事務所ごと」に、公衆の見やすい場所に、その登録番号等を記載した標識を掲げなければならない（マンション管理適正化法71条）。当該管理業者が複数の事務所を有する場合には、その事務所ごとに掲示する必要がある。

❷ **不適切** 「1年以内の期間を定めて、その業務の全部又は一部の停止を命ずる」
➡「登録を取り消さなければならない」

国土交通大臣は、登録申請者が「暴力団員による不当な行為の防止等に関する法律2条6号に規定する暴力団員であることが判明」した場合は、その登録を拒否しなければならない（47条7号）。そして、国土交通大臣は、管理業者がこれに該当するときは、その「登録を取り消さなければならない」（83条1号）。

❸ **最も適切**

管理業者は、契約の成立時の書面を交付するときは、管理組合に管理者等（当該管理業者が当該管理組合の管理者等である場合を除く）が置かれている場合には、当該管理組合の管理者等に対してのみ交付すればよい（73条1項）。

❹ **不適切** 「報告を省略できる」➡「報告は必要」

管理業者は、毎月、管理事務の委託を受けた管理組合のその月（対象月）における会計の収入及び支出の状況に関する書面を作成し、翌月末日までに、当該書面を当該管理組合の管理者等に交付していたとしても（施行規則87条5項前段）、事業年度に係る「管理組合の会計の収入・支出の状況」の報告は必要である（マンション管理適正化法77条）。

マンション管理適正化法

正解 ❸

28 マンション管理業者の業務②

□ □ □ ✎ CHECK! H28-問47 **B**

　マンション管理業者Ａ（以下、本問において「Ａ」という。）は、管理組合Ｂ（以下、本問において「Ｂ」という。）と管理委託契約を締結し、Ｂの管理事務を行っているが、この業務に関する次の記述のうち、マンション管理適正化法に違反するものはどれか。

❶　Ａは、Ｂとの管理委託契約の有効期間中に、マンション管理業（マンション管理適正化法第2条第7号に規定するものをいう。）を廃止し、その旨を国土交通大臣に届け出たが、Ｂとの管理委託契約の期間が満了する日まで、当該管理委託に係る管理事務を結了する目的の範囲内における業務を行った。

❷　Ａは、Ｂから委託を受けた管理事務について、帳簿を作成し、その事務所に備え置いていたが、事務所に備え置いてから3年を経過したことから、当該帳簿を処分した。

❸　Ａは、その業務及び財産の状況を記載した書類をその事務所に備え置いていたが、Ｂの組合員から当該書類の閲覧を求められたため、これを閲覧させた。

❹　Ｂから管理事務の委託を受けたＡの事務所の成年者である専任の管理業務主任者（マンション管理適正化法第2条第9号に規定する者をいう。以下同じ。）はＣのみであったが、Ｂとの管理委託契約の有効期間中に、Ｃが急に退職したため、Ｃが退職した日の10日後に、Ａは、成年者である専任の管理業務主任者を新たに設置した。

Point 管理業の廃止届出 ➡ 管理事務の結了目的範囲内の業務はOK。

❶ 違反しない

　管理業者の登録がその効力を失った場合でも、当該管理業者であった者またはその一般承継人は、当該管理業者の管理組合からの委託に係る管理事務を結了する目的の範囲内において、なお「管理業者とみなされる」（マンション管理適正化法89条）。したがって、本肢のように、「管理委託契約の有効期間中に、管理業の廃止届出をした場合でも、当該契約期間が満了する日まで、管理委託に係る管理事務を結了する目的の範囲内における業務を行う」ことはできるので、違反しない。

❷ 違反する　「3年経過で処分」➡「5年経過しないと処分できない」

　管理業者は、管理組合から委託を受けた管理事務について、帳簿を作成し、これを保存しなければならない（75条）。また、管理業者は、帳簿（一定の要件を満たすファイルまたは磁気ディスク等を含む）を各事業年度の末日で閉鎖し、閉鎖後「5年」間当該帳簿を保存しなければならない（施行規則86条3項）。したがって、「3年の経過で帳簿を処分した」ことは違反する。

❸ 違反しない

　管理業者は、自己の「業務および財産の状況を記載した書類」をその事務所ごとに備え置き、その業務に係る関係者の求めに応じ、閲覧させなければならない（適正化法79条）。したがって、「組合員から書類の閲覧を求められ閲覧させた」ことは、違反しない。

❹ 違反しない

　管理業者は、その事務所ごとに、国土交通省令で定める数の成年者である専任の管理業務主任者を設置しなければならない（56条1項）。そして、管理業者は、この規定に抵触する事務所を開設してはならず、既存の事務所が抵触するに至った場合は、「2週間」以内に、適合させるための必要な措置をとらなければならない（同3項）。本肢は、「10日後に新たに設置」しているので、違反しない。

マンション管理適正化法

正解 ❷

29 マンション管理業者の業務③

□□□ ✎ CHECK!　　　　R 2-問47　　　　A

　　マンション管理業者Aが行う業務に関する次のア〜エの記述のうち、マンション管理適正化法に違反するものを全て含む組合せは、次の1〜4のうちどれか。

ア　　Aは、管理組合から委託を受けた管理事務に関する帳簿について、各事業年度の末日をもって閉鎖し、3年間保存した後に、これを廃棄した。

イ　　Aは、国土交通大臣に登録事項変更届出書により届出を行い、マンション管理業者登録簿に神奈川支店（従たる事務所）の登録を受けたが、すでに東京本店（主たる事務所）に標識が掲げられているため神奈川支店に標識を掲げることなくマンション管理業を行った。

ウ　　Aは、自己が区分所有者ではなく、かつ、管理者が区分所有者であるマンションの管理組合と管理委託契約を締結したため、当該管理組合の管理者に対して、遅滞なく、契約の成立時の書面を交付した。

エ　　Aは、管理組合から委託を受けた管理事務のうち、基幹事務の全てを当該管理組合の承諾を得て一括して他社に再委託した。

❶　ア・イ

❷　ア・ウ

❸　ア・イ・エ

❹　イ・ウ・エ

ア　**違反する**　「3年間」➡「5年間」

　管理業者は、管理事務について、帳簿を作成・保存しなければならない（マンション管理適正化法75条）。この帳簿（ファイル又は磁気ディスク等を含む）は、各事業年度の末日をもって閉鎖するものとし、閉鎖後「5年」間保存しなければならない（施行規則86条3項）。

イ　**違反する**　「主たる事務所に標識が掲げられているため支店に標識を掲げることなく」➡「事務所ごとに掲げなければならない」

　管理業者は、その「事務所ごと」に、公衆の見やすい場所に、国土交通省令で定める標識を掲げなければならない（マンション管理適正化法71条）。

ウ　**違反しない**

　管理業者は、管理組合から管理事務の委託を受けることを内容とする契約を締結したときは、当該管理組合の**管理者等**（①管理業者が管理者等の場合、②**管理者等**が不設置の場合は、当該管理組合を構成する区分所有者等全員）に対し、一定の場合を除き、遅滞なく、契約の成立時の書面を交付しなければならない（73条1項）。本肢は、上記①②ではないので、管理者に書面を交付したことは違反ではない。

エ　**違反する**　「承諾を得て、一括して他社に再委託した」
　　　　　　➡「承諾の有無にかかわらず、一括して他社に再委託してはならない」

　管理業者は、管理組合から委託を受けた管理事務のうち、基幹事務については、これを「一括」して他人に委託してはならない（74条）。「一部」であれば他人に委託してもよい。

　したがって、違反するものを全て含む組合せはア・イ・エであり、正解は❸となる。

マンション管理適正化法

正解　❸

30 マンション管理業者の業務④

マンション管理業者が管理組合から管理事務を受託する際の次の記述のうち、マンション管理適正化法によれば、適切なものを全て含む組合せはどれか。

ア　マンション管理業者は、管理組合から管理事務の委託を受けることを内容とする契約を締結したときは、当該管理組合の管理者等（当該マンション管理業者が当該管理組合の管理者等である場合又は当該管理組合に管理者等が置かれていない場合にあっては、当該管理組合を構成するマンションの区分所有者等全員）に対し、遅滞なく、管理事務の対象となるマンションの部分等を記載した書面を交付しなければならず、当該書面を作成するときは、管理業務主任者をして、当該書面に記名させなければならない。

イ　マンション管理業者は、管理組合から委託を受けた管理事務について、管理受託契約を締結した年月日や管理組合の名称等を記載した帳簿を作成し、また、当該帳簿を各事業年度の末日をもって閉鎖するものとし、閉鎖後5年間当該帳簿を保存しなければならない。

ウ　マンション管理業者は、管理組合から委託を受けた管理事務のうち基幹事務については、当該管理組合の管理者等が承諾すれば、これを一括して他人に委託することができる。

❶　ア・イ

❷　ア・ウ

❸　イ・ウ

❹　ア・イ・ウ

ア　適　切

　　管理業者は、管理組合から管理事務の委託を受けることを内容とする契約を締結したときは、当該管理組合の**管理者等**（当該管理業者が当該管理組合の管理者等である場合又は当該管理組合に管理者等が置かれていない場合には、当該管理組合を構成する区分所有者等全員）に対し、**遅滞なく、管理事務の対象となるマンションの部分等を記載した書面を交付**しなければならない（マンション管理適正化法73条１項）。そして、当該**書面を作成するときは、管理業務主任者をして、当該書面に記名**させなければならない（同２項）。

イ　適　切

　　管理業者は、管理組合から委託を受けた管理事務について、**管理受託契約を締結した年月日や管理組合の名称等を記載した帳簿を作成・保存**しなければならない（75条、施行規則86条１項１号・２号）。また、この帳簿（ファイル又は磁気ディスク等を含む）は、**各事業年度の末日をもって閉鎖する**ものとし、**閉鎖後５年間保存**しなければならない（同３項）。

ウ　**不適切**　「**管理者等が承諾すれば、他人に一括委託できる**」
　　　　　　　→「**他人に一括委託できない**」

　　管理業者は、管理組合から委託を受けた管理事務のうち**基幹事務**について、これを「**一括して**」他人に「**委託してはならない**」（マンション管理適正化法74条）。管理組合の管理者等が承諾しても、「**一括**」して委託できない。

　　したがって、**適切なものを全て含む組合せはア・イ**であり、**正解は❶**となる。

マンション管理適正化法

31 財産の分別管理①

CHECK! □□□ ✎ H28-問49

重要度 B

　マンション管理業者Ａ（以下、本問において「Ａ」という。）が、管理組合法人Ｂ（以下、本問において「Ｂ」という。）から委託を受けて、Ｂの修繕積立金等金銭の管理を行う場合に関する次の記述のうち、マンション管理適正化法に違反するものはいくつあるか。

ア　Ｂを名義人とする収納口座と保管口座がある場合において、Ａは、当該収納口座に係るＢの印鑑を管理しつつ、マンション管理適正化法施行規則第87条第２項第１号イに定める方法により修繕積立金等金銭の管理を行っているが、Ｂの区分所有者等から徴収される１月分の修繕積立金等金銭の合計額以上の額につき保証契約を締結していない。

イ　Ｂを名義人とする収納口座と保管口座がある場合において、Ａは、当該収納口座に係るＢの印鑑を管理しつつ、マンション管理適正化法施行規則第87条第２項第１号ロに定める方法により修繕積立金等金銭の管理を行っているが、Ｂの承認を得て、Ｂの収納口座に預入された管理費用に充当する金銭のうち、その月分として徴収されたものから当該月中の管理事務に要した費用を控除した残額を、保管口座に移し換えずに、そのまま３月間当該収納口座で管理している。

ウ　Ｂを名義人とする収納・保管口座がある場合において、Ａは、マンション管理適正化法施行規則第87条第２項第１号ハに定める方法により修繕積立金等金銭の管理を行っているが、Ｂの依頼を受けて、当該収納・保管口座の通帳を管理している。

エ　Ａが、Ｂの修繕積立金等金銭を一時的に預貯金として管理するために、Ａを名義人とする収納口座がある場合において、Ａは、Ｂの区分所有者等から徴収される２月分の修繕積立金等金銭の合計額につき保証契約を締結し、当該収納口座に係る印鑑及び預貯金の引出用カードを管理している。

❶　一つ

❷　二つ

❸　三つ

❹　四つ

イ方式・ロ方式 ⇒ 原則、保証契約が必要。

ア **違反する** 「保証契約を締結していない」⇒「保証契約の締結が必要」

　管理業者は、イ方式またはロ方式で修繕積立金等金銭を管理する場合、区分所有者等から徴収される1ヵ月分の修繕積立金等金銭または一定の財産の合計額以上の額につき有効な保証契約を締結していなければならない。ただし、次の①と②に該当する場合、保証契約の締結は不要である（マンション管理適正化法施行規則87条3項）。

> ① 修繕積立金等金銭や一定の財産が、区分所有者等から管理業者が受託契約を締結した「管理組合等」を名義人とする収納口座に直接預入される場合、または管理業者や管理業者から委託を受けた者が区分所有者等から修繕積立金等金銭や一定の財産を徴収しない場合
> ② 管理業者が、管理組合等を名義人とする収納口座に係る当該管理組合等の印鑑・預貯金の引出用のカード等を管理しない場合

　本肢は、管理業者が「印鑑」を管理している事例であり、上記②の「例外」に該当せず、保証契約の締結は必要となる。

イ **違反する** 「保管口座に移し換えず、3ヵ月間収納口座で管理」
　　　　　　⇒「翌月末日までに保管口座に移し換える必要がある」

　ロ方式とは、区分所有者等から徴収された修繕積立金（金銭に限る）を保管口座に預入し、当該保管口座において預貯金として管理するとともに、区分所有者等から徴収された一定の財産（金銭に限る）を収納口座に預入し、毎月、その月分として徴収された一定の財産から当該月中の管理事務に要した費用を控除した残額を、「翌月末日まで」に収納口座から保管口座に移し換え、当該保管口座において預貯金として管理する方法である（87条2項1号ロ）。したがって、本肢のように、「3ヵ月間収納口座で管理する」ことは認められない。

ウ **違反しない** 管理業者は、一定の方法により修繕積立金等金銭を管理する場合、保管口座または収納・保管口座に係る管理組合等の「印鑑・預貯金の引出用のカード」等を、原則として管理してはならない（87条4項）。しかし、「通帳」を管理しても問題はない。

エ **違反しない** アのとおり、管理業者が修繕積立金等金銭を管理する場合、区分所有者等から徴収される1ヵ月分の修繕積立金等金銭または一定の財産の合計額「以上」の額（本肢では2ヵ月分）につき有効な保証契約を締結していれば、収納口座に係る管理組合等の印鑑・預貯金の引出用のカード等を管理できる（87条3項）。

　したがって、違反するものはア・イの二つであり、正解は**❷**となる。

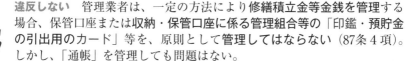

正解 **❷**

マンション管理適正化法

32 財産の分別管理②

□ □ □ CHECK! R5-問49 重要度 A

　マンション管理業者Aが、管理組合Bから委託を受けて、Bの修繕積立金等金銭の管理を行う場合に関する次の記述のうち、マンション管理適正化法に違反する記述のみを全て含むものは次の1～4のうちどれか。

ア　Aは、マンション管理適正化法施行規則（以下、本問において「規則」という。）第87条第2項第1号イに定める方法によりBの修繕積立金等金銭の管理を行っており、Bの管理者等の承諾を得て、Bを名義人とする収納口座に係る印鑑及びBを名義人とする保管口座に係る印鑑のいずれも管理している。

イ　Aは、規則第87条第2項第1号ロに定める方法によりBの修繕積立金等金銭の管理を行っており、Bを名義人とする収納口座に係る印鑑を管理しているが、Bの承認を得て、その月分として徴収されたものから当該月中の管理事務に要した費用を控除した残額を、引き続き当該収納口座において管理している。

ウ　Aは、規則第87条第2項第1号ハに定める方法によりBの修繕積立金等金銭の管理を行っているが、Bの区分所有者等から徴収される一月分の修繕積立金等金銭の合計額以上の額につき有効な保証契約を締結していない。

❶　ア・イ

❷　ア・ウ

❸　イ・ウ

❹　ア・イ・ウ

Point ハ方法による場合、有効な保証契約を締結する必要はない！

ア　**違反する**　**「管理者等の承認を得て保管口座に係る印鑑を管理」➡「保管口座に係る印鑑は管理できない」**

ひっかけ

管理業者は、イ・ロ・ハ方式により修繕積立金等金銭を管理する場合、原則として、**保管口座**又は**収納・保管口座**に係る管理組合等の印鑑・預貯金の引出用のカードその他これらに類するもの（**印鑑等**）**を管理してはならない**。ただし、管理組合に管理者等が不設置の場合で、管理者等が選任されるまでの比較的短い期間に限り、管理業者が管理組合等の印鑑等を保管する場合なら、管理してよいという例外がある（マンション管理適正化法施行規則87条４項）。したがって、管理業者Ａは、本肢のようなイ方式による管理を行っている場合、管理組合Ｂ名義の収納口座に係る印鑑を一定の保証契約を締結（原則）して管理できるが、Ｂ名義の保管口座に係る印鑑を管理できない。

イ　**違反する**　**「引き続き当該収納口座において管理」➡「翌月末日までに保管口座に移し換える必要がある」**

ひっかけ

ロ方式とは、区分所有者等から徴収された修繕積立金（金銭に限る）を保管口座に預入し、当該保管口座において預貯金として管理するとともに、区分所有者等から徴収された一定の財産（金銭に限る）を収納口座に預入し、毎月、その**月分として徴収された一定の財産から**当該**月中の管理事務に要した費用を控除した残額を、「翌月末日まで」に収納口座から保管口座に移し換え**、当該保管口座において預貯金として管理する方法である（87条２項１号ロ）。したがって、管理業者Ａは、ロ方法により管理組合Ｂの承認を得た場合でも、その月分として徴収されたものから当該月中の管理事務に要した費用を控除した残額を、引き続き当該収納口座において管理してはならない。

ウ　**違反しない**

頻出

「区分所有者等から徴収された修繕積立金等金銭を収納・保管口座に預入し、当該**収納・保管口座**において預貯金として管理するハ方法による場合、有効な**保証契約**を締結する**必要はない**。なお、管理業者は、「イ又はロ方法」で修繕積立金等金銭を「保管口座」において管理する場合は、原則として、区分所有者等から徴収される１ヵ月分の修繕積立金等金銭又は一定の財産の合計額以上の額につき有効な保証契約を締結していなければならない（87条３項・２項１号イ・ロ）。

したがって、**違反する記述のみを全て含むものはア・イ**であり、**正解は❶**となる。

正解 ❶

33 財産の分別管理③

　　マンション管理業者が行うマンション管理適正化法第76条の規定に基づく財産の分別管理に関する次の記述のうち、マンション管理適正化法によれば、最も不適切なものはどれか。

❶　　マンション管理業者は、マンション管理適正化法施行規則第87条第2項第1号イに定める方法により修繕積立金等金銭を管理する場合にあっては、原則、保管口座に係る管理組合等の印鑑、預貯金の引出用のカードその他これらに類するもの（以下、本肢において「印鑑等」という。）を管理してはならないが、管理者から依頼を受けた場合は、一時的に当該保管口座の印鑑等を管理することができる。

❷　　マンション管理業者は、マンション管理適正化法施行規則第87条第3項に基づき保証契約を締結しなければならない場合において、管理委託契約の契約期間の途中に当該保証契約の期間が満了するときは、当該保証契約の更新等を行う必要がある。

❸　　分別管理の対象となる財産とは、管理組合から委託を受けて修繕積立金として管理する金銭又は有価証券及び管理組合又はマンションの区分所有者等から受領した管理費用に充当する金銭又は有価証券である。

❹　　マンション管理業者は、管理組合から委託を受けて有価証券を管理する場合においては、金融機関又は証券会社に、当該有価証券の保管場所を自己の固有財産及び他の管理組合の財産である有価証券の保管場所と明確に区分させ、かつ、当該有価証券が受託契約を締結した管理組合の有価証券であることを判別できる状態で管理させなければならない。

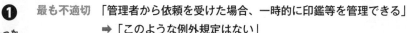

❶ **最も不適切**　「管理者から依頼を受けた場合、一時的に印鑑等を管理できる」
　　　　　　　　➡「このような例外規定はない」

　管理業者は、修繕積立金等金銭を管理する場合、原則として、保管口座または収納・保管口座に係る管理組合等の印鑑・預貯金の引出用のカードその他これらに類するもの（印鑑等）を管理してはならない。ただし、管理組合に管理者等が不設置の場合で、管理者等が選任されるまでの比較的短い期間に限り、管理業者が管理組合等の印鑑等を保管する場合、管理してよいという例外がある（マンション管理適正化法施行規則87条4項）。

❷ **適　切**

　管理業者は、一定の方法により修繕積立金等金銭を管理する場合、区分所有者等から徴収される1ヵ月分の修繕積立金等金銭または国土交通省令で定める財産の合計額以上の額につき、原則として、有効な保証契約を締結していなければならない（マンション管理適正化法76条、施行規則87条3項）。この「有効な保証契約」とは、管理業者が保証契約を締結していなければならないすべての期間にわたって、施行規則87条3項に規定する保証契約を締結していることが必要であるとの趣旨であり、管理委託契約の契約期間の途中で保証契約の期間が満了する場合には、当該保証契約の更新等をしなければならない（平成21年9月9日国総動47号）。なお、この考え方は、標準管理委託契約書別表1の1(2)関係コメント⑥でも定められている。

❸ **適　切**

　分別管理の対象となる財産とは、管理組合から委託を受けて修繕積立金として管理する金銭・有価証券および管理組合または区分所有者等から受領した管理費用に充当する金銭・有価証券である（マンション管理適正化法76条、施行規則87条1項）。

❹ **適　切**

　管理業者は、管理組合から委託を受けて有価証券を管理する場合、金融機関または証券会社に、当該有価証券の保管場所を自己の固有財産および他の管理組合の財産である有価証券の保管場所と明確に区分させ、かつ、当該有価証券が受託契約を締結した管理組合の有価証券であることを判別できる状態で管理させなければならない（87条2項2号）。

マンション管理適正化法

正解　❶

34 財産の分別管理④

CHECK! ☐☐☐

R4-問49

B

修繕積立金等が金銭である場合における財産の分別管理に関する次の記述のうち、マンション管理適正化法によれば、最も不適切なものはどれか。

❶ マンション管理業者は、マンションの区分所有者等から徴収された修繕積立金等金銭を収納・保管口座に預入し、当該収納・保管口座において預貯金として管理する方法による場合、マンションの区分所有者等から徴収される１月分の修繕積立金等金銭以上の額につき有効な保証契約を締結していなければならない。

❷ マンション管理業者は、保管口座又は収納・保管口座に係る管理組合等の印鑑、預貯金の引出用のカードその他これらに類するものを管理してはならない。ただし、管理組合に管理者等が置かれていない場合において、管理者等が選任されるまでの比較的短い期間に限り保管する場合は、この限りでない。

❸ 管理組合に管理者等が置かれていない場合には、マンション管理業者は、毎月、管理事務の委託を受けた当該管理組合のその月における会計の収入及び支出の状況に関する書面を作成し、対象月の属する当該管理組合の事業年度の終了の日から２月を経過する日までの間、当該書面をその事務所ごとに備え置き、当該管理組合を構成するマンションの区分所有者等の求めに応じ、当該マンション管理業者の業務時間内において、これを閲覧させなければならない。

❹ マンション管理業者は、管理組合から委託を受けて管理する修繕積立金等金銭を整然と管理する方法により、自己の固有財産及び他の管理組合の財産と分別して管理しなければならない。

❶
最も不適切 「本肢のハに定める方法の場合、有効な保証契約を締結」
➡「**イ又はロに定める方法の場合**なら、**有効な保証契約を締結**」

「区分所有者等から徴収された修繕積立金等金銭を収納・保管口座に預入し、当該収納・保管口座において預貯金として管理する方法（ハに定める方法）による場合、有効な保証契約を締結する必要はない。なお、管理業者は、「**イ又はロに定める方法**」で修繕積立金等金銭を管理する場合は、原則として、区分所有者等から徴収される**1ヵ月分**の修繕積立金等金銭又は一定の財産の合計額以上の額につき**有効な保証契約を締結**していなければならない（マンション管理適正化法施行規則87条3項・2項1号イ・ロ）。

❷
適 切

管理業者は、修繕積立金等金銭を管理する場合、原則として、保管口座又は収納・保管口座に係る管理組合等の**印鑑、預貯金の引出用のカード**その他これらに類するものを**管理してはならない**。ただし、管理組合に管理者等が不設置のときで、管理者等が選任されるまでの比較的短い期間に限っては、印鑑等を保管し管理できる（87条4項）。

❸
適 切

管理業者は、毎月、管理事務の委託を受けた管理組合のその月（以下「対象月」という）における会計の収入及び支出の状況に関する「**書面を作成**」し、翌月末日までに、当該書面を当該管理組合の管理者等に**交付**しなければならない（87条5項前段）。この場合、当該管理組合に管理者等が置かれていないときは、当該書面の交付に代えて、対象月の属する当該管理組合の事業年度の終了の日から**2ヵ月**を経過する日までの間、当該書面をその事務所ごとに備え置き、当該管理組合を構成する区分所有者等の求めに応じ、当該管理業者の業務時間内において、これを閲覧させなければならない（同5項後段）。

❹
適 切

管理業者は、管理組合から委託を受けて管理する修繕積立金等金銭を整然と管理する方法により、**自己の固有財産**及び**他の管理組合の財産**と**分別して管理**しなければならない（マンション管理適正化法76条）。

マンション管理適正化法

正解 ❶

793

35 財産の分別管理⑤

　管理組合の財産の分別管理に関する次の記述のうち、マンション管理適正化法によれば、誤っているものはどれか。

❶　収納口座とは、マンションの区分所有者等から徴収された修繕積立金等金銭又はマンション管理適正化法施行規則（以下、本問において「規則」という。）第87条第１項に規定する財産を預入し、一時的に預貯金として管理するための口座であって、マンション管理業者を名義人とすることもできるものをいう。

❷　収納・保管口座とは、マンションの区分所有者等から徴収された修繕積立金等金銭を預入し、又は修繕積立金等金銭若しくは規則第87条第１項に規定する財産の残額を収納口座から移し換え、これらを預貯金として管理するための口座であって、管理組合等を名義人とするものをいう。

❸　マンション管理業者は、規則第87条第２項第１号イに定める方法により修繕積立金等金銭を管理する場合にあっては、保管口座に係る管理組合の印鑑、預貯金の引出用のカードその他これらに類するものを管理してはならないが、管理組合に管理者等が置かれていない場合において、管理者等が選任されるまでの比較的短い期間に限り保管する場合は、この限りでない。

❹　マンション管理業者は、規則第87条第２項第１号イに定める方法により修繕積立金等金銭を管理する場合において、マンション管理業者から委託を受けた者がマンションの区分所有者等から修繕積立金等金銭を徴収するときは、マンションの区分所有者等から徴収される１月分の修繕積立金等金銭の合計額以上の額につき、有効な保証契約を締結していなければならない。

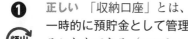

❶ **正しい** 「収納口座」とは、修繕積立金等金銭または一定の財産を預入し、一時的に預貯金として管理するための口座で、「管理業者を名義人」とすることもできる（マンション管理適正化法施行規則87条6項1号・1項）。

❷ **誤り** 「収納・保管口座」➡「保管口座」

本肢の記述は、「保管口座」の定義である（87条6項2号）。「収納・保管口座」とは、修繕積立金等金銭を預入し、預貯金として管理するための口座で、「管理組合等を名義人」とするものをいう（87条6項3号）。

❸ **正しい** 管理業者は、修繕積立金等金銭を管理する場合、原則として、保管口座または収納・保管口座に係る管理組合等の印鑑・預貯金の引出用のカードその他これらに類するものを管理してはならない。ただし、管理組合に管理者等が不設置の場合で、「管理者等が選任されるまでの比較的短い期間に限り」、管理業者が管理組合等の印鑑等を保管する場合は、管理できる（87条4項）。

❹ **正しい** 管理業者は、（規則87条2項1号の）**イ方式または口方式**で修繕積立金等金銭を管理する場合、区分所有者等から徴収される1ヵ月分の修繕積立金等金銭または一定の財産の合計額以上の額につき、原則として、有効な保証契約を締結していなければならない（87条3項本文）。ただし、次の①②どちらにも該当する場合であれば、保証契約の締結は不要である（同ただし書）。

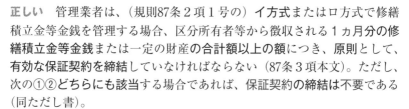

① 「修繕積立金等金銭・一定の財産が、区分所有者等から管理業者が受託契約を締結した管理組合等を名義人とする収納口座に直接預入される場合」、または「管理業者や**管理業者から委託を受けた者**が区分所有者等から**修繕積立金等金銭**・一定の財産を徴収しない場合」
② 管理業者が、管理組合等を名義人とする収納口座に係る当該管理組合等の印鑑・預貯金の引出用のカードその他これらに類するものを管理しない場合

本肢は、管理業者から委託を受けた者が区分所有者等から**修繕積立金等金銭**を徴収「する」ので、上記の①には該当せず、上記②を抜きに考えても、保証契約を締結しなければならない。

マンション管理適正化法

正解 **❷**

36 財産の分別管理⑥

CHECK!

R2-問48改

　管理組合の財産の分別管理に関する次の記述のうち、マンション管理適正化法によれば、正しいものの組合せはどれか。なお、電磁的方法による交付については考慮しないものとする。

ア　マンション管理業者は、修繕積立金等金銭を収納口座で管理するにあたり、管理組合の収納口座の印鑑を保管する場合に、管理組合の承諾があれば、マンションの区分所有者等から徴収される1月分の修繕積立金等金銭の合計額以上の額につき有効な保証契約を締結する必要はない。

イ　マンション管理業者は、管理事務の委託を受けた管理組合に管理者等が置かれていないときは、毎月、管理事務の委託を受けた当該管理組合のその月における会計の収入及び支出の状況に関する書面を作成し、翌月末日までに、当該書面を当該管理組合の区分所有者等に交付しなければならない。

ウ　マンション管理業者は、修繕積立金等金銭を管理するにあたり、管理組合に管理者等が置かれていない場合で管理者等が選任されるまでの比較的短い期間を除き、保管口座又は収納・保管口座に係る管理組合等の印鑑、預貯金の引出用のカードその他これらに類するものを管理してはならない。

エ　収納・保管口座とは、マンションの区分所有者等から徴収された修繕積立金等金銭を預入し、預貯金として管理するための口座であって、管理組合等を名義人とするものをいう。

❶　ア・イ

❷　ア・ウ

❸　イ・エ

❹　ウ・エ

収納・保管口座 ➡ 「管理組合等を名義人」とする。

ア **誤り** 収承諾があれば…保証契約を締結する必要はない」➡「例外（承諾ではない）に該当すれば、保証契約を締結する必要はない」

　管理業者は、イ方式又はロ方式で修繕積立金等金銭を管理する場合、区分所有者等から徴収される１ヵ月分の修繕積立金等金銭・分割管理の対象となる財産の合計額以上の額につき有効な保証契約を締結していなければならない。ただし、次のいずれにも該当する場合、保証契約の締結は不要である（マンション管理適正化法施行規則87条３項）。

> ① 「修繕積立金等金銭や分割管理の対象となる財産が、区分所有者等から管理業者が受託契約を締結した管理組合・その管理者等（以下「管理組合等」という）を名義人とする収納口座に直接預入される場合又は管理業者や管理業者から委託を受けた者が、区分所有者等から修繕積立金等金銭や分割管理の対象となる財産を徴収しない場合
> ② 管理業者が、管理組合等を名義人とする収納口座に係る当該管理組合等の印鑑、預貯金の引出用のカードその他これらに類するものを管理しない場合

イ **誤り** 「毎月…書面を作成し…区分所有者等に交付」➡「書面の交付に代えて…区分所有者等の求めに応じ…閲覧させなければならない」

　管理事務の委託を受けた管理組合に管理者等が不設置の場合は、当該書面の交付に代えて、対象月の属する当該管理組合の事業年度の終了の日から２ヵ月を経過する日までの間、当該書面をその事務所ごとに備え置き、当該管理組合を構成する区分所有者等の求めに応じ、当該管理業者の業務時間内において、これを閲覧させなければならない（87条５項後段）。

　なお、この書面は、電磁的方法により交付できる（民間事業者等が行う書面の保存等における情報通信の技術の利用に関する法律６条１項、施行規則別表４）。

ウ **正しい** 管理業者は、修繕積立金等金銭を管理する場合、原則として、保管口座又は収納・保管口座に係る管理組合等の印鑑・預貯金の引出用のカードその他これらに類するものを管理してはならない。ただし、**例外**として、管理組合に管理者等が不設置の場合で、「管理者等が選任されるまでの比較的短い期間に限り」、管理業者が管理組合等の印鑑等を保管できる（87条４項）。

エ **正しい** 「収納・保管口座」とは、区分所有者等から徴収された修繕積立金等金銭を預入し、預貯金として管理するための口座であって、「管理組合等を名義人」とするものをいう（87条６項３号）。

　したがって、正しいものの組合せはウ・エであり、正解は❹となる。

マンション管理適正化法

37 財産の分別管理⑦

☐ ☐ ☐ ✎ CHECK!　　　　　　　R 3-問49

重要度 **B**

　マンション管理業者が行うマンション管理適正化法第76条の規定に基づく管理組合の財産の分別管理に関する次の記述のうち、マンション管理適正化法によれば、適切なものを全て含む組合せはどれか。

ア　マンション管理業者は、管理組合から委託を受けて管理する修繕積立金等については、自己の固有財産及び他の管理組合の財産と分別して管理しなければならない。

イ　マンション管理業者は、同法施行規則第87条第2項第1号ハに定める方法により収納・保管口座で修繕積立金等金銭を管理する場合にあっては、マンションの区分所有者等から徴収される1月分の修繕積立金等金銭の合計額以上の額につき有効な保証契約を締結していなければならない。

ウ　マンション管理業者は、修繕積立金等金銭を管理するにあたり、管理組合に管理者等が置かれていない場合で管理者等が選任されるまでの比較的短い期間に限り保管する場合を除き、保管口座又は収納・保管口座に係る管理組合等の印鑑、預貯金の引出用のカードその他これらに類するものを管理してはならない。

エ　保管口座とは、マンションの区分所有者等から徴収された修繕積立金を預入し、又は修繕積立金等金銭若しくは管理組合又はマンションの区分所有者等から受領した管理費用に充当する金銭の残額を収納口座から移し換え、これらを預貯金として管理するための口座であって、管理組合等を名義人とするものをいう。

❶　ア・ウ

❷　イ・エ

❸　ア・ウ・エ

❹　ア・イ・ウ・エ

Point 保管口座とは、管理業者ではなく、管理組合等を名義人とする。

ア　適　切

　　管理業者は、管理組合から委託を受けて管理する**修繕積立金及び管理組合又は区分所有者等から受領した管理費用に充当する金銭又は有価証券**については、整然と管理する方法として国土交通省令で定める方法により、自己の固有財産及び他の管理組合の財産と分別して管理しなければならない（マンション管理適正化法76条、施行規則87条１項）。

イ　不適切　「ハに定める方法により収納・保管口座」

　　　　　　➡「イ又はロに定める方法により保管口座」

　　管理業者は、「イ又はロに定める方法」で修繕積立金等金銭を「保管口座」において管理する場合は、原則として、区分所有者等から徴収される１ヵ月分の修繕積立金等金銭又は一定の財産の合計額以上の額につき有効な保証契約を締結していなければならない（87条３項・２項１号イ・ロ）。

ウ　適　切

　　管理業者は、管理者等が「不設置」の管理組合で、管理者等が選任されるまでの比較的短い期間に限り保管する場合を除き、保管口座又は収納・保管口座に係る管理組合等の印鑑・預貯金の引出用のカードその他これらに類するものを管理してはならない（87条４項）。

エ　適　切

　　「保管口座」とは、区分所有者等から徴収された修繕積立金を預入し、又は修繕積立金等金銭や分別管理の対象となる財産の残額を収納口座から移し換え、これらを預貯金として管理するための口座であって、管理組合等（管理組合・その管理者等）を名義人とするものをいう（87条６項２号）。

　　したがって、**適切なものをすべて含む組合せはア・ウ・エであり、正解は❸**となる。

マンション管理適正化法

38 マンションの管理の適正化の推進を図るための基本的な方針①

CHECK! □□□ H28-問46改 重要度 A

次の記述のうち、マンションの管理の適正化の推進を図るための基本的な方針に定められていないものはどれか。

❶ 管理組合を構成するマンションの区分所有者等は、管理組合の一員としての役割を十分認識して、管理組合の運営に関心を持ち、積極的に参加する等、その役割を適切に果たすよう努める必要がある。

❷ マンションの状況によっては、外部の専門家が、管理組合の管理者等又は役員に就任することも考えられるが、その場合には、マンションの区分所有者等が当該管理者等又は役員の選任や業務の監視等を適正に行うとともに、監視・監督の強化のための措置等を講じることにより適正な業務運営を担保することが重要である。

❸ マンションの管理には専門的な知識を要する事項が多いため、マンション管理業者は、問題に応じ、マンション管理業者の団体の支援を得ながら、主体性をもって適切な対応をするよう心がけることが重要である。

❹ 自治会及び町内会等（以下「自治会」という。）は、管理組合と異なり、各居住者が各自の判断で加入するものであることに留意するとともに、特に管理費の使途については、マンションの管理と自治会活動の範囲・相互関係を整理し、管理費と自治会費の徴収、支出を分けて適切に運用する必要がある。

❶　定められている

区分所有者等は、管理組合の一員としての役割を十分認識して、管理組合の運営に関心を持ち、積極的に参加する等、その役割を適切に果たすよう努める必要がある（マンションの管理の適正化の推進を図るための基本的な方針三1(2)）。

❷　定められている

マンションの状況によっては、外部の専門家が、管理組合の管理者等又は役員に就任することも考えられるが、その場合には、区分所有者等が当該管理者等又は役員の選任や業務の監視等を適正に行うとともに、監視・監督の強化のための措置等を講じることにより適正な業務運営を担保することが重要である（基本方針三1(4)）。

❸　定められていない 　「管理業者は、…管理業者の団体」

頻出 　　　　　　　➡「管理組合は、…マンション管理士等専門的知識を有する者」

マンションの管理には専門的な知識を要する事項が多いため、「管理組合」は、問題に応じ、マンション管理士等専門的知識を有する者の支援を得ながら、主体性をもって適切な対応をするよう心がけることが重要である（基本方針三1(3)）。

❹　定められている

自治会及び町内会等（「自治会」）は、管理組合と異なり、各居住者が各自の判断で加入するものであることに留意するとともに、特に管理費の使途については、マンションの管理と自治会活動の範囲・相互関係を整理し、管理費と自治会費の徴収、支出を分けて適切に運用する必要がある。

なお、このように適切な峻別や、代行徴収に係る負担の整理が行われるのであれば、自治会費の徴収を代行することや、防災や美化などのマンションの管理業務を自治会が行う活動と連携して行うことも差し支えない（基本方針三2(7)）。

マンション管理適正化法

正解 ❸

39 マンションの管理の適正化の推進を図るための基本的な方針②

CHECK! □□□ 　R元-問46改

重要度 **A**

次のア〜エの記述のうち、マンションの管理の適正化の推進を図るための基本的な方針によれば、適切なものはいくつあるか。

ア　管理組合は、マンションの快適な居住環境を確保するため、あらかじめ、共用部分の範囲及び管理費用を明確にし、トラブルの未然防止を図ることが重要である。

イ　建設後相当の期間が経過したマンションにおいては、長期修繕計画の検討を行う際には、必要に応じ、建替え等についても視野に入れて検討することが望ましい。

ウ　複合用途型マンションにあっては、住宅部分と非住宅部分との利害の調整を図り、その管理、費用負担等について適切な配慮をすることが重要である。

エ　マンションの管理には専門的な知識を要する事項が多いため、管理組合は、問題に応じ、マンション管理士等専門的知識を有する者の支援を得ながら、主体性をもって適切な対応をするよう心がけることが重要である。

❶　一つ

❷　二つ

❸　三つ

❹　四つ

Point 管理組合は、共用部分の範囲と管理費用を明確にすることが重要。

ア 適 切

　管理組合は、マンションの快適な居住環境を確保するため、あらかじめ、共用部分の範囲及び管理費用を明確にし、トラブルの未然防止を図ることが重要である（マンションの管理の適正化の推進を図るための基本的な方針三2(3)）。

イ 適 切

　建設後相当の期間が経過したマンションにおいては、長期修繕計画の検討を行う際には、必要に応じ、建替え等についても視野に入れて検討することが望ましい（基本方針三2(5)）。

ウ 適 切

　複合用途型マンションにあっては、住宅部分と非住宅部分との利害の調整を図り、その管理、費用負担等について適切な配慮をすることが重要である（基本方針三2(8)）。

エ 適 切

　マンションの管理には専門的な知識を要する事項が多いため、管理組合は、問題に応じ、マンション管理士等専門的知識を有する者の支援を得ながら、主体性をもって適切な対応をするよう心がけることが重要である（基本方針三1(3)）。

　したがって、適切なものはア～エの四つであり、正解は**❹**となる。

マンション管理適正化法

40 マンションの管理の適正化の推進を図るための基本的な方針③

 CHECK! ☐☐☐ H29-問46改

A

次の記述のうち、マンションの管理の適正化の推進を図るための基本的な方針に定められているものはいくつあるか。

ア 防災・減災、防犯に加え、日常的なトラブルの防止などの観点からも、マンションにおけるコミュニティ形成は重要なものであり、管理組合においても、区分所有法に則り、良好なコミュニティの形成に積極的に取り組むことが重要である。

イ 管理業務の委託や工事の発注等については、事業者の選定に係る意思決定の透明性確保や利益相反等に注意して、適正に行われる必要があるが、とりわけ外部の専門家が管理組合の管理者等又は役員に就任する場合においては、マンションの区分所有者等から信頼されるような発注等に係るルールの整備が必要である。

ウ 管理組合の管理者等は、維持修繕を円滑かつ適切に実施するため、設計に関する図書等を保管することが重要であり、この図書等について、マンション管理業者の求めに応じ、適時閲覧できるようにすることが重要である。

エ マンションを購入しようとする者は、マンションの管理の重要性を十分認識し、売買契約だけでなく、管理規約、使用細則、管理委託契約、長期修繕計画等管理に関する事項に十分に留意することが重要である。

❶ 一つ

❷ 二つ

❸ 三つ

❹ 四つ

Point 管理組合でも、区分所有法に則り、良好なコミュニティ形成に積極的に取り組む。

ア　定められている

　防災・減災、防犯に加え、日常的なトラブルの防止などの観点からも、マンションにおけるコミュニティ形成は重要なものであり、管理組合においても、区分所有法に則り、良好なコミュニティの形成に積極的に取り組むことが重要である（マンションの管理の適正化の推進を図るための基本的な方針三2⑺）。

イ　定められている

　管理業務の委託や工事の発注等については、事業者の選定に係る意思決定の透明性確保や利益相反等に注意して、適正に行われる必要があるが、とりわけ外部の専門家が管理組合の管理者等又は役員に就任する場合においては、区分所有者等から信頼されるような発注等に係るルールの整備が必要である（基本方針三2⑹）。

ウ　定められていない　「管理業者の求めに応じ」➡「区分所有者等の求めに応じ」

　管理組合の管理者等は、維持修繕を円滑かつ適切に実施するため、設計に関する図書等を保管することが重要である。また、この図書等について、「区分所有者等の求め」に応じ、適時閲覧できるようにすることが重要である（基本方針三2⑸）。「管理業者の求め」ではない。

エ　定められている

　マンションを購入しようとする者は、マンションの管理の重要性を十分認識し、売買契約だけでなく、管理規約、使用細則、管理委託契約、長期修繕計画等管理に関する事項に十分に留意することが重要である（基本方針三3）。

　したがって、マンション管理適正化指針に定められているものはア・イ・エの三つであり、正解は**❸**となる。

マンション管理適正化法

正解 **❸**

国土交通省が公表している分譲マンションの新規供給戸数及びストック戸数の推計に関する次の記述のうち、最も適切なものはどれか。

❶ 築40年以上の分譲マンションの戸数は、令和4年末において、分譲マンションストック総数の約3割を占めている。

❷ 公表の対象となっている分譲マンションとは、中高層（3階建て以上）・分譲・共同建で、鉄筋コンクリート、鉄骨鉄筋コンクリート又は鉄骨造の住宅をいう。

❸ 令和4年末における分譲マンションストック総数に対して、令和2年の国勢調査による一世帯当たり平均人員をかけると、国民の約2割が分譲マンションに居住していることになる。

❹ 令和4年末現在の分譲マンションストック総数は、約500万戸である。

❶ 不適切 「約3割を占めている」 ➡「約3割までは占めていない」

築40年以上の分譲マンションの戸数は、約125.7万戸が存在する。マンションストック総数は、約694.3万戸であるから、約3割までを占めてはいない。

❷ 最も適切

公表の対象となっている**分譲マンション**とは、中高層（3階建て以上）・分譲・共同建で、鉄筋コンクリート、鉄骨鉄筋コンクリート又は鉄骨造の住宅をいう。

❸ 不適切 「国民の約2割」 ➡「国民の1割超」

令和4年末における**分譲マンションストック総数**に対して、令和2年の国勢調査による一世帯当たり平均人員2.2人をかけると、約1,500万人となり、国民の「1割超」が分譲マンションに居住していると推計される。

❹ 不適切 「約500万戸」 ➡「約694.3万戸」

令和4年末現在の**分譲マンションストック総数**は、約694.3万戸である。

マンション管理適正化法

正解 ❷

42 **分譲マンションの統計・データ等②**

CHECK! ☐☐☐ 🖊

R 4-問43改

重要度 **B**

次の記述のうち、国土交通省が公表している分譲マンションに関する統計・データ等によれば、最も適切なものはどれか。

❶ 令和4年末時点における分譲マンションストック総数は、900万戸を超えている。

❷ 分譲マンションストック総数は、昭和43年以降増加傾向であったが、令和2年をピークに減少に転じている。

❸ 令和4年末時点における築40年以上の分譲マンションの戸数は110万戸数を超えており、10年後には約260.8万戸、20年後には約445万戸と急増していくことが見込まれている。

❹ 建替えが行われたマンションの件数は、令和5年4月1日時点の累計で、200件未満である。

Point 🔍 分譲マンションストック総数は、昭和43年以降増加傾向で、その後も増加。

❶ **不適切** 「900万戸を超えている」 ➡「約694.3万戸である」

 令和4年末時点における分譲マンションストック総数は、約694.3戸である。

❷ **不適切** 「令和2年をピークに減少に転じている」
　　　　　➡「令和4年以降も増加している」

分譲マンションストック総数は、昭和43年以降増加傾向であり、令和4年以降も増加している。

❸ **最も適切**

 令和4年末時点における築40年以上の分譲マンションの戸数は約125.7万戸（110万戸超）である。そして、10年後には約2.1倍の約260.8万戸、20年後には約3.5倍の約445万戸と急増していくことが見込まれている。

❹ **不適切** 「200件未満である」 ➡「282件である」

建替えが行われたマンションの件数は、令和5年4月1日時点の累計で、282件である。

マンション管理適正化法

正解 ❸

43 分譲マンションの統計・データ等③

　国土交通省が公表している分譲マンションの統計・データ等に関する次の記述のうち、最も適切なものはどれか。

❶　2022年末時点における分譲マンションストック総数は、700万戸を超えている。

❷　マンションの新規供給戸数は、2000年以降、一貫して増加傾向にある。

❸　「平成30年度マンション総合調査結果」によると、現在の修繕積立金の積立額が長期修繕計画に比べて不足しているマンションは、3割を超えている。

❹　「平成30年度マンション総合調査結果」によると、回答した区分所有者のうち永住するつもりである区分所有者は、6割には満たない。

❶　**不適切**　「マンションストック総数は700万戸を超えていない」

　2022年末時点のマンションストック総数は、約694.3万戸であり、700万戸を超えていない。

❷　**不適切**　「マンションの新規供給戸数は、前年を下回ることもあった」

　マンションの新規供給戸数は、2008年のリーマンショックにより、前年より大幅に減少したことがある。また、令和4年は、前年の10.6万戸を下回り、9.4万戸となっている。したがって、「新規供給戸数は、2000年以降、一貫して増加傾向にある」とはいえない。

❸　**最も適切**

　「平成30年度マンション総合調査」によると、現在の修繕積立金の額が長期修繕計画上の修繕積立金の積立額に比べて不足しているマンションは、34.8%となっており、全体の3割を超えている。

❹　**不適切**　「永住するつもりである区分所有者は、回答者の6割を超えている」

　「平成30年度マンション総合調査」によると、平成30年度の調査結果では、マンション居住者の永住意識は高まっており、平成30年度は62.8%の区分所有者が「永住するつもりである」としている。

マンション管理適正化法

正解　**❸**